高等职业教育物流管理专业系

国际货代实训

主　编　吴斯科　卢　琳
副主编　王天霞　刘　露　翁晴勤

中国轻工业出版社

图书在版编目（CIP）数据

国际货代实训/吴斯科，卢琳主编．—北京：中国轻工业出版社，2020.8
高等职业教育物流管理专业系列教材
ISBN 978-7-5184-2969-1

Ⅰ.①国…　Ⅱ.①吴…　②卢…　Ⅲ.①国际货运—货运代理—高等职业教育—教材　Ⅳ.①F511.41

中国版本图书馆 CIP 数据核字（2020）第 068676 号

责任编辑：韩　泽　张文佳
策划编辑：张文佳　　责任终审：李建华　　封面设计：锋尚设计
版式设计：砚祥志远　　责任校对：吴大鹏　　责任监印：张　可

出版发行：中国轻工业出版社（北京东长安街 6 号，邮编：100740）
印　　刷：三河市国英印务有限公司
经　　销：各地新华书店
版　　次：2020 年 8 月第 1 版第 1 次印刷
开　　本：787×1092　1/16　印张：11.5
字　　数：300 千字
书　　号：ISBN 978-7-5184-2969-1　定价：35.00 元
邮购电话：010-65241695
发行电话：010-85119835　传真：85113293
网　　址：http://www.chlip.com.cn
Email：club@chlip.com.cn
如发现图书残缺请与我社邮购联系调换
200189J2X101ZBW

前　言

国际货运代理业在国际贸易中不可或缺，在“一带一路”合作倡议的导向下，我国对外贸易将迎来更加广阔的发展天地，我国国际货运代理业也将迎来更多的发展机遇。但目前我国国际货运代理企业普遍经营规模小、专业人才少、竞争力不强，这要求我国国际货运代理企业应积极转型升级，主动向第三方物流企业转变。

本书即在这一市场需求之下，针对高职高专相关专业的教学要求而编写。在编写的过程中，我们打破了传统教材以理论阐述为主的方式，更加注重学生实际操作，以提高学生技术技能为教学宗旨。在实训内容的选择上，打破传统教材以高校教师为中心，通过校企合作的形式开发教材，派教师前往相关企业调研，邀请企业专家参与教材的编写，注重教材的适用性、实用性。针对高职高专学生的特点，有针对性地选取大量的案例，设计了相应的模拟实训，使相关专业学生能在比较短的时间内掌握国际货运代理业务的操作流程，提高学生理论认知，激发学生从事货运代理工作的兴趣。

本书的先修课程为国际贸易、国际物流相关外贸课程，学生应对报关报检、国际货物运输等外贸知识有一定的认知。建议安排60学时，其中20学时学习相关理论，20学时用于流程操作，20学时用于实训与案例分析。本书是项目化教材，每个项目由“实训情境”“实训目标”“实训准备”“实训工具”开篇，下设多个实训任务，每个任务由“实训任务”“实训流程”“实训提示”“实训案例”组成，最后以“项目实训练习”结尾，非常适合高职高专教师教学。

全书包括五个项目，分别为：国际货代入门、国际海上货物运输代理实训、国际航空货物运输代理实训、其他运输方式业务代理实训、国际货物运输保险实训，内容循序渐进，涵盖范围广。项目一由宜宾职业技术学院刘露编写，项目二、项目三由宜宾职业技术学院吴斯科、宜宾安仕吉国际物流公司黄代强总经理共同编写，项目四、项目五分别由宜宾职业技术学院翁晴勤、王天霞编写。全书由宜宾职业技术学院卢琳老师统稿。

本书适用于高职高专院校物流管理、国际贸易、报关与国际货运、国际物流管理、国际商务等专业的学生以及从事货代岗位的相关从业人员。本书编者长期从事国际货代相关课程的教学及科研，但由于时间和水平有限，难免有考虑不周和疏漏之处，不足之处请同行和专家指正批评。

最后，对本书所有被引用和参考资料的作者以及提供帮助的朋友表达深深的谢意。

编者

目 录

项目一

国际货代入门

【实训情境】

随着“一带一路”倡议的实施，我国的国际货运代理业将获得更多更好的发展机遇，国际货运代理业的需求将继续扩大。国际货运代理从业人员不仅要熟悉国际贸易惯例、国际货运、法律等专业知识，如熟悉国际贸易流程、常规航线、运费构成等，还需要掌握人际沟通和协调、国际商务谈判、外语沟通技巧（如处理英文信函和文件）、信用证审计、擅长货运代理营销、报关等。通过掌握广泛的专业知识和技能，获得国际货运代理业的“席位”。

【实训目标】

1. 了解国际货代典型工作岗位的设置
2. 熟悉国际货代典型工作岗位与职业能力
3. 掌握国际货代典型工作任务和职业行动领域
4. 理解国际货运市场的需求特征
5. 掌握国际货运产品的特征
6. 理解国际货运市场的营销策略

【实训准备】

1. 浏览“锦程物流网”查找有关国际货代岗位的内容
2. 浏览“中国物流网”查找有关国际货代市场营销的内容

【实训工具】

1.《国际货运专业领域的典型工作岗位与职业能力分析表》1 份

2.《国际货代典型工作任务和职业行动领域表》1 份

3. 实训案例

任务一 了解国际货代岗位

【实训任务】

1. 各小组虚拟成立一个国际货代公司，并设置岗位
2. 了解国际货代公司典型工作岗位的设置
3. 了解国际货代公司工作岗位的职业能力、行动领域

【实训流程】

1. 布置任务
2. 教师讲解本实训任务所需的理论知识
3. 学生分组完成任务

【实训提示】

国际货运代理专业领域的典型工作岗位群主要有：报关员岗位群、报检员岗位群、货代员岗位群、外贸业务岗位群等。

一、 国际货代典型工作岗位群

1. 报关员、报关员助理等

报关员是指经海关备案登记，代表企业办理进出口货物报关纳税等通关手续并以此为职业的人员。报关员应具备一定的知识水平和实际业务能力，熟悉货物进出口法律和外贸知识，必须精通海关规章制度，并有办理海关手续的技能。

2. 报检员、报检助理等

报检员是获得国家质量监督检验检疫总局规定的资格，在国家质检总局设在各地的出入境检验检疫机构注册，办理出入境检验检疫报检业务的人员。报检员受国家质检总局主管，检验检疫机构负责组织报检员资格考试、注册及日常管理、定期审核等工作。报检员在办理报检业务时，应当遵守出入境检验检疫法律法规和有关规定，并承担相应的法律责任。

申请者应具备一定的英语基础，熟悉检验检疫相关法律，掌握检验检疫的基本知识和业务流程，有良好的沟通能力，能与客户、海关和商检等沟通，并能独立开展实际操作，解决客户提出的各种专业性问题。

3. 货运员、操作员、客服人员等

国际货运代理人的工作是接受进出口货物收货人、发货人的委托，为进出口货物办理国

际货物运输及相关业务的人员。国际货运代理人应具有良好的英语听说读写能力，熟悉进出口业务和交易程序的各个方面，掌握国际货运代理的基本知识和国际海运理论和实践。掌握国际航空货运代理、国际多式联运和现代物流的理论与实践，熟悉国际货运代理程序并可独立开展实际操作，一般要求具有商务部颁发的《国际货运代理人资格证书》。

4. 国际商务单证工作人员等

国际商务单证工作人员是指在国际贸易结算业务中，根据销售合同和信用证条款，检查和制作各种贸易结算单据、证书并将其提交银行议付或委托银行代收的工作人员。单证员的主要工作是审核、检查、制作和归档等一系列业务活动，具有覆盖面广、及时性强、工作量大、要求高等特点。一般要求取得中国对外贸易经济协会和商务部出具的国际商务单证员及外经贸经理人等凭证。

单证工作人员负责国际贸易中各种单据的管理和操作，如运输、海关、商检等。需要系统掌握外贸理论和实践知识，熟悉进出口业务环节和贸易手续，能熟练执行国际贸易中各种单据的修复、获取、审核、修改和转换等业务。一般要求获得《国际贸易单证员证书》。

二、 典型工作任务和职业行动领域

为更好地培养学生的职业能力，我们以工作过程为导向，通过分析国际货代专业岗位群的工作性质、业务范围和工作内容（表 1–1），总结出了典型工作任务，并根据典型工作任务确定职业行动领域（表 1–2）。

1. 外贸业务员工作任务和职业行动领域

（1）工作岗位：外贸业务员。

（2）典型工作任务：了解行业特点、专业社会需求；了解、分析客户外贸业务；了解外贸业务的操作流程；熟悉国际商务政策法规。

（3）行动领域（工作任务描述）：行业、专业认知；客户外贸分析；了解报价、订货、付款方式、备货、包装、通关手续、装船、运输保险、制单、结汇等手续的全过程；掌握国际商务法律法规及中国对外贸易政策法规。

2. 单证员工作任务和职业行动领域

（1）工作岗位：单证员。

（2）典型工作任务：业务、结汇、核销、运输等单证的制作与审核。

（3）行动领域（工作任务描述）：发票、箱单等常见单证可由外贸业务员自行缮制，商检等需要跑外的部分单据由单证员或财务人员办理。

3. 货代员工作任务和职业行动领域

（1）工作岗位：货代员。

（2）典型工作任务：独立进行国际货运代理业务操作。

（3）行动领域（工作任务描述）：接受货主询价，办理有关货物交接、仓储、调拨、检验、包装、转运、订舱等业务。

4. 报检员工作任务和职业行动领域

（1）工作岗位：报检员。

（2）典型工作任务：独立进行报检业务操作。

（3）行动领域（工作任务描述）：向出入境检验检疫机构进行登记，填写报检单并提供相应的随附单证。申请检验、检疫、鉴定，按规定缴纳检验检疫费用，对出入境不合格货物要及时向检验检疫机构汇报。

5. 报关员工作任务和职业行动领域

（1）工作岗位：报关员。

（2）典型工作任务：独立进行报关业务操作。

（3）行动领域（工作任务描述）：与海关、进出口企业、货运代理委托人进行沟通，根据企业和海关要求准备并提供有关单证，向海关申请报关；配合海关进行进出口货物的查验工作，办理进出口货物的通关手续和报核事务；办理外汇核销，进行报关核算，监控和调整进出口平衡，处理特殊和紧急情况等。

6. 国际货代其他岗位工作任务和职业行动领域

（1）工作岗位：国际货代其他岗位。

（2）典型工作任务：物流服务与组织、市场开发与客户维护。

（3）行动领域（工作任务描述）：物流信息处理、物流业务操作；市场调研与开发，与客户进行沟通、协调、洽谈；审核商务合同条款，组织起草合作协议等。

表 1-1　　国际货代专业领域的典型工作岗位与职业能力分析表

工作岗位		职业能力	课程体系
报关员岗位群	报关员、报关员助理	应经海关注册登记，应当代表企业在海关办理进出口货物报关纳税。报关员应具备一定的知识和实际的业务能力，熟悉进出口法律和对外贸易知识，必须精通海关法规，要有办理海关手续的技能，取得由海关总署出具的报关员资格证书，办理报关手续	国际贸易实务、国际商务单证实务、报关实务、海关商品分类、专业模拟实训
报检员岗位群	报检员、报检员助理	报检员和报检员助理岗位群是指那些专门从事为对外贸易提供出入境检验检疫服务的机构和企业中的岗位。报检员应聘者必须具有良好的英语能力，熟悉检验检疫相关的法律法规，掌握基本的知识和业务流程，并能独立开展实际操作，取得由中国出入境检验检疫总局出具的检验检疫证书	国际贸易惯例、国际商务单证实务、报关实务、报检实务、专业模拟实训

续表

工作岗位		职业能力	课程体系
货代员岗位群	揽货员、操作员、客户服务员	国际货运代理人应具有良好的英语听说读写能力，熟悉进出口业务和交易过程的各个方面，并掌握国际货运代理的基本知识和国际海运理论和实践。熟悉国际航空货运代理、国际多式联运和现代物流的理论与实践，可独立进行实际操作。一般要求具有商务部颁发的《国际货运代理从业人员资格证书》	国际货运代理实务、货运代理英语、集装箱运输实务、贸易仓储与配送、专业模拟培训
外贸业务岗位群	国际商务单证员	技术人员的主要工作是制作、审查和归档文件等一系列业务活动，具有工作量大、覆盖面广、时效性强、要求高的特点。商务部一般要求由中国对外贸易经济合作企业协会颁发《国际商务文书执业证书》	国际贸易实务、国际商务单证实务、外贸英语、专业模拟培训
	跟单员	要求掌握外贸理论和实务系统的知识，熟练执行国际贸易过程中各种文件的制作、获取、审核、修改和转让，一般要求获得《国际贸易单证员证书》	国际贸易实务、国际商务单证实务、外贸英语、专业模拟培训

表 1-2　　国际货运代理专业的典型工作任务和职业行动领域表

工作岗位	典型工作任务	行动领域（工作任务描述）	学习领域
外贸业务员	了解行业特点、专业社会需求	行业、专业认知	认识实习
	分析客户外贸业务	对客户的外贸业务进行分析	供需调查
	了解外贸业务的操作流程	了解报价、订单、付款、库存、包装、报关手续、出货、运输保险、生产结汇等手续，了解整个流程	国际贸易实务
	熟悉国际商务政策、法规	掌握国际商务法律法规及中国对外贸易政策法规	国际商务法律法规
跟单员	业务、结汇、核销、运输等单证的制作和审核	发票、箱单等一般凭证由外贸业务员准备，检查、验收等需要跑外的部分凭证交由单证员或财务人员处理	国际商务单证理论与实践
货代员	独立开展国际货运代理业务操作	接受托运人的询价，办理货物调运、调配、检验、包装、转运、订舱等业务	国际货运代理实务
检验人员	独立进行报检业务操作	登记出入境检验检疫机构，填写检查表并提供相应的随附单证。申请检验、检疫、鉴定应当按照规定缴纳检验检疫费，并应为达不到标准的入口和出口商品向检验检疫机关报告	报检实务

续表

工作岗位	典型工作任务	行动领域（工作任务描述）	学习领域
报关员	独立操作报关业务	办理海关报关、进出口报关报检与合作运输货物的报关手续；进出口货物的通关、核销；办理外汇核销；计算、监控和调整进出口平衡；特殊情况的急救处理	报关原理与实务
其他岗位	物流服务与组织	物流信息处理、物流业务具体执行	现代物流概论
	客户开发与维护	与客户沟通、协调、谈判，审核商务合同条款，组织起草合作协议	客户关系管理
	货代业务综合实训	完成其他相关的综合业务	国际货代综合实训

【实训案例】

A国际货代公司货代部——接单操作流程

根据工作特征，货代部的日常工作划分为“接单、订舱、拖车/内装、报关、文件、费收和其他”各环节，各环节相辅相成。

日常工作的各流程操作是各岗位的工作指导，也是主管评判各岗位工作达标与否的标准。

接收订单原则上应该是日常工作中的“重中之重”。接收订单通常要求快速和高效，在最短的时间内确认业务的可操作性并安排。受理人通常要求在收到委托书后15分钟内完成下列三个基本信息的确认。

注：对于部分无法短时间内确认的信息，必须及时安排并予以跟踪，如果根据客户和操作需要流向下一个环节，首先安排流程后进行后续处理，保证下一环节的有序运行。

1. 审核客户委托并确认客户服务要求（客户服务或订单员）

（1）接单人员须预先审核客户的委托内容。

订舱单需显示以下信息，但不限于此：

托运人/发货人、船公司/日期、出发港、目的地/过境港、货物名称、集装箱体积、运费条款和费率、托运人的签字或盖章等。

（2）订单必须预先确认客户服务要求。(客服或者接单员)

客户服务要求一般包括是否需要：到/预付订舱、拖车/内装、商检和报关等。

到/预付订舱确认，即对接单人员须预先审核客户的委托内容的确认；对于拖车/入境货物、商检、报关等服务要求，必须确认客户订单上的货物和文件的准备时间、服务要求等。特殊服务要求一般包括对普通服务以外的附加服务的需求，再验收和安排。

2. 运价核对、确认（客户服务或收货人）

确认（客户服务或收货人）之前，部门主管/其他相关职能部门必须批准特殊服务要求。客服人员在收到订舱单后，必须确认运费及其他服务费用。

(1) 销售部出差时，与销售员核对运费和其他服务费是否正确，由销售员签署预订表确认，然后到相应的船公司预订。

注：特殊情况可先与销售人员核实确认，销售人员再返回公司确认签名。

(2) 必须要与市场相关人员或航线主管人员及时确认后再安排订舱。

3. 舱位确认（客服或接单员）

根据客户委托，及时反馈符合要求的舱位。

思考：请分析 A 公司“接单”这一典型工作任务和职业行动领域是什么？

A 国际货代公司货代部——订舱操作流程

一般来说，预订必须在预定的船期前 7 天安排。对于那些能够提前接受委托的船运公司，他们应该争取第 1 次预订。在旺季，预订应根据市场情况适当提前。

一般要求在预定的船期 5 个工作日之前完成预订。对于限期内的商务委托，一般要求在订单日内完成预订，最迟在 1 个工作日内完成预订。

1. 新预约（预约话务员）

订票运营商必须及时创建业务号，并在操作系统中创建新的业务文件和相关数据。输入业务数据包括但不限于：业务属性、信息的接收、服务要求、提单要求、船名和航程（如果可能的话）、航行日期、出发港、过境港、目的地港、箱容积、名称和数量和代理人（如有必要）。

2. 预订流程（预订员）

预订过程包括订单制作和发送、预订号码或提单确认、预分配和申报单确认、过境口岸代码确认、机场收据确认等步骤。

预订完毕后，机舱分配信息应及时输入操作系统，在输入信息时应保证准确性。应特别注意以下信息：船公司的名称、预订号码、海运单号码、名称、航程、出发日期、箱子的大小容积及运费/运输条款。

3. 舱位通知（订舱操作员）

无论是否需要为我们的业务提供本地服务，预订确认或装运通知必须是第一次通知客户，确保上述预订号码和航次名称清晰准确，避免混淆。如有任何问题，积极与客户合作，跟踪并处理预售、报关等事宜。

思考：请分析 A 公司“订舱”这一典型工作任务和职业行动领域是什么？

任务二 国际货代营销实训

【实训任务】

1. 分组建立虚拟的货代公司
2. 为揽取到足够货源，公司采取的营销策略及开展的营销活动

【实训流程】

1. 布置任务
2. 教师讲解任务所需理论知识
3. 学生分组完成任务

【实训提示】

由于世界不同地区的资源分布不均衡，不同国家和地区的经济发展水平和消费水平也不平衡。因此，世界贸易的不平衡需要通过贸易活动来调整。这种贸易活动所形成的货物流动构成了国际货物运输的需求。国际货运市场是国际货运代理商与国际贸易商之间形成的以国际货运服务为目的的服务市场。

一、 国际货运市场分析

1. 货运市场概述

国际货物运输在完成货物由卖主运至买主的过程中要经过多个环节，简单而言包括揽货、洽谈各种运输工具如租船订舱、内陆运输等，具体环节还包括装卸、报关、检验、保险和仓储、缴纳各种费用。在现代运输中，还为客户提供各种信息服务和包装、流通以及加工价值、电子附加服务，从而形成了以货物运输为中心，以海运为主体，包括采购业、代理业、金融业、保险业、信息业、劳务供应业等行业的整体运输和营销体系。

2. 货运市场需求特征

货运市场需求是指在一定时间段内、处于一定的价格水平，对国家或地区间贸易的货运能力和劳务的需求。需求者是指从事商业贸易活动的所有人或其代理人。从宏观角度看，货运市场的需求有如下三个方面的特征。

（1）周期性。国际航运市场的需求源于国际贸易，世界经济是国际贸易的先导。世界经济的发展具有周期性波动的特征，影响了国际贸易的发展，使货运需求的发展呈现出周期性的变化。例如，“十年一山”是航运市场较为常见的周期性规律，此外还有“冬高夏低”，

指一些商品的短期季节性流动，如粮食、原油等都明显表现出秋冬季为旺季的特征。国际贸易的结构、数量和价值的变化将通过货运需求反映出来。货运总需求规律来源于并遵循世界经济变化规律和国际贸易发展规律。分析国际货运市场的需求，我们需要分析世界经济和国际贸易的现状和趋势。

（2）潜在性。国际货运需求不仅是国际贸易的衍生需求，也是潜在需求。这种潜力由世界经济的升降反映在国际贸易中，有一定的潜伏性；而国际贸易大多是未来贸易，因此货运需求相对滞后。根据统计数据分析，世界经济的发展反映了国际贸易的一定时滞，即世界经济的发展通常需要0.5~2年时间才能反映在国际贸易中。世界经济的复苏将导致国际贸易的发展，这种变化将在0.5~1年后在国际货运市场发生。

（3）失衡性。货物运输的需求在国家和地区之间或运输对象之间是普遍的和绝对的。这一特点既是资源配置、经济发展和国际贸易失衡的结果，也是促进货运市场发展的原因。货运需求的规模随着经济的整体发展而增加，但不同类型货物在不同经济周期中所占比例不同。

3. 客户需求分析

货运市场是指由有运输需求的客户构成的集合，这些客户包括国际贸易中的收货人、发货人。货运市场上的客户需求既包括对货物的物质需求，也包括对运送质量的需求；对船型、舱位、船次、港口、集装箱、运价等同等经济条件下，无论是物质需求，还是服务态度及安全性、准确性等方面的精神需求。因此，货运代理企业必须研究客户需求的特征，以更好地满足托运人的需求，以便在市场竞争中取胜。

（1）顾客需求特征。

①多层次性。客户会有各种各样的需求，但不可能同时都得到满足，客户需求总是在一定的经济能力和其他条件的基础上形成的。根据客户需要的轻重缓急逐步实现，使客户需求具有多层次的特点。在货运市场上，不同客户由于其经济效益的差异，自然表现出需求的多层次性。货运企业应在对货运市场进行细分的基础上，准确地选择自己的目标客户群体。

②无限扩展性。随着运输设备、运输技术及通信水平的不断提高，以及世界贸易市场、国际货运市场的变化，客户的需求也不断地在发生变化，不断地产生新的需求。因此，货运企业要与时俱进，不断开拓新市场，开发新的服务项目，满足客户日益增长的需求。

③分散性。国内取得外贸进出口经营权的企业分布在各地，且以中小企业为主，货运市场的客户以中小货主为主，且分布面广，大货主相对较少。大多数客户每次的托运量少且频率不高，因此货运企业应采取灵活多样的销售方式，适应货运市场的结构。

④可诱导性。客户的需求可通过外界的诱导加以改变。客户需求的这一特点要求货运营销人员不仅要适应和满足客户需求，还要通过各种促销渠道正确地影响和引导客户需求，将

潜在客户转变成真正的客户。

（2）影响客户需求的基本因素。

①经济因素，表现为运价。运价的高低经常成为客户选择货运企业的主要决策因素。运价是进出口商品的价格组成部分之一，运价的高低直接影响企业的利润。因此，客户在选择承运人时应注重考虑运价因素。运价的最终确定决定于该市场的供需情况。货运企业应积极运用产品的差异化策略，以排除完全以价格吸引货主的做法。

②货运服务质量。货运服务质量是托运人选择货运公司时考量的另一重要因素。一般从以下几个方面去评价货运服务质量优劣：

a. 货运时间。货运时间的长短常常是托运人选择货运公司的重要依据。

b. 班期。班期多少是托运人考虑的依据之一。班期多意味着托运人的货物发货时间有保证。货运公司应尽力配合托运人的出货时间。

c. 运输设施。运输设施的判断条件包括船舶的新旧程度、货箱多样化、提货场站设备先进程度、交通便利及公司网络化等。

d. 文件制作。如舱单制作常出错，耽误进口商提货时间会影响客户满意度；提单签发时间及其正确性也会影响出口商的选择。

e. 客户服务。客户服务贯穿于货物运输的全过程，包括舱位是否得到保证、交托的货物是否有较好的保管、付款条件是否方便等。在客户需求为导向的营销阶段，企业间的竞争实质上是服务的竞争，客户服务已是托运人选择货运公司的重要标准。

f. 运后服务。运后服务是客户服务中非常重要的部分。良好的后期服务对于加强客户的满意度、扩大忠诚客户数量起着非常重要的作用。

二、 国际货运产品分析

1. 货运服务产品特征

货物运输是服务产品。货运代理企业为客户提供国际货运及相关业务，国际货运包括货物预订、装卸、仓储、过境、集装箱拆卸、陆运、国际多式联运等，是一项综合性的运输和航空工作。相关业务包括海关、检验检疫、保险、运费及杂费结算，包装、装卸、信息咨询服务等。货运服务产品具有如下 5 个特征：

（1）运输产品的非储存性。运输产品的生产和消费是同步的，这就要求货运需求随着国际贸易的增长而增加，运输能力也要有相应的增长，以调整供求关系。但是，运输能力的增长往往需要较长的时间，运输能力的建设需要相应时间的推进。这项服务产品没有存货，但有库存成本。当没有客户或货源时，产品的成本就是闲置生产能力的损失、机会和折旧。货运公司调节供求矛盾是一个非常重要的问题。营销人员应该通过定价、广告等多种营销手段来实现供需平衡。

（2）运输生产的时空差异。由于供需时空差异会导致生产与消费的差异，货物运输必须承受运输能力丧失和空载航行等经济风险。因此，运输活动的经济效益取决于供需关系在时间和空间上的良好结合。

（3）运输产品的无形性。顾客在购买和消费之前难以把握服务的质量，营销者也很难把服务质量准确地展示和描述出来，只有在服务过程结束后才有结果。货运代理商应努力增加无形产品的有形组成部分，如服务场所、设备、人员、宣传材料、价格，在一定程度上使服务可见。

（4）生产过程和消费过程的不可分离性。服务产品是由一系列的活动或过程组成的，所以在服务的过程中，生产者和消费者必须直接或间接发生联系。这一特性决定了在货运服务的销售和消费之前不可能进行质量控制，不适合传统的营销管理和质量管理方法。

（5）客户缺乏货运服务的所有权。因为服务是无形的、非物质的，消费者没有对服务的“实质”所有权，所以货运服务不会有所有权的转移。

2. 货运服务质量的主要内容

服务质量是指在一定时间内为客户提供服务的效用和对客户需求的满意度的综合表现。货运企业作为服务业，是否注重服务质量，决定着服务企业的信誉和命运。货运服务的质量涉及各个方面。一般来说，应包括服务态度、服务技术、服务设施、服务时间等。

（1）服务态度。服务态度是服务质量的重要组成部分，它是一个由认知、情感和行为倾向三个部分组成的有机整体。认知是指员工对顾客的理解和服务工作；情感是指员工对顾客和服务工作的热情；行为倾向是指员工对顾客和服务工作的行为。这三个要素缺乏任何一个，对服务态度都会产生决定性的影响。

（2）服务技术。服务技术是衡量服务质量的基本标准，是指员工在服务知识和操作技能过程中的熟练程度。它包括服务知识和操作技能两部分，服务知识主要是指员工对货物运输相关知识的掌握程度，包括港口条件、路线、运输方式、货物特性和装载要求、运输条件以及最新的货物动态信息、国际国内运输法规、对外贸易基本知识等。操作技能是指员工能够独立、快速、准确地处理各种文件，熟练地处理各种英文信函和电报，熟练、准确地打字，使用计算工具快速准确地计算价格、运费、保险、杂项费用，熟悉计算机系统。

（3）服务设施。完善、先进的服务设施是现代企业高度发展的重要标志，也是为客户提供高效、优质服务所必需的物质基础，是保证服务质量、提高服务水平的重要组成部分。服务设施是指企业为顾客提供服务所必需的硬件设施，包括运输车辆、港口码头、车队、堆场、装卸设备、集装箱通信系统等。

（4）服务项目。服务项目是服务质量的重要内容之一，是指服务性企业为客户提供的服务范围或服务内容，也就是说，服务企业的经营范围。货运企业的主要工程是运输服务业，运输业是主导产业。同时，为了提供更好的货运服务，货运相关业务也是货运企业的兼职项目。

（5）服务时间。服务时间包括两方面的含义，一方面是，由于国际货运代理行业的特殊要求，企业应在为客户提供服务的工作时间范围内，根据客户的需要延长服务时间，或者在某些服务环节或是服务项目，设立24小时服务或专人特别的值班服务制度；另一方面是，企业向客户提供服务的时间效率，包括三个方面：准时、准点、省时。准点是指顾客在需要服务时能迅速到达目的地；准时是指能够根据客户的要求及时准确安排服务；省时是指在向客户提供服务时所花的时间应该更短、更好，最小化客户的等待时间。

3. 提高货运服务质量的方法

货运企业要提高货运服务质量，除满足货运服务质量要求外，还可以从以下几个方面考虑。

（1）树立整体质量管理的思想。货运企业为客户提供一个整体的运输服务，产品包括从订购货物的收货人开始整个过程，因此货运服务质量取决于各部门的工作质量和所有员工服务的全过程。货运企业必须树立全面质量管理的理念，让每个员工都具有强烈的质量意识，从而提高整体服务质量，使服务意识贯穿于整个服务过程。

（2）做好内部营销工作。内部营销是相对外部营销而言的。外部营销是指企业为满足顾客需求而制定的服务、定价、分销和促销等日常营销工作。内部营销是企业直接与客户接触，有效培训和激励员工为顾客提供满意的服务。通过内部营销，提高员工对企业的满意度，使员工认真承担一定的责任。为企业努力工作，以高效率、高质量为顾客提供优质服务，使顾客满意。

（3）制定高标准服务规范。货运企业的服务质量，在一定程度上取决于提供服务的业务人员。在服务市场营销中，服务产品本身的质量很关键，服务提供的质量也很重要。由于业务人员的个体差别，提供的服务质量也有很大差别。为了提高客户的最大满意度，货运企业必须制定高标准的服务规范。

（4）做好有形展示工作。所有的特征和服务的优点都是可见的。货运企业实物陈列的内容包括：运输手段和设施的展示，企业名称和品牌、形象标志展示，公布和介绍服务质量标准、具体服务措施和服务承诺，员工统一着装、挂牌上岗，召开各类新闻发布会及公司装潢摆设、航线标识等。

通过有形展示，能使客户对企业形成良好印象，对企业产生信任，提高客户感受的服务质量，从而使其产生合理的预期，增强客户满意度。同时，通过有形展示也有利于塑造本企业的良好形象，达到促使员工提供优质服务的目的。

三、 国际货运市场营销策略

1. 货运企业揽货的程序及方法

（1）寻找潜在客户。成功发现潜在客户是企业扩大销售范围、增加采购量、增加市场份额的重要途径之一。寻找潜在客户是过程的开始，也是成功或失败的关键。一般来说，货运企业有三种类型的客户：第一，支持企业并使用其运输服务的现有客户，应占到其总货运量的10%以上；第二，尚未使用过企业运输的未来客户，服务方面可选择未来客户；第三，潜在客户是指尚未使用企业运输服务的客户，且正在与其他货运企业合作，这些客户往往有一定数量的货物。成功挖掘潜在客户是货运企业扩大销售范围、增加采购量、增加市场份额的重要途径。

（2）接触前的准备。销售人员在正式会见客户之前需要做大量准备工作。通常，这些准备工作包括收集关于潜在客户的信息、建立客户档案、收集关于竞争对手的信息、建立竞争对手档案以及制订访问计划。做到知己知彼，有的放矢。

（3）约见客户。货运推销员通常需要约见客户。约见内容包括确定约见对象、确定访问目的、确定访问时间、选择访问地点等。在约见客户时，应遵循方便客户的原则。通过预约，有利于促进销售预测，制订可靠的存取计划，提高货物的收集效率。

（4）销售谈判。销售谈判是整个托运工作的核心内容，直接关系到托运工作的成败。因此，货运公司的每一位销售人员都应高度重视谈判的技巧。货运企业的客户不仅包括进出口公司，还包括货运代理商，因此销售谈判时货运企业的销售人员应根据客户的具体情况进行具体分析。

（5）订立合同。在双方同意的情况下，销售人员应通过与客户的反复接触和谈判抓住机会尽快与客户签订合同。与客户订立合同应坚持互惠互利的原则并留有适当的余地，以便于与客户保持良好合作，最终从客户那里获得更多的货物。

（6）售后服务。售后服务，是指从接受客户预订的货物开始，直至在目的港交货，并向收货人交付，总期限内有关的货物一切运输售后服务。这是货物运输的最后一个环节，也是货运企业履行合同、为客户提供运输服务产品的重要内容之一。

通常，与客户签订合同只是客户与企业之间合作的开始，客户对企业运输服务的满意程度取决于售后服务的质量。售后服务的质量直接影响到客户和企业之间未来的合作，直接关系到客户对企业的支持程度。因此，销售人员应与客户保持密切联系，协调与货运代理港务局、海关、商检部门甚至船队的关系，使货物在各个运输环节的运营有序。

此外，销售员应当随时跟踪货物，在货物到达目的港前将有关清关手续通知收货人，以便收货人及时、顺利地取货。只有当货物安全、迅速、及时地交付给收货人时，客户才有兴趣并有信心继续与企业合作。同时，收货人的满意度将进一步增强客户对企业支持的信心。

2. 货运企业的营销策略分析

（1）产品策略。货运企业要想争取更多的货源，必须提高服务质量，为货主提供更好的服务。为完成这一任务，货运企业必须从硬件和软件入手。货运企业可从三方面改善硬件环境。

①机械设备必须跟上业务发展步伐，装卸设备应向大规模发展。

②集装箱堆场容量应与货运业务的发展相适应。集装箱堆场的容量取决于一次堆场的周转能力和周转时间。收集时间的提前和交货时间的延迟一般会降低周转速度。

③完善商务信息系统，方便客户随时查询商品流向。

软件主要指优质服务。货运企业应建立高效、统一的管理与协调工作机制，加强部门间的联系与沟通，建立情况通报制度和决策咨询机制，加强协调与沟通。结合发货人的要求，建立和完善各种服务质量规章制度，建立优质的服务监督管理部门，把服务质量与工资收益挂钩。

（2）促销策略。

①对拥有大量外贸业务的托运人和代理商给予奖励。奖励的主要内容是提供优惠价格。

②大力加强宣传力度，通过广播、报纸、互联网等媒体手段提高货运企业的知名度，树立货运企业形象，走品牌经营之路。

③在各城市召开航线推介会，扩大企业的影响力，将货运企业的优势和各种优惠条件汇编成册，定期分发给托运人。

（3）分配策略。

①货运企业应在主要城市设立货运企业运输办事处。除采购货物外，各部门还要做好市场调研工作，可以赋予各部门一定的经营自主权，建立浮动范围的运输成本机制。各货运代理机构应采取措施，积极联系当地货运代理商，借壳“上市”，迅速开展业务。

②货运代理企业往往存在数量少、规模小、服务质量不好等问题，所以应认真地筛选，选择有实力的货代企业，然后与其开展长期合作。

③货运企业应与规模比较大的货主和公司开展业务，这样既可以减轻货主负担，又方便及时了解货主要求，从而牢牢抓住货主，避免流失大的货物资源。

【实训案例】

NYK 集团是一家传统的航运服务公司，自 1986 以来一直运营着从欧洲到远东地区的港口服务。航运业是纽约证券交易所的主要业务，有 116 艘每年载有超过 7 000 万吨货物的船队。但进入 21 世纪以来航运利润的下降和波动导致 NYK 重新调整其商业战略，如从单端口到多端口服务，再到更详细的“门到门”服务。NYK 集团在新世纪提出的公司战略内部称为“NYK21”，目标是把公司发展成一个超越航运的综合物流公司，一个能够提供更广泛服务的超级承运人。NYK 的战略之一是通过协调空运、货运代理、仓储和道路运输业务的子公司来实现其战略联盟。NYK 的实践表明，以下策略值得借鉴：

（1）改变原有的单一服务类型，实现服务多样化，同时不断挖掘客户需求，调整服务范围，提高服务质量。

（2）通过公司总部协调，避免信息滞后或传输造成的损失。根据公司发展战略，采用兼并手段进入某国市场或得到被兼并的技术和网络体系。

（3）在世界各重要地区建立物流中心，加强物流中心之间的联络，确保及时、准确地向客户提供服务和信息，充分利用先进的信息技术，充分发挥日志的综合信息功能。

【项目实训练习】

1. 请参照案例分析“国际货代公司货代部操作流程”并绘制：

（1）虚拟成立的国际货代公司货代部的组织结构图。

（2）虚拟成立的国际货代公司货代部业务操作流程图。

2. 请通过一定的途径调查我国西南地区的国际货运市场。

（1）采用 SWOT 法简要分析需求市场和供应市场。

（2）确定公司的主业，采用 4P 或 4C 策略制定一个简单的营销组合策略。

项目二

国际海上货物运输代理实训

【实训情境】

目前国际贸易总量中2/3以上的货物是通过海上运输完成的，有些国家甚至90%以上的货物都是通过海上运输实现的。海上货物运输涉及的环节众多、程序复杂、风险大，但由于历史悠久，已经形成了众多国际通用的操作手段、方法、制度、体系。熟悉这些相对统一的流程、方法、单据、规章制度，有利于简化国际海上货物运输的程序，降低风险。本项目将针对国际海上货物运输的各个环节、操作流程、相关单据进行实训，帮助大家了解和熟悉国际海上货物运输的一系列操作。

【实训目标】

1. 掌握国际海上货物运输的经营方式
2. 理解班轮运输的特点、业务流程
3. 熟悉班轮运输的计算、货运单证的制作过程
4. 了解租船运输的形式、程序及租船合同的内容
5. 掌握集装箱运输方式、集装箱的交接方式及地点
6. 理解集装箱运输的进出口操作流程
7. 熟悉集装箱运输的主要运输单证及运费的计算
8. 掌握海运提单、托运单的制作

【实训准备】

1. 浏览“锦程物流网”，查找有关海上货运的内容
2. 浏览“中国物流网”，查找有关海上货运的内容
3. 复习《国际贸易》课程中有关海上货物运输的内容

【实训工具】

1. 海运船只图片 1 套
2. 海运提单 1 份
3. 海运出口货物代运委托单 1 份
4. 装货单 1 份
5. 收货单 1 份
6. 集装箱设备交接单 1 份

任务一　国际海运认知

【实训任务】

1. 国际海运特点认知
2. 国际海运船舶认知
3. 国际海运航线及港口认知

【实训流程】

1. 教师提供国际海上货物运输的相关图片，要求学生总结国际海运特点
2. 教师提供有关船只图片，要求学生了解不同船只的特点
3. 教师提供国际海运航线及港口图片，要求学生了解国际海运主要航线及基本港

【实训提示】

一、 国际海运特点

（1）单次运量大，运输能力几乎不受限制。

（2）运距长。世界上的海运航道四通八达，我国海岸线长达 18 000 多千米。我国港口与世界各主要基本港之间都开辟了丰富的航线。

（3）运价低。海上运输运价约为铁路运输的 1/10，航空运输的 1/30。

（4）货物适应性强。海上运输不受货物形状、重量、体积、价值的限制，可以运输普通货物，也可以运输冷藏货物、危险品等特殊货物。既能运送件杂货，也能运输集装箱货以及大宗物资。

（5）风险较大。海上运输相对其他运输方式风险更大，且一旦出险往往造成的损失不可估量。

（6）速度慢。

（7）标准化要求高。国际海上货物运输涉及不同国家，需要统一的国际惯例、法律对其业务进行规范、约束。

二、 船舶种类及其特点

1. 货船

货船是运送货物的船舶的统称，一般不载旅客，若附载旅客，则不超过 12 人。

（1）杂货船（图 2–1）。杂货船又称普通货船，是用来专门装运杂件货物（或称“件杂货”）的船舶，在海上运输中占有较大比重。

件杂货通常是指有包装或无包装的成件装运的货物。件杂货运输是水运中最广泛、最普通却最复杂的运输，其特点如下：

①种类多、批量小，发货收货点分散。

②货物的外形、包装、相对密度、性质千差万别，装载要求各异。

③货物自身价值高，要求快速、及时、稳定的运输服务。

为与件杂货运输相适应，杂货船具有如下特点：

①为了避免货物因堆装过高受压损坏，通常用甲板把船体内分隔成若干层。为了保证船体的横向强度，还用横向舱壁将船舶分隔成若干水密舱室。

②杂货船的运量较小，远洋杂货船一般在 2 万吨以下，沿海杂货船在 1 万吨以下，内河杂货船在 5 000 吨以下。

图 2–1　杂货船

（2）散装货船（图 2–2）。散装货船是专门运输谷物、矿砂、煤炭及散装水泥等大宗散装货物的船舶。由于它具有运量大、运价低的特点，目前在各类船舶总吨位中占据第二位，其特点如下：

①运送的货物单一，对隔舱要求不高，货物不怕挤压且批量大，为方便装卸只设单甲板。

②由于各种散货的密度相差很大，因而采用大容积货舱，以便满载轻货。另外采用强船体结构，以适应装运重货时集中载荷的需要。

③为提高装卸效率，货舱口很大。

④货舱的横截面积近似八边形，以限制风浪中货物表面移动，提高船舶的稳定性，也可

消除装卸死角，利用货物的自然流动性加快装卸速度；边舱可作为压载水舱，用来调节船舶的浮态和稳性。

⑤机舱通常设在船尾，使货舱上有宽敞的空间以利装卸，空航时也能保证螺旋桨没入水中，以提高推进效率。

⑥载运的货物价值低，对运达速度要求不高，常常采用扩大载重量和降低航速来降低成本。

图 2-2 散装货船

（3）集装箱船（图 2-3）。集装箱船就是载运规格统一的标准货箱（集装箱）的货船。现代化的集装箱船装运量一次可达 5000TEU（TEU 为国际标准箱的单位）以上。

由于运送的货物被装在集装箱中，因此集装箱船具有装卸效率高、停港时间短、经济效益好等优点，因而得到迅速发展。集装箱运输是交通运输现代化的重要标志之一。

图 2-3 集装箱船

（4）液货船（图 2-4）。运送散装液体的船统称为液货船，通常有油轮、液体化学品船及液化气船。

①油轮的特点是机舱设在船尾，船壳被分隔成多个贮油舱，有油管贯通各油舱。油舱大

多采用纵向式结构，并设有纵向舱壁，在未装满货时也能保持船舶的平稳性。

油船结构上一般为单底，随着环保要求的提高，其结构正向双壳、双底的形式演变。甲板上无大的舱口，用泵和管道装卸原油。油舱内设有加热设施在低温时对原油加热，防止其凝固而影响装卸。超大型油船吃水可达 25 米，往往无法靠岸装卸，因而必须借助于水底管道来装卸原油。

②液体化学品船专运甲醇、硫酸、苯等液体化学品。由于很多液体化学品具有剧毒性、易燃性、易挥发性和腐蚀性强的特点，船底多为双层底和双重舷侧，以确保船舶发生碰撞或搁浅时液体不致泄出。

③液化气船按液化气的贮存方式分为三类：压力式、冷压式和冷却式。在压力式液化气船中，货物在常温下装载于球型或圆筒型的耐压液罐内。冷压式和冷却式液化气船对货物的温度和压力都要进行控制，因此需要液罐的隔热装置和货物的冷却装置。

图 2-4　液货船

（5）滚装船（图 2-5）。滚装船类似于汽车与火车轮渡，它将载货的车辆连货带车一起装运，到港后车辆开出即可。

图 2-5　滚装船

（6）载驳船（图 2-6）。载驳船也叫子母船，由一大型机动船运载一批驳船，驳船内装货或集装箱，到港后驳船从母船卸到水中，由拖船或推船将其带走。

图 2-6　载驳船

（7）冷藏船（图 2-7）。冷藏船是运送冷冻货物的船，它的吨位较小，航速较高，对制冷、隔热有特殊要求。

图 2-7　冷藏船

冷藏船的货舱为冷藏舱，常隔成若干个舱室。每个舱室是一个独立的封闭的装货空间。舱壁、舱门均为气密，并覆盖有泡沫塑料、铝板聚合物等隔热材料，使相邻舱室互不导热，以满足不同货种对温度的不同要求。冷藏舱的上下层甲板之间或甲板和舱底之间的高度较其他货船的小，以防货物堆积过高而压坏下层货物。

2. 客船与客货船

专运旅客的船舶称为客船；客货兼运的船舶称为客货船。凡载客 12 人以上的船舶均须按客船规范要求来建造及配置设备人员。

客船的基本特点是：

（1）上层建筑发达，用于布置旅客舱室。

（2）对抗沉、防火、救生等方面的安全要求严格。

（3）对减摇、避震、隔音等方面的舒适性要求高。

（4）具备快速、安全及操纵性好的特点。

3. 驳船

驳船常指靠拖船或推船带动且为单甲板的平底船，一般没有动力装置，驳船可以单只或编列成队由拖船拖带或由推船顶推航行。有动力装置的称为自航驳。

驳船具有结构简单、造价低廉、管理维护费用低、可用于浅狭水道、编组灵活的特点。基于上述特点，驳船常用于转运大型货船的货物以及组成驳船队运输货物。

三、 国际海运航线及基本港

从我国角度看，国际海运航线分为远洋航线和近洋航线，各个班轮公司经营的航线和选择停靠的基本港大致相同。

1. 近洋航线（Near-Sea Shipping Line）

近洋航线是本国各港口至邻近国家港口间海上运输航线的统称。我国习惯上把航线在亚丁港以东地区的亚洲和大洋洲的航线称为近洋航线。我国近洋航线和主要到达港如表 2-1 所示。

表 2-1　　我国近洋航线和主要到达港

航线	主要到达港
中国至港澳线	香港、澳门地区
中国至新马线	新加坡、马来西亚的巴生港、槟城和马六甲等港
中国至日本线	日本九州岛的门司和本州岛神户、大阪、名古屋、横滨和川崎等港口
中国至韩国线	韩国的釜山、仁川等港口
中国至暹罗湾线，又称越南、柬埔寨、泰国线	越南的海防；柬埔寨的磅逊和泰国的曼谷等港
中国至科伦坡、孟加拉湾线	斯里兰卡的科伦坡和缅甸的仰光；孟加拉的吉大港和印度的加尔各答等港
中国至菲律宾线	菲律宾的马尼拉港

续表

航线	主要到达港
中国至澳大利亚、新西兰线	澳大利亚的悉尼、墨尔本、布里斯班和新西兰的奥克兰、惠灵顿
中国至印度尼西亚线	印度尼西亚的雅加达、三宝垄等
中国至巴布亚新几内亚线	巴布亚新几内亚的莱城、莫尔斯比港等
中国至波斯湾线，又称阿拉伯湾线	巴基斯坦的卡拉奇；伊朗的阿巴斯、霍拉姆沙赫尔；伊拉克的巴士拉；科威特的科威特港；沙特阿拉伯的达曼

2. 远洋航线（Ocean-Going Shipping Line）

远洋航线是指航程距离较远，船舶航行跨越大洋的运输航线，如远东至欧洲和美洲的航线。我国习惯上以亚丁港为界，把去往亚丁港以西，包括红海两岸和欧洲以及南北美洲广大地区的航线划为远洋航线。我国远洋航线和主要到达港如表 2-2 所示。

表 2-2 我国远洋航线和主要到达港

航线	主要到达港
中国—西北欧线	比利时的安特卫普；荷兰的鹿特丹；德国的汉堡、不来梅、法国的勒阿弗尔；英国的伦敦、利物浦；丹麦的哥本哈根；挪威的奥斯陆；瑞典的斯德哥尔摩和哥德堡；芬兰的赫尔辛基等
中国—地中海线	地中海东部黎巴嫩的贝鲁特、的黎波里；以色列的海法、阿什杜德；叙利亚的拉塔基亚；地中海南部埃及的塞得港、亚历山大；突尼斯的突尼斯；阿尔及利亚的阿尔及尔、奥兰；地中海北部意大利的热那亚；法国的马赛；西班牙的巴塞罗那和塞浦路斯的利马索尔等港
中国—南美洲西岸线	秘鲁的卡亚俄；智利的阿里卡、伊基克、瓦尔帕莱索、安托法加斯塔等港
中国—美国、加拿大线	加拿大西海岸港口温哥华；美国西岸港口西雅图、旧金山、洛杉矶；加拿大东岸港口蒙特利尔、多伦多；美国东岸港口纽约、波士顿、费城、巴尔的摩、波特兰和美国墨西哥湾港口的莫比尔、新奥尔良、休斯顿等港口（美国墨西哥湾各港也属美国东海岸航线）

【实训案例】

三井住友海上火灾保险株式会社（Mitsui Sumi tomo Insurance Company Limited）诉中远海运集装箱运输有限公司国际多式联运合同纠纷案

基本案情

2015 年 3 月，案外人 Sony Emcs（Malaysia）Sdn Bhd 公司（以下简称索尼公司）委托中远海运集装箱运输有限公司（以下简称中远海运公司）运输一批液晶显示面板，先经海运自马来西亚巴生港至希腊比雷埃夫斯港，再经铁路至斯洛伐克尼特拉。中远海运公司签发了

4套不可转让已装船清洁联运海运单。货物在位于希腊境内的铁路运输区段因火车脱轨而遭受货损。三井住友海上火灾保险株式会社（以下简称三井保险公司）作为涉案货物保险人，在对索尼公司进行理赔取得代位求偿权后，向中远海运公司提出追偿。中远海运公司抗辩称，火车脱轨的原因是事故时段当地持续暴雨，引起地质塌陷，承运人可以免责；即使不能免责，其可依法享受承运人单位赔偿责任限制。

裁判结果：

上海海事法院一审认为，三井保险公司注册成立于日本、运输目的地为斯洛伐克，事故发生地位于希腊，案件争议属于涉外民事法律关系下的纠纷，当事人可以选择解决纠纷适用的法律。庭审中，双方当事人达成一致，对于涉案货物铁路运输区段的责任认定、责任承担方式等选择适用希腊法律，其余争议问题选择适用中华人民共和国法律，法院对此选择予以尊重。

希腊是《国际铁路运输公约》（Convention concerning International Carriage by Rail）的成员国，《国际铁路货物运输合同统一规则》（Uniform Rules Concerning the Contract of International Carriage of Goods by Rail）是《国际铁路运输公约》的附件B。希腊在批准加入该公约时未作任何保留声明，公约在希腊优先于其国内法适用。根据《国际铁路运输公约》第23.2条，若货物的灭失、损坏或迟延交付是由于承运人无法避免并且无法阻止其发生的原因所造成的，承运人无须承担赔偿责任。本案事故发生前虽有持续降雨，但比较事故地区历史降水数据，事故月份降水量仅处于历史中等偏上水平，并未出现明显异常。然而，本次列车脱轨并非遭受雨水直接冲击所致，而是事故区域常年频繁降雨浸蚀土壤后产生的地质作用引起地层塌陷的结果，是一个由量变到质变的过程，具体何时发生非人力所能预见和控制。铁路养护是否得当或可延缓此种地质变化的进程，但并无证据表明可以准确预计、控制和绝对避免。因此，中远海运公司可以援引《国际铁路运输公约》第23.2条的规定，对货损不负赔偿责任。三井保险公司不服一审判决，向上海市高级人民法院提起上诉。二审期间，三井保险公司撤回上诉。

（资料来源：人民法院报：http//rmfyb.chinacourt.org/paper/html/2019-09/11/content_159955.htm）

思考：从本案可以看出，国际海运具有什么特点？

任务二　租船运输流程

【实训任务】

将学生分为小组，每4人为一组，分别担任出口企业、货代公司、租船经纪人、船舶出租人。按照操作流程说明，准备好相应的单证、文件，模拟完成租船运输实训流程。

【实训流程】

以航次租船为例，整个租船业务一般由以下环节组成（图 2-8）。

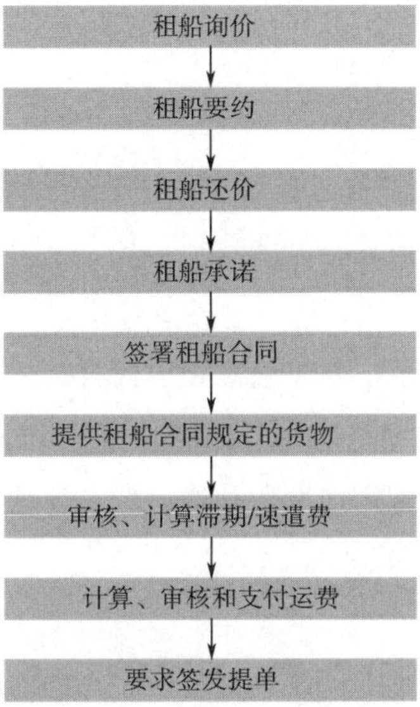

图 2-8 租船一般程序

1. 租船询价

租船询价又称租船询盘（Chartering Inquiry），是为了让船货匹配，承租双方达到各自的目的。询盘可由承租人或船舶出租人发出，前者是为了让出租人知道所运货物信息，后者是为了让承租人知道船舶信息。一般而言，询盘是通过租船经纪人向租船市场发出。

2. 租船要约

租船要约又称租船报价或租船发盘（Offer），是指接到询盘的一方围绕询盘中的内容答复对方的行为。当船舶出租人从租船经纪人那里得到承租人的询价后，经过成本估算或者比较其他的询价条件，通过租船经纪人向承租人提出自己所能提供的船舶信息和运费率、租金率等①。

3. 租船还价

还价又称还盘（Counter Offer），是指接受发盘的一方对发盘方提供的某些条件提出修改，或提出自己新的要求。

4. 租船承诺

租船承诺（Acceptance）又称受盘或接受订租，是指承租人明确接受或确认船舶出租人所报的各项租船条件，一般将此视为租船业务的最后一个步骤，即一旦承诺租船业务即告成

① 中国国际货运代理协会组织．国际海上货运代理理论与实务［M］．北京：中国商务出版社，2010.

交，租船合同自此成立。

5. 签署租船合同

实务中，当双方达成租船承诺后，当事人之间会先行签署一份简式的租船合同，即订租确认书（Fixture Note）。之后，承租双方遵照已达成的协议内容，谈妥合同各项条款后正式编制租船合同，并通过租船经纪人送交对方审核签字。至此，双方之间的权利义务得以明确规定，并具有法律效力。

6. 提供租船合同规定的货物

签订租船合同后，承租人就应着手准备合约中规定的货物，并在提供货物的时间、数量、品种等方面严格按照合约规定履行。

7. 审核、计算滞期/速遣费

船舶抵港后就需将货物装上船。对于航次租船而言，一般规定装卸作业由承租人自己负担（即 FIO 条款，Free In and Out）。此时，装卸效率的高低会直接影响船舶离港的时间。为了鼓励承租人尽快装货，船方会规定滞期费和速遣费。在这一环节，承租人需仔细审核出租人计算出的滞期费/速遣费是否正确。

8. 计算、审核和支付运费

装货完毕后，按照惯例，承租人需预先支付一定比例的运费（通常为 95%或 90%）、租船经纪人的佣金（如全额运费的 5%）以及滞期费（如果产生）。

9. 要求签发提单

货物装船后，船舶出租人一般要签发提单，航次租船合同下，一般规定由船东或船长签发租船提单。根据 UCP600（跟单信用证业务的重要国际惯例）的规定，银行一般只接受“已装船清洁提单”（The Clean on Board，B/L）。

【实训提示】

一、 航次租船合同的分类（表 2-3）

表 2-3　　航次租船合同的分类

主要类别	细类
1. 杂货租船合同	（1）统一杂货租船合同（Uniform General Charter）,简称“金康（GENCON）”
	（2）斯堪的纳维亚航次租船合同（Scandinavian Voyage Charter），简称“斯堪康（SCANCON）”
2. 煤炭运输租船合同	（1）威尔士煤炭租船合同（Chamber of Shipping Walsh Coal Charter Party）
	（2）美国威尔士煤炭租船合同（Americanized Walsh Coal Charter）
	（3）普尔煤炭航次租船合同（Coal Voyage Charter），简称“普尔（POLCOALVOY）”

续表

主要类别	细类
3. 谷物运输租船合同	（1）谷物泊位租船合同（Berth Grain Charter Party），简称“巴尔的摩 C 式（BALTIMORE Form C）”
	（2）北美谷物航次租船合同，1989（North American Grain Charter Party，1989），简称“NORGRAIN”
	（3）澳大利亚谷物租船合同（Australian Grain Charter Party）
	（4）太平洋沿岸谷物租船合同（Pacific Coast Grain Charter Party）
4. 矿石运输租船合同	（1）C（矿石）7 租船合同（C<Core>7 Mediterranean Iron Ore）
	（2）铁矿石租船合同，1962（SCANORECON，1962）
5. 液体货物运输租船合同	（1）油轮航次租船合同，1977（Tanker Voyage Chartet Party，1977）
	（2）油船航次租船合同，1976（INTERTANKVOY，1976）
	（3）气体航次租船合同，1972（GASVOY，1972）
	（4）化学品船航次租船合同（For Transportation of Chemicals in Tank Vessels），简称“BIMOHEMVOY”
6. 古巴食糖租船合同（Cuba Sugar Charter Party）	
7. 北美化肥航次租船合同（North American Fertilizer Charter Party，1978）	
8. 波罗的海木材船租船合同（NVBALTWOOD，1973）	

二、 金康租约

1. 租约条款的分类

英国普通法从性质上将金康租约的合同条款分为条件条款、保证条款和中间义务条款。

（1）条件条款（Condition Clause）是租船合同中的重要条款。它记载租船合同订立时已存在的事实，如船名、船舶当时的位置、船级、船籍等，这种记载必须真实。一方当事人违反条件条款，如承租人和出租人使船舶进行不合理绕航（Unreasonable Deviation），则不论违反程度多么轻微，另一方当事人均可解除合同并请求损害赔偿。

（2）保证条款（Warranty Clause）是一方当事人事先的“许诺和保证”。这种保证也必须真实，例如船舶所有人对船速的保证。一方当事人违反保证条款，不论其程度多么严重，另一方当事人都不能解除合同，只能请求损害赔偿。

（3）中间义务条款（Innominate Obligation Clause，Intermediate Obligation Clause）是介于条件条款和保证条款之间的条款。一方当事人违反中间义务条款，另一方当事人能否解除合同视违约程度是否严重触及合同根基而定。如果违约已使合同不能履行或不能继续履行，或合同的履行和继续履行与当事人预期的目的根本不同，这时另一方当事人可以解除合同，否则只能提出损害赔偿。

我国没有这样的条款划分，只是规定使合同不能履行或不能完全履行时过失方应相应承担违约责任。如果是任何一方当事人因为不可抗力造成合同不能履行，则可解除合同，当事方各自承担责任。

2. 金康租约 1994 PART Ⅱ 主要条款

（1）双方协议主要内容。

（2）船舶所有人责任条款。

（3）绕航条款。

（4）运费支付。

（5）装卸。

（6）装卸时间。

（7）滞期费。

（8）留置权条款。

（9）解约条款。

（10）提单。

（11）互有责任碰撞条款。

（12）共同海损和新杰森条款。

（13）税收和使费条款。

（14）代理。

（15）经纪人费用。

（16）普通罢工条款。

（17）战争风险（Voywar 1993）。

（18）普通冰冻条款。

（19）法律和仲裁。

【实训案例】

航次租船滞期费纠纷之辩

【案情】

2018 年 8 月，A 贸易公司（A 公司）与 B 运输公司（B 公司）签订航次租船合同，约定：B 公司提供船舶为 A 公司承运散装水泥熟料 5 万吨，起运港为辽宁某港，到达港为南通港，装港期限 72 小时、卸港期限 72 小时、两港装卸时间合并使用，滞期费 3 元/日/吨，并约定承租人负责装卸两港各一个安全泊位，装卸船期限自船抵装卸两港锚地时起算。

该合同履行过程中，船舶抵达长江口后便在长江口锚地抛锚，等待 15 天后起锚前往南通港靠泊卸货。完货离泊后 B 公司向 A 公司发函索赔滞期费 198.75 万元，称卸港用时自船船抵达长江口锚地时起算至完货离泊时终止，共计 16 天 10.5 小时，结合装港用时并扣除免费的装卸期限后共计滞期 13 天 6 小时，滞期费率为 3 元/吨/日×实际装运货物 5 万吨=15 万元/日，因此计算得出滞期费为滞期时间×滞期费率=198.75 万元。

A 公司认为：散装水泥熟料遇水将板结变质，因此雨天不能进行装卸作业，而船舶抵达长江口准备安排卸货计划时，南通港处于阴雨天气，故而不能及时安排靠泊卸货，因此滞期是不可抗拒的因素导致的，依约不应由其承担全部滞期损失，故拒绝 B 公司的支付请求。B 公司诉至青岛海事法院，请求判令 A 公司向其支付滞期费 198.75 万元，本案因此成讼。

【裁判】

B 公司主张：一是船舶之所以到长江口锚泊等待，其根本原因是 A 公司未能及时安排卸货计划并提供泊位。由于南通港锚地资源紧张，管理部门不允许没有作业计划的船舶在锚地长时间锚泊等待，而没有靠泊计划也没有获准进入锚地的船舶不允许进入长江，故船舶只能在长江口锚地等待；二是所谓的卸货港锚地不仅仅是一个行政划分意义上的地理概念，更是一个船舶处于随时可以靠泊卸货状态的位置概念，船舶从长江口到南通仅有 10 个小时的航程，只要 A 公司安排好卸货计划，船舶可以随时前往目的港靠泊卸货；三是船舶到达长江口前两天就已经通知 A 公司预计到达时间，相当于在国际航行中递交《装卸准备就绪通知书》，因此从船舶抵达长江口锚地开始计算装卸时间并无不当。

A 公司代理律师提出如下答辩意见：一是，就滞期费的计算而言，依据合同约定，卸港时间应自船舶抵达南通港锚地时起算，B 公司自船舶抵达长江口锚地起算卸港时间并计算滞期费并无合同依据；二是据了解，凡经依法申请，船舶均可获准进入沿江港口锚地，并无过多限制，B 公司既未证明其已经申请进入锚地而不被批准，也未就长江水域的行政管制问题进行举证，因此其关于船舶无法驶抵南通港锚地的原因系承租人未及时安排泊位的主张不应予以支持。

双方最终在法庭的调解下，按照起诉金额的 20%达成和解，案件现已终结。

（资料来源：《航运交易公报》2019 年第 37 期 日期：2019-10-09）

思考：在由海入江的航次租船中，船舶到非约定地点等待的情况较普遍。在这种情况下，能否起算装卸时间并以此计算滞期费呢？

任务三　航次租船运输装卸费用计算

【实训任务】

学生以小组为单位进行运算练习，核对过程及结果，讨论出现错误的原因。要求能够正确完成布置的实训练习。

【实训流程】

1. 教师提供装卸准备就绪通知书，要求学生从中分析出船舶装卸货的起算时间。

2. 教师提供装卸时间事实记录，要求学生计算实际使用装卸时间和滞期时间或速遣时间。

3. 教师提供滞期费/速遣费计算单，要求学生计算滞期费或速遣费，并填写计算结果。

【实训提示】

一、装卸时间和滞期费、速遣费计算的依据

1. 装卸准备就绪通知书

装卸准备就绪通知书（Notice of Readinese，N. O. R. 、NOR 或 N/R），是船舶到达装、卸港口后，船长代表船舶出租人，向承租人或其代表（通常是港口船舶代理人）递交的、表明该船舶已到达装、卸港，并在必要的船舱、船机、起货机械和吊货工具等所有与装、卸货有关的方面均做好了准备的书面通知。

有效递接的装、卸准备就绪通知书是散杂货租船计算船舶装卸货时间的起算依据，对出租人和承租人合理划分经济利益和责任具有重要意义。通知书的递接在租船合同中应详细订明。

2. 装卸时间事实记录

装卸时间事实记录（Laytime Statement of Facts，SOF）是船舶抵达合同指定港口或泊位至装卸货物完毕期间的实际情况记录，它具体反映了船舶从抵港时起至装卸完成时的有关活动情况。事实记录由船东代理缮制，记录应载明：船名、港口、货名、数量、装货效率、船舶抵港或指定泊位时间、货物装卸完毕时间、装卸时间内的连续状况。

3. 滞期费/速遣费计算单

滞期费/速遣费计算单是船舶代理人根据装卸时间事实记录，具体计算实际使用装卸时间和滞期时间或速遣时间的计算滞期费和速遣费的一种单证。

二、 装卸时间

1. 装卸时间中“日”的规定

装卸时间是指装货和卸货的期限。装卸时间中“日”的规定方法很多，其中主要有 4 种（表 2-4）。

表 2-4　　装卸时间中"日"的规定

序号	"日"的规定	具体描述
1	日或连续日（Running Days; Consecutive Days）	即每一天，连续经过、中间不存在中断，包括所有的日子，如周六、周日和假日、坏天气日等
2	工作日（Working Day）	指在港口当地，按照港口当地的习惯进行正常装卸作业的日子，不包括休息日。由于各国休息日规定方法不同，最好在合同中给予明确，只要合同中没有明确扣除都不能扣除。同时，由于对工作日的解释和规定不同，需要在合同中明确适用 1993 年还是 1980 年航次租船合同装卸时间解释规则
3	累计 24 小时好天气工作日（Weather Working Days of 24 Hours）	是指在好天气情况下，不论港口习惯作业为几小时，均以累计 24 小时实际作业时间作为 1 个工作日。如果港口规定每天作业 8 小时，则 1 个工作日便跨及几天的时间。这种规定对租船人有利，而对船方不利
4	连续 24 小时好天气工作日（Weather Working Days of 24 Consecutive Hours）	是指在好天气情况下，可以作业的 24 小时算 1 个工作日，而不管实际是否作业，中间因坏天气影响而不能作业的时间应予扣除。这种方法一般适用于昼夜作业的港口。当前国际上采用这种规定的较为普遍，我国一般采用此种规定

2. 装卸时间的起算

装卸时间的起算必须满足以下 3 个条件：

（1）船舶抵达合同约定的地点。

（2）船舶已经做好装卸货物的各项准备。即在配备船员，使机器的各转动部分、吊杆以及其他装卸工具随时处于可供使用状态，以及使船舶随时处于可立即进行装卸货物的状态等方面都已为装卸货物做好准备。

（3）船长已递交了准备就绪通知书。

①船舶已经抵港并且船舶已经完全备妥，可以装卸货物时，船长可以向承租人递交装卸准备就绪通知书。装卸时间的具体起算通常还要看租船合同的规定，一般情况下递交装卸准备就绪通知书的一段时间后才开始起算装卸时间。

如"金康 94"规定：上午办公时间内递交的 NOR 装卸时间从下午 1 时算起，下午办公时间内递交的 NOR 则从下一个工作日上午 6 时开始起算装卸时间。

②英、美、法的规定中，如果承租人提早进行装卸货物，装卸时间从实际开始进行装卸作业时起算。

③如果船舶出租人通过船长递交装卸准备就绪通知书的时间不是在承租人的工作时间内，那么此时该份装卸准备就绪通知书暂时不能生效，需要等到承租人的工作时间开始才能自动生效。

④船长在船舶还没有完全备妥时递交的装卸准备就绪通知书是无效的。船舶必须满足前两个条件以及在租约中经过明示的要求之后递交通知书才有效，否则装卸时间只能等到承租人实际开始装卸货物时才能起算。

3. 装卸时间的中断与终止

通常情况下，装卸时间一旦起算就应一直计算到装货或卸货结束才终止，但在以下两种情况下装卸时间将中断计算：

（1）租约中订明的不计算装卸时间的事件发生时。通常包括：不良天气、节假日、移泊时间、罢工、装卸设备故障等。

（2）船舶出租人的过失或违约，或者妨碍承租人不能继续进行装卸作业时。

租船合同中一般不规定装卸时间的终止计算时间，而习惯在装货或卸货作业完成时即视为终止。一旦装卸时间终止，如船舶承租人继续延误船期，不论此时是否还有剩余的装卸时间，承租人都应向船舶出租人支付滞期损失。相反，如果是由船舶出租人导致延期，则船舶出租人应承担时间损失风险。

4. 装卸时间的表述

在租船合同中装卸时间的表述通常有 3 种，即规定具体的天数、平均每天应装卸货物的效率和不规定装卸时间。

（1）规定具体的天数，即在合同中规定一定的天数，这是国内目前使用较多的一种。为了避免双方计算具体天数时对时间单位有不同的理解，租约中对“装卸日”的含义须做出明确的规定。

（2）规定平均每天应装、卸货物的效率，即是指在租船合同中以约定的装卸率和装卸货物的数量来计算装卸时间。

（3）不规定装卸时间。目前主要有按港口习惯尽快装卸和以船舶能够收货或交货的速度装卸。

5. 装卸时间的计算

（1）装卸时间的分别计算。分别规定装货港的装货时间和卸货港的卸货时间，单独计算。

（2）装卸时间的统算。关于装货港和卸货港的装卸时间统算主要有三种约定方法：

①装卸共用时间。需注意如果在装货港已将装、卸两港合计的允许使用时间用完，则在装货港已经进入滞期，按照“一旦滞期，永远滞期”的原则，当船舶抵达卸货港后立即连续计算滞期时间。

②装卸时间调剂使用。可调剂使用装卸时间又称“装卸时间抵算”。根据《1993 年航次租船合同装卸时间解释规则》，指赋予承租人将装货的可用时间和卸货的可用时间加在一起的选择权。如承租人作此种选择，结果如同规定了一个装货和卸货总的可用时间。装货港发生的速遣时间或滞期时间可调剂或抵冲卸货港的可用时间，即将装货港的节省

时间并入卸货港的可用时间，而使卸货港可用时间延长或将装货港的滞期时间在卸货港的可用时间中扣除，使其缩短。在使用此术语时，应将装货港的装货时间记入根据租船合同签发的提单中，使收货人了解有多少时间可用于卸货。最后以卸货港实用时间与调整后的可用卸货时间比较，计算出速遣时间或滞期时间。

③装卸时间平均计算。装卸时间平均计算是指分别计算装货时间和卸货时间，然后用一个作业中节省的时间去冲抵另一个作业中超用的时间。使用这种方法计算对承租人比较有利，因为速遣的时间和滞期的时间含金量是不一样的（通常速遣费是滞期费的一半）。

三、滞期费、滞留损失和速遣费

1. 滞期费

滞期费（Demurrage）是指非船方责任，承租人未在合同规定时间内完成货物装卸而按规定的滞期费率向船舶所有人支付的损害赔偿金。

滞期费应按照滞期时间和约定的滞期费率计算。滞期时间有两种计算方法：

（1）“滞期时间非连续计算”，又称“按同样的日”（Per Like Day），是指计算滞期的“日”的含义与计算装、卸时间的“日”的含义相同，如果计算装、卸时间使用的是晴天工作日，即不包括星期日、节假日、天气不良等停止工作时间的“日”，则计算滞期时间的“日”中也不包括这些时间，也就是说在滞期期间，星期日、节假日及天气不良等原因停止工作的时间都不应计入滞期时间，即滞期时间是断续计算的。

（2）“滞期时间连续计算”（Demurrage Runs Continuously），或称“一旦滞期，永远滞期”（Once on Demurrage，always on Demurrage），是指进入滞期后，即使星期天、节假日、天气不良等原因停止工作的时间也应计为滞期时间，直至货物装、卸完毕。当然，因严重自然灾害或船方原因而停止工作的时间或合同中明确规定不计入滞期的时间均不能计为滞期时间。合同中通常按照“滞期时间连续计算”方法计算滞期费率。

2. 滞留损失

船舶所有人常在合同中为按照规定的滞期费率计收滞期费的滞期时间规定一个限度（如 10 天）。如果滞期时间未超过这个规定的限度，则按滞期天数收取滞期费。如果超过了这个限度，则承租人须按船舶每天的实际损失给船舶所有人以赔偿。这种超过规定限度的损失就是“滞留损失”（Damage of Detention）。

滞留损失的赔偿除应包括因延长停泊时间而增加的燃料费、港口费和其他营运费用外，还应包括如果不发生这种延误船舶所有人可能获得的利润。当然也应包括因为船舶延误使船舶所有人不能履行下一航次与其他承租人签订的租船合同而可能发生的违约赔偿金的支出。

3. 速遣费

速遣费（Dispatch Money）是指承租人提前完成装卸作业，装卸所用的时间比所允许的少，而由船东向租船人或发货人或收货人按事先约定的费率支付的款项。速遣费率通常为滞期费率的一半。

速遣费的计算时间有两种：一是“按节省的全部时间”（All Time Saved）计算，承租人在合同规定的装卸期限内完成货物装卸，所节省的时间不应扣除例外条款规定的时间或节假日；二是“按节省的全部工作时间”（All Working Time Saved）计算，应扣除例外条款中规定的时间或节假日。

【实训案例】

装卸时间、滞期费和速遣费计算实例

1. 装卸时间分别计算实例

租船合同规定装货和卸货时间分别为5个和5个良好天气工作日且分别计算，星期日、节假日除外、罢工除外。滞期时间连续计算，速遣时间按节省全部时间计算，滞期费每天10 000美元，速遣费为滞期费的一半。假设装货港和卸货港时间事实记录如表2-5所示。

表2-5　装卸港时间事实记录表

装货港	5WWDSHEX	卸货港	5WWDSHEX
2/4　MON	全天装货	25/4　WED	全天卸货
3/4　TUE	全天装货	26/4　THU	全天卸货
4/4　WED	全天装货	27/4　FRI	罢工
5/4　THU	全天装货	28/4　SAT	罢工
6/4　FRI	全天装货	29/4　SUN	停工
7/4　SAT	因雨停工	30/4　MON	卸货完毕
8/4　SUN	停工	1/5　TUE	节假日
9/4　MON	全天装货	2/5　WED	工作日
10/4　TUE	全天装货	3/5　THU	工作日

根据租船合同的规定和上述装卸时间记录，由于滞期时间连续计算，速遣时间按节省全部时间计算，可以得出装货港共滞期4天，而卸货港则速遣3天。承租人需要向出租人支付4天滞期费共40 000美元，出租人需支付3天速遣费15 000美元。两项相抵合计承租人需付25 000美元。

如果滞期时间非连续计算，速遣时间按节省工作时间计算，可以得出装货港共滞期2天，卸货港则速遣2天。承租人需要向出租人支付2天滞期费共20 000美元，出租人需支付2天速遣费10 000美元。合计承租人需付10 000美元。

2. 装卸时间可调节使用时间计算实例（仍用上述例子）

按照装卸可调节使用时间来计算的话，在装货港共用了7天时间（扣除2天除外时间)，那么在卸货港还有3天可用时间，应该到4月30日用完装卸时间（27、28、29三天属于除外时间)，恰好卸货完毕，没有滞期或者速遣。

3. 装卸时间平均计算实例

按照装卸时间平均计算，由于滞期时间连续计算，速遣时间按节省全部时间计算，可以得出装货港共滞期4天，而卸货港则速遣3天。用卸货港节省的时间冲抵装货港产生的滞期时间，总的滞期时间为1天。承租人仅需支付1天的滞期费10 000美元。如果滞期时间非连续计算，速遣时间按节省工作时间计算，可以得出装货港滞期2天，卸货港速遣2天。按照装卸时间平均计算，用卸货港节省的时间冲抵装货港产生的滞期时间，没有滞期或者速遣。

任务四 集装箱认知

【实训任务】

老师提供集装箱的图片和视频，讲解每种集装箱的特点，增强学生的感性认识，使学生能够识别不同种类的集装箱，在进行货运代理操作的时候能为客户选择合适的集装箱。

【实训流程】

1. 教师提供集装箱图片和视频，讲解每种集装箱的特点

2. 学生浏览“锦程物流网”“中国物流网”查找集装箱相关知识，要求学生了解不同集装箱的尺寸规格、特点

【实训提示】

一、 集装箱的种类

1. 普通集装箱或干货集装箱（Dry Container）

普通集装箱用来运输无需控制温度的件杂货，其使用范围极广，占全部集装箱的80%以上。这种集装箱通常为封闭式，在一端或侧面设有箱门（图2-9)。干货集装箱通常用来装运文化用品、化工用品、电子机械、工艺品、医药、日用品、纺织品及仪器零件等，不受温度变化影响的各类固体散货、颗粒或粉末状的货物都可以由这种集装箱装运。

图 2-9　普通集装箱

2. 冷藏集装箱（Reefer Container）

冷藏集装箱分外置式和内置式两种，温度可在-28～+26℃调整。内置式集装箱在运输过程中可随意启动冷冻机，使集装箱保持指定温度；外置式则必须依靠集装箱专用车、船和专用堆场、车站上配备的冷冻机来制冷。冷藏集装箱适合夏天运输黄油、巧克力、冷冻鱼肉、炼乳、人造奶油等物品（图 2-10）。

图 2-10　冷藏集装箱

3. 开顶集装箱（Open Top Container）

这种集装箱没有刚性箱顶，但有由可折叠式或可折式顶梁支撑的帆布、塑料布或涂塑布制成的顶篷，其他构件与通用集装箱类似。这种集装箱适于装载大型货物和重货，如钢铁、木材，特别是玻璃板等易碎的重货，利用吊车从顶部吊入箱内不易损坏，也便于在箱内固定（图 2-11）。

图 2-11　开顶集装箱

4. 保温集装箱（Insulated Container）

箱内有隔热层，箱顶又有能调节角度的进出风口，可利用外界空气和风向来调节箱内温度，紧闭时能在一定时间内不受外界气温影响。适宜装运对温湿度敏感的货物。

5. 框架集装箱（Flat Rack Container）

框架集装箱是指没有箱顶和侧壁，甚至连端壁也去掉，只有底板和四个角柱的集装箱。这种集装箱可以从前后、左右及上方进行装卸作业，适合装载长大件和重货件，如重型机械、钢材、钢管、木材、钢锭等。台架式的集装箱没有水密性，怕水湿的货物不能装运或用帆布遮盖装运（图 2-12）。

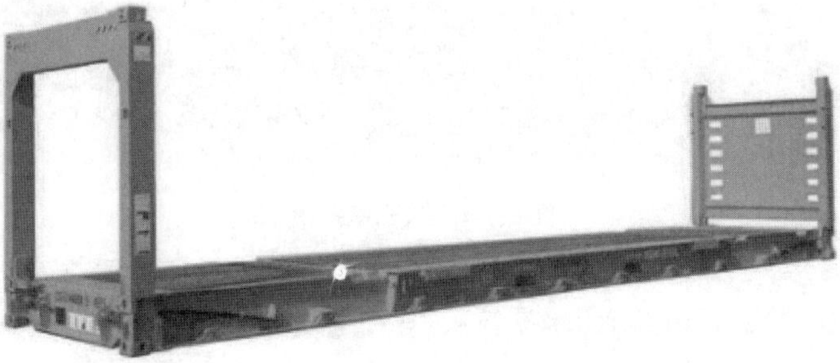

图 2-12　框架集装箱

6. 牲畜集装箱（Pen Container）

一种装运鸡、鸭、鹅等活家禽和牛、马、羊、猪等活家畜的集装箱。为了遮蔽太阳，箱顶采用胶合板露盖，侧面和端面都有用铝丝网制成的窗，以求良好的通风。侧壁下方设有清扫口和排水口，并配有上下移动的拉门，可把垃圾清扫出去，还装有喂食口。牲畜集装箱在船上一般应装在甲板上，因为甲板上空气流通，便于清扫和照顾（图 2-13）。

图 2-13　牲畜集装箱

7. 罐式集装箱（Tank Container）

专用以装运酒类、油类（如动植物油）、液体食品及化学品等液体货物的集装箱，还可以装运其他液体类的危险货物。这种集装箱有单罐和多罐数种形式，罐体四角由支柱、撑杆构成整体框架（图 2-14）。

图 2-14　罐式集装箱

8. 平台集装箱（Platform Container）

形状类似铁路平板车，适宜装超重超长货物，长度可达 6m 以上，宽 4m 以上，高 4. 5m 左右，重量可达 40t。两台平台集装箱可以联结起来，装 80t 的货，用这种集装箱装运汽车极为方便（图 2-15）。

9. 通风集装箱（Ventilated Container）

为装运水果、蔬菜等不需要冷冻且具有呼吸作用的货物，在端壁和侧壁上设有通风孔的集装箱，如将通风口关闭则可作为杂货集装箱使用（图 2-16）。

图 2-15 平台集装箱

图 2-16 通风集装箱

10. 散货集装箱（Bulk Container）

一种密闭式集装箱，有玻璃钢制和钢制两种。前者由于侧壁强度较大，一般装载麦芽和化学品等相对密度较大的散货，后者则用于装载相对密度较小的谷物。散货集装箱顶部的装货口应设水密性良好的盖，以防雨水侵入箱内（图 2-17）。

11. 挂式集装箱（Dress Hanger Container）

这种集装箱的特点是在箱内上侧梁上装有许多根横杆，每根横杆上垂下若干条皮带扣、尼龙带扣或绳索，成衣可利用衣架上的钩直接挂在带扣或绳索上。这种服装装载法属于无包装运输，不仅节约了包装材料和包装费用，而且减少了人工劳动，提高了服装的运输质量（图 2-18）。

图 2-17　散货集装箱

图 2-18　挂式集装箱

12. 汽车集装箱

一种运输小型轿车用的专用集装箱，其特点是在简易箱底上装一个钢制框架，这种集装箱分为单层的和双层的两种。因为小轿车的高度为 1. 35～1. 45m，如装在 8ft（2. 438m）的标准集装箱内，其容积要浪费 2/5 以上，因而出现了双层集装箱。这种双层集装箱的高度有两种：一种为 10. 5ft（3. 2m），一种为 8. 5ft 高的 2 倍，因此汽车集装箱一般不是国际标准集装箱（图 2-19）。

图 2-19 汽车集装箱

13. 其他用途集装箱

集装箱现在的应用范围越来越广泛，不但用于装运货物，还广泛用于其他用途（图 2-20）。

（1）“流动电站集装箱”：可在一个 20ft 高度内装置一套完整的发电机组，装满燃油后可连续发电 96h，供应 36 只 20ft 或 40ft 冷藏集装箱的用电。

（2）“流动舱室集装箱”“流动办公室集装箱”：可在一个 20ft 的集装箱内装备舒适的居室和办公室。美国已研制成了由若干只 20ft 的集装箱组成的“战地医院”，可容纳几十个床位，配有药房、化验室、手术室、护理室等，可用 C130 运输机运输并在战地迅速布置。

图 2-20 其他用途集装箱

随着国际贸易的发展，商品结构不断变化，今后还会出现各种不同类型的专用或多用集装箱。

二、 常用集装箱的尺寸规格（表2-6）

表2-6　　常用集装箱规格

箱型	长/mm	宽/mm	高/mm	箱门开度尺寸 宽/mm	箱门开度尺寸 高/mm	容积/m^3	最大有效承载/kg
普货箱							
20′	5 897	2 348	2 385	2 337	2 272	33	21 500
40′	12 031	2 348	2 385	2 337	2 272	67	26 500
40′HC	12 031	2 348	2 690	2 337	2 577	76	26 500
开顶箱							
20′	5 898	2 346	2 354	2 338	2 244	32	21 500
40′	12 022	2 346	2 381	2 337	2 244	66	26 400
框架箱							
20′	5 958	2 018	2 077	—	—	25	27 000
40′	11 986	2 236	1 968	—	—	52	39 000
冷藏箱							
20′	5 444	2 290	2 262	2 290	2 227	26	21 000
40′	11 556	2 290	2 238	2 290	2 204	55	27 900
40′HC	11 583	2 290	2 538	2 290	2 508	63	27 000

注：①上述数据仅供参考；

②集装箱内可承载重量以船公司根据实际情况确定。

【实训案例】

集装箱数量的计算

集装箱所装货物为纸板箱包装的电气产品，共750箱，体积为117.3m^3（4141ft^3），重量为20.33t（4 482 516lb），箱容积利用率为80%，问需要装多少个20ft杂货集装箱？

解：先求货物密度，①货物密度为 20 330kg÷117.3m^3 = 173.3kg/m^3；②取箱容积利用率为 80%，20ft 杂货集装箱的单位容重为（21 790kg÷33.2m^3）÷80% = 820.4kg/m^3；③因货物密度小于箱的单位容重，故所装之电气制品为轻货；④集装箱的有效容积为 33.2m^3×80% = 26.56m^3；⑤所需集装箱数为货物体积除以集装箱有效容积，即 117.56÷26.56≈4.4，即需要 5 个 20ft 杂货集装箱才能将该批纸箱包装的电气制品装完。

不同种类集装箱的载货重量和单位容量如表 2-7、表 2-8 所示。

表 2-7　　不同种类集装箱的载货重量

集装箱种类	自重		最大载货量	
	kg	lb	kg	lb
20ft 杂货集装箱	2 210	4 873	21 790	48 047
40ft 杂货集装箱	3 850	8 489	27 630	60 924
20ft 开顶集装箱	2 520	5 557	21 480	47 363
40ft 开顶集装箱	2 770	6 108	21 230	46 812

表 2-8　　不同种类集装箱的单位容重

集装箱种类	集装箱容积		箱容积利用率为100%时的单位容重		箱容积利用率为80%时的单位容重	
	m^3	ft^3	kg / m^3	lb / ft^3	kg / m^3	lb / ft^3
20ft 杂货集装箱	33.2	4 873	656.3	41.0	820.4	51.3
40ft 杂货集装箱	67.8	8 489	407.5	25.1	509.4	31.4
20ft 开顶集装箱	28.4	5 557	756.3	47.1	945.4	58.9

任务五　集装箱班轮运输流程

【实训任务】

将学生分组，每 8 人一组，分别扮演如下不同角色：货主、货代、船公司、海关、保险公司、堆场/转运站、码头、收货人。按照实训流程操作说明，准备好相应的单证、文件，完成实训过程。

【实训流程】

1. 货运代理根据货主委托，编制集装箱货物托运单即订舱单10联，一般向船舶代理人申请订舱。

2. 船舶代理（代理船公司）接受托运后编制订舱清单，分发港口集装箱公司。

3. 集装箱公司根据船代通知发放空箱，货代如整箱运输向码头堆场提取空箱，如拼箱则向集装箱货运站提取空箱，提箱时同码头办理设备交接单手续。

4. 拼箱装箱或在码头CFS（Container Freight Station，集装箱货运站），或在发货人仓库。重箱装箱一般在发货人仓库装箱后即加封海关关封，运至集装箱堆场CY（Container Yard），交接场站收据并签字，交发货人，同时办理进场设备交接签字手续。

5. 集装箱码头根据船舶积载图装船。

6. 货代凭场站收据向船代换取提单。

7. 货代将提单连同其他货运单据进交货主，货主送银行结汇。

8. 船舶运送至目的港。

9. 起运港船代向目的港船代递送提单副本、舱单、装箱单、积载图、危险货物集装箱清单、危险货物说明书、冷藏箱清单等有关的必要的卸船资料。

10. 目的港船代向收货人、港口等有关部门分发货运单证。

11. 目的港船代向收货人发出到货通知。

12. 收货人向银行付清货款领取提单，持提单和到货通知向船代换取提货单。

13. 收货人或货运代理报关报验，货箱由码头卸下。

14. 收货人向船代办理放箱单，交付押箱费提重箱，出港到收货人仓库卸箱。拆箱货由码头CFS拆箱，货物从CFS提出，卸后向码头还箱。

15. 收货人或其代理在提箱时如果发现铅封损坏或丢失、箱上有孔洞、货物短少、损坏，应在提货单的“交货记录”联上详细列明，并应要求堆场或货运站共同签认，以便事后凭此向船公司索赔。拆箱提货时发现货物与提单（或装箱单）不符时应分清责任，及时向有关责任方（发货人、承运人、保险公司等）提出索赔，并提供有效的单据和证明。

【实训提示】

集装箱班轮货运单据的流转如图2-21所示，图中箭头指向的数字1~26代表如下步骤：

1. 货主填制托运单一式十联，分别是第一联，货主留底；第二联，船代留底；第三联，运费通知（1）；第四联，运费通知（2）；第五联，装货单；第六联，大副连；第七联，正本场站收据；第八联，货代留底；第九联，配舱回单（1）；第十联，配舱回单（2）。

2. 货代退还第一联给货主。

3. 货代持第二至第十联到船代办理托运。

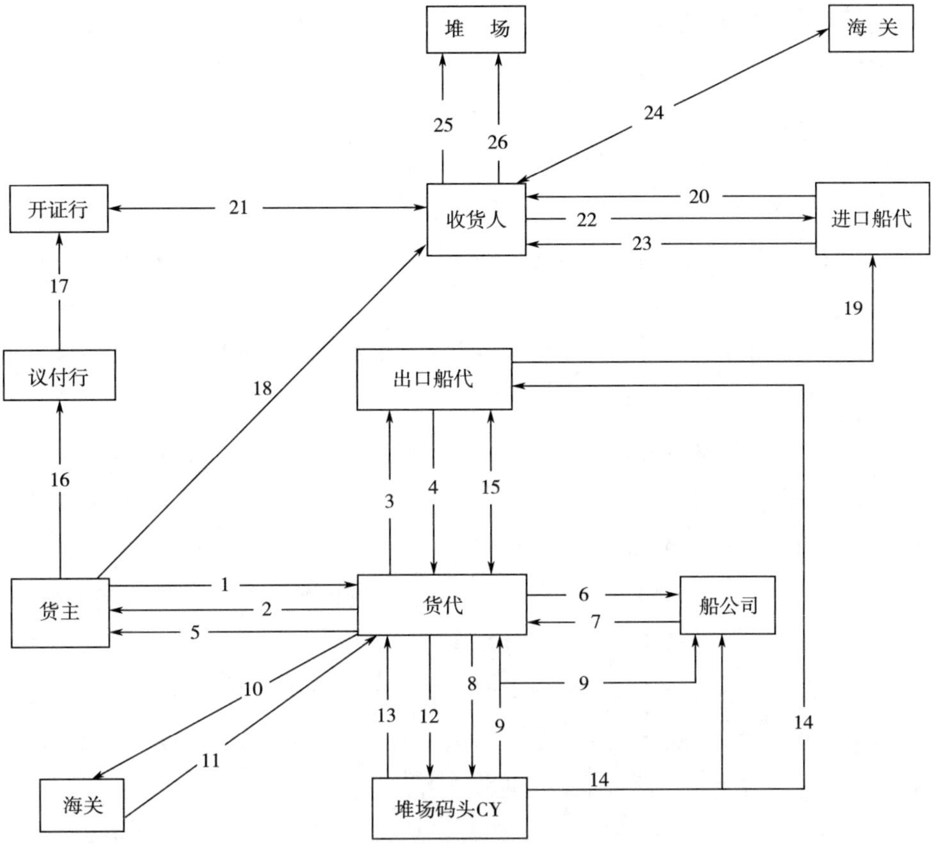

图 2-21 集装箱班轮货运单据的流转

4. 船代在第二至第十联上记船名航次，并且在装货单（第五联）上盖章确认，留下第二至第四联，退还其余六联给货代。

5. 货代将第十联给货主，告知订舱。

6. 货代向船公司提出空箱使用申请。

7. 船公司同意后签发设备交接单（进出各三联）给货代。

8. 货代持设备交接单（OUT）到 CY 提空箱。

9. CY 签字后留下码头联，将用箱人联退还货代，将箱主联退还船公司。

10. 货代留下第八、第九联分别缮制货物流向单和提单，然后持第五至第七联及报关单到海关报关。

11. 海关在装货单上盖放行章后返回第五至第七联。

12. 货代将重箱、第五至第七联场站收据、装箱单（第五联）、设备交接单（IN）送往堆场。

13. CY 在场站收据联（第七联）签字盖章，留下第五、第六联及装箱单三联（码头联、船代联、承运人联），将装箱单发货人联（第二联）及第七联场站收据返回给货代。

14. CY 将第六联（大副联）通过外轮理货公司交给船方大副，并将装货联单承运人联交船公司（供处理货运事故使用），船代联交船代（缮制积载计划）。

15. 货代用正本场站收据换提单。

16. 货主去议付行交单结汇。

17. 议付行将提单邮寄给开证行，开证行付清相关的费用。

18. 货主将装箱单的第五联发货人联寄给收货人。

19. 出口船代将F/M或提单副本的有关货运资料邮寄给卸货港船代，卸货港船代填制到货通知书（A/N，一式五联）。

20. 进口船代做好交货准备后，将五联中的第一联到货通知书寄交收货人。

21. 收货人去开证行付款赎单。

22. 收货人持正本提单和到货通知书第一联到卸货港船代那里换取其余四联。

23. 船代收回提单和到货通知书第一联，在提货单上盖章，连同五联单中的其他三联，即运费账单通知（1）和（2）及交货记录换发给收货人。

24. 收货人持四联单及相关单证去海关报关，海关在提货单上盖放行章，交还给收货人。

25. 收货人持盖了放行章的四联单去码头堆场提货。

26. 堆场经营人留下放货依据的提货单和结算费用的运费账单通知（1）和（2），在交货记录上加盖港站印章后退还给收货人，收货人去堆场，发货人员即凭所持的交货记录放集装箱货物，收货人提货完毕，交货记录由堆场留存。

【实训案例】

1. 中国A贸易出口公司与外国B公司以CFR洛杉矶、信用证付款的条件达成出口贸易合同。合同和信用证均规定不准转运。A贸易出口公司在信用证有效期内委托C货代公司将货物装上D班轮公司直驶目的港的班轮，并以直达提单办理了议付，国外开证行也凭议付行的直达提单予以付款。在运输途中，船公司为接载其他货物，擅自将A公司托运的货物卸下，换装其他船舶运往目的港。由于中途延误，货物抵达目的港的时间比正常直达船的抵达时间晚了20天，造成货物变质损坏。为此，B公司向A公司提出索赔，理由是A公司提交的是直达提单，而实际则是转船运输，是一种欺诈行为，应当给予赔偿。A公司为此咨询C货代公司。

假如你是C货代公司，请回答A公司是否应承担赔偿责任？理由何在？B公司可否向船公司索赔？

2. 我国货主A公司委托B货运代理公司办理一批服装货物海运，从青岛港出口到日本神户港。B公司接受委托后，出具自己的House B/L给货主。A公司凭此到银行结汇，提单转让给日本D贸易公司。B公司又以自己的名义向C海运公司订舱。货物装船后，C公司签发海运提单给B公司，B/L上注明运费预付，收发货人均为B公司。实际上，C公司并没有收到运费。货物在运输途中由于船员积载不当，造成服装沾污受损。C公司向B公司索取运费，遭拒绝，理由是运费应当由A公司支付，B仅是A公司的代理人，且A公司并没有支付运费给B公司。A公司向B公司索赔货物损失，遭拒绝，理由是其没有诉权。D公司向B公司索赔货物损失，同样遭到拒绝，理由是货物的损失是由C公司过失造成的，理应由C公司承担责任。

根据题意，请回答：

（1）本案中B公司相对于A公司而言是何种身份？

（2）B公司是否应负支付C公司运费的义务？理由何在？

（3）A公司是否有权向B公司索赔货物损失？理由何在？

（4）D公司是否有权向B公司索赔货物损失？理由何在？

（5）D公司是否有权向C公司索赔货物损失？理由何在？

3. 国外B公司所在地C银行应B公司的申请开立信用证。信用证规定货物总金额为USD50 000，数量约100t，每t USD500。A贸易公司在交货时恰逢市场价格呈下跌趋势。A贸易公司将110t货物交船公司托运，并取得船公司签发的正本提单。A贸易公司凭商业发票（金额为USD55 000）、提单等单证到银行结汇，但遭到银行拒付，理由是单、证不符。请问：

（1）银行是否有权拒付，理由何在？

（2）A贸易公司应交多少货物才能既符合信用证的规定，又避免经济损失？

（3）假如银行有权拒付，作为卖方的A公司应当如何处理此事？

4. 某国际货运代理企业经营集装箱拼箱业务，此时它是拼箱公司CONSOLIDATROR，由于它签发自己的提单，所以是无船承运人。2019年9月15日，该无船承运人在KOBE港自己的CFS将分别属于6个不同发货人的拼箱货装入一个20ft的集装箱，然后向某班轮公司托运。该集装箱于2019年9月18日装船，班轮公司签发给无船承运人CY/CY交接的FCL条款下的MASTER B/L一套；然后无船承运人向不同的发货人分别签发了CFS/CFS交接的LCL条款下的HOUSE B/L共6套，所有的提单都是清洁提单。2019年9月23日载货船舶抵达提单上记载的卸货港。第二天，无船承运人从班轮公司的CY提取了外表状况良好和铅封完整的集装箱（货物），并在卸货港自己的CFS拆箱，拆箱时发现2件货物损坏。2019年9月25日收货人凭无船承运人签发的提单前来提货，发现货物损坏。请问：

（1）收货人向无船承运人提出货物损坏赔偿的请求时，无船承运人是否要承担责任？为什么？

（2）如果无船承运人向班轮公司提出集装箱货物损坏的赔偿请求，班轮公司是否要承担责任？为什么？

（3）无船承运人如何防范这种风险？

5. 2019年10月，法国某公司（卖方）与中国某公司（买方）在上海订立了买卖200台电子计算机的合同，每台CIF上海1 000美元，以不可撤销的信用证支付，2019年12月马赛港交货。2019年11月15日，中国银行上海分行（开证行）根据买方指示向卖方开出了金额为20万美元的不可撤销的信用证，委托马赛的一家法国银行议付此信用证。2019年12

月20日，卖方将200台计算机装船并获得信用证要求的提单、保险单、发票等单据后，即到该法国议付行议付。经审查，单证相符，银行即将20万美元支付给卖方。载货船离开马赛港10天后，在航行途中由于船舶航行操作过失，船舶触礁，救助无效，货船及货物全部沉入大海。此时开证行已收到了议付行寄来的全套单据，买方也已得知所购货物全部灭失的消息。因此，买方拒绝支付货款，理由是其不能得到所期待的货物。根据中国海商法和国际贸易惯例，请回答：

（1）这批货物的风险自何时起由卖方转移给买方？

（2）买方能否因这批货物全部灭失而免除其所承担的付款义务？

（3）如投保PICC货物一切险条款，保险公司是否承担保险责任？为什么？

（4）作为承运人的船公司是否要承担责任？为什么？

6. 我国A贸易公司委托同一城市的B货物代理公司办理一批从我国C港运至韩国D港的危险品货物。A贸易公司向B货运代理公司提供了正确的货物名称和危险品货物的性质，B货运代理公司为此签发其公司的HOUSE B/L给A贸易公司。随后，B货运代理公司以托运人的身份向船公司办理该批货物的订舱和出运手续。为了节省运费，同时因为B货运代理公司已投保责任险，因此B货运代理公司向船公司谎报货物的名称，亦未告知船公司该批货物为危险品货物。船公司按通常货物处理并装载于船舱内，结果在海上运输中因为货物的危险性质导致火灾，造成船舶受损，该批货物全部灭失并给其他货主造成巨大损失。请根据我国有关法律规定回答下列问题：

（1）A贸易公司、B货运代理公司、船公司在这次事故中的责任如何？

（2）承运人是否应对其他货主的损失承担赔偿责任？为什么？

（3）责任保险人是否承担责任？为什么？

7. 一批货物由上海港装船经釜山转船运往洛杉矶，承运人签发了全程运输提单。在釜山转船时，货物在码头等候装第二程船时在露天仓库受雨遭损。货主向承运人索赔损失，船方以货物不在船上而是在陆上受损，不属海上运输为由而拒赔。

（1）承运人的拒赔理由是否充分？为什么？

（2）如果该批货物的提单是分别由第一程船和第二程船的承运人签发的，那么该批货损应由第一程船还是第二程船或其他方负责赔偿？

8. 2018年11月8日，我国A公司与日本B公司签订出口各式夹克衫贸易合同，贸易术语为FOB上海。合同规定，付款方式为信用证，B公司指定M海运公司承运，将该批货物从中国上海运至大阪，M公司为此签发了以A公司为托运人的正本提单。此外，提单上的通知方为C公司，收货人记载为“TO ORDER”。由于B公司一直没有付款买单，我国A公司现仍持有上述提单正本。经调查，涉案货物运抵目的港后，已由前述提单通知人根据B公司指示以银行保函形式未凭正本提单向M公司提取，即涉案货物已由M公司在目的港未收回正本提单即向他人进行了交付。据此，2019年10月8日，A公司诉至海事法院，请求判令被告赔偿相应经济损失5.959 8万美元及该款自2018年11月起的利息损失。

（1）"TO ORDER"的记载形式表明承运人应按哪方的指示发放货物？

（2）M公司可否凭借银行保函向我国A公司进行抗辩？

9. 2018年11月，我国A公司与菲律宾B公司商定：A公司为B公司供应红富士苹果6 000箱，装货港为中国青岛，卸货港为菲律宾马尼拉港。其后，A公司又与C公司达成协议，由C公司承运A公司的该批货物。2018年12月6日，C公司将A公司的货物装上船并向A公司签发了一式三份的正本提单。该提单载明：托运人为A公司、收货人为B公司、承运人为C公司。提单的正面有一项声明：凡合同或包含在原提单的内容以中国法律为依据，任何由原合同引发的争议和索赔终审权在中国法院而非其他法院。C公司将A公司的货物运至马尼拉港后，C公司在未收回其签发的全套正本提单的情况下于2018年12月17日接受B公司签发的保函，将该提单项下的货物放给B公司。

2019年1月17日，因单证不符，A公司未收到货款，也未能办理出口退税，且无法享受国家的财政补贴。同时退回的提单项下的货物已被B公司提走，可谓钱货两失。为此，A公司于2019年6月28日诉之于海事法院，要求C公司承担给其造成的经济损失。

试分析承运人C公司应否承担无单放货的责任？此时的保函能否用于对抗A公司？

10. 2018年1月，中国某进出口公司在加拿大购买了一批玉米，交由某航运公司的Q轮承运。同年3月，中国公司收到这些货物的两份提单，其首要条款均载明提单适用《海牙-维斯比规则》，并受其约束。Q轮是一艘利比里亚籍散装货轮，船级为ABS的A1级。该轮2月12日在V港装载中国公司的玉米，分别装于第一、三舱，14日驶往L港加载其他货物于第四舱，17日开航前往中国。开航前船长收到一份远航建议书，提及在Q轮预定航线上可能遭遇恶劣天气。Q轮在驶往中国途中果然遭遇大风浪。驶抵中国港口后，经有关船检、商检部门对Q轮的货舱及货物进行检验，证实：该轮货舱盖严重锈蚀并有裂缝，舱盖板水密橡胶衬垫老化、损坏、脱开、变质，通风箱损坏。开舱时，发现在裂缝、舱盖边缘、舱盖板接缝下以及通风筒下的货物水湿、发霉、发热、结团、变质。中国公司因此对加拿大航运公司提起诉讼，认为被告未能确保船舶适航，要求其赔偿货损。该航运公司辩称：Q轮船长富有经验，船舶的各种技术证书都在有效期内，整个航次处于ABS的A1级。装货前，大副等船员还对货舱舱盖进行过水密试验，货舱及舱盖板橡胶衬垫处于水密、柔软状态。船舶在开航前和开航当时处于适航状态。货损是由于船舶在航行中遭遇大风暴所致，根据《海牙-维斯比规则》，其对此不承担责任。

（1）《海牙-维斯比规则》对承运人的适航义务是如何规定的？

（2）Q轮在开航前和开航当时是否适航？

（3）货损责任应由谁承担？

11. 一份买卖日用品的CIF合同规定"9月份装运"，即期信用证的有效期为10月15

日。卖方10月6日向银行办理议付所提交的单据中包括9月29日签发的已装船清洁提单。经银行审核，单单相符、单证相符，银行接受单据并支付了货款。但买方收到货物后发现货物受损严重，且短少50箱。买方因此拒绝收货，并要求卖方退回货款。

（1）买方有无拒收货物并要求退款的权力？为什么？

（2）此案中的买方应如何处理此事才合理？

12. 某货主委托承运人的货运站装载1 000箱小五金，货运站在收到1 000箱货物后出具仓库收据给货主。在装箱时，装箱单上记载980箱，货运抵进口国货运站，拆箱单上记载980箱，由于提单上记载1 000箱，同时提单上又加注“由货主装箱、计数”，收货人便向承运人提出索赔，但承运人拒赔。

根据题意分析回答下列问题：

（1）提单上类似“由货主装载、计数”的批注是否适用拼箱货，为什么？

（2）承运人是否要赔偿收货人的损失，为什么？

（3）承运人如果承担赔偿责任，应当赔偿多少箱？

13. 某货主向承运人托运一批货物，承运人在接收货物时发现部分货物有明显瑕疵，欲在提单上作相应批注，但货主以不能顺利结汇为由请求承运人不要作相应记载并提供了一份保函，保证如果出现相关后果由其承担一切责任。货物运抵目的港后，收货人因货物有瑕疵向承运人提起索赔。

（1）收货人依据什么理由提起索赔？

（2）承运人可否用托运人提供的保函向收货人提起抗辩，为什么？

（3）若承运人对收货人先行赔付，其依据保函向托运人进行追索的权利是否有保障？

14. 某票货物经托运由海上集装箱班轮由A港运往B港，提单明确记载适用《海牙-维斯比规则》，运输途中船舶收到另一遇难船发出的求救信号，船长决定改变原来既定航线前往施救，但救助成功后因海况恶劣本船不幸遇险，导致承运货物不同程度受损。

（1）此种情况下船舶改变原定航线是否属于绕航？

（2）承运人能否相关免责？为什么？

（3）若在前往救助途中本船遇险，承运人能否享受相应免责？

15. 某货主委托承运人的货运站装载1 500箱小工具，货运站在代表承运人收到1 500箱货物后出具场站收据给货主。在装箱时，装箱单上记载1 460箱，货运抵进口国货运站，拆箱单上记载1 460箱，由于提单上记载1 500箱，同时提单上又加注“SLAC”，收货人便向承运人提出索赔，但承运人拒赔。根据题意分析回答下列问题：

（1）此时提单上记载的“SLAC”是否有效，为什么？

（2）承运人是否要赔偿收货人的损失，为什么？

（3）承运人如果承担赔偿责任，应当赔偿多少箱？

任务六 集装箱的管理工作

【实训任务】

1. 了解集装箱管理工作的内容
2. 熟悉集装箱管理工作的机制
3. 熟悉操作的流程

【实训流程】

1. 进口提箱流程（图 2-22）

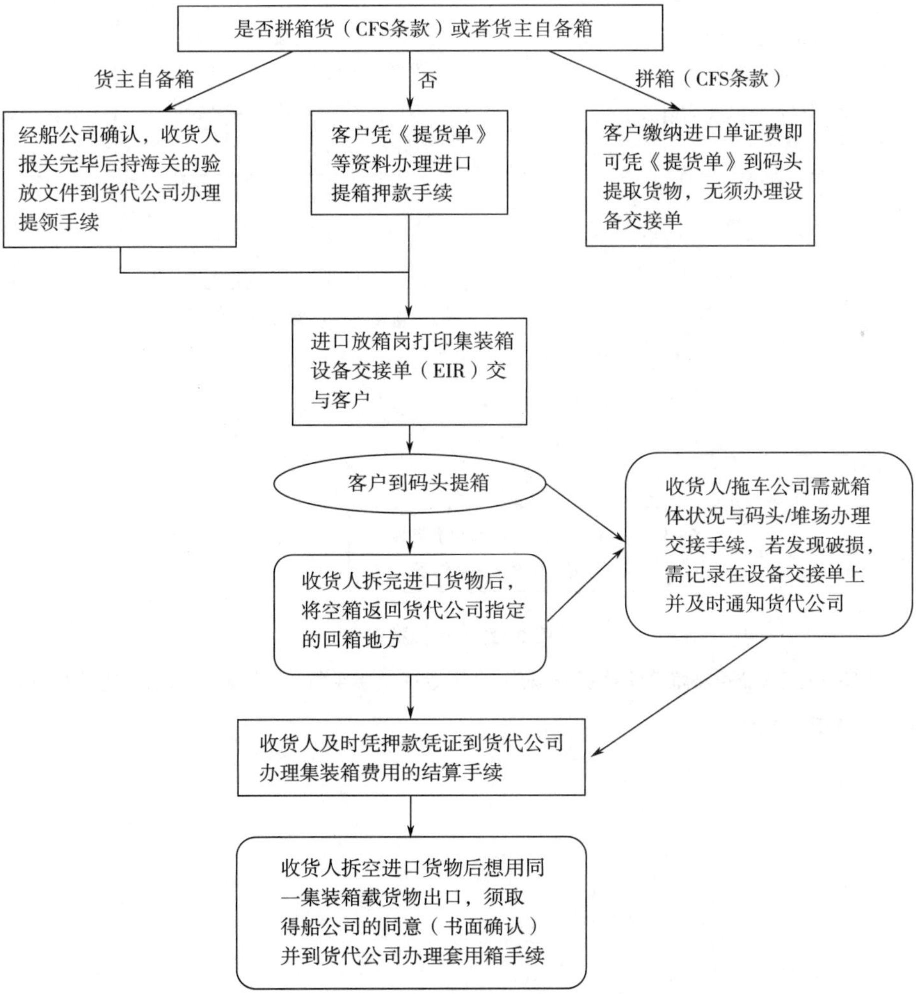

图 2-22 进口提箱流程

2. 出口提箱（图 2-23）

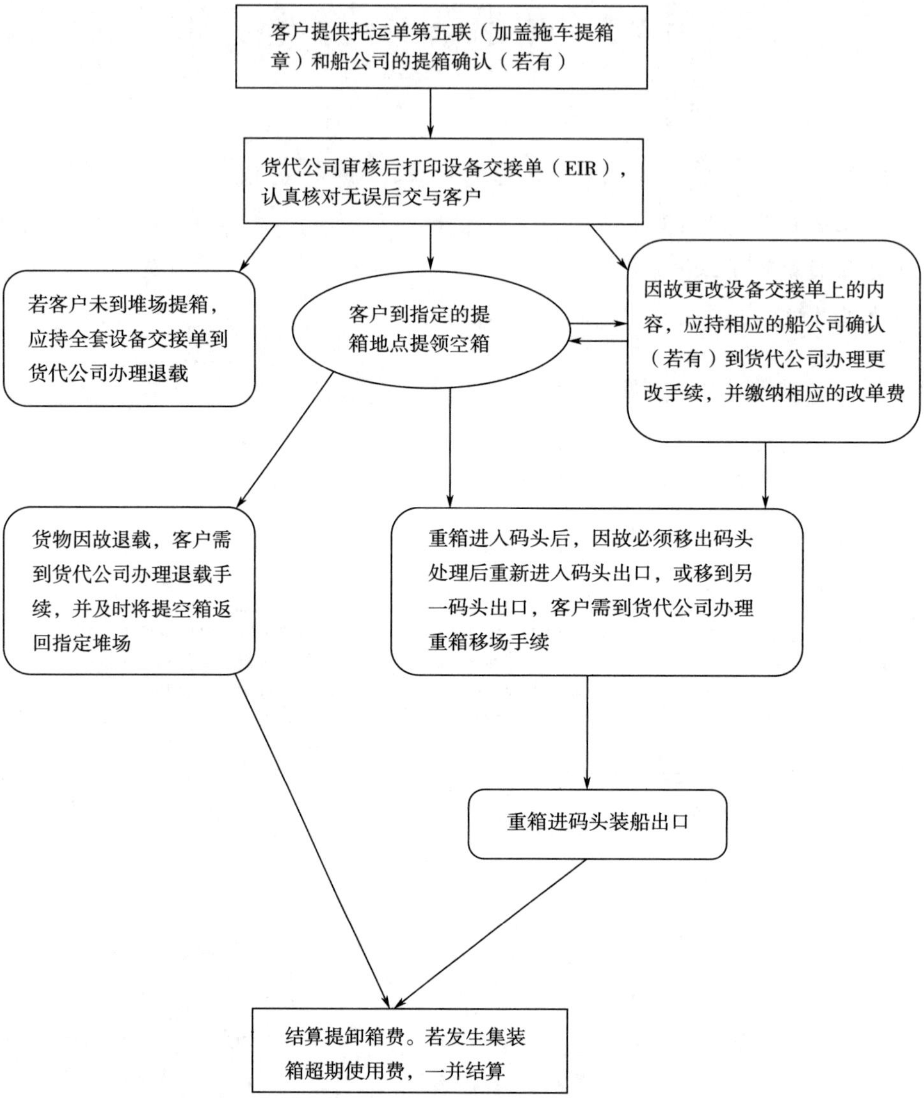

图 2-23　出口提箱

注：收货人/拖车公司需就箱体状况与码头/堆场办理交接手续，若发现破损，需记录在设备交接单上并及时通知货代公司。

3. 进口空箱报关、报验（图 2-24）

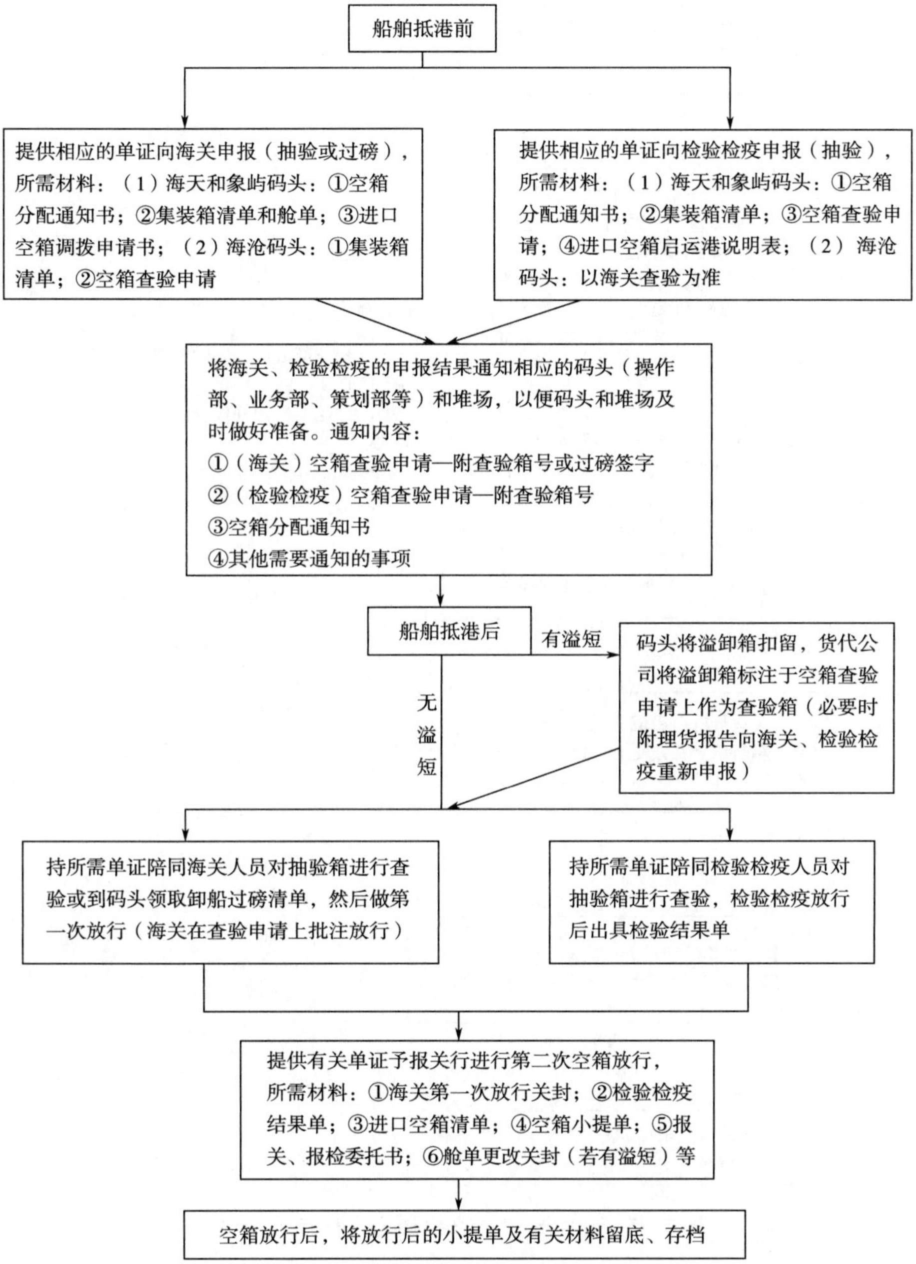

图 2-24 进口空箱报关、报验

4. 国际班轮航线在我国沿海港口调运空箱（图 2-25）

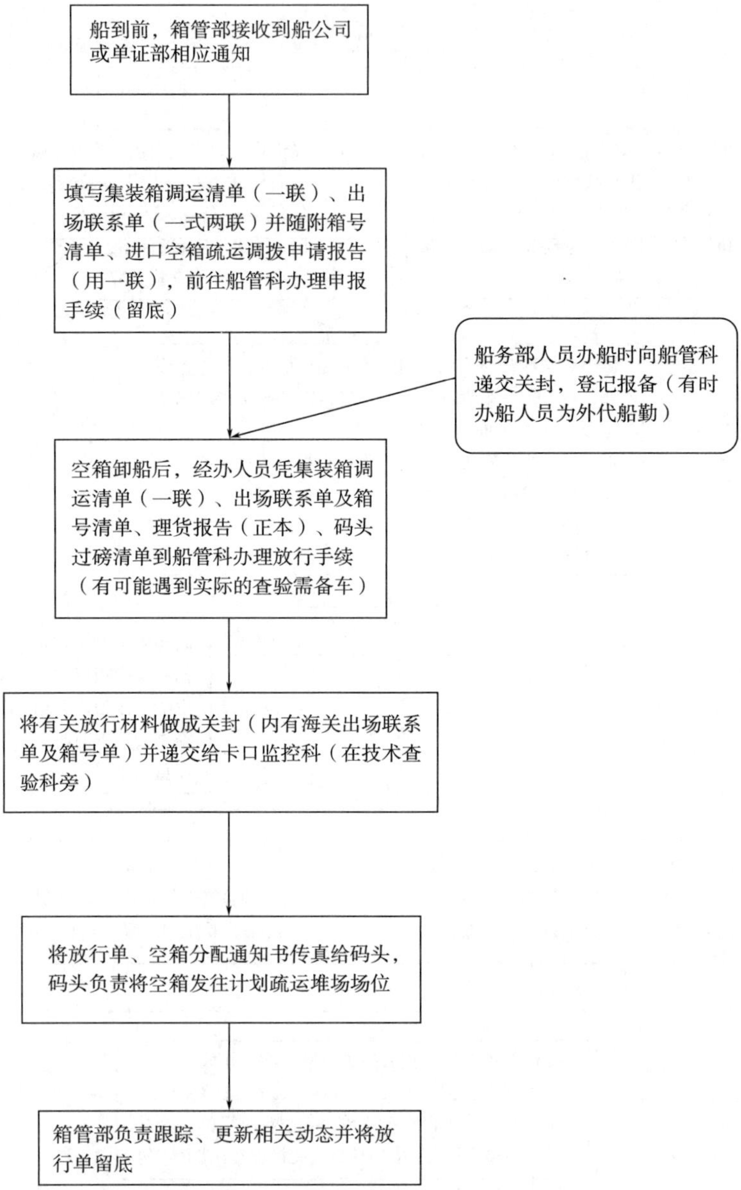

图 2-25　国际班轮航线在我国沿海港口调运空箱

5. 进口空箱溢短舱单更改流程（图 2-26）

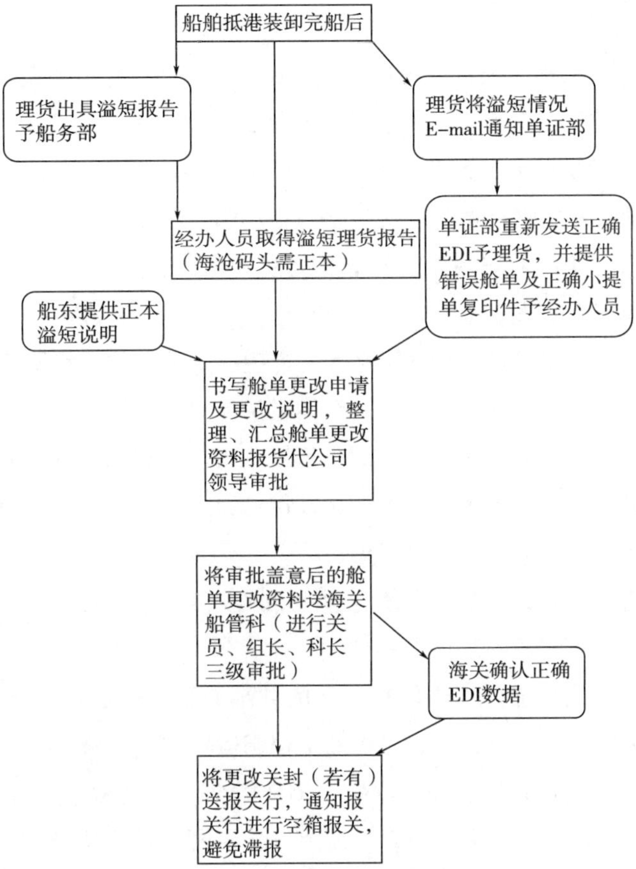

图 2-26 进口空箱溢短舱单更改流程

注：EDI（Electronic Data Interchange），即电子数据交换。

【实训提示】

一、集装箱空箱调运及管理

空箱调运及管理关系到集装箱的利用程度、空箱调运费的开支、适箱货物的及时发送以及企业的经济效益。在集装箱运输航线货源不平衡的情况下，空箱调运在所难免。合理的空箱调运可以降低船公司航线的集装箱需备量和租箱量，从而降低运输成本，提高船公司的竞争能力和经济效益。据统计，仅美国每年因空箱调运而产生的各种费用高达 35 亿美元，如按每个标准箱 2 400 美元购置费计算，可以购买 145 万个标准箱。因此，必须研究如何合理调运空箱，同时可考虑租箱策略，以求最大限度地节约空箱调运费。产生空箱调运的原因很多，主要有以下几种：

（1）由于管理方面的原因产生空箱调运。如由于单证交接不全、流转不畅，影响空箱的调配和周转；又如货主超期提箱，造成港口重箱积压，影响到集装箱在内陆的周转，为保证船期，需要从附近港口调运空箱。

（2）进出口货源不平衡造成进、出口集装箱比例失调，产生空箱调运的问题。

（3）由于贸易逆差导致集装箱航线货流不平衡，进而产生空箱调运。

（4）由于进出口货物种类和性质不同，因而需使用不同规格的集装箱，由此产生航线不同规格集装箱短缺现象，需要调运同一规格的空箱满足不同货物的需要。

（5）其他原因。如出于对修箱费用和修箱要求的考虑，船公司将空箱调运至修箱费用低、修箱质量高的地区去修理。

由于客观货物流向、流量及货种的不平衡，产生一定数量的空箱调运是必然的。通过加强箱务管理，实现箱务管理现代化，减少空箱调运量是完全可以实现的。

空箱调运应综合论证比较空箱调运费用与租箱费用，根据二者费用的高低，再考虑航线集装箱的配备量因素，最后决定采取空箱调运或租箱的决策。当租箱费用大于或等于空箱调运费时船公司可采取空箱调运，否则可考虑租箱。

由于空箱调运费用大且影响公司的竞争能力和经济效益，因此应研究减少空箱调运的组织技术措施。目前行之有效的途径主要有：

（1）组建联营体，实现船公司之间集装箱的共享。联营体通过互相调用空箱，可减少空箱调运量和航线集装箱需备量，节省昂贵的空箱调运费和租箱费。

（2）强化集装箱集疏运系统，缩短集装箱周转时间。通过做好集装箱内陆运输各环节的工作，保证集装箱运输各环节紧密配合，缩短集装箱内陆周转时间和在港时间，以提供足够箱源，不至因缺少空箱而从邻港调运。

（3）强化集装箱跟踪管理系统，实现箱务管理现代化。通过优化集装箱跟踪管理计算机系统，采用EDI系统，以最快、准确的方式掌握集装箱信息，科学而合理地进行空箱调运，最大限度地减少空箱调运量及调运距离。

二、 集装箱箱务管理

集装箱箱务管理是集装箱运输系统中极其重要的环节，其内容包括集装箱的备用、租赁、调运、保管、交接、发放、检验及修理等工作，做好集装箱箱务管理，对降低集装箱运输总成本、减少置箱投资、加快集装箱的周转、提高集装箱货物的装载质量和货运质量、提高企业经济效益和国际航运市场的竞争能力均具有重要意义。下面以中远（集团）中集公司箱务管理为例，说明集装箱箱务管理的有关内容。

1. 集装箱营运管理体制

中集公司集装箱营运管理实行一级调度、三级管理的体制，以中远（集团）中集公司箱管部为核心，下设分部箱管部和箱管中心、各航线经营人及港口箱管代理。箱管部设有营运管理、信息管理等业务职能部门。箱管部在国内外设3个分部箱管部及美洲、中国香港地区、欧洲箱管中心。

2. 集装箱调运管理

由箱管中心确定开放港口的集装箱合理保有量，并可根据市场情况及时调整。分部箱管部负责检查所管辖地区内的港口集装箱保有量，制定区域内港口间集装箱平衡及调运计划，并报箱管中心统筹调度解决。

箱管部负责制定并调整各港口及地区的集装箱保有量，制定周、月度空箱调运计划，并与航线经营人联系落实该计划，向航线经营人发送"集装箱调运计划通知书"，根据双方认可的通知书，向代理发布调箱指令，同时抄报分部箱管部和航线经营人。对于开放港口，航线经营人应根据箱管部的集装箱调运计划通知书和箱管部发布的调箱指令，检查落实装船；而对于封闭港口，航线经营人应与地区分部箱管部和港口箱管代理共同协商，做好封闭区域港口间的集装箱平衡工作，并且根据封闭区内的集装箱合理保有量，积极做好进、出封闭区的集装箱调运工作。港口箱管代理应做好集装箱现场管理工作，落实空箱调运计划，如发现问题应及时反映给有关各方，以便及时解决问题。

3. 有关空箱调运的各种费用

（1）空箱调运费。

（2）空箱卸港及还箱手续费、还箱鼓励费。

（3）开放港口提箱控制及提箱费。

（4）派船调运空箱费。

（5）集装箱滞期费。

4. 集装箱分配及使用

中远集装箱属中集公司所有，由箱管部经营调度，各航线经营人享有同等的集装箱使用权；集装箱非经箱管部许可，不得用于中远以外航线。箱管部在所有开放港口均按合理保有量的要求备足集装箱，以保证航线船舶的用箱要求。所谓开放港口，是指箱管部提供给各航线经营人空箱和允许航线经营人还箱的港口，而非开放港口（封闭港口）是指箱管部规定不允许航线经营人还箱的港口。

（1）关于提箱、还箱及用箱。提箱是指航线经营人在开放港口的指定堆场提用空箱；还箱是指航线经营人将拆空后的箱交还给在开放港口的指定堆场；用箱是指航线经营人在开放港口的指定堆场提空箱起至空箱还至开放港口的指定堆场上的使用时间，在此期间内航线经营人向箱管部支付箱天使用费并负有集装箱保管责任。

（2）关于错用箱。如发生集装箱被其他公司错用，箱管代理在错用发生后24h内将错用信息输入EMS（集装箱管理系统）并书面报告所属中集分部箱管部、箱管部和航线经营人（在封闭港口）。错用港代理与错用方联系追回用箱并由代理把从错用之日起至该箱返回到中远堆场止的全部费用（包括租金、提还箱费、还箱检验费、修理费等）支付给箱管部（指从开放港口错用）或航线经营人（指从封闭港错用）。如错用箱在错用后100天内仍未还到中远堆场，则箱管中心将此箱视为灭失并按《中远集装箱赔偿标准》向代理提赔。错用箱被还到中远堆场后，由当地箱管代理将还箱信息输入EMS。

（3）关于免费用箱。由箱主公司提供给中远免费使用的集装箱由箱管部统一与箱主公司签署用箱协议，各航线经营人无权自己接受此类空箱纳入航线营运。经签协议进入中远箱范围的免费用箱，视同中远租箱管理和使用。

（4）关于集装箱灭失。集装箱在航线经营人使用期间发生灭失，由航线经营人向箱管部宣布灭失并将灭失动态输入EMS，箱天费用自宣布次日起自动截止；集装箱在开放港口发生灭失，由代理向所在中集分部箱管部公布灭失，并将动态输入EMS；箱管部根据《中远集装箱灭失、丢失赔偿标准》向责任方提出索赔。

5. 集装箱的发放与交接

集装箱的发放与交接实行集装箱设备交接单制度，必须按集装箱代理人签发的《集装箱设备交接单》办理提箱、交箱及进出堆场等业务。

集装箱设备的交接责任划分为：船、港交接以船边界；港方与货方、内陆承运人交接以港口检查桥为界；堆场、货运站与货方、内陆承运人交接以堆场、货运站道口（公路承运人）或船边（水路承运人）或车皮（铁路承运人）为界。

船舶装卸、中转交接时，如果是卸船前发生集装箱残损则为原残，卸船后发生的残损则认定为工残，凡无原残记录的残损应视为工残认定。

对于空箱进场、出场、发放、交接等业务，应按《集装箱设备交接单》办理有关手续。交接时双方应按集装箱交接标准查验，如发现异常情况应在《集装箱设备交接单》上注明。未按规定的时间、地点交箱、还箱应承担由此而产生的费用和损失，如逾期41天不交箱还箱可视为集装箱已灭失，集装箱代理人有权要求责任方赔偿。

6. 集装箱的修理及维护保养

运输、装卸、搬运、堆存过程中由于种种原因造成集装箱损坏，由箱管部及中集分部箱管部的技术管理部门对中远箱的维修作出统筹计划和组织实施。港口箱管代理可在授权范围内按照报修程序组织修理。根据国际集装箱安全公约（CSC）规定，新箱在出厂后24个月内要进行内箱检验，5年时要进行箱体检验，并在以后每30个月检验1次。港口箱管代理应对此项工作充分重视，并确认中远自有箱的CSC铭牌的有效日期，根据箱管部统一安排做好“APEP”（指相关零配件、零部件）工作，保证集装箱满足CSC规定要求。

三、集装箱跟踪管理及箱务管理现代化

随着国际集装箱运输的快速发展，各国需要集装箱的数量越来越多，运输市场每年均需

投入大量的集装箱。由于集装箱运输及多式联运集装箱流动范围极广，很难进行有效的控制，因此集装箱运输过程中由集装箱灭失造成的经济损失很大。为了最大幅度地减少经济损失、提高集装箱的周转率、最大限度地发挥集装箱的运输能力，防止因种种原因产生的集装箱灭失现象，世界各国都在研制和设置集装箱跟踪管理系统，实现箱务管理现代化。

1. 集装箱跟踪管理方式

集装箱跟踪管理是指集装箱经营者可随时掌握和控制集装箱动态的管理方式，一般分为手工跟踪管理方式和计算机跟踪管理方式两种。一般船公司在自己所经营的集装箱航线的基本港和挂靠港会建立集装箱跟踪管理的信息传递网络，从而随时或定时通过各港的代理人利用各种信息传递方式向船公司提供集装箱的最新动态，经整理可输出所需的各种文件资料。

（1）手工跟踪管理方式。对于集装箱拥有量较少、经营规模和范围较小的船公司，可考虑采用手工跟踪管理方式。具体操作程序是：首先制作一套包括自备箱在内的历史档案记录卡片和一张集装箱跟踪图表，每个集装箱一张卡片。为了使集装箱管理部门易于区分集装箱的固有特征，卡片的形式可以是不同式样的，如以不同尺寸的卡片表示不同尺寸的集装箱，或以不同颜色的卡片表示不同类型的集装箱等。船公司的集装箱管理部门将各地提供的集装箱动态信息登记在集装箱档案记录卡片上，再记录在集装箱跟踪图表上。

手工跟踪管理方式十分麻烦，滞后性大，无法及时地向集装箱管理部门提供盘存所需的各种报表，特别是当船公司经营集装箱运输规模扩大、集装箱拥有量越来越多、周转加快时，这种跟踪管理方式无法适应集装箱运输管理的需要，此时就应该采用计算机跟踪管理方式。

（2）计算机跟踪管理方式。集装箱计算机跟踪管理方式是目前船公司普遍采用的高效率的方式。首先将集装箱必要的特征如箱号、箱型、尺寸、购（租）箱及其地点、日期等预存储在计算机内，然后再将集装箱的日常动态和信息利用某种特定的代码形式及时输入计算机，并根据事先编好的程序通过计算机进行有效的数据处理，可随时直观地显示或打印出集装箱管理部门盘存所需的各种类型报表。

集装箱计算机跟踪管理方式按其信息和传递系统可分为联机和脱机两大类。①所谓联机系统，是指船公司的计算机中心与其在各港代理处所设置的终端机联成计算机网络，有关的集装箱动态信息可直接由代理人随时通过终端输入至船公司计算机中心储存处理，并能将所需处理结果返回至终端的显示或打印设备上。②脱机传递系统是指信息的传递系由各港代理处采用普通的通信或磁带卫星交换方式传递给船公司，再由船公司计算机输入设备输入至计算机内存储或处理。这种方式适时性较差，但对远距离的信息传递还是较合适的。

集装箱跟踪计算机应用系统的复杂程度主要依集装箱管理部门需要计算机处理及通过显示或打印提供的资料、表格的复杂程度和种类多少而异。一般而言，其信息系统由固定资料、动态信息、显示查询和打印盘存报表组成。目前，利用计算机对集装箱进行管理已由初级阶段的动态控制即跟踪管理，发展到高级阶段的编目控制动态业务处理。船公司不仅能够掌握及跟踪分布在国内外集装箱码头堆场、集装箱货运站、内陆货运站、货主仓库以及运输途中的有关集装箱的地理位置和使用状态变化的动态信息，而且可以对各运输环节的箱需求情况作出预测等。

2. 箱务管理现代化

要实现箱务管理现代化，首先必须实现规范化的箱务管理。这就要求建立分工明确、有效率的各级组织管理机构；必须有完整的业务规章和办法；必须有整套科学的管理方法和高素质的箱管队伍，这是实现箱务管理现代化的重要基础和前提条件。

要实现箱务管理现代化，还必须拥有先进的管理技术和现代化的管理手段。下面以中国远洋运输（集团）总公司（简称“中远总公司”）实现箱务管理现代化的情况为例，结合国外的先进经验进行系统分析。中远总公司从美国通用电器公司引进集装箱管理系统（EMS）及通信网络，并采用一级调度、三级管理体制对中远集装箱实施全球跟踪和管理。

（1）箱务管理流程。中远集装箱箱务管理是由箱管部通过 EMS 系统，与各中集分部箱管部、航线经营人及港口箱管代理之间的联系和信息交换来实现的。

（2）港口箱管代理的集装箱信息传递及箱务管理。箱管代理应根据《中远集装箱管理手册》的要求和箱管部、中集分部箱管部及航线经营人的指示，做好对当地中远集装箱的现场跟踪、接收、发放、盘存、起/退租、维护、修理、索赔处理等管理工作。箱管代理必须在集装箱发生卸船、拆箱（CFS）、放货、移动、还空、放空、装箱（CFS）、收货、装船、起/退租、维修等动态后，将准确信息按时传输给承运该箱的航线经营人或所属中集分部箱管部，由航线经营人或中集分部箱管部将信息输入中远 EMS 系统。

箱管代理人应对集装箱的每一个动态进行认真跟踪，并按规定和下述格式将报告用电话、传真或其他方式及时发送给航线经营人（在国外的封闭港口）或所在地的中集分部箱管部（在国内的封闭港口），以保证 EMS 中信息的准确性、及时性和完整性。

相关报表有集装箱装船报表（Container Loading List）、集装箱卸船报表（Container Discharging List）、发放空箱/装箱报表（Empty Release/Stuffing List）、重箱放箱/拆空报表（Send to Consignee/Stripping List）、回空报告（Empty Return Report）、集装箱移动报告（Container Movement Report）、集装箱周盘存报告（Weekly Steering Report）、集装箱起租报告（On-hire Report or D/I In）、集装箱退租报告（Off-hire Report or D/I Out）、出卖箱报告（Sold Report）、集装箱灭失报告（Container Lost Report）、箱损报告（Damaged Container Report）、月度修箱报告（Statistics of Monthly Repairing Report）、集装箱滞期费报告（Demurrage/Detention Report）。

【实训案例】

在生鲜货品海上运输中，承运人有义务确保其提供的冷藏箱处于符合运输合同目的的使用状态。如果因冷藏箱故障导致货损，承运人应承担赔偿责任。

【基本案情】

原告常瀛公司自菲律宾进口一批新鲜香蕉，被告太平船务承运该批货物并提供了冷藏集装箱。被告签发的提单显示冷藏箱温度设定为13.5℃，交接方式为堆场到堆场（CY/CY）。货物抵港交付后，仍装载于原集装箱内，期间箱内温度发生异常，开箱发现香蕉冻损。经查，货损原因系送风温度传感器失灵，无法探测箱内实际温度，误以为箱内温度很高，故持续发出制冷指令，以致冷藏箱箱内温度不断下降至0℃左右，造成货物冻伤。原告遂请求判令被告赔偿货物损失。被告辩称货损并非发生在承运人责任期间，且被告对涉案集装箱及货物已尽到谨慎处理和妥善管货义务，对于货损的发生没有过失，不应承担赔偿责任。

法院经审理认为：被告是运输合同项下的承运人，也是冷藏箱的提供方，提供冷藏箱是招揽业务、赚取运费的对价，确保冷藏箱处于符合运输合同目的的使用状态是其履行运输合同义务的一部分。《中华人民共和国海商法》关于承运人责任期间的规定并未免除因承运人原因造成责任期间外货物灭失或者损坏时，承运人应当承担的赔偿责任。本案货损虽发生于责任期间届满后，但货损原因系被告提供的冷藏箱发生故障所致，被告未能履行确保冷藏箱适于保管货物的义务，应对货损承担赔偿责任。

【典型意义解读】

本案属于“一带一路”沿线国家生鲜货品进口中常见的纠纷类型，涉及因冷藏箱自身故障致货物于责任期间届满后受损，承运人是否承担赔偿责任的问题。本案判决明确：在海上货物运输合同关系中，如承运人提供冷藏箱用于装载货物的，承运人负有义务确保冷藏箱在约定使用期间内处于正常使用状态。因冷藏箱自身故障致货物受损即使是在责任期间届满后，但承运人因未按约定确保冷藏箱处于正常运行状态，仍应对货损承担赔偿责任。

（资料来源：上海海事法院）

思考：承运人、托运人应如何做好集装箱的交接工作，需要注意什么？

任务七　海运出口货物托运单的制作

【实训任务】

教师向学生展示托运单样本，给学生讲解托运单制作的注意事项，按照实训流程，准备好相应的单证、文件，完成实训过程。

【实训流程】

1. 海运出口散货托运委托书的缮制

(1) 托运人（Shipper），一般情况下填写出口公司的名称和地址。

（2）收货人（Consignee），在信用证支付的条件下，对收货人的规定常有两种表示方法：①记名收货人，记名收货人是直接将收货人的名称、地址完整地表示出来，这时收货人即是合同买方。但是记名收货人的单据不能直接转让，这给单据的买卖流通设下了障碍，故记名收货人的表示方法不常使用。②指示收货人，指示收货人是将收货人以广义的形式表示出来，常用空白指示和记名指示两种表达法。指示收货人掩饰了具体的收货人的名称和地址，使单据可以转让。在空白指示（不记名指示、空白指示）的情况下，单据的持有人可以自由转让单据。在记名指示情况下，记名人有权控制和转让单据。指示收货人的方法补充了记名收货人方法的缺陷，但也给船方通知货方提货带来了麻烦。对此可由被通知人栏目予以补充。

（3）被通知人（Notify Party），此栏填写信用证中规定的被通知人。被通知人的职责是及时接受船方发出的到货通知并将该通知转告真实收货人，被通知人无权提货。

（4）托运单编号（Number），一般填写商业发票的号码。

（5）目的地（Place of Delivery），此栏目按信用证的目的港填写。填写时要注意重名港口的现象，一般将目的地所在国家名称也填写在这一栏目中。如果目的地是内陆城市，这一栏目填写卸下最后一艘海轮时的港口名称。在计算运费时，是根据托运单的本项内容计算航程的。

（6）运输标志（Shipping Marks），此栏填写信用证或合同都规定的唛头（为便于识别货物、防止发错货，通常由型号、图形或收货单位简称、目的港、件数或批号等组成的简单文字、数字、字母与几何图形的组合），买卖合同或信用证中没有规定唛头时可填写 N/M。

（7）数量（Quantity），托运单中的数量是指最大包装的件数。

（8）货物说明（Description of Goods），这一栏的内容只允许写大类名称或统称。

（9）重量（Gross Weight/Net Weight），重量应分别计算毛重和净重。

（10）尺码（Measurement），该栏目填写一批货的尺码总数，一般单位为 m^3。

（11）装运日（Time of Shipment），根据信用证的规定填写。

（12）期满日（Expiry Date），一般按信用证的规定填写。

（13）存货地，内容用中文填写。

（14）转船（Transshipment），填写要求与分批一致，只限在“允许”或“不允许”两者取一。

（15）分批（Partial Shipment），按照合同或信用证条款填写，只限在“允许”或“不允许”两者中取一。

（16）运费（Freight），一般不显示具体运费，只填写“运费待付”或“运费预付/已付”。

（17）托运单日期填写与发票日期一样的内容，即开立发票的日期。

（18）提单正本份数，一般一式三份，三份正本提单同时有效（Three Original Bill of Lading 或者 Original Bill of Lading in Three、Full Set of Bill of Lading，指全套正本提单）。按照习惯，一般是指两份以上正本提单。

（19）提单副本的份数，一般是指出口企业留底份数+寄单所需份数+信用证对副本提单要求的份数。

(20) 特别条款，信用证要求或合同要求中有关运输方面的特殊条款。

(21) 签字，经办人签字，出口企业盖章。其他项目如船名、提单号码等由船方或其代理人填写。

2. 集装箱货物托运委托书的缮制

集装箱货物托运委托书的缮制与海运出口托运委托书的缮制基本相同，只是增加了托运货物交接方式的填写，如CY—CY、CFS—CFS等，以及集装箱货物种类的填写，如普通、冷藏、液体等。

【实训提示】

一、 场站收据的概念及作用

1. 场站收据（Dock Recipt，D/R）

场站收据又称港站收据或码头收据，是国际集装箱运输专用出口货运单证，它是由承运人委托CY、CFS或内陆CFS在收到FCL或LCL后，签发给托运人的证明已收到托运货物并对货物开始负有责任的凭证。场站收据一般是托运人口头或书面订舱，与船公司或船代达成货物运输的协议，船代确认订舱后由船代交托运人或货代填制，在承运人委托的码头堆场、CFS或内陆CFS收到FCL或LCL后签发生效，托运人或其代理人可凭场站收据向船代换取已装船或待装船提单。

场站收据是集装箱运输专用的出口单证，不同的港口、货运站使用的场站收据也不一样，其联数有十联、十二联、七联不等。以十联格式为例，场站收据的组成情况如表2-9所示。

表2-9 十联单的组成

顺序	名称	颜色	主要用途
1	托运单	白色	托运人留存
2	托运单—船代留底	白色	据此编制装船清单、积载图、预制提单
3	运费通知（1）	白色	计算运费
4	运费通知（2）	白色	运费收取通知
5	装货单—场站收据副本（1）	白色	报关并作为装货指示
	装货单附页	白色	缴纳出口货物港务申请书，由港区核算应收之港务费用
6	场站收据副本（2）—大副联	粉红色	报关，船上留存备查
7	场站收据正本	黄色	报关，船代凭此签发提单
8	货代留底	白色	缮制货物流向单

续表

顺序	名称	颜色	主要用途
9	配舱回单（1）	白色	货代缮制提单
10	配舱回单（2）	白色	根据回单批准修改提单

十联单的格式如表 2-10 所示。

表 2-10　场站收据样本

集装箱货物托运单（场站收据托运联）

Shipper（托运人）				D/R NO:（编号）	
Consignee（收货人）				集装箱货物托运单 货主留底	
Notify Party（通知人）					
Pre-carriage by		Place of Receipt(收货地点)			
Ocean Vesse Voy No.（海运航次）		Port of Loading（装运港）			
Port of Discharge（卸货港）		Place of Delivery（交货地点）		Final Destination	
Container No.	Seal No.（铅封号） Marks & Nos.（唛头）	No. of Containers or Packages	Kind of Packages; Description of Goods	Gross Weight（毛重）	Measurement（尺码）
Total Number of Containers or Packages（in words）					
Freight & Charges	Revenue Tons	Rate	Per	Prepaid	Collect
Ex. Rate	Prepaid at		Payable at		Place of Issue（签单地点）
	Total Prepaid		No. of Original B（S）/L		
Service Type on Receiving □-CY □-CFS □-DOOR	Service Type on Delivery □-CY □-CFS □-DOOR	Reefer Temperature Required（冷藏温度）　F　℃			
Type of Goods（种类）	□Ordinary，□Reefer，□Dangerous，□Auto （普通）（冷藏）（危险品）（裸装车辆） □Liquid，□Live animal，□Bulk （液体）（活动物）（散货）		危险品	Class: Property: IMDG Code Page: UN No.:	
可否转船		可否分批			

2. 场站收据的作用

场站收据是一份综合性单证，它把货物托运单（订舱单）、装货单（关单）、大副收据、理货单、配舱回单、运费通知等单证汇成一份，这对提高集装箱货物托运效率和流转速度有很大意义。一般认为，场站收据的功能和作用有：

（1）船公司或船代确认订舱并在场站收据上加盖有报关资格的单证章后，将场站收据交给托运人或其代理人，意味着运输合同开始执行。

（2）是出口货物报关的凭证之一。

（3）是承运人已收到托运货物并开始对其负责的证明。

（4）是换取海运提单或联运提单的凭证。

（5）是船公司、港口组织装卸、理货和配载的凭证。

（6）是运费结算的依据。

（7）如信用证中有规定，场站收据可作为向银行结汇的单证。

二、场站收据的流转

1. 场站收据各联的流转

场站收据十联单各联的使用流转情况如图 2-27 所示。

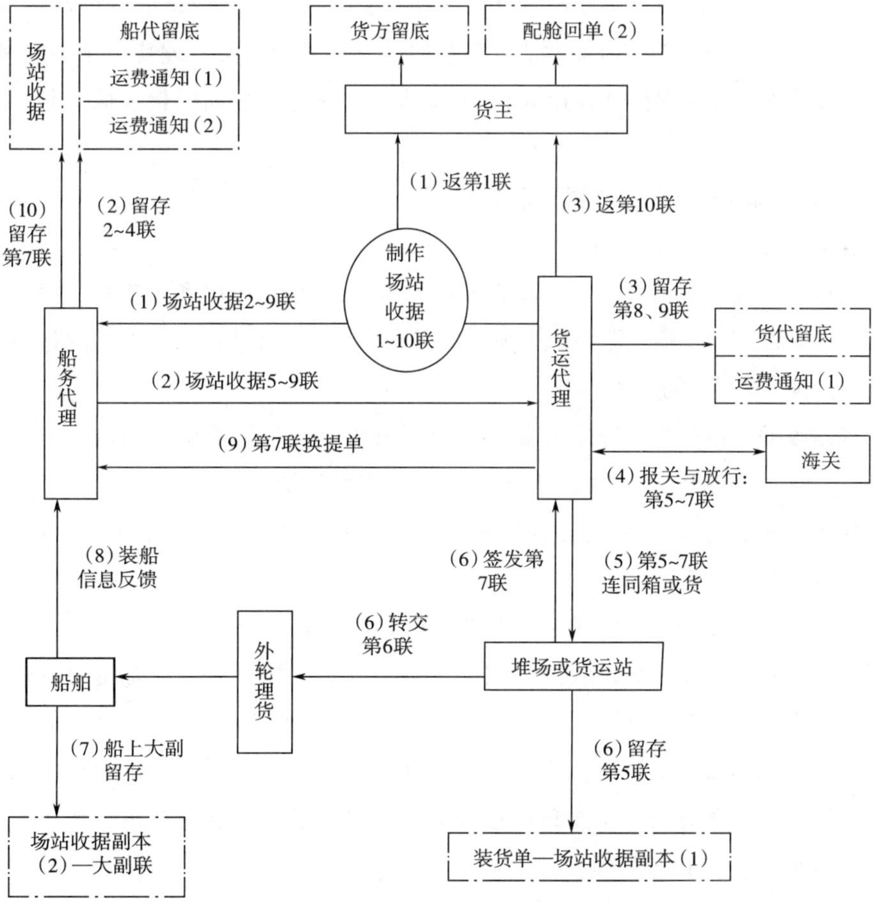

图 2-27 十联单流转图

（1）托运人填制集装箱货物托运单一式十联，委托货代公司代办托运手续。

（2）货代审核托运单接受委托后，将货主留底联退还给托运人备查。

（3）货代持剩余9联至船公司或船代处办理货物托运。

（4）船公司或船代审核托运单，对照订舱清单或预配清单，确认无误后留下第2、3、4联，并在第5联装货单上签章确认订舱，将剩余5~10联退给货代。

（5）货代留存第8联，据以缮制提单和其他货运单证。

（6）货代根据退回的第9联缮制货物流向单。

（7）货代持经船公司或船代签发的第5、6、7联，随同出口货物报关单和其他单证一起到海关办理货物出口报关手续。

（8）海关审单，同意出口后在装货单上加盖放行章，然后将盖过章的5、6、7三联退还给货代。

（9）货代安排将箱号、封志号、件数填入第5、6、7联，在集装箱进场完毕前交场站签收。

（10）场站业务员在集装箱进场完毕时，在第5、6、7联上加批实收箱数并签收（场站业务员的签收仅属核对性质，集装箱内货物件数和货物状况仍由装箱单位负责）。第5联由场站留底，第6联（大副联）由场站业务员装船前交外轮理货员，理货员于装船时交大副，第7联由场站业务员返回货代（托运人），托运人凭此场站收据向船代换取待装提单或在装船后换取装船提单。

2. 场站收据流转过程中的注意事项

在场站收据的流转过程中，应注意以下事项：

（1）托运人或货代的出口货物一般要求在装箱前24小时内向海关申报，海关在场站收据上加盖放行章后方可装箱，即装箱必须经海关同意，并在装箱前24小时内将海关盖章的场站收据送交收货的场站业务员。

（2）场站收据中出口重箱的箱号允许装箱后由货代或装箱单位正确填写，海关验放时允许无箱号，但进场完毕时必须填写所有箱号、封志号和箱数。

（3）托运人和货代对场站收据内容的变更必须及时通知有关各方，并在24小时内出具书面通知，办理变更手续。

（4）各承运人委托场站签发场站收据必须有书面协议。

（5）场站业务员签发的场站收据必须验看是否有海关放行章。没有海关放行章不得安排场站收据所载明的集装箱装船。

（6）采用CY交接条款时，货主对箱内货物的准确性负责。拼箱货物以箱为单位签发场站收据。

（7）外轮理货人员应根据交接条款在承运人指定的场站和船边理箱，并在有关单证上加批注，提供理货报告和理箱单。

（8）货代、船代应正确完整地填写和核对场站收据的各个项目。

【实训案例】

根据下面所提供的信用证条款的主要内容及有关制单资料，填制表2-11 集装箱海运托运单中（1）至（15）处的内容。

Irrevocable documentary credit

Number：LC123-268866

Date：January 2，2019

Date and place of expiry ：February 20，2019 China

Advising bank：Bank of China

Beneficiary：China AAA import and export corp.

Applicant：Japan BBB corp.

Shipment from：Shanghai to Kobe，Japan not later than February 10，2019

Partial shipments：Not allowed

Transshipment：Not allowed

Description of goods：100% Cotton Towel as per S/C No. CH2006

Total amount：USD10000 （SAY US DOLLARS TEN THOUSANDS ONLY）

Total quantity：40000 pieces packing in 200 Cartons

Total gross weight：20000 KGS

Total measurement：29CBM

Price term：CIF Kobe，Japan

Following documents required：

+Signed commercial invoice in triplicate

+Packing list in triplicate

+Full set of clean on board ocean bill of lading made out to order of shipper and endorsed in blank and marked "freight prepaid" and notify applicant.

+Insurance Policy in duplicate for full CIF value plus 10% covering Ocean Marine Cargo Clauses All Risks and War Risk Clauses of The People' s Insurance Company of China and stating claims payable in Kobe，Japan in the currency of the credit.

Information：

Ocean Vessel："Blue sky" Voy. No. ：003E

B/L No. 0028

Container No. ：COSU8001215

Marks & Nos：CT KOBE NO. 1-200

____________________________________.

D/R No：

表 2-11　　集装箱海运托运单

Shipper（1）		集装箱货物托运单 货主留底
Consignee（2）		
Notify Party（3）		
Pre-carriage by（4）	Place of Receipt	
Ocean Vessel Voy. No.（5）	Port of Loading（6）	
Port of Discharge	Place of Delivery	Final Destination for Merchant's Reference（7）

Container No.（8）	Seal No. Marks & Nos.（9）	No. of Containers or P'kgs（10）	Kind of Packages; Description of Goods（11）	Gross Weight 20000 KGS	Measurement 29CBM
Total Number of Containers or Packages（in words）			SAY ONE CONTAINER ONLY		

Freight & Charges（12）	Revenue Tons	Rate	Per	Prepaid	Collect
Ex. Rate.	Prepaid at		Payable at		Place and date of Issue
	Total Prepaid		No. of Original B（s）/L THREE		

Service Type on Receiving	Service Type on Delivery	Reefer Temperature Required F ℃
□-CY □-CFS □-DOOR	□-CY □-CFS □-DOOR	

Type of Goods	□Ordinary，□Reefer，□Dangerous，□Auto □Liquid □Live animal □Bulk □_____	危险品	Class: Property: IMDG Code Page: UN No.:

可否转船：（13）	可否分批：（14）
装期：（15）	有效期：February 20，2003 China
金额：	
制单日期：	

CHINA AAA IMP. & EXP. COP.
18 ZHONG SHAN ROAD,SHANGHAI,CHINA

答案：

（1）China AAA import and export corp.；

(2) to order of shipper;

(3) Japan BBB corporation. ;

(4) "Blue sky";

(5) 003E;

(6) SHANGHAI;

(7) KOBE;

(8) COSU8001215;

(9) CT KOBE NO. 1-200;

(10) 40000 pieces packing in 200 Cartons;

(11) 100% Cotton Towel as per S/C No. CH2006;

(12) freight prepaid;

(13) Not allowed;

(14) Not allowed;

(15) not later than February 10, 2019。

任务八　海运提单的制作

【实训任务】

教师向学生展示海运提单的样本，讲解海运提单的制作要领、注意事项，按照流程操作说明，准备好相应的单证、文件，完成实训过程。

【实训流程】

一、提单样式（表 2-12）

二、提单制作

1. 托运人（Shipper）

托运人即委托运输的人，在进出口贸易中通常就是出口人。本栏目填写出口人的名称和地址，一般为信用证的受益人、合同的卖方，也可以是第三方。

2. 收货人（Consignee）

即提单的抬头人，应按信用证规定填写。

(1) 记名抬头：直接填写收货人名称和地址，如"To ABC Co."。

(2) 不记名抬头：填"To Bearer"。

(3) 指示抬头：按 L/C 规定填写，如"To order""To order of ×××"。填写"To order"

“To order of Shipper”两种情况都是托运人指示提单。填写“To order of ×××”，称为记名指示提单，记名指示人可以是银行，也可以是贸易商。

表 2-12　　　　中国远洋运输公司提单样式

<table>
<tr><td colspan="5">Shipper</td><td colspan="2" rowspan="5">BILL OF LADING　　B/L No.:
COSCO
中国远洋运输公司
CHINA OCEAN SHIPPING
COMPANY ORIGINAL</td></tr>
<tr><td colspan="5">Consignee</td></tr>
<tr><td colspan="5">Notify Party</td></tr>
<tr><td colspan="2">* Pre-carriage by</td><td colspan="3">* Place of Receipt</td></tr>
<tr><td colspan="2">Ocean Vessel. Voy. No.</td><td colspan="3">Port of Loading</td></tr>
<tr><td colspan="2">Port of Discharge</td><td colspan="3">Place of Delivery</td><td>* Final Destination</td><td>No. of Original B(s)/L</td></tr>
<tr><td>Marks & Nos.</td><td colspan="2">No. and Kind of Packages</td><td colspan="2">Description of Goods</td><td>Gross Weight</td><td>Measurement (m^3)</td></tr>
<tr><td></td><td colspan="2"></td><td colspan="2"></td><td></td><td></td></tr>
<tr><td colspan="3">Total Number of Containers or Packages (in words)</td><td colspan="4"></td></tr>
<tr><td>Freight & Charges</td><td>Revenue tons</td><td>Rate</td><td>Prepaid</td><td>Collect</td><td>Prepaid at</td><td>Payable at</td></tr>
<tr><td colspan="5">Total Prepaid</td><td colspan="2">Place and date of Issue</td></tr>
<tr><td colspan="5">(Terms Please Find on Back of Original B/L)</td><td colspan="2">Signed for the Carrier</td></tr>
<tr><td colspan="7">* Applicable only when document used as a Through Bill of Lading</td></tr>
</table>

【例 2-1】来证规定“... made out to order and endorsed to ABC Bank...”，则收货人栏填写：To order。提单背面由托运人作记名背书：

Deliver to ABC Bank

For DNO Co.

* * * （托运人签章）

【例 2-2】来证规定：“... made out to our order and endorsed in blank...”（假设开证行为 ABC Bank），则收货人栏填写：To order of ABC Bank。

提单背面由 ABC 银行作空白背书，即 ABC 银行签章即可。

提单的抬头决定了海运提单的性质和货权的归属。在进出口贸易中多使用指示式抬头，以便单据可以通过背书转让。

3. 通知人（Notify Party）

按信用证规定填写，须注明被通知人的详细名称和地址。信用证方式下，应按信用证规定填写。如来证规定：“Full set of B/L... notify applicant”，应在本栏目中将开证申请人的全称及地址填上。如信用证无规定时，正本提单可留空填，但随船的副本提单须填列开证申请人的详细名称和地址。

注意：不可以直接在“Notify Party”栏中填写“Applicant”，否则货物到达目的港后船公司无法通知。

4. 收货地点（Place of Receipt）

填写实际接收货物的地点。一般只在多式联运提单中有此栏目。

5. 装运港（Port of Loading）

即启运港，应按信用证规定填写。如信用证只是笼统规定“China Main Ports”，则应填写实际装运港口的名称，如“Qingdao”。如来证同时列明几个装货港，如“Xingang/Qinhuangdao/Tangshan/”，提单只能填写其中一个实际装运的港口名称。

根据《UCP600》规定，如果提单没有表明信用证规定的装货港为装货港，则须以已装船批注表明信用证规定的装运港、发运日期及实际船名。

6. 海运船名（Ocean Vessel）和航次（Voyage No.）

填写实际载货船舶的名称和本次航行的航次，例如“FengQing V. 102”。没有航次的可以不填航次。如果提单载有“预期船只”或类似的关于船名的限定语，则须以已装船批注明确发运日期及实际船名。

7. 转运港（Port of Transshipment）

发生转运时，填写转运港口名称，必要时加注所在国家名称。

根据《UCP600》，只要全程运输由同一提单涵盖，提单可以表明货物将要或可能被转运。即使信用证禁止转运，提单注明将要或可能发生转运，银行仍可接受，只要提单表明货物由集装箱、拖车或子船运输。提单中声明承运人保留转运权利的条款银行将不予理会。

8. 卸货港（Port of Discharge）

即目的港，应按信用证规定填写。

除 FOB 价格条件外，卸货港不能填写笼统的名称，如“European main port”，必须列出具体的港口名称。如国际上有重名港口的，还应加注国别名称。

在转船情况下可以在卸货港名称之后加注转船港名称，如“Rotterdam W/T at HongKong”，或在货名栏下方的空白处加注转船的说明；如有印就的转船港栏目，则直接填入转船港名称即可。

9. 交货地点（Place of Delivery）

填写最终目的地名称。如货物的目的地就是目的港的话，该栏可以留白，也可以填写目的港名称。

10. 提单号码（B/L No.）

提单上必须注明承运人及其代理人规定的提单编号，以便核查，否则提单无效。

11. 签发的提单份数（Nos. of Original Bs/L）

收货人凭正本提单提货。正本提单的份数应按信用证的要求，用英文大写注明，如“Two”或“THREE”等。每份正本提单的效力相同，凭其中一份提货后，其余各份失效。

（1）信用证规定的每一种单据须至少提交一份正本。

（2）如果信用证要求提交单据的副本，提交正本或副本均可。

（3）提单为唯一的正本提单，或如果以多份正本出具，提单中须表明全套正本的份数。

我们一般从货代处会得到三正三副的提单，根据信用证的要求交给银行。

例如：信用证条款如下：

Full Set of Clean “Shipped on Board” Ocean Bill of Lading With 2 Non-negotiable Copies

如果信用证要求全套的话，提单的份数栏目一般填“三”。

上面的例子中，只需提供三正两副的提单给银行就可以了。

12. 标记与号码、箱号码与封号（marks & nos, Container/Seal No.）

（1）提单上的标记、号码应与信用证和其他单据中的唛头一致。若没有唛头，填“N/M”，不能空白。

（2）填写集装箱号码。铅封号是海关查验货物后作为封箱的铅制关封号，应如实注明。

13. 箱数与件数（Numbers of Packages or Shipping units）

（1）按货物实际装运情况填写外包装的件数，如“100 bales”“250 drums”，在栏目下面的空白处或大写栏内加注大写件数，如“SAY ONE HUNDRED BALES ONLY.”

（2）散装货可注明“In bulk”字样，无须列明大写件数。

（3）如有多种货物采用多种包装，则应分别列明各种货物的件数和包装种类并加列合计总件数。例如：

100 cartons

50 bales

30 cases

180 Packages

SAY ONE HUNDRED AND EIGHTY PACKAGES ONLY.

14. 货物描述（Description of Goods）

按信用证和发票货名填写，如发票名称过多或过细，提单可写货物的总称，但不能和发票货名相矛盾。

15. 毛重（Gross Weight）

以千克（kg）为单位填写装运货物的毛重，千克以下按四舍五入处理。

16. 尺码（Measurement）

以立方米为（m^3）单位填写货物的尺码，立方米以下保留小数点后三位数。

17. 总包装件数（Total Packages）

由大写英文数字、包装单位和“ONLY”组成，如“SAY ONE HUNDRED CARTONS ONLY”。

18. 运费和费用（Freight and Charges）

除非有特别规定，本栏只填列运费的付费情况，如“Freight Prepaid”或“Freight to Collect”，不填具体金额。

注意：在信用证中如有规定“FREIGHT TO BE PREPAID”时，提单上不能照写，而应该写成“Freight Prepaid”。

19. 运费支付地（Freight Payable at）

填写实际支付运费的地点。

20. 签单地点及日期（Place and Date of Issue）

签单地点通常为装运地点。签发日期即为装运日期。

提示：签发地点一般是装货港，如不一致也可以接受。每张提单必须有签发日期。

21. 签章（Signature）

几种常见的签署形式：

（1）可以是承运人或其具名代理或代表。

①承运人签字

例：XYZ SHIPPING COMPANY

张三

AS THE CARRIER

②代理人签字

例：ABC LOGISTICS COMPANY

MARK TWIN

AS AGENT FOR THE CARRIER：XYZ SHIPPING COMPANY

（2）船长或其具名代理或代表签署。

例：JOHN DOE AS THE MASTER

CARRIER：XYZ SHIPPING COMPANY

（3）承运人、船长或代理人的任何签字或证实，必须表明“承运人”或“船长”的身份；代理人的任何签字必须标明其是代理承运人还是船长。

22. 已装船批注、装船日期、装运日期

海运提单必须是已装船提单，即使信用证没有规定，提单也要有“已装船”的表示。

提单要显示装船日期，且此日期不能迟于信用证规定的最迟装运日。

（1）提单上预先印就“已装船”文字或相同意思，这种提单通常被称为“已装船提单”，不必另行加注“已装船”批注，提单的签发日期就是装船日期和装运日期。

（2）如果提单载有“预期船只”或类似的关于船名的限定语，则须以已装船批注明确发运日期以及实际船名，通常这种提单被称为“收妥备运提单”。收妥备运提单须在提单上加注“已装船”的批注，并在旁边显示装船日期，装船日期即为装运日期，提单的签发日期不能视作装船日期和装运日期。

例：提单显示如下装船日期和装运日期：

PORT OF LOADING：NANJING　　INTENDED OCEAN VESSEL：GLORIA V. 123

PORT OF DISCHARGE：WELLINGTON　　ON BOARD：APRIL 30，2019

FREIGHT：FREIGHT COLLECT

装船批注要注明船名和装船日期：VESSEL：GLORIA V. 123　　DATED：APRIL 30，2019

【实训提示】

一、提单在跟单信用证机制中的流转程序

（1）出口商按信用证的要求将货物交付承运人后取得提单。我国《海商法》规定，货物由承运人接收或装船后，承运人应当应托运人的要求签发提单。

（2）出口商交单议付。出口商在从承运人处取得符合信用证要求的提单后，应及时到结汇银行议付。如果出口商在货物装船后延滞很久才交单议付，进口商就可能因未能及时取得提单而遇到麻烦。根据《跟单信用证统一惯例》（1993 年修订本）第四十三条的规定：运输单据到期日的限制，除规定一个交单到期日外，每份要求提供运输单据的信用证还应规定一个从装运日期后必须提交符合信用证条款的单据特定期间。如无此期间的规定，银行将不接受迟于装运日期 21 天后提交的单据。在任何情况下，单据必须不迟于信用证到期日提交。

（3）结汇银行将提单等单证寄给开证行。

（4）收货人到开证行付款赎单。

（5）收货人交单提货。货物到目的港后，收货人应将提单交船方或其代理人换取提货单，凭提货单提货。在邻近国家的贸易中常会出现货物比提单先到的情况，此时进口商只好凭提单副本加银行保函提货。

二、提单在跟单信用证机制中的作用

到当地商场买东西的“货物买卖”常常是一手交钱、一手交货，双方当面交付。而国际贸易中，买卖双方远隔重洋，相距千万里，不能实现一手交钱、一手交货的买卖交易。假如货物从甲国海运到乙国需 30 天，甲国出口商若先发货 30 天后，乙国进口商收到货物后再付款，甲国出口商要 30 天以后才能得到货款，承担 30 多天的风险。若乙国进口商先付款，甲国出口商收到货款后再发货，进口商就要承担 30 多天的风险。不论哪一方先付货或先付

款，除承担风险外，还会有 30 多天资金停滞周转，造成财务上的困难。

在国际贸易实践中，由双方银行进行资金融通，通过跟单信用证解决上述矛盾而便利国际贸易。通常的做法是：贸易合同签订后，由乙国进口商申请其银行向出口商当地银行签发信用证，规定在各项商务单证按要求齐备的情况下，由出口商当地银行凭证向出口商支付货款，然后将全套单证寄到进口商开证银行，由进口商付款买到全套单证凭以提货。进口商银行与出口商进行结算，这样就将货物买卖通过银行变成为单据买卖。提单以货物收据、物权凭证和运输合同证明的作用在单证买卖中起着重要作用。信用证也对提单有严格的规定，例如清洁提单、全套正本提单、装船提单以及提单签发后限期结汇等。单证买卖不但大大减少了买卖双方的风险，加速了资金周期，而且还提供了短期信贷和资金融通，既方便又可靠，因而促进了国际贸易的发展。可见，在跟单信用证的支付中，提单起着重要的作用。为了维护提单的法律地位和便利提单的转让，各国国内法和国际公约都制定了相应条款，对提单在跟单信用证机制中的作用给予法律保障。

三、 当前提单在跟单信用证机制中存在的问题

1. 伪造提单

货物未装运，出口商伪造提单向银行议付货款，银行按照惯例只从各种单据表面情况确定是否与信用证条款相符，银行对于提单是否伪造一般不承担任何责任。在国际贸易中，国际商会规定了 3 种基本贸易单证：卖方发票（Shipper's Invoice）、装船提单（Shipped Bills of Loading）和保险单（Police），均极容易作伪，其中卖方发票最容易作伪，伪制装船提单也不难，只要取得船公司空白提单，填好后加假签名即可获得。保险单只要付出很少的保险费即可获得，保险公司在收取保险费时也不管是否有货装上船。因此不法分子只凭这一套单证便可根据信用证到银行结汇，进行商业欺诈。我国某港利用假提单运空箱骗取退税的案子也时有发生。

对付伪造提单确实困难，受害方当然可以向伪造者追究刑事责任，但伪造者作案后往往逃之夭夭，难以归案。

2. 倒签提单

承运人接受托运人的保函倒签提单日期，使出口商能够在信用证规定期限内顺利结汇而获得货款。如果贸易市场稳定，货物迟到时间不长，往往平安无事皆大欢喜，但是货物跌价或应季货物迟到可能会给进口商造成极大的损害。进口商只要向装货港当局了解一下就很容易查出。银行在港口，只核对提单是否符合信用证条款，可照例不需作任何调查给出口商顺利结汇。但必须指出：倒签提单是承运人与托运人合伙对收货人的瞒骗行为，不会受法律保护。货运代理人千万不可出保函协助出口商弄虚作假，而应积极同各方联系，保证装船期或使信用证上的装船期展期。

3. 银行担保提货

目前的国际贸易中，有些出口商为了急于销售商品，在货物发运后要求进口商的开证行签发远期信用证，出口商凭此寄送提单。在这种交易中，往往货物到港但收货人没有提货单，只好凭银行担保提货。此时，如果因货物质量、价款纠纷导致进口商拖延签发信用证，出口商就可以凭手里的提单向承运人要货，造成承运人的极大困难。因此切记尽量不让进口商凭银行担保提货。随着海上运输速度的提升，提单往往比货物迟抵目的港，特别是一些近洋货运，很多货物抵港时收货人仍未收到提单，所以凭银行担保提货的现象时有发生，应引起足够重视。

【实训案例】

根据以下提供的信用证条款的主要内容及有关信息，审核表2-13提单中填写不正确的项目，并予以改正。

Irrevocable documentary credit

Number：LC223-5866686

Date：March5，2019

Date and place of expiry：April 30，2019 Qingdao，China

Advising Bank：Bank of China

Beneficiary：China ABC Import and Export Corp.

Applicant：U. K. Tom Corp.

Shipment from：Qingdao to London，on or about April 5，2019

Partial shipment：Not allowed

Transshipment：Not allowed

Description of goods：100% Cotton Towel as per S/C No. CH 2019

Total amount：USD10 000（SAY US DOLLARS THEN THOUSANDS ONLY）

Total quantity：200 Cartons

Total gross weight：20500kgs

Total measurement：30CBM

Price terms：CIF London，U. K.

①Signed commercial invoice in triplicate

②Packing list in triplicate

③Full set of clean onboard Ocean Bill Of Lading made out to order of shipper and endorsed in blank and marked "freight prepaid" and notify applicant.

④Insurance Policy in duplicate for full CIF value plus 10% covering All Risks as per Ocean Marine Cargo Clauses of the PICC dated 1/1/1981 and stating claims payable in London，UK in the currency of the credit.

Information:

Date of Invoice: March 25, 2019

Ocean Vessel: "BBB" Voy. No.: 005E

B/L No. 0128

Container No. CBHU0180286

Marks Nos: CT LONDON NO. 1-200

Forwarder: China CCC Forwarder Co.,（acting as agent of the China ABC Import and Export Corp.）

表 2-13　　审核提单

Shipper China CCC forwarder co						
Consignee U. K. Tom Corp.					B/L NO. 0128	
Notify Party U. K. Tom Corp.					AAA Shipper CO. Bill of Lading	
Pre-carriage by		Place of Receipt				
Ocean Vessel Voy. No. "BBB"005E		Port of Loading Qingdao				
Port of Discharge London		Place of Delivery				
Container No.	Seal No.	NO. of Containers	Kinds of Packages;		Gross Weight kgs	Measurement
CBHU0180286	Marks & Nos （二） CT LONDON NO. 1-200	Or P kgs	Description of Goods 100% cotton Towel as per S/C NO. CH2004		20500 KGS	30CBM
TOTAL NUMEBER OF CONTAINER OR PACKAGES（IN WORD）						
Freight & Charge Freight Prepaid	Revenue Tons	Rate	Per		Prepaid	Collect
EX. Rate	Prepaid at	Payable at			Place and date of issue Qingdao, April 15, 2019	
	Total Prepaid	No. of original B（S）/L Three			Signed for Carrier AAA Shipping Co. as carrier	

LADEN ON BOARD THE VESSEL

DATE April 15, 2019

（TERMS PLEASE FIND ON BACK OF ORIGINAL, B/L）

答案：

（1）Shipper：China ABC Import and Export Corp.。

（2）Consignee：To Order of Shipper。

（3）Place and date of Issue：Qingdao，April 5，2019。

（4）LADEN ON BOARD THE VESSEL DATE：April 5，2019。

任务九　班轮运费的计算

【实训任务】

以小组为单位，要求学生进行运算练习，讨论运输过程和结果，能够正确完成布置的实训练习。

【实训流程】

班轮运费的计算步骤：

（1）选择相关的运价本。

（2）根据货物名称，在货物分级表中查到运费计算标准（BASIS）和等级（CLASS）。

（3）在等级费率表的基本费率部分找到相应的航线、启运港、目的港，按等级查到基本运价。

（4）从附加费部分查出所有应收（付）的附加费项目和数额（或百分比）及货币种类。

（5）根据基本运价和附加费算出实际运价。

（6）运费=运价×运费吨。

【实训提示】

班轮运费由班轮运价表规定，包括基本运费（Basic Freight）和各种附加费（Surcharge or Additional），即班轮运费=基本运费+附加费。

1. 基本运费

基本运费是对运输每批货物应收取的最基本的运费，是整个运费的主要构成部分，根据基本运价和计费吨计算得出。基本运价由班轮公司按航线上基本港之间的运价给出，以运价表的形式公布，是计算班轮运费的基础。

运价表也称费率本或运价本，主要由条款和规定、商品分类和费率三部分组成。按运价制定形式不同可分为：

（1）等级费率本。等级费率本是按商品等级来确定运价，是按照货物负担运费能力的定价原则，这种运价表附有“商品分级表”（一般分为20个等级），每一个等级的货物有一个基本费率。其中，1 级费率最低，20 级费率最高。

（2）列名费率本。列名费率本也称单项费率运价本，即运价是根据商品名称来确定的，各种不同货物在不同航线上逐一确定的运价称为单项费率运价。

按照货物名称和航线名编制的列名运价表也称“商品运价表”。在运价表中，对每一个商品都给定一个运价。在列名费率本商品分类部分，商品后面注明商品编号，按编号列出每一个商品的不同目的地的费率。

表 2-14、表 2-15 分别为等级费率本、列名费率本的格式。

表 2-14　　货物等级费率本

货名（COMMODITIES）	级别	计费标准
农具（agricultural implement）	8	W/M
农机及零件（machines. part & accessories）（包括拖拉机）（incl. tractors）	9	W/M
人造革及制品（artificial leather & goods）	11	M
麻，纸，塑料包装袋（bags gunny, paper, polypropylene）	5	M
竹制品（bamboo products）	8	W/M
推车（barrow）	8	W/M
各种豆（beans. all kinds）	5	W/M
自行车及零件（bicycles & pares）	9	W/M
电缆（cable）	10	W/M
蜡烛（candle）	6	M
各种罐头（canned goods. all kinds）	8	W/M
未列名货（cargo n. o. e）	12	W/M
钟及零件（clocks & spare parts）	10	M
计算机和复印机（computer & duplicator）	12	W/M
棉布及棉纱（cotton goods & piece goods）	10	M
棉线及棉纱（cotton thread & yarn）	9	M

表 2-15　　件杂货（散货）列名费率本

单位：美元/运费吨

Shanghai-Hong Kong, Japan, Singapore, Bangkok, Karachi, Persian Gulf 上海-香港，日本，新加坡，曼谷，卡拉奇，波斯湾						
Class 等级	Hong Kong 香港	Japan 日本	Singapore 新加坡	Bangkok 曼谷	Karachi 卡拉奇	Persian Gulf 波斯湾
7	20.00	50.00	31.50	31.00	58.00	69.00
8	20.50	50.50	32.00	31.50	59.00	71.00
9	21.00	51.50	33.00	32.00	60.00	73.00
10	22.00	52.00	34.00	33.00	61.00	75.00
11	22.50	53.00	35.00	34.00	62.00	77.00
12	23.50	54.00	35.50	35.00	35.00	79.00
13	25.00	54.50	36.50	35.50	66.50	83.00
14	26.00	55.50	37.50	36.00	70.00	86.00
15	27.00	56.00	38.50	37.00	73.00	90.00
16	28.00	57.00	39.00	38.00	76.00	94.00
17	29.50	57.50	40.00	38.50	80.00	98.00
18	30.50	58.50	41.00	39.00	82.00	102.00
19	31.50	59.00	42.00	40.00	87.00	106.00
20	32.50	60.00	43.00	41.00	92.00	111.00
从价费率	1%	1%	1.5%	1.5%	2%	2%

Remark（注意）：

（1）Bangkok：port congestion surcharge 10%；quay surcharge US $ 2.00/FT（曼谷：港口拥挤附加费 10%；码头附加费 2 美元/运费吨）

（2）Karachi：port surcharge for hazardous US $ 11.00/FT（卡拉奇：危险品港口附加费 11 美元/运费吨）

（3）Damman：transshipment surcharge US $25.00/FT（W/T at Dubai）（达曼：转运附加费 25 美元/运费吨，在迪拜转船）

（4）Kuwait：transshipment surcharge US $65.00/FT（W/T at Dubai）（科威特：转运附加费 65 美元/运费吨，在迪拜转船）

基本运价包括：普通货物运价、个别商品运价、等级运价、协议运价、集装箱运价等。根据货物特性等确定的特别运价包括：军公物资运价、高价货物运价、冷藏运价、危险品运价、甲板货运价和小包裹运价等。

根据货物种类不同，班轮运费的计收标准通常分为以下几种（表 2-16）。

表 2-16　　班轮运费计收标准

序号	表示方法	含义
1	W	按货物毛重（重量吨）计收，按此计算的基本运费等于计重货物的运费吨乘以运费率
2	M	按货物的体积计收，按此法计算的基本运费等于容积货物的运费吨乘以运费率
3	W/M	按毛重或体积计收，由船公司选择其中收费较高的作为计费吨
4	A · V	按货物价格计收，又称从价运费。从价运费一般按货物离岸价的一定百分比收取。按此法计算的基本运费等于物资的离岸价（FOB）乘以从价费率，一般为 1%~5%
5	W/M or ad val	在货物重量、尺码或价值三者中选择最高的一种计收
6	W/M plus ad val	按货物重量或尺码最高者再加上从价运费计收
7	Per...	按每件货物作为一个计费单位收费，如活牲畜按“每头”（per head），车辆按“每辆”（per unit）收费
8	Open	临时议定价格，即由货主和船公司临时协商议定。此类货物通常是低价的货物或特大型的机器等

注：上述计费的重量吨和尺码吨统称为运费吨，又称计费吨。按照国际惯例，容积货物是指每公吨的体积大于 1. 1328m^3（40ft^3）的货物；我国的远洋运输运价表中将每吨体积大于 1m^3的货物定为容积货物。

2. 附加运费

一些需要特殊处理的货物、需要加靠非基本港或转船接运的货物需要运输，以附加费的形式来补偿增加的开支为附加运费。

附加运费可按每一计费吨加收若干计收，也可按基本运费的一定比例计收，具体可参照航线费率表所附的附加费率表。常见的附加费种类有：

（1）超重附加费（heavy lift additional，HLA）。起重附加费是指每件商品的毛重超过规定重量时所增收的附加运费。这种商品称为超重货，通常规定超过 5t 时就要增收超重附加费。超重费是按重量计收的，重量越大，费率越高。如果单件货物既超长又超重，则两者应分别计算附加费，然后按其中收费高的一项收取附加费。

（2）超长附加费（long length additional，LLA）。超长附加费指的是由于单件货物的外部尺寸超过规定的标准，运输时需要特别操作，从而产生额外费用，承运人为补偿这一费用所计收的附加费。一般长度超过 9m 的件杂货可能要加收这项费用。长度越长，其附加费率越高。

（3）直航附加费（direct additional，DA）。直航附加费指的是托运人要求承运人将其托运的货物从装货港，不经过转船而直接运抵航线上某一非基本港时增收的附加费。通常承运人在运价本中会做出规定，当托运人交运的一批货物超过某一数量时就可以同意托运人提出的直航要求，并按规定增收直航附加费。

（4）转船附加费（transshipment additional，TA）。转船附加费是运输过程中货物需要在某个港口换装另一船舶运输时，承运人增收的附加费。运输一些偏僻或较小的非基本港的货物时要转船，转运一次会产生换装费、仓储费等附加费用。

（5）港口附加费（port additional）。由于港口装卸效率低或港口使用费过高，或存在特殊的使用费（进出港要过闸门）都会增加承运人的运输经营成本。

（6）港口拥挤附加费（port congestion surcharge，PCS）。由于港口拥挤，船舶抵港后需要长时间等泊而产生额外费用，为了补偿船期延误损失而增收的附加费为港口拥挤费，一旦改善可以调整和取消。

（7）燃油附加费（bunker adjustment factor，BAF；Bunker surcharges，BS；fuel adjustment factor，FAF）。这是由于燃油价格上涨，使船舶的燃油费用支出超过原核定的运输成本中的燃油费，承运人在不调整原定运价的前提下，为补偿燃油费的增加而增加的附加费，油价回落后取消。有的承运人在燃油附加费以外还可能增收应急燃油附加费（emergency bunker surcharge，EBS）。

（8）选港附加费（optional surcharge，OS）。货方托运时尚不能确定具体卸港，船方要求在预先提出的两个或两个以上港口中选择一港卸货而加收的附加费，又称选卸附加费，即选择卸货港所增加的附加费。

（9）变更卸货港附加（alteration of discharging port additional，ADPA）。由于收货人变更、交货地点变更或清关问题等需要，有些货物在装船后需要变更卸货港。变更卸货港的运费超过原卸货港的运费时，船方提出变更要求，应补交运费差额，反之退还。

（10）绕航附加费（deviation surcharge，DS）。绕航附加费是指因某一段正常航线受战争影响、运河关闭或航道阻塞等意外情况的发生迫使班轮绕道、延长运输距离而增收的附加费，是临时性的。

（11）旺季附加费（peak season surcharge，PSS）。也称高峰附加费，是目前在集装箱班轮运输中出现的一种附加费，根据运输供求状况加收。

（12）超额责任附加费（additional for excess of liability，AFEOL）。超额责任附加费是托运人要求承运人承担超过提单上规定的赔偿责任限额时，承运人增收的附加费。

（13）其他附加费。如洗舱附加费（cozening fee，CF），是当船舶装载了污染货物后，或因为有些货物外包装破裂、内容物外泄时，为不再污染以后装载货物进行的清洗费用；货币贬值附加费（currency adjustment factor，CAF），是由于国际金融市场汇率发生变动，计收运费的货币贬值，使承运人的实际收入减少，承运人为弥补货币兑换过程中的汇兑损失而加收的附加费，按基本运价的一定百分比加收。

【实训案例】

1. 从大连装运兴华轮自行车 150 箱，运往香港，重量为 16.960t，每箱体积为 53m^3，经运费表查得自行车为 M9 级，20 港元/m^3，100 港元/t，另外加货币贬值费 10%，燃油附加费 28%。计算运费。

答案：

F 运费 = 20×53×150×（1+10%+28%）= 219 420（港元）

答案解析：运费 = 基本运费+附加费，计费标准的选择

2. 天津运往埃及赛得港小五金共 150 箱，体积为 20cm×30cm×40cm；每箱毛重 25kg，基本运费 388 港元/TEU，商品计费标准为 W/M，另外加燃油附加费 30%，拥挤费 10%。计算运费。

答案：

M = 0. 2×0. 3×0. 4 = 0. 024（m^3）

W = 25kg = 0. 025t

因为 0. 025>0. 024

所以以 W 计算

F 运费 = 388×0. 025×150×（1+30%+10%）= 2 037（港元）

答案分析：运费标准 W/M 为重量、体积从高计征。

3. 我公司出口到某国家商品 1 000 箱，每箱体积 40cm×30cm×20cm，毛重为 30kg，经查，该商品计费标准为 W/M，等级为 10 级，每吨运费率为 200 港币。另查得该国要加收港口附加费 20%。问：应付轮船公司多少运费？

答案：

M = 0. 2×0. 3×0. 4 = 0. 024（m^3）

W = 30kg = 0. 03t

因为 0. 03>0. 024

所以以 W 计算

F 运费 = 200×0. 03×1000×（1+20%）= 7 200（港元）

4. 我公司出口商品 200 件，每件毛重 95kg，体积 100cm×40cm×25cm，查轮船公司运费表，该商品计费标准为 W/M，等级为 8 级，每吨运费为 80 美元，另收港口附加费 10%、直航附加费 15%。问：该批货物共计运费多少？原报 FOB 价上海每件 400 美元，客户要求改报 CFR 价，应报多少？

答案：

M = 1×0. 4×0. 25 = 0. 1（m^3）

W = 95kg = 0. 095t

因为 0. 1>0. 095

所以以 M 计算

F 运费（单件）= 80×0. 1×（1+10%+15%）= 10（美元）

因为 CFR 价 = FOB 价+F

所以 CFR 价 = 400+10 = 410（美元）

答案分析：掌握运费计算以及不同报价的换算。

5. 出口某商品 100t，报价 FOB 上海 USD 1 950.0/TEU，客户要求改报 CFR 伦敦价，已知该货为 5 级货，计费标准为 W，每 TEU 运费 USD 70 $。若要保持外汇净收入不变，应如何报价？若还需征收燃油附加费 10%、港口附加费 10%，又应如何计算？

答案：

（1）∵ CFR 价 = FOB 价+F

∴ CFR 价 = 1 950+70 = 2 020（美元）

∴ 要保持外汇净收入不变，应报 CFR 伦敦 2 020 美元

（2）F 运费 = 70×（1+10%+10%）= 84 美元

CFR 价 = FOB 价+F = 1 950+84 = 2 034 美元

答案分析：掌握运费计算以及不同报价的换算。

6. 出口某商品 10t，400 箱装，每箱毛重 25kg，体积 20cm×30cm×40cm，单价 CFR 马赛每箱 USD 55 $，查表知该货为 8 级，计费标准为 W/M，每 TEU 运费 USD 80 $，另征收转船附加费 20%、燃油附加费 10%。试计算应收运费人民币多少元？（外汇牌价为 1 美元 = 8.27 人民币元）。

答案：

M = 0.2×0.3×0.4 = 0.024（m^3）

W = 25kg = 0.025t

∵ 0.025>0.024

∴ 以 W 计算

F 运费 = 80×0.025×400×（1+20%+10%）= 1 040 美元 = 1 040×8.27 = 8 600.8（元）

答案分析：美元兑换人民币的应用。

7. 我某公司出口一批商品，出口价格为 USD 2 000.0/TEU，CIF×××港。客户现要求改报 FOBC5%上海价。查该商品总重量为 1 200t，总体积 1 100m^3，海运运费按 W/M 计收，每 TEU 基本运费为 USD 120 $，港口附加费 15%，原报价的保险金额按 CIF 价另加成 10%，保险险别为一切险，保险费率为 1%，求该商品的 FOBC5%上海价。

答案：

M = 1 100m^3

W = 1 200t

∵ 1 200>1 100

∴ 以 W 计算

F 总运费 = 120×1200×（1+15%）= 165 600 美元

F 单运费 = 165 600/1 200 = 138 美元

$\because$ CIF 价 $=\dfrac{\text{FOB 价}+F}{1-\text{投保加成}\times\text{保险费率}}$

$\therefore 2\ 000=\dfrac{\text{FOB 价}+138}{1-110\%\times1\%}$

$\therefore$ FOB 价 = 1840 美元

$\because$ 含佣价 $=\dfrac{\text{净价}}{1-\text{佣金率}}$

$\therefore \text{FOBC}5\%=\dfrac{1840}{1-5\%}=1\ 936.84$（美元）

答案分析：对含佣价的换算。

8. 某轮从广州港装载杂货人造纤维运往欧洲某港口，体积为 $20m^3$、毛重为 17. 8t，托运人要求选择卸货港 Rotterdam 或 Hamburg，Rotterdam 和 Hamburg 都是基本港口，基本运费率为 USD80. 0/FT，三个以内选卸港的附加费率为每 TEU 加收 USD3. 0，W/M。请问：

（1）该托运人应支付多少运费（以美元计）？

（2）如果改用集装箱运输，海运费的基本费率为 USD1100. 0/TEU，货币附加费 10%、燃油附加费 10%。改用集装箱运输时，该托运人应支付多少运费（以美元汁）？

（3）若不计杂货运输和集装箱运输两种运输方式的其他费用，托运人从节省海运费考虑，是否应选择改用集装箱运输？

答案：

（1）$M=20m^3$

W = 17. 8t

$\because 20>17.8$

$\therefore$ 以 M 计算

F1 运费 =（80+3）×20 = 1 660（美元）

（2）该批货选择一个 TEU 即可

F2 运费 = 1 100×1×（1+10%+10%）= 1 320（美元）

（3）$\because$ F1>F2

$\therefore$ 应该选择集装箱运输

答案分析：学会集装箱运费的计算，与散货运费的比较。

【项目实训练习】

1. 从天津港运往汉堡、不莱梅、伦敦港毛巾一批，计 300 箱，每箱总量为 60kg，每箱体积为 0. $1m^3$。查费率表得知该货物的计费标准为 W/M 6 级，该航线上的基本费率为每吨 120 美元，另有港口附加费每吨 14 美元，选卸港附加费 30%、燃油附加费 15%。求该批货物的总运费。

2. 某进出口公司委托一国际货运代理企业代办一小桶货物以海运方式出口国外。货物的重量为0.5t，小桶（圆的）的直径为0.7m，小桶高为1m。货代为货主找到一家班轮公司实际承运该货物。货代查了船公司的运价本，运价本中对该货物运输航线、港口、运价等的规定为：基本运价是每运费吨100美元；燃油附加费按基本运费增收10%（BAF10%）；货币贬值附加费按基本运费增收10%（CAF10%）；计费标准是“W/M”；起码运费按1运费吨计算（minimum freight: one freight ton）。你作为货运代理人，请计算该批货物的运费并告诉货主以下内容：

（1）货物的计费吨（运费吨）是多少？

（2）该货物的基本运费是多少？

（3）该批货物的附加运费是多少？总的运费是多少？

3. 某公司向日本出口冻驴肉30t，共需装1 500箱，每箱毛重25kg，每箱体积为20cm×30cm×40cm。原对日报价为每箱FOB新港30美元，日商回电要求改报CRF神户。问该批货物的运价是多少？CFR价每箱应为多少美元？（设去日本航线每运费吨的运价为144美元，计费标准是“W/M”）

4. 由天津新港运往莫桑比克首都马普托500箱门锁，每箱毛重25kg，每箱体积为20cm×30cm×40cm，原对莫报价每箱FOB新港30美元，莫商回电要求改报CFR马普托。问该批货物的运费是多少？CFR价每箱应为多少美元？（设去马普托每运费吨的运费为450美元，另加燃油附加费20%、港口附加费10%）

5. 某出口公司向马来西亚出口大型机床一台，其毛重为7.5t，目的港为巴生港或槟城。运送机床去新马航线的基本费率每运费吨为1500港元，另外收超重附加费每运费吨28港元、选港费20港元。问该机床的运费为多少？

6. 设按CFR价格条件向西非加那利群岛的那斯帕耳马斯出口洗衣粉100箱。该商品的内包装为塑料袋，每袋1b；外包装为纸箱，每箱装100袋。箱的尺寸为：长47cm、宽39cm、高26cm。查费率表得知该货物为5级货，计费标准为M，每尺码吨基本运费为367港元，另外转船费15%、燃油附加费33%、港口拥挤费5%。问应如何计算该批货物的运费？

7. 上海向巴西出口衬衣100m^3，需经香港转船运往目的港。假定该货物等级为10级，计费标准为“M”。第一程运费为每立方米25美元，第二程为140美元/FT，中转费为75港元/FT（美元同港元的比率为1：7.8），燃油附加费按基本运价的10%计算。求该批衬衣应付的运费总额。

8. 中国某港运往里耶卡港（非基本港）的货物需要在马赛或热那亚转船，除去一程运费要加收13%的燃油附加费外，所加收的转船附加费（基本运费的50%）也要加收13%的燃油附加费。这批货物的海运相关数据分别为2t、4m^3、M8级，一程运价为213.5港元，求全程运费。

9. 请根据以下信用证中的相关内容缮制表 2-17 托运单：

……

DOC. CREDIT NUMBER	*20：	002/0503668
DATE OF ISSUE	31C：	190220
EXPIRY	*31D：	DATE 190515 PLACE CHINA
APPLICANT	*50：	DE TUINKRAMER B. V.
BENIFICIARY	*59：	CHINA NATIONAL ARTS & CRAFTS CORPORATION TAIYUAN BRANCH TAIYUAN FOREIGN TRADE BUILDING 85-99, ZHONGSHAN ROAD 7, TAIYUAN, CHINA
AMOUNT	*32B：	CURRENCY USD AMOUNT 16172. 00

……

PARTIAL SHIPMENTS	43P：	NOT ALLOWED
TRANSSHIPMENT	43T：	ALLOWED
LOADING IN CHARGE	44A：	QINGDAO, CHINA
FOR TRANSPORTATION TO	44B：	ROTTERDAM
LATEST DATE OF SHIPMENT	44C：	190430
DESCRIPIT OF GOODS	45A：	5134 UNITS WIRE PRODUCTS CIF ROTTERDAM USD3. 15 PER UNIT AS PER CONTRACT NO. 2012KE1985

其他资料：

Shipping Mark：DE TUINKRAMER B. V.
ROTTERDAM
C/NOS. 1-171

Port of Loading：Qingdao

Port of Discharge：Rotterdam W/T Hong Kong

S. S.：QINGYANG V. 126/VINONA

Date of B/L：APRIL 20, 2019

Packed in 171 wooden cases

Invoice No.：173324009

B/L No.：YSL08487

CHINA NATIONAL ARTS & CRAFTS CORPORATION TAIYUAN BRANCH
TAIYUAN FOREIGN TRADE BUILDING 85-99, ZHONGSHAN ROAD 7, TAIYUAN, CHINA

表 2-17 **SHIPPING ORDER**

<table>
<tr><td colspan="3" rowspan="3">Exporter:</td><td colspan="3">No.:</td></tr>
<tr><td colspan="3">Date:</td></tr>
<tr><td colspan="3">Loading Port:</td></tr>
<tr><td colspan="3" rowspan="3">Consignee:</td><td colspan="3">Destination:</td></tr>
<tr><td colspan="3">B/L No.:</td></tr>
<tr><td colspan="3">Notify:</td></tr>
<tr><td>Shipping Marks</td><td>Quantity</td><td>Description of Goods</td><td>N. W.</td><td>G. W.</td><td>Measurement</td></tr>
<tr><td></td><td></td><td></td><td></td><td></td><td></td></tr>
<tr><td>Total:</td><td></td><td></td><td></td><td></td><td></td></tr>
<tr><td colspan="3">Partial Shipment:</td><td colspan="3">Original B/L:</td></tr>
<tr><td colspan="3">Transshipment:</td><td colspan="3">Copy of B/L:</td></tr>
<tr><td colspan="3">Latest Shipment Date:</td><td colspan="3">Goods in:</td></tr>
<tr><td colspan="3">Expiry:</td><td colspan="3">Amount:</td></tr>
<tr><td colspan="3">Freight & Charges:</td><td colspan="3">L/C No.:</td></tr>
<tr><td colspan="3">Invoice No.:</td><td colspan="3">S/C No.:</td></tr>
<tr><td colspan="3">Transportation Details:</td><td colspan="3"></td></tr>
<tr><td colspan="2">Revenue Tons:</td><td colspan="2">Rate:</td><td colspan="2">Freight Amount:</td></tr>
<tr><td colspan="6">Special Conditions</td></tr>
</table>

11. 请根据以下信用证中的相关内容缮制表 2-18 的海运提单。

……

FROM: 1566 25VRBPIT2VAXXX32463
VRBPIT2VXXX
+BANC POLOLARE DI VERONA
+VERONA

TO: 0944 26 BKCHCNBJANNG01851

DOC. CREDIT NUMBER	*20:	TT456643132
DATE OF ISSUE	31C:	MAR. 5, 2019
EXPIRY	*31D:	DATE: DEC. 15, 2010 PLACE: CHINA
APPLICANT	*50:	DIADORA S. P. A. VIA MAZZINI, 20

310310 CAERANO SAN MARCO (TV), ITALY

BENIFICIARY *59: CHINA NATIONAL NATIVE PRODUCT AND ANIMAL BY-PRODUCT IMP. AND EXP. CO. GUANGXI ANIMAL BRANCH-XINGHU ROAD, NANNING-GUANGXI-CHINA

PARTIAL SHIPMENTS 43P: NOT ALLOWED

TRANSSHIPMENT 43T: ALLOWED

LOADING IN CHARGE 44A: ANY PORT IN CHINA

FOR TRANSPORTATION TO 44B: VENEZIA, ITALY

LATEST DATE OF SHIPMENT 44C: JUNE 30, 2019

DESCRIPIT OF GOODS 45A:

1110 PCS DOWN FILLED JACKET MODEL: 20072 AT USD 28.50/PC

1110 PCS DOWN FILLED JACKET MODEL: 37408 AT USD 30.00/PC

CIF VENEZIA, ITALY LESS 3% DISCOUNT

PACKED IN CARTONS AS PER S/C NO. 00GABP07

SHIPPING MARK: DIADORA/MOD: 20072/37408/VENEZIA/CTN. NO./MADE IN CHINA

DOCUMENTS REQUIRED 46A:

+ 3/3 ORIGINAL BILL OF LADING MADE OUT TO THE ORDER OF DIADORA SPA-VIA MAZZINI 20-31031 CAERANO SAN MARCO (TV), NOTIFY: T. F. F. SRL-VIA VIGONOVEXE 293/I - 35020 CAMIN (PD), GENOA, ITALY AND MARKED FREIGHT PREPAID

ADDITIONAL COND. 47A

L/C NO. SHOULD BE INDICATED IN ALL DOCUMENTS PRESENTED FOR NEGOTIATION

……

其他资料:

Down filled jacket packed in cartons of 222 cartons total. Date of B/L: JUNE 27, 2019

G. W.: 35KG/CTN N. W.: 33KG/CTN M.: 40cm×38cm×20cm/CTN

Port of Loading: SHENZHEN, CHINA Port of Transshipment: SINGAPORE

Name of Vessel: MARIA V. 598/CONCORD B/L No.: DWS84938

表 2-18　　海运提单

<table>
<tr><td colspan="4">Shipper</td><td colspan="3" rowspan="5">BILL OF LADING　B/L No.: DWS84938
COSCO
中国远洋运输公司
CHINA OCEAN SHIPPING
COMPANY ORIGINAL</td></tr>
<tr><td colspan="4">Consignee</td></tr>
<tr><td colspan="4">Notify Party</td></tr>
<tr><td colspan="2">* Pre-carriage by</td><td colspan="2">* Place of Receipt</td></tr>
<tr><td>Ocean Vessel</td><td colspan="2">Voy. No.</td><td>Port of Loading</td></tr>
<tr><td colspan="2">Port of Discharge</td><td colspan="2">Place of Delivery</td><td>* Final</td><td colspan="2">No. of Original B(s)/L</td></tr>
<tr><td>Marks & Nos.</td><td colspan="2">No. and Kind of Packages</td><td colspan="2">Description of Goods</td><td>Gross Weight</td><td>Measurement (m^3)</td></tr>
<tr><td></td><td colspan="2"></td><td colspan="2"></td><td></td><td></td></tr>
<tr><td colspan="5">Total Number of Containers or Packages (In Words)</td><td colspan="2"></td></tr>
<tr><td>Freight & Charges</td><td>Revenue tons</td><td>Rate</td><td>Prepaid</td><td>Collect</td><td>Prepaid At</td><td>Payable At</td></tr>
<tr><td colspan="5">Total Prepaid</td><td colspan="2">Place and Date of Issue</td></tr>
<tr><td colspan="5">(Terms Please Find on Back of Original B/L)</td><td colspan="2">Signed for the Carrier</td></tr>
<tr><td colspan="7">* Applicable only when document used as a Through Bill of Lading</td></tr>
</table>

项目三

国际航空货物运输代理实训

【实训情境】

国际航空货物运输由于具有速度快、安全、手续简单的优点，在国际货物运输中的占比越来越高。从最初的运送贵重物品、精密仪器、电子产品、手表、稀有金属、照相器材到现在的鲜活商品、服装、工艺品、皮革制品等，运输的货物范围也越来越广。国际航空货物运输的大力发展也催生了国际航空货运代理业的产生。它一方面连接货主，利用其网络优势、专业性、丰富的经验，为货主提供优质的订舱、仓储、报关、查询、送货等服务，另一方面连接航空公司，为其揽货，提高了航空公司的效率。航空货运代理已成为国际航空货物运输发展中必不可少的一环。本项目从航空货运代理的角度出发，训练学生掌握相关业务。

【实训目标】

1. 熟悉国际航空货物运输进出口业务流程
2. 掌握国际航空运价的种类、航空运费的计算
3. 掌握航空运单的制作

【实训准备】

1. 浏览“锦程物流网”查找有关空运代理的内容
2. 浏览“中国物流网”查找有关航空运输的内容
3. 浏览“国际航空运输协会”官方网站查找有关国际航空运输代理的内容

【实训工具】

1. 国际货物托运单 1 份
2. 航空运单 1 份

任务一 国际航空货物运输流程

【实训任务】

学生以组为单位，每6人一组，分别担任出口企业、货代公司、航空公司（代理）、海关、商检局、收货人等角色，按照流程操作说明，准备好相应的单证、文件，完成实训任务。

【实训流程】

一、 航空货物出口运输代理业务程序

航空货物出口运输代理业务程序主要包括以下环节：市场销售→委托运输→审核单证→预配舱→预订舱→接受单证→填制货运单→接收货物→标记和标签→配舱→订舱→出口报关→出仓单→提板、箱→货物装箱装板→签单→交接发运→航班跟踪→信息服务→费用结算。

1. 市场销售

承揽货物处于整个航空货物出口运输代理业务程序的核心地位。销售人员要具有营销的知识，需及时向出口单位介绍本公司的业务范围、服务项目、各项收费标准，特别是向出口单位介绍本公司的优惠运价和服务优势等。

2. 委托运输

航空货运代理公司与出口单位（发货人）就出口货物运输事宜达成意向后，可以向发货人提供所代理的有关航空公司的国际货物托运书，简称“托运书”。

托运书（shippers letter of instruction，SLI）是托运人用于委托承运人或其代理人填开航空货运单的一种表单，表单上列有填制货运单所需的各项内容，并印有授权于承运人或其代理人代托运人在货运单上签字的文字说明。因此，国际货物托运书是一份重要的法律文件。

托运书应包括下列内容栏：托运人、收货人、始发站机场、目的地机场、要求的路线、申请订舱、供运输用的声明价值、供海关用的声明价值、保险金额、处理事项、货运单所附文件、实际毛重、运价类别、计费重量、费率、货物的品名及数量、托运人签字、日期等。需注意：收货人必须指明，不能是“to order”，托运书上显示的是航空公司优惠价加上杂费和服务费或使用协议价格，货运单上是TACT（The Air Cargo Tariff，国际航空运输协会出版的空运货物通用运价表）的公布运价。

3. 审核单证

单证应包括：发票、装箱单、托运书、报关单、外汇核销单、许可证、商检证、进料/

来料加工核销本、索赔/返修协议、到会保函、关封。

4. 预配舱

代理人汇总所接受的委托和客户的预报，并输入电脑，计算出各航线的件数、重量、体积，按照客户的要求和货物重量、轻泡情况，根据各航空公司不同机型对不同板箱的重量和高度要求，制定预配舱方案，并给每票货物配上运单号。

5. 预订舱

代理人根据所指定的预配舱方案，按航班、日期打印出总运单号、件数、重量、体积，向航空公司预订舱。

6. 接受单证

接受托运人或其代理人送交的已经审核确认的托运书及报关单证和收货凭证。将收货记录与收货凭证核对，制作操作交接单，填上所收到的各种报关单证份数，给每份交接单配一份总运单或分运单。将制作好的交接单、配好的总运单或分运单、报关单证移交制单。

7. 填制货运单

航空货运单包括总运单和分运单，填制航空货运单的主要依据是发货提供的国际货物委托书，委托书上的各项内容都应体现在货运单项式上，一般用英文填写。填制航空货运单是空运出口业务重要的环节，货运单填写的准确与否直接关系到货物能否及时、准确地运达目的地，货运单也是发货人结汇的主要有效凭证，因此必须单货一致、单单一致。

8. 接收货物

接收货物是指航空货运代理公司把即将发运的货物从发货人手中接过来并运送到自己的仓库。

接收货物一般与接单同时进行。对于通过空运或铁路从内地运往出境地的出口货物，货运代理按照发货提供的运单号、航班号及接货地点日期，代其提取货物。如货物已在始发地办理了出口海关手续，发货人应同时提供始发地海关的关封。

接货时应对货物进行过磅和丈量，并根据发票、装箱或送货单清点货物，核对货物的数量、品名、合同号或唛头等是否与货运单上所列一致。检查包装是否符合要求。

9. 标记和标签

（1）托运人书写标记：托运人、收货人的姓名、地址、联系电话、传真、合同号等；操作（运输）注意事项；单件超过 150kg 的货物。

（2）标签根据作用可分为识别标签、特种货物标签、操作标签；按类别可分为航空公司标签和分标签。航空公司标签上的三位阿拉伯数字代表所承运航空公司的代号，后八位数字是总运单号码。分标签是代理公司对出具分标签的标识，分标签上应有分运单号码和货物到达城市或机场的三字代码。一件货物贴一张航空公司标签，有分运单的货物再贴一张分标签。

10. 配舱

核对货物的实际件数、重量、体积与托运书上预报数量的差别。对预订舱位、板箱要有效利用、合理搭配，按照各航班机型、板箱型号、高度、数量进行配载。

11. 订舱

接到发货人的发货预报后，向航空公司吨控部门领取并填写订舱单，同时提供相应的信息：货物的名称、体积、重量、件数、目的地、要求出运的时间等。航空公司根据实际情况安排舱位和航班。货运代理订舱时可依照发货人的要求选择最佳的航线和承运人，同时为发货人争取最低、最合理的运价。

订舱后，航空公司签发舱位确认书（舱单），同时给予装货集装器领取凭证，以表示舱位订妥。

12. 出口报关

首先将发货人提供的出口货物报关单的各项内容输入电脑，即电脑预录入。在通过电脑填制的报关单上加盖报关单位的报关专用章；然后将报关单与有关的发票、装箱单和货运单综合在一起，并根据需要随附有关的证明文件；以上报关单证齐全后，由持有报关证的报关员正式向海关申报；海关审核无误后，海关官员即在用于发运的运单正本上加盖放行章，同时在出口收汇核销单和出口报关单上加盖放行章，在发货人用于产品退税的单证上加盖验讫章，粘上防伪标志；完成出口报关手续。

13. 出仓单

配舱方案制定后就可着手编制出仓单，包括：出仓单的日期、承运航班的日期、装载板箱形式及数量、货物进仓顺序编号、总运单号、件数、重量、体积、目的地三字代码和备注。

14. 提板、箱

向航空公司申领板、箱并办理相应的手续。提板、箱时，应领取相应的塑料薄膜和网。对所使用的板、箱要登记、销号。

15. 货物装箱装板

注意事项：不要用错集装箱、集装板，不要用错板型、箱型；不要超装箱板尺寸；要垫衬，封盖好塑料纸，防潮、防雨淋；集装箱、板内货物应尽可能配装整齐，结构稳定，并接紧网索，防止运输途中倒塌；大宗货物、集中托运货物应尽可能将整票货物装在一个或几个板、箱内运输。

16. 签单

货运单在盖好海关放行章后还需要到航空公司签单，只有签单确认后才允许将单、货交给航空公司。

17. 交接发运

交接是向航空公司交单交货，由航空公司安排航空运输。

交单就是将随机单据和承运人留存的单据交给航空公司。随机单据包括第二联航空运单正本、发票、装箱单、产地证明、品质鉴定证书。

交货即把与单据相符的货物交给航空公司。交货前必须粘贴或拴挂货物标签，清点和核对货物，填制货物交接清单。大宗货、集中托运货以整板、整箱称重交接。零散小货按票称重，计年交接。

18. 航班跟踪

需要联程中转的货物在货物运出后要求航空公司提供二程、三程航班中转信息，确认中转情况。及时将上述信息反馈给客户方，以便及时处理不正常情况。

19. 信息服务

航空货运代理公司要从多个方面做好信息服务，包括订舱信息、审单及报关信息、仓库收货信息、交运称重信息、一程二程航班信息、单证信息。

20. 费用结算

（1）发货人结算费用。在运费预付的情况下，向发货人收取航空运费、地面运输费、各种服务费和手续费。

（2）承运人结算费用。向承运人支付航空运费及代理费，同时收取代理佣金。

国外代理结算主要涉及付运费和利润分成。

二、 航空货物进口运输代理业务程序

航空货物进口运输代理业务程序是指代理公司对于货物从入境到提取或转运整个流程的各个环节所需办理的手续及准备相关单证的全过程。

1. 代理预报

在国外发货前，由国外代理公司将运单、航班、件数、重量、品名、实际收货人及其他地址、联系电话等内容发给目的地代理公司。

注意事项：是否为中转航班、分批货物。

2. 交接单、货

航空货物入境时，与货物相关的单据也随机到达，运输工具及货物处于海关监管之下。货物卸下后，将货物存入航空公司或机场的监管仓库，进行进口货物舱单录入，将舱单上的总运单号、收货人、始发站、目的站、件数、重量、货物品名、航班号等信息通过电脑传输给海关留存，供报关用。同时根据运单上的收货人地址寄发取单、提货通知。

航空公司的地面代理人向货运代理公司交接国际货物交接清单、总运单及随机文件、货物。交接时应做到单、单核对，即交接清单与总运单核对；单、货核对，即交接清单与货物核对。

发现货物短缺、破损或其他异常情况时应向民航索要商务事故记录，作为实际收货人交涉索赔事宜的依据。

3. 理货与仓储

（1）理货。逐一核对每票件数，再次检查货物破损情况，确有接货时未发现的问题可向民航提出交涉；按大货、小货、重货、轻货、单票货、混载货、危险品、贵重品、冷冻

品、冷藏品分别堆存、进仓；登记每票货的储存区号并输入电脑。

（2）仓储。注意防雨、防潮；防重压；防变形；防温升变质；防暴晒；独立设危险品仓库。

4. 理单与到货通知

（1）理单。集中托运，总运单项下拆单；分类理单、编号；编制种类单证。

（2）到货通知。尽早、尽快、尽妥地通知货主到货情况。普通货物到达后 24h 内发出通知，急件货物 2h 内发出；动物、鲜活易腐物品及其他指定日期和航班运输的货物，托运人应负责通知收货人在到达站机场等候领取。

（3）正本运单处理。电脑打印制作海关监管进口货物入仓清单一式五份，商检、卫检、动检各一份，海关两份。

5. 制单、报关

（1）制单、报关、运输的形式。①货代公司代办制单、报关、运输；②货主自行办理制单、报关、运输；③货代公司代办制单、报关，货主自办运输；④货主自行办理制单、报关后委托货代公司运输；⑤货主自办制单后委托货代公司报关和办理运输。

（2）进口制单。①长期协作的货主单位有进口批文、证明手册等放于货代处的，货物到达，发出到货通知后，即可制单、报关，通知货主运输或代办运输；②部分进口货因货主单位缺少有关批文、证明，亦可将运单及随机寄来单证、提货单以快递形式寄货主单位，由其备齐有关批文、证明后再决定制单、报关事宜；③无需批文和证明的，可即行制单、报关，通知货主提货或代办运输；④部分货主要求异地清关时，在符合海关规定的情况下，制作《转关运输申报单》办理转关手续。

报送单上须由报关人填报的项目有：进口口岸、收货单位、经营单位、合同号、批准机关及文号、外汇来源、进口日期、提单或运单号、运杂费、件数、毛重、海关统计商品编号、货品规格及货号、数量、成交价格、价格条件、货币名称、申报单位、申报日期等。转关运输申报单内容少于报关单，亦须按要求详细填列。

（3）进口报关。报关大致分为初审、审单、征税、验放 4 个主要环节。

（4）报关期限与滞报金。①进口货物报关期限为自运输工具进境之日起的 14 日内，超过这一期限报关的，由海关征收滞报金；②征收标准为货物到岸价格的 0.05%。

（5）开验工作的实施。①客户自行报关的货物一般由货主到货代监管仓库借出货物，由代理公司派人陪同货主一并协助海关开验。②客户委托代理公司报关的，代理公司通知货主，由其派人前来或书面委托代办开验。

开验后，代理公司须将已开验的货物封存，运回监管仓库储存。

6. 收费、发货

（1）发货。办完报关、报检等手续后，货主须持盖有海关放行章、动植物报验章、卫生检疫报验章的进口提货单到所属监管仓库付费提货。

仓库发货时，须检验提货单据上各类报关、报验章是否齐全，并登记提货人的单位、姓名、身份证号以确保发货安全。

（2）收费。货代公司仓库在发放货物前，一般先将费用收妥。收费内容有：到付运费及垫付佣金；单证、报关费；仓储费；装卸、铲车费；航空公司到港仓储费；海关预录入、动植检、卫检报验等代收代付费；关税及垫付佣金。

（3）报关费的收取。①普通货物自发出到货通知的次日起免费保管3日，分批到达的从通知提取最后一批货物的次日算起，超过免费保管期限的，每日每千克收取保管费0.1元，不满一日的按一日计算，每票货物最低收取保管费5.00元。

②贵重物品至到达的次日起每日每千克收取5.00元，每票货物最低50元。

③危险物品至发出到货通知的次日起免费保管6小时。超过6小时，每日每千克收取0.50元，每票最低10元。

7. 送货与转运

（1）送货上门业务。主要指进口清关后货物直接运送至货主单位，运输工具一般为汽车。

（2）转运业务。主要指将进口清关后货物转运至内地的货运代理公司，运输方式主要为飞机、汽车、火车、水运、邮政。

（3）进口货物转关及监管运输。主要指货物入境后不在进境地海关办理进口报关手续，而运往另一设关地点办理进口海关手续，在办理进口报关手续前货物一直处于海关监管之下。转关运输亦称监管运输，意谓此运输过程置于海关监管之中。

【实训提示】

一、 国际航空运输相关组织及法规

1. 航空运输组织

（1）国际航空运输协会（International Air Transport Association，IATA）。国际航空运输协会简称“国际航协”，是各国航空运输之间的联合组织，会员必须是有国际民用航空组织成员国颁发的定期航班运输许可证的航空公司，其图标如图3-1所示。

图3-1 国际航协标志

（2）国际民用航空组织（International Civil Aviation Organization，ICAO）。国际民用航空组织是各国政府之间组成的国际航空运输机构，其图标如图3-2所示。

图 3-2　国际民用航空组织标志

2. 相关法规

(1)《统一国际航空运输某些规则的公约》，简称《华沙公约》，1929 年 10 月制定。

(2)《修订 1929 年 10 月 12 日在华沙签订的“统一国际航空运输某些规则的公约”的议定书》及《海牙议定书》，我国分别于 1958 年和 1975 年参加这两个公约。

(3)《中华人民共和国民用航空法》，1996 年 3 月 1 日起实施。

二、 国际航空货物运输方式

1. 班机运输（Scheduled Airline）

班机运输是指定期开航的定始发站、到达站和途经站的飞机运输。

一般航空公司的班机多使用客货两用的飞机，在搭载旅客的同时运送小批量的货物；货源充足的大航空公司，在一些航线上开辟定期货运航班，使用全货机运输。

班机有固定的航线、固定的发到站和停靠站，定期开航，在一定时间内有相对固定的收费标准，发、收货人能够确切地掌握起运和到达的时间，可以保证货物安全迅速地运送到世界各地并投放市场，因此成为多数贸易商首选的航空货运形式。

2. 包机运输（Chartered Carrier）

包机运输通常分为整机包机和部分包机。

所谓整机包机是指航空公司或包机公司，按照合同中双方事先约定的条件和运价将整架飞机租给租机人，从一个或几个航空港装运货物至指定目的地的运输方式。

部分包机则是指有几家航空货运代理公司或托运人联合包租一架飞机，或者由包机公司把一架飞机的舱位分别卖给几家航空货运代理公司。部分包机形式适用于运送一吨以上但货量不足整机的货物，在这种形式下货物运费较班机运输低，但由于需要等待其他货主备妥货物，因此运送时间较整机包机更长。

包机运输满足了大批量货物进出口运输的需要，同时包机运输的运费比班机运输形式低，且随国际市场供需情况的变化而变化，给包机人带来了潜在的利益。但包机运输是按往返路程计收费用，存在着回程空放的风险。

与班机运输相比，包机运输更具灵活性，但各国政府出于安全的需要，也为了维护本国航空公司的利益，对他国航空公司的飞机通过本国领空或降落本国领土往往大加限制，复杂烦琐的审批手续大大增加了包机运输的营运成本，因此目前使用包机业务的地区并不多。

3. 集中托运（Consolidation）

指航空货代公司将若干批单独发运的货物组成一整批，向航空公司办理托运，采用一份航空总运单，集中发运到同一目的站，由航空货代公司在目的地指定的代理处收货，再根据集中托运人签发的航空分运单分拨给各实际收货人的运输方式，也是航空货物运输中开展最普遍的一种运输方式，是航空货运代理的主要业务之一。

航空公司有按不同重量标准公布的多种运价，这就使航空货代公司可以把从不同的发货人那里收集的小件货物集中起来，使用航空公司最便宜的运价。航空货代公司将节省下的费用一部分给发货人，一部分作为自己的收益。

4. 航空快递

航空快递在很多方面与传统的航空货运业务和邮政运送业务有相似之处，但作为一项专门的业务它又有独到之处，主要表现在：

（1）收件的范围不同：航空快递运送的文件和包裹重量要≤32kg，尺寸要求单边<102cm，3边相加<175cm。

（2）经营者不同：航空快递的经营者为跨国公司。

（3）经营者内部的组织形式不同：航空快递为中心分拨的组织形式，邮政业务为传统操作（接力）。

（4）使用的单据不同：航空快递使用航空运单，邮政使用包裹单，航空快递还有交付凭证。

（5）服务质量高：航空快递的服务质量更高，主要体现在：①速度更快；②更加安全、可靠；③更方便。

当然，航空快递也有自己的局限性，如航空快递服务覆盖的范围不如邮政运输广泛。

5. 包舱包板运输

（1）包舱运输。包舱运输指托运人根据自身业务需要与航空公司签订协议，在一定时间内包用飞机内的全部或部分货舱、集装箱或集装板。

（2）包板运输。包板运输指托运人在一定时间内包用承运人一定航线或航班上一定数量的集装箱或集装板来运输货物。

【实训案例】

案例一：

深圳某物流有限公司（下称“货代”）委托上海某货代公司深圳分公司（下称“庄

家”）代理出运一票货物，目的地为印度。后庄家因自身过错导致该批货物飞错目的港，进而货物遗失。原被告双方先签署《退核销单协议书》，决定就丢失货物的索赔事宜再行协商，后因协商失败，原告起诉。货代诉请要求庄家赔偿货物损失共计人民币160 693.3元。

思考：

1. 本案案由为代理合同还是运输合同纠纷？
2. 本案是否适用《华沙公约》？
3. 空运庄家赔偿责任限制抗辩是否成立？

案例二：

2018年12月3日，货主委托货代订舱，将一票货运往新加坡，共50件，1 465千克。当时收货人仅提到了36件货物，航空公司于2019年1月6日才将另外14件货物（共276千克）交付给收货人。1个月后，收货人依据货运单“承运人赔偿限额条款”（以19个特别提款权/千克为限，即25美元/千克）要求航空公司赔偿6 975美元，但航空公司以索赔超出《民用航空法》第一百三十四条法定异议期限（货物交付收货人处置之日起21日内）为由拒绝赔偿。

货代不确定其是否须向货主或收货人赔偿延迟交付损失，请思考回答。

任务二　空运运费的计算

【实训任务】

学生以个人为单位，按照空运运费计算的原则、步骤，完成实训任务中国际航空运输运费的计算。

【实训流程】

一、普通货物运价（GCR）的计算步骤

1. 术语

Volume：体积，Volume Weight：体积重量，Chargeable Weight：计费重量，Applicable Rate：适用运价，Weight Charge：航空运费。

2. 计算步骤

第一步：计算出航空货物的体积（Volume）及体积重量（Volume Weight）。

体积重量的换算标准为每6 000立方厘米折合1千克。即：

$$体积重量（kg）=\frac{货物体积}{6\ 000cm^3/kg}$$

第二步：计算货物的总重量（Gross Weight）。

总重量=单个商品重量×商品总数

第三步：比较体积重量与总重量，取大者为计费重量（Chargeable Weight）。根据国际航协规定，国际货物的计费重量以0.5千克为最小单位，重量尾数不足0.5千克的，按0.5千克计算；0.5千克以上不足1千克的，按1千克计算。

第四步：根据公布运价，找出适合计费重量的适用运价（Applicable Rate）。

（1）计费重量小于45千克时，适用运价为GCR N的运价（GCR为普通货物运价，N运价表示重量在45千克以下的运价）。

（2）计费重量大于45千克时，适用运价为GCR Q45、GCR Q100、GCR Q300等与不同重量等级分界点相对应的运价（航空货运对于45千克以上的不同重量分界点的普通货物运价均用"Q"表示）。

第五步：计算航空运费（Weight Charge）。

航空运费=计费重量×适用运价

第六步：若采用较高重量分界点的较低运价计算出的运费比第五步计算出的航空运费较低时，取低者。

第七步：比较第六步计算出的航空运费与最低运费M，取高者。

3. 航空货运单运费计算栏的填制

（1）No. of Pieces RCP：填写货物的数量；

（2）Gross Weight：货物的总重量；

（3）kg/lb：以千克（kg）为单位用代号"K"，以磅（lb）为单位用代号"L"；

（4）Rate Class：若计费重量小于45千克，填写N；若计费重量大于45千克，填写Q；若航空运费为最低运费，则填写M；

（5）Commodity Item No.：普通货物此栏不填；

（6）Chargeable Weight：填写计费重量；

（7）Rate/Charge：填写适用运价；

（8）Total：填写航空运费；

（9）Nature and Quantity of Goods（Incl dimensions or Volume）：填写商品品名及商品的尺寸。

二、指定商品运价（SCR）的计算步骤

1. 使用指定商品运价的条件

①运输始发地至目的地之间有公布的指定商品运价；②托运人所交运的货物品名与有

关指定商品运价的货物品名相吻合；③货物的计费重量满足指定商品运价使用时的最低重量要求。

2. 计算步骤

第一步：先查询运价表，如运输始发地至目的地之间有公布的指定商品运价，则考虑使用指定商品运价。

第二步：查找 TACT RATES BOOK（IATA 的运价手册）的品名表，找出与运输货物品名相对应的指定商品代号。

第三步：计算计费重量。此步骤与普通货物的计算步骤相同。

第四步：找出适用运价，然后计算出航空运价。此时需要比较计费重量与指定商品运价的最低重量，分两种情况：

（1）如果货物的计费重量超过指定商品运价的最低重量，则优先使用指定商品运价作为商品的适用运价，即：航空运价=计费重量×适用运价。

（2）如果货物的计费重量没有达到指定商品运价的最低重量，则需要比较计算：

①按普通货物计算，适用运价为 GCR N 或 GCR Q 的运价，航空运价=计费重量×适用运价；

②按指定商品运价计算，适用运价为 SCR 的运价，航空运价=计费重量×适用运价；

③比较①和②计算出的航空运价，取低者。

第五步：比较第四步计算出的航空运费与最低运费 M，取高者。

3. 航空货运单运费计算栏的填制

Commodity Item No.：填写指定商品代号。

其余与普通货物的航空货运单运费计算栏的填制相同。

【实训提示】

一、 航空运价基础知识

（1）基本概念。货物的航空运费是指将一票货物自始发地机场运输到目的地机场所应收取的航空运输费用，不包括其他费用。货物的航空运费主要由两个因素组成，即货物适用的运价与货物的计费重量。

（2）运价。又称费率，是指承运人对所运输的每一重量单位货物（千克或磅）（kg or lb）所收取的自始发地机场至目的地机场的航空费用。货物的航空运价一般以运输始发地的本国货币公布。

（3）计费重量。货物的计费重量或者是货物的实际毛重，或者是货物的体积重量，或者是较高重量分界点的重量。包括：①实际毛重：包括货物包装在内的货物重量。

②体积重量：体积重量的折算，换算标准为每 6 000 立方厘米折合 1 千克。③计费重量：采用货物的实际毛重与货物的体积重量两者比较取高者；但当货物较高重量分界点的较低运价计算的航空运费较低时，则此较高重量分界点的货物起始重量作为货物的计费重量。

国际航协规定，国际货物的计费重量以 0.5 千克为最小单位，重量尾数不足 0.5 千克的，按 0.5 千克计算；0.5 千克以上不足 1 千克的，按 1 千克计算。

（4）最低运费。货物按其适用的航空运价与其计费重量计算所得的航空运费，应与货物最低运费相比，取高者。

二、 航空运价的种类

目前国际航空货物运价按制定的途径划分，主要分为协议运价和国际航协运价。

国际航协运价是指 IATA 在 TACT 运价资料上公布的运价。国际货物运价使用 IATA 的运价手册（TACT RATES BOOK），结合并遵守国际货物运输规则（TACT RULES）共同使用。按照 IATA 货物运价公布的形式划分，国际货物运价可分为公布直达运价和非公布直达运价。

公布直达运价包括普通货物运价（General Cargo Rate）、指定商品运价（Specific Commodity Rate）、等级货物运价（Commodity Classification Rate）、集装货物运价（Unit Load Device Rate）。非公布直达运价包括比例运价和分段相加运价。

三、 我国国内航空运价体系

（1）最低运费，运价代号 M。

（2）普通货物运价（运价代号 N 或 Q）。普通货物运价包括基础运价和重量分界点运价。基础运价为 45 千克以下普通货物运价，费率按照民航总局规定的统一费率执行。重量为 45 千克以上普货运价由民航总局统一规定，按标准运价的 80%执行。

（3）等级货物运价，运价代号 S。

（4）指定商品运价，运价代号 C。

【实训案例】

【例 3-1】Routing：BEIJING，CHINA（BJS）to TOKYO，JAPAN（TYO）

Commodity：Sample

Gross weight：25.2kgs

Dimensions：82cm×48cm×32cm

计算该票货物的航空运费。

公布运价如下：

BEIJING Y. RENMINBI	CN CNY		BJS kgs
TOKYO	JP	M N 45	230.00 37.51 28.13

答案：

Volume：　82cm×48cm×32cm = 125 952cm^3

Volume weight：　125 952cm^3÷6 000cm^3/kg = 20.99kgs = 21.0kgs

Gross weight：　25.2kgs

Chargeable：　25.2kgs

Applicable rate：　GCR N 37.51 CNY/kg

Weight charge：　25.5×37.51 = CNY956.51

航空货运单运费计算栏填制如下：

NO.of Pieces RCP	Gross Weight	kg lb	Rate Class	Commodity Item No.	Chargeable Weight	Rate/ Charge	Total	Nature and Quantity of Goods (Incl. Dimensions or Volume)
1	25.2	K	N		25.5	37.51	956.51	SAMPLE DIMS：82cm × 48cm × 32cm

【例 3-2】Routing；BEIJING，CHINA（BJS）to AMSTERDAM，HOLLAND（AMS）

Commodity：PARTS

Gross weight：38.6kgs

Dimensions：101cm×58cm×32cm

计算其航空运费。

公布运价如下：

BEIJING Y. RENMINBI	CN CNY		BJS kgs
AMSTERDAM	NL	M N 45 300	320.00 50.22 41.53 37.52

答案：（1）按实际重量计算

Volume： $101cm \times 58cm \times 32cm = 187\ 456cm^3$

Volume weight： $187\ 456cm^3 \div 6\ 000cm^3/kg = 31.24kgs = 31.5kgs$

Gross weight： 38. 6kgs

Chargeable： 39. 0kgs

Applicable rate： GCR N 50. 22 CNY/kg

Weight charge： 39. 0×50. 22 = CNY1 958. 58

（2）采用较高重量分界点的较低运价计算

Chargeable weight： 45. 0kgs

Applicable rate： GCR Q 41. 53 CNY/kg

Weight charge： 41. 53×45. 0 = CNY 1 868. 85

（1）与（2）比较，取运费较低者。

Weight charge：CNY 1 868. 85

NO.of Pieces RCP	Gross Weight	kg lb		Rate Class Commodity Item No.	Chargeable Weight	Rate/ Charge	Total	Nature and Quantity of Goods (Incl.Dimensions or Volume)
1	38.6	K	Q		45.0	41.53	1 868.85	SAMPLE 101cm × 58cm × 32cm

【例 3-3】

Routing： SHANGHAI，CHINA（BJS）to PARIS，FRANCE（PAR）

Commodity： TOY

Gross weight： 5. 6kgs

Dimensions： 40cm×28cm×22cm

计算其航空运费。

公布运价如下：

SHANGHAI Y， RENMINBI	CN CNY		SHA kgs
PARIS	FR	M N 45 300	320. 00 50. 37 41. 43 37. 90

答案：

Volume： $40cm \times 28cm \times 22cm = 24\ 640cm^3$

Volume weight： $24\ 640cm^3 \div 6\ 000cm^3/kg = 4.11kgs = 4.5kgs$

Gross weight: 5. 6kgs

Chargeable: 6. 0kgs

Applicable rate: GCR N 50. 37 CNY/kg

Weight charge: 6. 0×50. 37＝CNY 302. 22

Minimum charge: 320. 00 CNY

此票货物的航空运费应为320. 00CNY

航空货运单运费计算栏填制如下：

NO.of Pieces RCP	Gross Weight	kg lb	Rate Class		Chargeable Weight	Rate/ Charge	Total	Nature and Quantity of Goods (Incl.Dimensions or Volume)
				Commodity Item No.				
		K	Q		6.0	320.53		TOY
1	5.6						320.00	40cm × 28cm × 22cm

任务三　航空运单的制作

【实训任务】

通过本实训项目的实训操作，使学生掌握航空货运单的填写规范与要求。

【实训流程】

1. 老师给出国际货物托运单实例，与学生们讨论学习

2. 讨论学习完毕后，给每位学生发放航空货运单填写样本，要求每个学生对照托运单实例进行填写

3. 最后，老师对每位学生的填写进行批阅，并带领学生重新做一遍航空货运单的填写

【实训提示】

航空运单与海运提单类似，也有正面、背面条款之分，不同的航空公司也会有自己独特的航空运单格式。所不同的是，航运公司的海运提单可能千差万别，但各航空公司所使用的航空运单大多借鉴IATA所推荐的标准格式，差别并不大，所以这里只介绍这种标准格式，也称中性运单。下面就有关需要填写的栏目说明如下：

（1）始发站机场：需填写IATA统一制定的始发站机场或城市的三字代码，这一栏应该和11栏相一致。

①1A：IATA统一编制的航空公司代码，如我国的国际航空公司的代码是999；

②1B：运单号。

（2）发货人姓名、住址（Shipper's Name and Address）：填写发货人姓名、地址、所在国家及联络方法。

（3）发货人账号：只在必要时填写。

（4）收货人姓名、住址（Consignee's Name and Address）：应填写收货人姓名、地址、所在国家及联络方法。与海运提单不同，因为空运单不可转让，所以不得出现“凭指示”之类的字样。

（5）收货人账号：同第（3）栏一样，只在必要时填写。

（6）承运人代理的名称和所在城市（Issuing Carrier's Agent Name and City）。

（7）代理人的 IATA 代号。

（8）代理人账号。

（9）始发站机场及所要求的航线（Airport of Departure and Requested Routing）：这里的始发站应与（1）栏填写的相一致。

（10）支付信息（Accounting Information）：此栏只有在采用特殊付款方式时才填写。

（11）填写 IATA 统一制定的三字代码及承运人。

①11A（C、E）去往（To）：分别填入第一（二、三）中转站机场的 IATA 代码。

②11B（D、F）承运人（By）：分别填入第一（二、三）段运输的承运人。

（12）货币（Currency）：填入 ISO 货币代码。

（13）收费代号：表明支付方式。

（14）运费及声明价值费（WT/VAL，weight charge/valuation charge）：

此时可以有两种情况：预付（PPD，Prepaid）或到付（COLL，collect）。如预付在 14A 中，填入“*”，否则填在 14B 中。需要注意的是，航空货物运输中运费与声明价值费支付的方式必须一致，不能分别支付。

（15）其他费用（Other）：也有预付和到付两种支付方式。

（16）运输声明价值（Declared Value for Carriage）：在此栏填入发货人要求的用于运输的声明价值。如果发货人不要求声明价值，则填入“NVD（No value declared）”。

（17）海关声明价值（Declared Value for Customs）：发货人在此填入对海关的声明价值，或者填入“NCV（No customs valuation）”，表明没有声明价值。

（18）目的地机场（Airport of Destination）：填写最终目的地机场的全称。

（19）航班及日期（Flight/Date）：填入货物所搭乘航班及日期。

（20）保险金额（Amount of Insurance）：只有在航空公司提供代保险业务而客户也有此需要时才填写。

（21）操作信息（Handling Information）：一般填入承运人对货物处理的有关注意事项，如“Shipper's certification for live animals（托运人提供活动物证明）”等。

（22）货物运价、运费细节：

①货物件数和运价组成点（No. of Pieces RCP，Rate Combination Point）：填入货物包装件数，如10包即填“10”。当需要组成比例运价或分段相加运价时，在此栏填入运价组成点机场的IATA代码。

②毛重（Gross Weight）：填入货物总毛重。

③重量单位：可选择千克（kg）或磅（lb）。

④运价等级（Rate Class）：针对不同的航空运价共有6种代码，它们是：M（Minimum，起码运费）、C（Specific Commodity Rates，特种运价）、S（Surcharge，高于普通货物运价的等级货物运价）、R（Reduced，低于普通货物运价的等级货物运价）、N（Normal，45千克以下货物适用的普通货物运价）、Q（Quantity，45千克以上货物适用的普通货物运价）。

⑤商品代码（Commodity Item No.）：在使用特种运价时需要在此栏填写商品代码。

⑥计费重量（Chargeable Weight）：此栏填入航空公司据以计算运费的计费重量，该重量可以与货物毛重相同也可以不同。

⑦运价（Rate/Charge）：填入该货物适用的费率。

⑧运费总额（Total）：此栏数值应为起码运费值或者是运价与计费重量两栏数值的乘积。

⑨货物的品名、数量，含尺码或体积（Nature and Quantity of Goods Incl. Dimensions or Volume）：货物的尺码应以厘米或英寸为单位，尺寸分别以货物最长、最宽、最高边为基础。体积则是上述三边的乘积，单位为立方厘米或立方英寸。

⑩该运单项下货物总件数。

⑪该运单项下货物总毛重。

⑫该运单项下货物总运费。

（23）其他费用（Other Charges）：指除运费和声明价值附加费以外的其他费用。根据IATA规则各项费用分别用三个英文字母表示，其中前两个字母是某项费用的代码，如运单费就表示为AW（Air Waybill Fee）。第三个字母是C或A，分别表示费用应支付给承运人（Carrier）或货运代理人（Agent）。

（24）~（26）分别记录运费、声明价值费和税款金额，有预付与到付两种方式。

（27）~（28）分别记录需要付与货运代理人（Due Agent）和承运人（Due Carrier）的其他费用合计金额。

（29）需预付或到付的各种费用。

（30）预付、到付的总金额。

（31）发货人的签字。

（32）签单时间（日期）、地点、承运人或其代理人的签字。

（33）货币换算及目的地机场收费纪录。

以上所有内容不一定要全部填入空运单，IATA也并未反对在运单中写入其他所需的内容。但这种标准化的单证对航空货运经营人提高工作效率、促进航空货运业向电子商务的方向迈进有着积极的意义。

【实训案例】

根据国际货物托运书填写（表 3-1）航空货运单（表 3-2）。

表 3-1　　国际货物托运书（SHIPPERS LETTER OF INSTRUCTION）

<table>
<tr><td colspan="2">托运人姓名及地址
SHIPPER'S NAME AND ADDRESS</td><td colspan="2">托运人账号
SHIPPER'S ACCOUNT NUMBER</td><td colspan="2">供承运人用
FOR CARRIAGE USE ONLY</td></tr>
<tr><td colspan="4" rowspan="3">CHINA LIGHT HOUSEWARE CO. ,LTD,BEIJING P. R. CHINA
TEL:86(010)64596666 FAX:86(010)64598888</td><td colspan="2">班期/日期　航班日期
FLIGHT/DAY　FLIGHT/DAY</td></tr>
<tr><td colspan="2">CA921/30 JUL，2002</td></tr>
<tr><td colspan="2"></td></tr>
<tr><td colspan="2">收货人姓名及地址
CONSIGNEE'S NAME AND ADDRESS</td><td colspan="2">收货人账号
CONSIGNEE'S ACCOUNT NUMBER</td><td colspan="2">已预留吨位
BOOKED</td></tr>
<tr><td colspan="4">NEW YORK LIGHT HOUSEWARE IMPORTERS,NEW YORK,U. S. A.
TEL:78789999</td><td colspan="2">运费 CHARGES
CHARGES PREPAID</td></tr>
<tr><td colspan="4">代理人的名称和城市
ISSUING CARRIER'S AGENT NAME AND CITY
KUNDAAIR FRIGHT CO. ,LTD</td><td colspan="2" rowspan="3">ALSO NOTIFY</td></tr>
<tr><td colspan="4">始发站 AIRPORT OF DEPARTURE
CAPITAL INTERNATIONAL AIRPORT</td></tr>
<tr><td colspan="4">到达站 AIRPORT OF DESTINATION
JOHN KENNEDY AIRPORT(JFK)</td></tr>
<tr><td colspan="3">托运人声明价值
SHIPPER'S DECLARED VALUE</td><td rowspan="2">保险金额
AMOUNT OF IN-SURANCE
×××</td><td colspan="2" rowspan="2">所附文件
DOCUMENT TO ACCOMPANY AIR WAYBILL
1 COMMERCIAL INVOICE</td></tr>
<tr><td>供运输用
FOR CARRIAGE NVD</td><td colspan="2">供海关用
FOR CUSTOMS NCV</td></tr>
<tr><td colspan="6">处理情况（包括包装方式、货物标志及号码）
HANDING INFORMATION（INGL METHOD OF PACKING IDENTIFYING AND NUMBERS）
KEEP UPSIDE</td></tr>
<tr><td>件数
NO. OF PACKAGES</td><td>实际毛重
ACTUAL GROSS WEIGHT（KG.）</td><td>运价种类
RATE CLASS</td><td>收费重量
CHARGEABLE WEIGHT</td><td>费率
RATE/ CHARGE</td><td>货物品名及数量（包括体积或尺寸）
NATURE AND QUANTITY OF GOODS（INCL. DIMENSION OF VOLUME）</td></tr>
<tr><td>4</td><td>58. 3</td><td></td><td>58. 3</td><td>18. 00</td><td>DIMS:
（80×30×25）CM×4</td></tr>
</table>

表 3-2 航空货运单

999 | |　　　　　　　　999—

Shipper's Name and Address	Shipper's Account Number	NOT NEGOTIABLE 中国民航 CAAC AIR WAYBILL AIR CONSIGNMENT NOTE ISSUED BY: THE CIVIL AVIATION ADMINIASTRATION OF CHINA BEIJING CHINA Copies 1, 2 and 3 of this Air Waybill are originals and have the same validity.
Consignee's Name and Address	Consignee's Account Number	It is agreed that the goods described herein are accepted in apparent good order and condition (except as noted) for carriage SUBJECT TO THE CONDITIONS OF CONTRACT ON THE REVERSE HEREOF. THE SHIPPER'S ATTENTION IS DRAWN TO THE NOTICE CONCERNINC CARRIER'S LIMITATION OF LIABILITY. Shipper may increase such limitation of liability by declaring a higher value for carriage and paying a supplemental charge if required. ISSUING CARRIER MAINTAINS CARGO ACCIDENT LIABILITY INSURANCE
Issuing Carrier's Agent Name and City Agent's IATA Code / Account No. Airport of Departure (Addr. of First Carrier) and Requested Routing		Accounting Information

to	By First Carrier \ Routing and Destination /	to	by	to	by	Currency	CHGS Code	WT/NAL PPD	WT/NAL COLL	Other PPD	Other COLL	Declared Value for Carriage	Declared Value for Customs

Airport Destination	Flight/Date	For Carrier Use only / Flight/Date	Amount of Insurance	INSURANCE if carrier offers insurance, and such insurance is requested in accordance with conditions on reverse here of, indicate amount to be insured in figure in box marked amount of insurance.

Handling Information

(for USA only) Those commodities licensed by U.S. for ultimate destination... Diversion contray to U.S. law is prohibited.

No. of Pieces RCP	Gross Weight	Kg Lb	Rate Class / Commodity Item No.	Chargeable Weight	Rate / Charge	Total	Nature and Quantity of Goods (incl. Dimensions or Volume)

Prepaid / Weight Charge / Collect	Other Charges AWA: 50
Valuation Charge	
Tax	
Total Other Charges Due Agent 50	Shipper certifies that the particulars on the face hereof are correct and that insofar as any part of the consignment contains dangerous goods, such part is properly described by name and is in proper condition for carriage by air according to the applicable Dangerous Goods Regulations. .... Signature of Shipper or his Agent
Total Other Charges Due Carrier	
Total Prepaid / Total Collect	.... Executed on (date) at (place) Signature of Issuing carrier or its Agent
Currency Conversion Rates / CC Charges in Dest. Currency	
For Carrier's use only at Destination / Charges at Destination	Total Collect Charges　　999—

【项目实训练习】

1. 从上海运往巴黎一件玩具样品，毛重5.7kg，体积尺寸为41cm×33cm×20cm，公布运价（CNY）如下：M 320.00；N 52.81；Q 44.46；100 40.93。计算其航空运费。

2. 现有一批货物毛重280kg，从我国北京空运至英国伦敦。根据《航空货物公布直达运价》可知45kg以上300kg以下的运价为40元/kg，300kg以上500kg以下的运价为35元/kg。请计算应收运费。

3. 一批样品，毛重25kg，体积80cm×50cm×30cm。从北京运往东京。该票货物航空运价公布如下：M 230.00；N 37.51；45 28.13。试计算运费。

4. 某公司空运出口一批商品（普货）供给115箱，每箱重15kg，体积为40cm×44cm×60cm。从北京运往美国迈阿密。问该批货物的空运运费为多少？（设M：11.81美元；N：28.65美元；Q：21.62美元；100kg：18.82美元；500kg：15.35美元；1 000kg：15.00美元；2 000kg：14.60美元）。

5. 一批活热带鱼，毛重120kg，体积0.504m^3，从A点到B点。Q级GCR 9.00元；等级CCR 16.7元；特种SCR1 024（起码重量为100kg）7.59元，计算运费。

6. 有4笔精密仪器都需从北京空运香港。它们的重量分别为10kg、20kg、35kg、40kg。如分别托运各需多少运费？如集中托运又需多少运费？（设：一般货物的起码运费为65港元，45kg以下3港元/kg，45kg以上2.5港元/kg）。

7. 某货代公司接受A、B两个货主的航空货运委托，配载同一个航班，货物A：500kg 1.5m^3；货物B：300kg 3m^3。计算：(1) A、B货物计费重量分别是多少？(2) 两货混载后计费重量是多少？(3) 如与泡货货主按吃泡部分3/7分成，货代得到多少重量的操作利润？(4) 泡货货主按多少重量支付运费？

8. 有4个客户各发1批货物（CAN-SAO），重量分别为：A：实重30kg，体重10kg；B：体重150kg，实重100kg；C：体重200kg，实重100kg；D：实重120kg，体重60kg。运价(RMB)：M 460；N 65；+45 63；+100 58；+300 53；+500 47。计算空运代理的运费差价利润和集托操作利润（吃泡不分成）。

9. 从北京运往新加坡一箱水龙头接管，毛重40.2kg，请根据表3-3a计算其航空运费，并按计算结果填制表3-3b航空运单运费计算栏。

表3-3a　　公布运价表

BEIJING Y. RENMINBI	CN CNY		BJS kgs
SINGAPORE	SN	M N 45	200.00 30.50 22.49

表 3-3b　　　　航空运单运费计算栏

No. of Pieces RCP	Gross Weight	kg lb		Rate Class / Commodity Item No.	Chargeable Weight	Rate/ Charge	Total	Nature and Quantity of Goods (Incl. Dimensions or Volume)
								PIPE FILLING

10. 2019 年 4 月 7 日，世格贸易公司（DESUN TRADING CO., LTD.）的货物从南京起运，航班为 FX0910，请根据表 3-4 信用证制作表 3-5 空运提单。

补充资料：

商品毛重：19 074. 44kgs

体积：36. 85CBM

Rate Class 运价分类代号：M

Rate/Charge 费率：20. 61

Other Charge 其他费用：AWC（运单费）50. 00

表 3-4　　　　信用证

2019MAR22 09：18：11　　　　LOGICAL TERMINAL E102
MT S700　　　　ISSUE OF A DOCUMENTARY CREDIT　　　　PAGE 00001
FUNC MSG700
UMR 06881051

MSGACK DWS765I AUTH OK，KEY B198081689580FC5，BKCHCNBJ RJHISARI RECORO

BASIC HEADER		F 01 BKCHCNBJA940 0588 550628
APPLICATION HEADER		0 700 1057 010320 RJHISARIAXXX 7277 977367 020213 1557 N * ALRAJHI BANKING AND INVESTMENT * CORPORATION * RIYADH * （HEAD OFFICE）
USER HEADER		SERVICE CODE 103：（银行盖信用证通知专用章） BANK. PRIORITY 113： MSG USER REF. 108： INFO. FROM CI 115：
SEQUENCE OF TOTAL	* 27	1 / 1
FORM OF DOC. CREDIT	* 40 A	IRREVOCABLE
DOC. CREDIT NUMBER	* 20	0011LC123756
DATE OF ISSUE	31 C	190322
DATE/PLACE EXP.	* 31 D	DATE 190515 PLACE CHINA

续表

APPLICANT	* 50	NEO GENERAL TRADING CO. P. O. BOX 99552，RIYADH 22766，KSA TEL：00966-1-4659220 FAX：00966-1-4659213
BENEFICIARY	* 59	DESUN TRADING CO.，LTD. HUARONG MANSION RM2901 NO. 85 GUANJIAQIAO，NANJING 210005，CHINA TEL：0086-25-4715004 FAX：0086-25-4711363
AMOUNT	* 32 B	CURRENCY USD AMOUNT 13260，
AVAILABLE WITH/BY	* 41 D	ANY BANK IN CHINA， BY NEGOTIATION
DRAFTS AT ...	42 C	SIGHT
DRAWEE	42 A	RJHISARI * ALRAJHI BANKING AND INVESTMENT * CORPORATION * RIYADH * （HEAD OFFICE）
PARTIAL SHIPMTS	43 P	NOT ALLOWED
TRANSSHIPMENT	43 T	NOT ALLOWED
LOADING ON BRD	44 A	NANJING，CHINA
	44 B	DAMMAM PORT，SAUDI ARABIA
LATEST SHIPMENT	44 C	190430
GOODS DESCRIPT.	45 A	ABOUT 1700 CARTONS CANNED MUSRHOOM PIECES & STEMS 24 TINS X 425 GRAMS NET WEIGHT （D. W. 227 GRAMS）AT USD7. 80 PER CARTON. ROSE BRAND.
DOCS REQUIRED	46 A	DOCUMENTS REQUIRED： +SIGNED COMMERCIAL INVOICE IN TRIPLICATE ORIGINAL AND MUST SHOW BREAK DOWN OF THE AMOUNT AS FOLLOWS：FOB VALUE，FREIGHT CHARGES AND TOTAL AMOUNT C AND F. + FULL SET AIR WAYBILL EVIDENCING NEO GENERAL TRADING CO.，MARKED FREIGHT PREPAID.

续表

		+PACKING LIST IN ONE ORIGINAL PLUS 5 COPIES, ALL OF WHICH MUST BE MANUALLY SIGNED. + INSPECTION (HEALTH) CERTIFICATE FROM C. I. Q. (ENTRY-EXIT INSPECTION AND QUARANTINE OF THE PEOPLES REP. OF CHINA) STATING GOODS ARE FIT FOR HUMAN BEING. +CERTIFICATE OF ORIGIN DULY CERTIFIED BY C. C. P. I. T. STATING THE NAME OF THE MANUFACTURERS OF PRODUCERS AND THAT GOODS EXPORTED ARE WHOLLY OF CHINESE ORIGIN. + THE PRODUCTION DATE OF THE GOODS NOT TO BE EARLIER THAN HALF MONTH AT TIME OF SHIPMENT. BENEFICIARY MUST CERTIFY THE SAME. +SHIPMENT TO BE EFFECTED BY CONTAINER AND BY REGULARE LINE. SHIPMENT COMPANY' S CERTIFICATE TO THIS EFFECT SHOULD ACCOMPANY THE DOCUMENTS.
DD. CONDITIONS	47 A	ADDITIONAL CONDITION: A DISCREPANCY FEE OF USD50. 00 WILL BE IMPOSED ON EACH SET OF DOCUMENTS PRESENTED FOR NEGOTIATION UNDER THIS L/C WITH DISCREPANCY. THE FEE WILL BE DEDUCTED FROM THE BILL AMOUNT.
CHARGES	71 B	ALL CHARGES AND COMMISSIONS OUTSIDE KSA ON BENEFICIARIES' ACCOUNT INCLUDING REIMBURSING, BANK COMMISSION, DISCREPANCY FEE (IF ANY) AND COURIER CHARGES.
CONFIRMAT INSTR	* 49	WITHOUT
REIMBURS. BANK	53 D	/ / AL RAJHI BANKING AND INVESTMENT CORP RIYADH (HEAD OFFICE)
INS PAYING BANK	78	DOCUMENTS TO BE DESPATCHED IN ONE LOT BY COURIER. ALL CORRESPONDENCE TO BE SENT TO ALRAJHI BANKING AND INVESTMENT COPRORATION RIYADH (HEAD OFFICE)

续表

SEND REC INFO	72	REIMBURSEMENT IS SUBJECT TO ICC URR 525
TRAILER		ORDER IS <MAC: ><PAC: ><ENC: ><CHK: ><TNG: ><PDE: > MAC: E55927A4 CHK: 7B505952829A HOB:

表 3-5 制作空运提单

999 | 999—

Shipper's Name and Address | Shipper's Account Number

Not Negotiable
Air Waybill
Issued by
中国国际航空公司
AIR CHINA
BEIJING CHINA

Copies 1, 2 and 3 of this Air Waybill are originals and have the same validity.

Consignee's Name and Address | Consignee's Account Number

It is agreed that the goods described herein are accepted for carriage in apparent good order And condition (except as noted) and SUBJECT TO THE CONDITIONS OF CONTRACT ON THE REVERSE HEREOF. ALL GOODS MAY BE CARRIED BY AND OTHER MEANS INCLUDING ROAD OR ANY OTHER CARRIER UNLESS SPECIFIC CONTRARY INSTRUCTIONS ARE GIVEN HEREON BY THE SHIPPER. THE SHIPPER'S ATTENTION IS DRAWN TO THE NOTICE CONCERNING CARRIER'S LIMITATION OF LIABILITY. Shipper may increase such limitation of liability by declaring a higher value for carriage and paying a supplemental charge if required.

Issuing Carrier's Agent Name and City | Accounting Information

Agent's IATA Code | Account No.

Airport of Departure (Addr. of First Carrier) and Requested Routing

To | By First Carrier Routing and Destination | to | by | to | by | Currency | CHGS Code | WT/VAL PPD COLL | Other PPD COLL | Declared Value for Carriage | Declared Value for Customs

Airport of Destination | Flight/Date | For carrier Use Only | Flight/Date | Amount of Insurance | INSURANCE - If Carrier offers insurance, and such insurance is requested in accordance with the conditions thereof, indicate amount to be insured in figures in box marked "Amount of Insurance."

Handing Information

(For USA only) These commodities licensed by U.S. for ultimate destination ....Diversion contrary to U.S. law is prohibited

No of Pieces RCP	Gross Weight	Kg lb	Rate Class	Commodity Item No.	Chargeable Weight	Rate	Charge	Total	Nature and Quantity of Goods (incl. Dimensions or Volume)

Prepaid	Weight Charge	Collect	Other Charges
	Valuation Charge		
	Tax		
	Total other Charges Due Agent		Shipper certifies that the particulars on the face hereof are correct and that insofar as any part of the consignment contains dangerous goods, such part is properly described by name and is in proper condition for carriage by air according to the applicable Dangerous Goods Regulations.
	Total other Charges Due Carrier		.... Signature of Shipper or his Agent
Total Prepaid		Total Collect	
Currency Conversion Rates		CC Charges in Dest. Currency	Executed on (date) at(place) Signature of Issuing Carrier or its Agent
For Carrier's Use only at Destination		Charges at Destination	Total Collect Charges

999—

ORIGINAL3(FORSHIPPER)

项目四

其他运输方式业务代理实训

【实训情境】

Lucy在陆运部工作，接到一笔运输业务是运3个装满衣服的集装箱到蒙古国，采用国际铁路联运的方式。经理说："Lucy，以前你在海运部实习过，那些货物都是运送到与陆地不接壤的国家，而我们陆运部做的业务却是发到内陆国家，你想想我们周边有哪些国家是可以用铁路运输的呢？"Lucy说："与我们国家接壤的，北边有蒙古国和俄罗斯，东边有朝鲜，南边有越南、老挝和缅甸等国家。"经理又说："邻国之间的铁路运输往往要经过边境站，你知道我国和蒙古国的边境站在哪儿吗？"Lucy说："我一会儿查查。"经理说："这可是你来陆运部的第一课，除了蒙古国，我国与其他邻国的边境站也是必须要记住的。"

【实训目标】

1. 掌握国际铁路联运出口的基本流程
2. 了解国际货协和国际货约
3. 了解陆运保险和保价运输
4. 熟悉我国与邻国的边境站位置
5. 掌握国际公路货代业务基本流程
6. 熟悉我国主要国际公路口岸的位置
7. 了解世界主要公路网
8. 了解国际道路运输的经营资格
9. 掌握国际多式联运业务的基本流程
10. 了解过境贸易和转口贸易的区别
11. 了解多式联运赔偿责任和保险

【实训准备】

1. 结合地图，上网查找我国与邻国的铁路干线以及铁路边境站的名字和地理位置
2. 上网阅读《国际货协》的相关内容
3. 上网查找我国主要国际公路口岸的地理位置，并了解世界主要公路网
4. 了解多式联运的计费方式、多式联运合同的特殊效力

【实训工具】

1. 国际货协运单 1 份
2. 国际道路货物运单 1 份
3. 多式联运合同 1 份
4. 多式联运提单 1 份
5. 货物保险申请单 1 份

任务一　国际铁路货运业务代理流程

【实训任务】

1. 掌握国际铁路联运出口的基本流程
2. 了解国际货协和国际货约
3. 了解陆运保险和保价运输
4. 熟悉我国与邻国的边境站位置

【实训流程】

1. 熟悉我国与邻国的铁路干线和铁路边境站
2. 了解《国际货协》和《国际货约》的基本内容
3. 填写《国际货协运单》
4. 模拟国际铁路联运货代流程

【实训提示】

一、　铁路轨距

所谓铁路轨距，是指铁路线路钢轨头部顶面下 16mm 范围内两股钢轨作用边之间的最小距离。在过去，不同国家的铁路有着不同的轨距。窄的一般可分为 610mm、762mm 和 891mm；中等的分为 1 000mm、1 067mm、1 372mm 和 1 435mm；而宽的可分为 1 524mm、1 880mm和 2 141mm。

1937 年，国际铁路协会（IRA）则把 1 435mm 作为国际标准轨距，1 520mm 以上称为宽轨，1 067mm 以下称为窄轨。

国际铁路协会（IRA）制定该规则的一个重要原因则是为了纪念被称为“世界铁路之父”的英国人斯蒂芬森。因为这位伟大的发明家在 1825 年时，研制出了最原始的“运动”号蒸汽机，拉动了世界上第一辆客运列车。当时的铁路轨距为 4. 85 英尺，而该尺寸来源于马车车轮之间的距离（古代的战车是由两匹马拉的）。

今天，虽然大多数国家使用了 1 435mm 的标准轨距，但仍有部分国家标准不一，现有超过 30 种标准不同的轨距。由于铁路轨距标准的不统一，导致了铁路运输不畅的局面。

越南铁路因其“纤细”而闻名。它的轨距仅是 1 000mm。由于战争的原因，它的钢轨宽度比国际标准尺寸窄。通过这种方式，可以防止外国列车进入越南，以确保国家安全。

在东北亚地区，中国、韩国、蒙古、俄罗斯和朝鲜之间的陆路相连。尽管铁路是相连的，但由于中国、朝鲜和韩国采取的是国际标准轨距，俄罗斯和蒙古采取的是宽轨，所以仍然不能实现火车直达。只能货物运到边境后进行卸货，再换装到对方国家的火车上，这就造成了运输成本居高不下。

中国虽然在亚洲铁路的里程数是最多的，但由于其轨距标准不统一，仍然有21条铁路无法直接去周边国家。以著名的欧亚大陆桥为例，它经过哈萨克斯坦、吉尔吉斯斯坦、乌兹别克斯坦和塔吉克斯坦等国家，延伸到欧洲或非洲，但因为轨距标准不一，泛欧亚铁路干线上的火车也无法直通。

二、 出口货物国际铁路联运流程

1. 托运前的工作

在托运前，按照合同、议定书或国际货协的相关内容，对货物进行标记和包装。

（1）货物标记、标识牌及运输标记，货签，内容主要包括商品的记号和号码，件数，站名，收货人名称等，字迹均应清晰，不易擦掉，保证多次换装的完整性。

（2）货物包装要充分防止货物在运输中的损坏和灭失，确保货物在多次装卸后不受损坏。

2. 货物托运的一般程序

发货人在托运货物时，应向车站提出货物运单和运单副本，以此作为货物托运的书面申请。车站接到运单后，应进行认真审核，对整车货物应检查是否有批准的月度、旬度货物运输计划和日要车计划，检查货物运单各项内容是否正确，如确认可以承运，车站即在运单上签证时写明货物应进入车站的日期和装车日期，即表示接受托运。发货人按签证指定的日期将货物搬入车站或指定的货位并经铁路根据货物运单的记载查对实货，认为符合国际货协和有关规章制度的规定，车站方可予以承认。整车货物一般在装车完毕，发站在货物运单上加盖承运日期戳，即为承运。发运零担货物，发货人在托运时，不需要编制月度、旬度要车计划，即可凭运单向车站申请托运，车站受理托运后，发货人应按签证指定的日期将货物搬进货场，送到指定的货位上，经查验过磅后，即交由铁路保管。从车站将发货人托运的货物，连同货物运单一同接受完毕，在货物运单上加盖承运日期戳时，即表示货物业已承运。铁路对承运后的货物负保管、装车发运责任。总之，承运是铁路负责运送货物的开始，表示铁路开始对发货人托运的货物承担运送义务，并负运送上的一切责任。

3. 装运单据

（1）国际铁路联运运单。国际铁路联运运单是发货人与铁路之间缔结的运输契约，它规定了铁路与发、收货人在货物运送中的权利、义务和责任，对铁路和发、收货人都具有法律效力。

（2）添附文件。我国出口货物必须添附出口货物明细单、出口货物报关单以及出口外汇核销单，另外根据规定和合同的要求还要添附出口许可证、品质证明书、商检证、卫生检疫证、动植物检查、装箱单、磅码单、化验单、产地证及发运清单等有关单证。

4. 出口货物交接程序

（1）联合出口货物的实际交接是在接收路国境站进行的。口岸外运公司收到铁路交接站交接的运输单据后，应当根据联运运单，检查所附的各种单据份数是否完整、内容是否正确，如有错误，应当根据相关文件单证进行修改补充。

（2）报关报检。运输单据经核实正确后，将出口货物明细单截留三份（易腐货物截留两份），然后将有关运送单证送各联检单位审核放行。

（3）货物交接。单证手续齐备的列车出境后，交付路在邻国国境站的工作人员会同接收路工作人员共同进行票据和货物交接，依据交接单进行对照检查。交接分为一般货物铁路方交接和易腐货物贸易双方交接。

【实训案例】

原告委托被告上海国际货运代理公司负责从南京运往杜尚别（塔吉克斯坦）的国际铁路运输及与以上业务有关的港口中转、国内中转、转运业务等。货物是4个40英尺高柜（集装箱）的桥梁用构件，价值50万元人民币。

运输合同金额：73 000/40HQ（包括购买集装箱款、南京至杜尚别的运费、在乙方堆场因提箱产生的相关费用、将货物送至南京西站货场后的相关费用，含卸货及堆存费）。

被告负责办理以下事项：

1. 从南京运往杜尚别（塔吉克斯坦）的集装箱货物的运输及运输计划，并办理和申报所有报关单证及其他必要单证。

2. 保证集装箱内和整车内装载的货物和运输文件上记载的货物的一致和准确性。

3. 将用于装载桥梁构件的集装箱送至合同约定的提箱地点。

在合同履行6个月后，原告从被告处买的集装箱没有踪迹了，原告多次向被告主张要求返还4个集装箱或等价价款，都遭到了被告的拒绝，并且被告反向原告主张在运输过程中因国外海关查验而产生一系列的高额费用。原告希望通过法院诉讼的方式敦促被告切实停止侵权并返还原物。

通过与原告核实涉案事实、仔细查阅相关单证和与此案相关的所有报关资料、往来邮件、聊天记录，发现随车单证路过阿拉山口后铁路运单正本被篡改，在上面加了一行批注“Empty belongs to Crown commodities”，并且通过电话得知Crown公司接受了实际承运人的授权而对空箱进行了处分，并已将4个空箱转卖给了韩国KD公司。

【被告辩护】

1. 货到目的港后根据合同约定是由原告负责清关，清关后空箱的踪迹原告应当更加清楚。

2. 在运输过程中发生的武装冲突属于不可抗力，由此产生的滞留费用不应当由被告承担。

3. 铁路运单已经对空箱的权属作出了批注，空箱权属是Crown公司的。

4. 被告在邮件中多次催促原告支付因武装冲突产生的滞留费，但原告不加理会，造成了损失的扩大。

【法院结案】

1. 被告人上海国际货运代理公司应当在本调解协议签订之日起五个工作日内一次性向原告支付货款。

2. 二分之一的调解受理费用由被告人上海国际货运代理公司负责。双方同意，调解协议在双方签字或印刷后生效。上述协议不违反法律的规定，并由南京铁路运输法院确认。

问题：

1. 被告是否是实际承运人？

2. 货物丢失的责任应该由被告一人承担吗？

任务二　国际公路货运业务代理流程

【实训任务】

1. 掌握国际公路货代业务基本流程
2. 了解我国主要国际公路口岸的位置
3. 了解世界主要公路网
4. 了解国际道路运输的经营资格

【实训流程】

1. 了解我国对外贸易运输口岸
2. 了解世界主要公路网
3. 了解国际道路运输的营运资格
4. 填写国际道路货物运单
5. 了解国际公路运输保险

【实训提示】

一、我国与独联体国家边境公路口岸分布

1. 新疆地区

塔城（巴克图）/巴克特（哈萨克斯坦）、霍尔果斯/霍尔果斯（哈萨克斯坦）、都拉塔

（察布查尔县）/科尔扎特、吉木乃/迈哈布奇盖、阿拉山口/德鲁日巴、吐尔尕特/纳伦州（吉尔吉斯斯坦）、伊尔克什坦/伊尔克什坦（吉尔吉斯斯坦）。

2. 内蒙古自治区

二卡（满洲里市）/阿巴该图（俄罗斯后贝加尔）、黑山头（内蒙古额尔古纳右旗）/旧粗鲁海图（俄罗斯赤塔州普里阿尔贡斯克区）、室韦（内蒙古额尔古纳右旗）/奥洛契（俄罗斯赤塔州涅尔琴斯科扎沃德区）。

3. 黑龙江省

连崟（黑龙江漠河）/加林达（阿穆尔州斯科沃罗季诺区加林达）、呼玛（呼玛县）/乌沙科沃（阿穆尔州施马诺夫斯克区乌沙科沃）、黑河/布拉戈维申期克、孙吴/康斯坦丁诺夫卡（阿穆尔州康斯坦丁诺夫卡区康斯坦丁诺夫卡）、逊克/波亚尔科沃（阿穆尔州米哈伊洛夫卡区波亚尔科沃）、嘉荫/帕什科沃（犹太自治州奥布卢奇耶区帕什科沃）、萝北/阿穆尔泽特（犹太自治州十月阿穆尔泽特）、同江/下列宁阔耶（犹太自治州列宁斯阔耶区下列宁阔耶）、抚远/哈巴罗夫斯克、饶河/波克罗夫卡、虎林/马尔科沃、密山/图里罗格、绥芬河（公路）/波格拉尼奇内（公路）、东宁/克拉斯基诺。

4. 吉林省

珲春/克拉斯基诺。

二、世界主要道路网络

1. 泛亚公路网

泛亚公路是亚洲各国与联合国亚太经济和社会委员会改善亚洲公路系统的合作计划。它是亚洲陆路交通基建发展计划（ALTID）三大工程之一。泛亚公路是一个覆盖32个成员国、包含55条路线，总长140 000公里的路网。其中，泛亚公路1号线AH1，是泛亚公路系统中最长的一条公路，长20 557公里。该公路起始于日本东京，经日本、韩国、朝鲜、中国、越南、柬埔寨、泰国、缅甸、孟加拉、印度、巴基斯坦、伊朗、土耳其，最终至土耳其与保加利亚边境，以改善东亚国家、印度及俄罗斯之间的贸易；泛亚公路3号线AH3，长7 331公里。该公路分为两段：第一段起始于俄罗斯乌兰乌德，经俄罗斯、蒙古、中国至塘沽；第二段起始于中国上海，经老挝、泰国、缅甸（其中，仅由中国景洪至缅甸景栋的支线经过缅甸），最终至泰国清莱；泛亚公路5号线AH5，是一条东西走向的公路，长10 380公里。该公路起始于中国上海，经中国、哈萨克斯坦、吉尔吉斯斯坦、乌兹别克斯坦、土库曼斯坦、阿塞拜疆、格鲁吉亚、土耳其，最终至土耳其与保加利亚边境和AH1汇合并连接E80；泛亚公路6号线AH6西起白俄罗斯共和国布列斯特州西布格河与波兰共和国边境，接波兰68公路，东至韩国釜山市，接AH1。

2. 泛美公路网

泛美公路是贯穿整个美洲大陆的公路系统。北起北美洲的西北端阿拉斯加，南至南美洲最南端的火地岛，穿越北美洲、中美洲和南美洲，连接了17个国家，总长度达到了48 000公里，主干线自美国阿拉斯加的费尔班克斯至智利的蒙特港，将近26 000公里。泛美公路经过许多不同类型的气候带和自然环境，包括沙漠、热带雨林和高山。由于穿越十几个国家，因而没有统一的道路标识，并且路况差异也很大，有的路段只有在干季才能通行，不少地方行车时有危险，也因此被人认为是全世界40大危险公路之一。到了今天，泛美公路都不算完全完工。在巴拿马运河到哥伦比亚边境之间有一段87公里长的达连隘口，是一片茂密的原始森林。当地人以各种理由反对修建公路，使得这一段公路至今没有建成，形成了泛美公路上的唯一一段缺口。

3. 欧洲国际公路网

欧洲公路是欧洲经济委员会20个国家签约建立的公路网。路网包括欧盟国家、欧盟委员会的参加国和中亚的哈萨克斯坦。许多国家已经在高速公路上和高速公路附近建立了统一的欧洲高速公路标线，其主要干线公路分为南北向和东西向两部分，南北向的公路自西向东编两位奇数号，东西向的公路自北向南编两位偶数号。南北向的主要公路干线包括：自俄罗斯彼得格勒起，经波兰、匈牙利、罗马尼亚、保加利亚、希腊到土耳其伊斯坦布尔，全长约2 000km；自丹麦哥本哈根起，经德国、奥地利至意大利罗马，全长2 100km；自波兰格坦斯克起，经捷克、伊拉克到伊朗，全长约5 000km；贯穿东欧与南欧的南北高速公路网，全长约4 100km。东西向的主要公路干线包括：自奥地利维也纳起，经波兰、法国到西班牙瓦伦西区，长约3 200km；自瑞士至奥地利；自西班牙至葡萄牙。其中，欧洲E40公路是欧洲最长的国际公路，总长超过8 000公里。起点是法国的加来，经过比利时、德国、波兰、乌克兰、俄罗斯、哈萨克斯坦、乌兹别克斯坦、土库曼斯坦、吉尔吉斯斯坦，终点为靠近边境的哈萨克斯坦的里德；欧洲E22公路是欧洲较长的国际公路之一，经过英国、荷兰、德国、瑞典、拉脱维亚和俄罗斯，全长5 320公里。

【实训案例】

松下公司委托一个货运站将18台松下洗衣机从四川成都运到广东广州，双方签订了货物托运合同。在合同中有两条规定值得注意，合同第二条规定“托运人必须委托承运人办理货物保险，若货物发生破损或丢失，将按照保险条例赔偿损失”。第三条规定“托运人未委托承运人承保货物的，若货物发生破损或丢失，按照运费的三倍进行赔偿”。托运当天，货运站签发了货物托运凭证后，开始进行公路运输。在途中，运输车辆发生交通事故，造成18台洗衣机不同程度的损坏。经交警到达现场后，认定该事故责任由货运站全部承担。

事故发生后，松下公司多次找货运站协商赔偿事宜，但双方一直未达成协议。为此，松下公司依法起诉货运站，要求法院判令货运站按受损洗衣机的进货价赔偿原告货物损失35 100元，并赔偿可得利润损失3 330元，合计38 430元。货运站则称，双方当事人在货物托运合同中约定：“托运人必须委托承运人办理货物保险，若货物发生破损或丢失，将按照保险条例赔偿损失”“托运人未委托承运人承保货物的，若货物发生破损或丢失，按照运费的三倍进行赔偿”。双方签订合同后，松下公司并没有委托货运站办理货物保险手续。因此，松下公司的洗衣机在运输途中受损，货运站只须按运费的三倍进行赔偿，而松下公司要求货运站赔偿全部损失是没有依据的，货运站无法接受。

问题：

货运站应如何承担货物的货损责任？

任务三　国际多式联运业务代理流程

【实训任务】

1. 掌握多式联运货代业务流程
2. 了解多式联运的成本构成
3. 了解多式联运赔偿责任和保险

【实训流程】

1. 了解多式联运
2. 分析多式联运运输路线
3. 了解世界主要大陆桥
4. 计算运输成本
5. 签订多式联运合同
6. 分析多式联运货损责任和保险索赔

【实训提示】

一、　国际多式联运

国际多式联运，简称多式联运，是在国际多式联运合同的基础上产生和发展起来的一种集装箱运输。它是指多式联运运营商从一个国家运输到另一个国家的指定地点。国际多式联运适用于水路、公路、铁路、航空等各种运输方式。在国际贸易中，90%的货物都是通过海运，海运在国际多式联运中占主导地位。

国际多式联运运营商的性质和法律特征：①多式联运运营商是“他们自己”而不是代理人，他承担承运人的义务；②国际多式联运经营人不妨碍他以“本人”身份开展业务，同时以“代理人”身份开展相关货运代理业务，也不妨碍他以“本人”身份开展国际多式联运业务；③国际多式联运经营人是“中间人”，有双重身份，既是托运人，又是承运人；④国际多式联运经营人可以拥有或不拥有运输工具。

国际多式联运是一种高于区域运输的运输组织形式。20 世纪 60 年代，美国首次尝试多式联运业务，受到托运人的欢迎。随后，国际多式联运开始在北美、欧洲和远东地区使用，在 1980 年以后，国际多式联运逐渐在发展中国家实施。目前，国际多式联运已成为国际集装箱运输的一种新的重要方式。《联合国国际多式联运公约》是 1980 年 5 月在日内瓦举行的联合国国际多式联运大会上制定的。该公约在 30 个国家批准和加入一年后开始生效，它的生效对国际多式联运的未来发展产生了深远影响。

国际多式联运是国际运输发展的未来方向，因为国际集装箱多式联运具有许多优势，主要表现在以下几个方面：

（1）简化装运、结算和索赔结算程序，以节省人力、物力和财力。在国际多式联运模式下，无论货物的距离有多远，都由多种运输方式共同完成；不管货物发生了什么变化，所有运输事宜统一由多式联运经营人处理，托运人只需处理一次托运，签订运输合同，支付一次付款，投保一次，从而消除了托运人的许多不便；同时，由于多式联运采用货运单据、统一计费，它还可以简化准备和结算程序，节省人力和物力；此外，一旦运输过程中出现货物损失的差异，多式联运经营者负责整个运输，这也可以简化索赔程序并降低索赔成本。

（2）缩短货物运输时间，减少库存，减少货损、货差事故，提高货物运输质量。在国际多式联运模式下，各运输环节与各种运输方式紧密配合、紧密相连，货物在到达的地方迅速、及时地转移，大大缩短了货物的运输时间，从根本上保证了货物的安全。它安全、快速、准确地到达目的地，从而相应地降低了货物的库存和成本。同时，多式联运系统以集装箱为运输单位进行直接运输，虽然货物运输多次改变，但是由于采用了专门的机械装卸，并且不直接与集装箱内货物接触，所以大大减少了货物损坏和差异的事故，从而大大提高了货物的质量。

（3）降低运输成本并节省费用。由于多式联运可以直接门到门运输，对于托运人来说，货物被交付给第一承运人，他们可以获得货物单据并相应地结清外汇，从而加快结算时间。这不仅加速了货物占用的资金周转，而且降低了利息费用。另外，货物是以集装箱为单位运输的，所以从某种意义上说，包装、理货和保险费用都可以相应地节省。

（4）提高运输管理水平，实现运输合理化。对于区间运输，各种运输方式的经营主体是独立自主的，因此其经营范围有限，货运量也是有限的。当不同的运输经营者共同参与多式联运时，可以大大扩大经营范围，同时最大限度地发挥自身现有设备的作用，选择最佳的运输路线，组织合理的运输。

（5）从政府的角度来看，发展国际多式联运具有重要意义。加强政府部门对整个货物运输链的监管，确保国家的收益，有利于引进先进运输新技术，减少外汇支出，改善现有基础设施设备，通过国家政府的积极引导，尽可能减少对环境的破坏，实现绿色物流。

二、 国际多式联运责任分工

（一）多式联运经营人责任形式

由于多式联运的发展改变了传统的货物交接界限，它从根本上改变了多式联运经营人的责任范围。因此，原有承运人的责任形式已不能满足其要求，随着新的责任形式的形成，在当前的国际多式联运业务中，多式联运经营人的责任形式主要包括以下两种。

1. 统一责任制

统一责任制（也称为同一责任制）是指多式联运经营人对货主具有不分区段的统一原则责任，即经营人在整个运输过程中对货主承担相同的责任。也就是说，无论事故责任是显而易见的还是隐而易见的，在整个运输过程中，多式联运经营人对货物的灭失、损坏或延迟交货应负有完全责任。根据统一原则，事故责任无论发生在海域，还是内陆运输，多式联运经营人都应按照约定的限额统一赔偿。但是，若多式联运经营人能证明是货主故意过失或者经营人已经尽了全力而无法避免所造成的货物的灭失、损坏，可以免除经营人的责任。

统一责任制是科学、合理、简化手续的一种制度。但是，这种责任制在国际上并未得到广泛应用，因为它对多式联运经营人带来的负担太重。

2. 网状责任制

网状责任制（也称为混合责任制）是指多式联运经营人对货主承担的全部责任局限于各运输部门所规定的责任范围内，即由多式联运经营人负责整个运输过程，但货物的损害赔偿是根据货损发生的实际运输区段的责任限制予以赔偿的。在不同运输段中所依据的法律包括：公路运输：《国际公路货运公约》或国内法；铁路运输：《国际铁路货运公约》或国内法；海上运输：《海牙规则》、国际公约或国内法；航空运输：《华沙运输公约》或国内法。

网状责任制是介于全程运输责任制与分段运输责任制之间的一种责任制度，网状责任制在责任范围方面同统一责任制一样，但在赔偿限额方面又与分段运输责任制一样。

目前，网状责任制在世界范围内被广泛采用。自“国际集装箱运输系统（多式联运）工业性试验”项目立项后，我国多式联运责任制度采用的是网状责任制。中国采取网状责任制具有以下优势：①符合 1975 年国际商会修订的《联合运输单据统一规则》相关精神，同大部分航运发达国家采用的责任形式一样；②中国的各运输区段都有完善的运输管理法律法规来保障，使用网状责任制，各运输区段适用的法律法规可以保持不变；③与统一责任制相比，网状责任制降低了多式联运经营人的风险责任，这可以保护我国多式联运经营人的积极性，促进我国多式联运业务的顺利开展。但随着国际多式联运的发展，网状责任制并不完全理想，因为在责任划分和赔偿金额等方面易产生分歧。因此，随着中国国际多式联运的不断发展，统一责任制将更符合多式联运的要求。

（二）多式联运经营人的责任期限

责任期限是指多式联运经营人对货物负责的时间或期限，自《海牙规则》颁布以来，承运的责任期限随着运输的变化也在不断发展着。

《海牙规则》对承运人关于货物的责任期限规定为“自货物装上船舶时起卸下船舶时止”的一段时间，也就是说货物的灭失、损害发生在该期间才适用《海牙规则》。《汉堡规则》则扩大了承运人的这一期限，规定承运人对货物负责的期间包括在装船港、运输途中和卸船港由承运人掌管的整个期间，也就是说，从接管货物时起至交付货物时止。《汉堡规则》的这一规定突破了《海牙规则》对承运人的最低责任期限，向货物装卸前后两个方面发展，在一定程度上加重了承运人的责任。

联合国国际货物多式联运公约根据集装箱运输下，货物在货主仓库、工厂以及集装箱货运站、码头堆场进行交接的特点，仿照《汉堡规则》，对多式联运经营人规定的责任期间是“多式联运经营人对于货物的责任期间，自其接管货物之时起至交付货物时止”。

依照多式联运公约条款的规定，多式联运经营人接管货物有两种形式：①托运人或其代表处接管货物，这是最常用的形式；②根据接管货物地点适用的法律或规章，货物必须交给其运输的管理当局或其他第三方，这是特殊的形式。在第二种形式下，有一点要格外注意，即使用多式联运公约规定多式联运经营人的责任从接管货物时开始，是在从港口当局手中接受货物的情况下，如货物的灭失或损坏系在当局保管期间发生的，多式联运经营可以不负责任。

多式联运公约对交付货物规定的形式有三种：①将货物交给收货人；②如果收货人不从多式联运经营人处提取货物，则按多式联运的合同或按照交货地点适用的法律或特定行业惯例，将货物置于收货人支配之下；③将货物交付给在交货地适用法律或规章的主管当局或其他第三方。

在收货人不向多式联运经营人提取货物的情况下，多式联运经营可按上述第②或第③种形式交货，责任即告终止。在实际中，经常会发生这种情况，如收货人并不急需该批货物，为了节省仓储费用；又如市场价格下跌，在运费到付的情况下，就有可能造成收货人延迟提货。因此，多式联运公约的这种规定是必要且合理的。

（三）多式联运经营人的赔偿责任限制

1. 赔偿责任限制基础

对于承运人赔偿责任基础各运输公约的规定不同，但大致可分为严格责任制和过失责任制。《多式联运公约》规定多式联运经营人的责任基础包括：

（1）多式联运经营人对货物在多式联运经营人控制期间所造成的货物灭失、损坏或者迟延交付，承担赔偿责任。除非多式联运经营人能证明他们已采取一切必要措施来避免事故的发生。

（2）如果货物未在约定的时间内交货，或在没有协议的情况下，未在按照具体情况对一个勤奋的多式联运经营人所能合理要求的时间内交付，即构成延迟交货。

（3）在按照上述条款约定的交货期届满后连续90天内未交货的，索赔人可以认为此货物灭失。

从上述规定可以看出，《多式联运公约》中多式联运经营人的赔偿责任的规定是以《汉堡规则》为基础的。

《多式联运公约》采用完全过失责任制，也就是说，除了多式联运经营人自身的损害赔偿责任外，他还要对其雇员或代理人的过失负责。

在国际货物运输中，关于货物的延迟交货责任，一般国际公约都有明确的规定。《多式联运公约》规定多式联运经营人的赔偿责任有两种情况：①未能在规定时间内交付；②未能在合理的时间内交付。在运输过程中，一旦交付延迟发生，收货人可采取以下方法处理：①接收货物并提出因延迟交货而造成的损失赔偿；②拒收货物，要求全部赔偿。

2. 赔偿责任限额限制

赔偿责任限额限制是指多式联运经营人对每件或每货损单位负责赔偿的最高限额。《海牙规则》规定每件或每单位损失最多为100英镑；《维斯比规则》规定最多10000金法郎或毛重每千克30金法郎，两者中选取高值。此外，《维斯比规则》规定了对运输过程中的运输工具也有规定。比如，若在提单上记载了运输工具的件数或单位数，则按规定件数或单位数赔偿。《汉堡规则》规定每件或每单位损失835特别提款权（国际货币基金组织指定的记账单位），或毛重每千克2.5特别提款权，两者中选取高值。《汉堡规则》也规定了运输工具在装载过程中造成的损害赔偿类似于《维斯比规则》，而对于延迟交付，它规定赔偿运费的2.5倍，但不能超过合同的总运费。对于货物延迟交付的赔偿各国际公约规定不同。各国际公约关于货物延迟交付的赔偿责任限额的规定如表4-1所示。

表4-1　各国际公约关于货物延迟交付的赔偿责任限额的规定

公约	赔偿责任限额	赔偿责任总额
多式联运公约	应付运费的2.5倍（40%以下）	不超过合同应付运费总额
华沙公约	无限额规定	无限额规定
海牙规则	无限额规定	无限额规定
汉堡规则	应付运费的2.5倍	不超过合同应付运费总额
铁路货物公约	应付运费的2倍	无限额规定
公路货物公约	延误货物运费总额	无限额规定

《多式联运公约》规定货物灭失或损坏的责任按每件或每货损单位进行赔偿，不超过920特别提款权，或毛重每千克2.75特别提款权，两者中选取高值。如果货物是集装箱、托盘或类似的运输工具，则按单证上记载的该装运工具的件数或包数计算，否则这种装运工具的货物应视为一个货运单位。

表4-2 国际货物运输公约有关赔偿责任限额的规定

公约名称	每一件或每一单位		每千克毛重（kg）		备注
	责任限额 S. D. R	多式联运公约所占%	责任限额 S. D. R	多式联运公约所占%	
多式联运公约	920		2.75		包括海运或内河运输
海牙规则	161	570			
维斯比规则	680	135	2.04	135.0	
汉堡规则	835	110	2.50	110.0	
CMR（公路）			8.33	33.0	
CIR（铁路）			16.67	16.5	
华沙公约			17.00	16.0	
多式联运公约			8.33		不包括海运或内河运输
CMR			8.33	100.0	
CIR			16.67	49.9	
华沙公约			17.00	49.0	

延迟交货的赔偿是建立在运费基数上的，并与其成正比。多式联运的运费基数是各种货物各运输区段的总运费作为总的赔偿基数，可表示为：$X=A+B+C$。式中：X为运费总数，A、B、C为各段运费。

表4-2是《国际货物运输公约》中对每件或每货损单位，每千克毛重赔偿限额的规定。从表中可见，无论多式联运是否包括海运或内河运输，《多式联运公约》中多式联运经营人的赔偿责任限额比《海牙规则》高5倍以上，比《维斯比规则》高35%。与公路、铁路和华沙公约相比，多式联运经营人的责任限额较低，仅公路承运人赔偿责任限额的1/3，航运承运人赔偿责任限额的1/6。

3. 赔偿责任限制权力的丧失

为了防止多式联运经营人利用赔偿责任限制的规定，轻视货物安全，给货物所有人造成不必要的损失，从而影响国际贸易和运输的发展，《多式联运公约》明确规定，在以下情况中，多式联运经营人将丧失赔偿责任限制：

（1）证明货物灭失、损坏、迟延交付是由多式联运经营人的故意作为，或明知有可能造成而又毫不在意的行为或不作为所引起，多式联运经营人则无权享受赔偿责任限制的权益。

(2) 证明货物灭失、损坏、迟延交付是由于多式联运经营人的受雇人或代理人或为履行多式联运合同而使用其服务的其他人有意造成或明知可能造成而又毫不在意的行为或不行为所引起，则该受雇人、代理人或其他人无权享受有关赔偿责任限制的规定。

但在实际操作中，多式联运经营人，在有赔偿责任限制的保护下，故意造成货物灭失、损害而失去责任限制，这是不现实的。所谓毫不在意的行为或不行为，即多式联运经营人已经意识到这种做法有可能引起损失，但他仍然采取了不当的措施，或没有及时采取任何措施，即为明知而又毫不在意。

(四) 发货人的赔偿责任

在多式联运中，若多式联运经营人所遭受的损失是由于发货人的过失或疏忽，或者是由于他的受雇人或代理人在其受雇范围内行事时的疏忽或过失所造成，发货人对这种损失应负赔偿责任。发货人向多式联运经营人交付货物时应做到以下几点：

(1) 所描述的货物内容准确完整。

(2) 集装箱铅封牢固，能适合多种方式运输。

(3) 标志、标签准确、完整。

(4) 如系危险货，说明其特性和应采取的预防措施。

(5) 自行负责由于装箱不当、积载不妥引起的损失。

(6) 对由于自己或其雇员、代理人的过失对第三者造成的生命、财产负责。

(7) 在货运单证上订有“货物检查权”的情况下，海关和承运人对集装箱内的货物有权进行检查，其损失和费用由发货人自行负责。

(五) 索赔与诉讼

在国际货运公约中，一般都规定了货物的索赔与诉讼条款。如《海牙规则》和各国船公司对普通货运提单的索赔与诉讼规定为，收货人应在收到货物 3 天之内，将有关货物的灭失、损害情况以书面的形式通知被索赔人，如货物的状况在交货时已由双方证明，则不需要书面的索赔通知。收货人提出的诉讼时间是从货物交付之日或应交付之日起 1 年内，否则，承运人将在任何情况下都免除对货物灭失或损害所负的一切责任。

一般的国际货运公约对货损提出的诉讼时效通常为 1 年，但自《汉堡规则》制定以后，诉讼时效有所延长。由于集装箱运输的特殊性，有的集装箱提单规定在 3 天或 7 天内以书面通知承运人说明有关货损的情况。至于诉讼时效，有的集装箱提单规定为 1 年，有的规定为 9 个月，如属全损，有的集装箱提单仅规定为 2 个月。

《多式联运公约》规定货物受损人在收到货 2 年之内没有提起诉讼或交付仲裁，即失去时效。如果货物在交付之日后 6 个月内，或于货物未交付后 6 个月之内没有提出书面通知，说明索赔性质和主要事项，则在期满后失去诉讼时效。但要使一个索赔案成立，作为提出索赔的人必须是：①提出索赔的人具有正当的索赔权；②货物的灭失、损害具有赔偿事实；③被索赔人负有实际赔偿责任；④货物的灭失、损害系在多式联运经营人掌管期间；⑤索赔、诉讼的提出在规定的有效期内。

【实训案例】

广东东莞某公司（以下简称发货人）向国际货运代理公司（以下简称货运代理）委托运输三个装满服装的集装箱，由东莞通过公路运输到香港，再从香港海运到孟买，集装箱在孟买卸下后，再通过铁路运输新德里。该批货是由货代签发的清洁提单，提单记录：运输条款堆场到堆场，香港装船，孟买卸船，目的地新德里。集装箱在香港装船后，船公司签发了海运提单，以货运代理人为托运人。提单记录：运输条款堆场到堆场，香港装船，孟买卸船。当集装箱在孟买卸货时，发现三个集装箱中的两个集装箱外表严重损坏。货代和船方代理共同记录了损坏情况。当三个集装箱到达目的地时，收货人打开集装箱，发现外表破损的两个集装箱内的货物严重受损，而另一个外表完好的集装箱其箱内的货物也有一定的破损。

问题：

三个集装箱货损的责任应由谁承担？

【项目实训练习】

一、 单项选择题

1. 北新疆线是中国去（　　）铁路的主线。

A. 蒙古国　　B. 哈萨克斯坦　　C. 朝鲜　　D. 越南

2. 公路运输中的零担货物运输是指同一货物托运人托运的货物不足（　　）吨。

A. 3　　B. 4　　C. 5　　D. 10

3. 货物到达目的地后，应当在（　　）小时内通知收货人或者按照发货人的指示及时交付收货人。

A. 12　　B. 24　　C. 36　　D. 48

4. 内陆点多式联运又称为（　　）。

A. OCP 运输　　B. MLB 运输　　C. IPI 运输　　D. SLB 运输

5. 货运代理人支付相应的运输费用后，海铁联运经营人向货运代理人发送（　　）。

A. 远洋铁路多式联运提单　　B. 提单

C. 运输授权　　D. 铁路运单

6. 多式联运合同由多式联运经营人缔结并实施。他只要向发货人或其代理人（海关必须接受）签署（　　）以证明接受委托的申请。

A. 车站收据副本　　B. 车站收据原件

C. 多式联运提单　　D. 运输委托

7. 在国际多式联运中，如果货物在全程运输中发生了灭失、损害和运输延误，如不能确定事故发生的区段时，一般按在（　　）发生处理。

A. 公路段　　B. 海运段　　C. 铁路段　　D. 空运段

8. 国际多式联运经营人向船公司或者其代理人交付集装箱的，船公司应当签发（　　）。

A. 公路运单　　B. 清洁提单　　C. 海运提单　　D. 运输委托书

9. 多式联运运营商（MTO）完成整个运输组织业务的多式联运组织方法称为（　　）。

A. 链接式联运多式联运　　B. 法定联运

C. 协作式多式联运　　D. 协作联运

10. 在多式联运中处理货损事故时多采用（　　）。

A. 统一责任制　　B. 网络责任制

C. 责任限制制　　D. 单责制

二、 多项选择题

1. 国际铁路联运货物标记的内容包括（　　）。

A. 发送道路、出发站和到达道路、到达站

B. 托运人和收货人的姓名和地址

C. 每件的记号、号码及零担货物的件数

D. 运单号

2. 国际汽车联运货物运单为一式三份，均应有（　　）的签字或盖章。

A. 收货人　　B. 发货人　　C. 保险公司　　D. 承运人

3. 国际铁路联运概念的要点有（　　）。

A. 票据统一

B. 由铁路部门负责从接货到交货的全过程运输

C. 需发货人和收货人参加

D. 两个或两个以上国家的铁路运输

4. 适用国际铁路联运的交货条款主要有（　　）。

A. CPT B. CIP C. FCA D. FOB

5. 国际多式联运的特点是（ ）。

A. 由不同运输企业按照统一的公约共同完成全程运输工作

B. 签订一个运输合同，对货物运输的全程负责

C. 采用两种或两种以上不同的运输方式完成运输工作

D. 采用一次托运、一次付费、一票到底、统一理赔、全程负责的运输业务

6. 目前世界主要的大陆桥运输线有（ ）。

A. OCP 运输线

B. 美国大陆桥运输线和加拿大大陆桥运输线

C. 西伯利亚大陆桥运输线

D. 新亚欧大陆桥运输线

7. 属于多式联运方式的运输组织方式有（ ）。

A. OCP 运输 B. MLB 运输 C. IPI 运输 D. SLB 运输

8. 按全程收取运费的运输组织方式有（ ）。

A. OCP 运输 B. MLB 运输 C. IPI 运输 D. SLB 运输

9. 提单签发适用于全程运输区段的运输组织方式有（ ）。

A. OCP 运输 B. MLB 运输 C. IPI 运输 D. SLB 运输

10. 多式联运单一费率由（ ）共同组成。

A. 货物成本 B. 运输成本 C. 经营管理费用 D. 利润

三、 判断题

1. 在国际铁路多式联运中，承运人以国内铁路的名义与发货人和收货人签订合同。( )

2. 国际多式联运是指三种形式的联运，即海运、陆运和空运。( )

3. 国际航空运输是一种联合运输。( )

4. 在国际铁路联运过程中，收货人不得变更已生效的运输合同。( )

5. 在 OCP 运输中，如果卸货港是西雅图，目的地是芝加哥，那么在卸货港列中应当填写“Seattle”，目的地栏或备注栏内填写“Chicago”。( )

6. 铁路出口货物的申报通常由托运人委托在边境站办理。( )

7. 内地与香港之间的铁路运输不同于国内和国际运输，它是一种特殊的运输方式，采用“汽车租赁模式、两票运输、三级计费，以及货物承运收据结汇”的方式。( )

8. 国际铁路零担货物运输的货物重量不超过 5 000 千克，不需要按照大小或类型由单独的车辆运输。(　　)

9. 对于收货人，OCP 运输条件的风险和责任终止于西海岸港口，不承担西海岸港口到内陆公共点之间的运输责任或风险。而对于发货人，可以享受内陆转运优惠政策。(　　)

10. 收货人在国际铁路联运中的变量申请适用于到达国的进口边境站，并在货物从该国边境站发运之前进行处理。(　　)

四、 案例分析题

一票国际普通车辆运输货物经中国的郑州到俄罗斯的莫斯科。郑州的托运人承担所有费用。托运人和北京的国际货运代理企业签订了国际铁路货运委托代理协议，规定从满洲里到莫斯科的货运费由国际货运代理人代托运人进行支付。同时，托运人与铁路承运人又签订了国际运输合同。之后，货物从郑州的一个车站送达，经满洲里，到达了莫斯科的一个车站。到达站通知收货人货物已经到达，并要求收货人支付俄罗斯段的运费，否则货物将被扣留。据调查，货运单第 20 栏俄罗斯段的货运付款人记录被涂鸦，无法看清批注。托运人与国际货运代理机构发生争议，需通过法律解决。

问题：

(1) 试问本案涉及哪些法律关系？

(2) 国际货运代理企业有无义务支付运费，为什么？

(3) 在国际货运代理企业未支付运费情况下，委托人（托运人）是否有义务支付运费，为什么？

项目五

国际货物运输保险实训

【实训情境】

随着全球经济贸易一体化的发展，国际货物运输保险也成为国际贸易中一个重要的组成部分。国际货物运输保险是一种货物运输保险，是对货物在运输过程中发生危险造成的经济损失进行经济补偿的一种手段。本项目主要针对国际货物运输保险业务中所涉及的相关单证的填写进行培训，帮助大家掌握国际货物运输保险各环节涉及的相关内容。

【实训目标】

1. 掌握国际货物运输保险的原则
2. 掌握国际货物运输保险的种类
3. 熟悉国际货物运输保险的操作流程
4. 掌握国际货物运输保险费的计算方式
5. 掌握国际货物运输保险单的填制

【实训准备】

1. 浏览世界著名保险公司网页，如伦敦劳埃德保险公司、TT CLUB 等保险公司，了解它们的保险业务范围。
2. 复习《国际贸易》中有关货物运输保险种类的内容。

【实训工具】

1. 销售合同 1 份
2. 保险公司保险单 1 份
3. 航空运输投保单 1 份

任务一　国际海上货物运输保险实训

【实训任务】

1. 掌握国际货物运输保险单上重点项的填写要求（表 5-1）
2. 理解海上货物运输保险险种
3. 掌握国际货物运输保险单的填写方法
4. 掌握保费的计算方法

【实训流程】

阅读销售合同——计算保险金额——填制保险单

【实训提示】

表 5-1　　国际货物运输保险单上重点项的填写要求

序号	名称	英文解释	填写要求
1	被保险人	Insured	被保险人一般是信用证的受益人。在 CIF 术语中，卖方投保买方的利益。保险单的背书很重要，应该按照信用证的要求背书
2	唛头	Mark &. Nos.	应与发票、提单上的唛头一致。如信用证无明确要求，可简单填“As per Invoice No. ...”
3	包装及数量	Quantity	应与发票一致
4	保险货物项目	Description of Goods	保险货物名称多的，可以统称，但应当与提单等单据一致，不得与信用证相抵触
5	保险金额	Amount Insured	除非信用证另有规定，保险单据必须与信用证相同
6	总保险金额	Total amount insured	即保险金额的大写，其数额和币别应与小写的保险金额一致
7	保费和费率	Premium，Rate	一般填“As arranged ”。但如果信用证要求具体列出保费和费率，应明确填上
8	装载运输工具	Per conveyance S. S.	如为海运且为直达船，则在栏内直接填上船名、航次；如为中途转船，则应在填上第一程船名后，再加填第二程船名；如为其他运输方式，则填“By Railway”或“By Train，Wagon No. ...”（陆运）等
9	开航日期	Slg. on or abt	按运输单据的日期填制，海运且运输单据为提单时可填“As per B/L”

续表

序号	名称	英文解释	填写要求
10	运输起讫地	From... to...	按运输单据填制。如中途转船，须填上“With Transshipment...”
11	承保险别	Conditions	按照信用证的规定办理，通常包括险别及所依据的保险条款
12	赔款偿付地点	Claim payable at	按信用证的规定填制。如信用证未规定，则填目的港名称。有的信用证要求注明偿付货币名称，应照办，如“At London in USD”
13	保险调查办理人	Insurance survey agent	由保险公司选定
14	签发地点和日期	Place and date of issue	签发地应当在受益人所在地签发，并一般印制在保险单上。签发日期应早于或等于运输单据签发日期。除非信用证另有规定，否则银行将不接受包含运输单据签发之日起装运日期、发运日期或接受监管日期的保险单据。授权签字保单只有在保险公司或承销商或其代理人签署后才有效。除非信用证特别授权，否则银行将不接受保险经纪人出具的保险单据
15	签署	Authorized signature	保险单从表面上看，必须经保险公司（Insurance Co.）或承保人（Underwriters）或由他们的代理人签署才有效。除非信用证特别授权，否则银行将不接受由保险经纪人（Broker）签发的暂保单（Cover Notes）

【实训案例】

销售合同

卖方：Textiles Import & Export Corporation，CANADA。

买方：Ruiling. Co.，200 Avenue of Stars's Way，Hongkong。

商品名称及数量：针织品毛衣，S105 型 40 打，M107 型 50 打，L109 型 60 打，单价：S105 每打 110 美元 CIF 香港，M107 每打 120 美元 CIF 香港，L109 每打 130 美元 CIF 香港。

金额：18 200.00 美元。

装运期：2018 年 11 月，不允许分批装运，可转运。

付款条件：有效期为装运后 15 天，在中国议付。

保险：按照中国人民保险公司海运货物保险条款照发票总值的 110%投保一切险和战争险。

发票号：BP3000/05-010

信用证号：B123456

发票号：DD123456

保险单：123

保险单号码：AABB09632145

请学员们根据实训提示及销售合同中填写表 5-2 保险单。

表 5-2　　　　填写保险单

保险单据样式：

PICC 中国人民财产保险股份有限公司
PICC Property and Casualty Company Limited
总公司设于北京　　一九四九年创立
Head Office: BEIJING　　Established in 1949

货物运输保险单 CARGO TRANSPORTATION INSURANCE POLICY

发票号码：
INVOICE NO.

保险单号次：
POLICY NO.PYIE2004320193000146

被保险人：
(INSURED)________

中国人民财产保险股份有限公司（以下简称本公司）要求，以被保险人向本公司缴付约定的保险费为对价，按照本保险单列明条款承保下述货物运输保险，特订立本保险单。

THIS POLICY OF INSURANCE WITNESSES THAT PICC PROPERTY AND CASUALTY COMPANY LIMITED(HEREINAFTER CALLED "THE COMPANY") AT THE REQUEST OF THE INSURED AND IN CONSIDERATION OF THE AGREED PREMIUM PAID TO THE COMPANY BY THE INSURED UNDERTAKES TO INSURE THE UNDERMENTIONED GOODS IN TRANSPORATION SUBJECT TO THE CONDITIONS OF THIS POLICY AS PER THE CLAUSES PRINTED BELOW.

标　记 Marks & Nos.	包装及数量 Quantity	保险货物项目 Description of Goods	保险金额 Amount Insured

总保险金额：
TOTAL AMOUNT INSURED:

保费
PREMIUM: ________

启运日期
DATE OF COMMENCEMENT: ________

装载运输工具
PER CONVEYANCE: ________

自：
FROM: ________

至：
TO: ________

CONDITIONS：

所保货物如发生保险单项下可能引起索赔的损失，应立即通知本公司或下述代理人查勘。如有索赔，应向本公司提交正本保险单（本保险单共有_____份正本）及有关证件。如一份正本已用于索赔，其余正本自动失效。

IN THE EVENT OF LOSS OR DAMANGE WHICH MAY RESULT IN A CLAIM UNDER THIS POLICY, IMMEDIATE NOTICE MUST BE GIVEN TO THE COMPANY OR AGENT AS MENTIONED. CLAIMS, IF ANY, ONE OF THE ORIGINAL POLICY WHICH HAS BEEN ESUED IN_____ ORGINALS TOGETHER WITH THE RELEVANT DOCUMENTS SHALL BE SURRENDERED TO THE COMPANY. IF ONE OF THE ORIGINAL POLICY HAS BEEN ACCOMPLISHED, THE OTHERS TO BE VOID.

SURVEY TO BE CARRIED OUT BY A LOCAL COMPETENT SURVEYOR. CLAIM DOCUMENTS TO BE MAILED TO THE UNDERWRITER, WE SHALL EFFECT PAYMENT BY REMITTANCE TO THE CLAIMANT.

LIBERTY MUTUAL INSURANCE COMPANY
NEW YORK　TEL.212-333-6666

中国人民财产保险股份有限公司南京市分公司
PICC Property and Casualty Company Limited
Nanjing Branch

赔款偿付地点：
CLAIM PAYABLE AT ________

日期：
DATE: ________

林达之
Authorized Signature

地址：　南京市石鼓路 25 号
ADD：　No.25# Shi Gu Road, Nanjing, China
邮编（POST CODE）：　210029

电话（TEL）：　0086-25-86521049
传真（FAX）：　0086-25-84404593
电子信箱（E-MAIL）：

任务二 国际航空货物运输保险实训

【实训任务】

1. 掌握航空货物运输的保险范围
2. 理解航空货物运输保险险种
3. 理解航空货物运输保险的责任
4. 编制航空货物保险合同

【实训流程】

阅读销售合同及信用证——计算保险金额——填制保险单

【实训提示】

一、 航空货物运输的保险范围

（1）所有在中国境内经航空运输的货物均可为本保险之标的。

（2）金、银、珠宝、钻石、玉器、珠宝、钱币、古董、古籍、绘画、邮票、艺术品、稀有金属等珍贵财产，未经保险人和保险人特别约定并在保险单（凭证）中注明，不在保险标的范围以内。

（3）蔬菜、水（瓜）果、活牲畜、禽鱼类和其他动物不在航空货物保险标的范围以内。

二、 航空货物运输险保险责任

因下列保险事故造成保险货物的损失，保险人应该负航空货物保险赔偿责任：

（1）火灾、爆炸、雷电、冰雹、暴风雨、暴雨、海啸等造成的保险货物损失。

（2）因飞机碰撞、倾覆、坠落、失踪（3个月以上），在危难中发生卸载以及遭受恶劣气候或危难事故发生丢弃行为所造成的损失。

（3）因受震动、碰撞或压力而造成损坏、弯曲、凹瘪、折断、开裂的损失。

（4）因包装破裂致使货物散失的损失。

（5）凡属于液体、半流体或者需要用液体保藏的保险货物，在运输途中因受震动、碰撞或压力致使所装容器（包括封口）损坏发生渗漏而造成的损失，或用液体保藏的货物因液体渗漏而致保藏货物腐烂的损失。

（6）遭受盗窃或者提货不着的损失。

（7）在装货、卸货时和港内地面运输过程中，因遭受不可抗力的意外事故及雨淋所造成的损失。

（8）航空运输保险责任范围内的灾害，救助、保护被保险货物的直接合理费用，以不超过被保险货物的最大保险金额为限。

三、 航空货物运输保险的期限

航空运输保险责任自被保险货物自承运人收到并签发保险单（凭单）之日起，至从收货人凭保险单（凭单）到达第一当地仓库的目的地之日终止。但是，收货人在到达目的地后未能及时提货的，保险责任的终止期限应当延长至收货人收到《到达通知》之日起15日(以邮戳日期为准)。

【实训案例】

空运货物相关信息

一票从罗马经北京中转至上海的货物；

一程航班：XY940/05FEB 02；

二程航班：XY951/08FEB 02；

货运单号：888-34783442；

发票号码：DDFF4567；

1件：320千克；

每千克：38马克；

价值：13 070马克；

品名：尼龙粉；

收货人：上海市保税区贸易公司。

上海市保税区贸易公司为避免货物损毁或灭失，准备为该批货物投保，请同学根据所学知识，完善以下这份航空保险合同。

AIR CARGO TRANSPORTATION INSURANCE POLICY

发票号码　　　　保险单号次

Invoice No.　　　　Policy No.

中保财产保险有限公司（以下简称本公司）根据＿＿＿＿＿＿＿＿（以下简称为被保险人）的要求由被保险人向本公司缴付约定的保险费，按照本保险单承保险别和背后所载条款与下列特款承保下述货物运输保险，特立本保险单。

This policy of Insurance withesses that the People' s Insurance (Property) Company of China (here-in after called "The Company"), at the Request of＿＿＿＿＿＿＿＿(here-in after called the "Insured") and in consideration of the agreed premium being paid to the company by the Insured, undertakes to insure the undermentioned goods in transportation subject to the conditions of this policy as per the Clauses printed overleaf and other special Clauses attached hereon.

标 记 Marks & Nos.	包装及量 Quantity	保险货物项目 Description of Goods	保险金额 Amount Insured

总保险金额：

Total Amount Insured:＿＿＿＿＿＿＿＿

保 费 Premium as arranged	费率 Rate as arranged	航 班 号 Flight No.＿＿＿＿

开 航 日 期 自 至

Slg. on or abt.＿＿＿＿ from＿＿＿＿to＿＿＿＿

承保险别：

Conditions

所保货物，如发生保险单项下可能引起索赔的损失或损坏，应立即通知本公司下述代理人查勘。如有索赔，应向本公司提交保险单正本（本保险单共有一份正本）及有关文件。

In the event of loss or damage which may result in a claim under this Policy, immediate notice must be given to the Company' s Agent as mentioned hereunder. Claims, if any, one of the Original Policy which has been issued in One Original together with the relevant documents shall be surrendered to the Company.

＿＿＿＿＿＿＿＿保险有限公司

＿＿＿＿＿＿＿＿（英文名称）

赔款偿付地点

Claim payable at＿＿＿＿＿＿＿＿

出单公司地址

Address of Issuing Office＿＿＿＿＿＿＿＿

任务三　国际货运保险索赔与理赔实训

【实训任务】

1. 掌握国际货运保险理赔或索赔时注意事项
2. 理解国际货物运输理赔程序

【实训流程】

阅读投保单——分析货损原因——提出正确的理赔或索赔

【实训提示】

国际运输保险理赔索赔是指保险事故发生后，被保险人向保险人提出国际运输保险索赔请求，保险人予以受理并决定是否赔偿或如何赔偿的过程。

国际货运保险理赔或索赔时注意事项包括以下几个方面：

(1) 提供有力的证据，特别是在处理货物时能提供相关照片是强有力的证据。

(2) 收集重要资料，包括事件发生的日期、地点和真实情况。

(3) 如果是理赔，看是否有第三方的责任，比如负责运输的船公司以及陆上部分的运输承包公司、航空公司。

(4) 如果是索赔，自己必须自发地向所有直接或间接的有关公司或相关人士书面索赔，备案待查。

(5) 彻底调查是否为天灾还是人祸等，以便向有关公司或单位或人士索赔或理赔。

【实训案例】

请同学们根据表 5-3 投保单上的信息分小组讨论以下几个问题：

(1) 飞机起飞后遇到暴雨导致航班依次拖延，由此造成空运货物晚到，被保险人该如何理赔？

(2) 到达目的地后，发现货物丢失 2 包，被保险人该如何理赔？

表 5-3　　保险公司货物运输险投保单

APPLICATION FOR TRANSPORTATION INSURANCE

被保险人： Insured:	SHANGHAI PANYU TENGFEI TECHNOLOGY CO. LTD.

本保险单由投保人如实填写并签字，作为向本公司申请货物运输保险的依据。

<table>
<tr><td>请将保险货物项目、标记、数量及包装注明此上：
Please state items，marks，quantity and packing of cargo insured here above:
LED SCREEN
5 PACKAGES
285KGS
1.99CBM</td><td>请将投保的险别/条件注明如下：
Please state items、marks、quantity and packing of cargo insured hereabove：
All risks</td></tr>
<tr><td colspan="2">发票金额：Invoice Amount：USD13 300.00　　投保加成：Plus：110%　　保险金额：Amount Insured：USD14 630.00
装载运输工具及船名和船号：
Per Conveyance S.S.：CA 945/22
发票或提单号：
Invoice No.or B/L No. LHR 95093530　　开航日期：Slg. On of abt: 2019-10-15
自：From：SHANGHAI　　经：Via：　　至：TO：BUENOS AIRES
备注：
Remarks：</td></tr>
<tr><td colspan="2">投保人兹声明所填上述内容属实，对贵公司就货物运输保险条款及附加条款（包括责任免除部分）的说明已经了解，同意按照该条款投保货物运输保险。
电话：

投保人签章：　　地址：　　日期：</td></tr>
</table>

【项目实训练习】

一、 单选题

1. 下列班轮运输的特点中，哪一个除外（　　）。

   A. 船舶按照固定的船期表、沿着固定的航线和港口来往运输

   B. 只运输轻便货物

   C. 由船方负责装卸，装卸费包括在运费中

   D. 按相对固定的运费率收取运费

2. 天津某公司与美商签订进口合同，规定在旧金山的船上交货，应采用（　　）。

   A. FOB Tianjin　　B. FOB San Francisco

   C. FOB vessel San Francisco　　D. CIF San Francisco

3. 中国海运保险条款中的“一切险”与“伦敦保险协会货物保险条款”中的（　　）最相似。

A. ICC（A） B. ICC（B）

C. ICC（C） D. 以上都不是

4. 关于海洋运输的特点，下列说法中不正确的是（　　）。

A. 通过能力大 B. 速度快

C. 运量大 D. 运费低

5. 某公司出口一批货物到日本，CIF 发票总金额为 100 万元人民币，如果按发票金额的 110%投保一切险和战争险，保险费是（　　）。（注：一切险的保险费率为 0.3%，战争险的费率为 0.04%）

A. 3 400 B. 3 740

C. 1 000 D. 37 400

6. 在国际货物运输中，对需要进行拼箱处理的货物，由承运人在（　　）负责将不同托运人的货物装入一个集装箱内。

A. 集装箱堆场 B. 集装箱货运站

C. 发货人仓库 D. 码头

7. 在海运提单的收货人栏内有“order”字样的提单称为（　　）。

A. 记名提单 B. 不记名提单

C. 指示提单 D. 直运提单

8. 根据中国人民保险公司海上货物运输保险条款的规定，在三种基本险别中就保险公司承担的风险责任范围从大至小排列，下列排列顺序中正确的是（　　）。

A. 平安险>一切险>水渍险 B. 水渍险>一切险>平安险

C. 一切险>水渍险>平安险 D. 一切险>平安险>水渍险

9. 根据《国际贸易术语解释通则》，以离岸价格成交的买方应承担相应的责任。依照本规定，不属于买方承担责任的买方应当（　　）。

A. 取得进口国的有关文件，办理进口手续，按照合同规定支付货款

B. 自负费用签订运输合同，承担自货物越过船舷后的一切风险及费用并支付进口国的各种费用

C. 按合同规定的日期在指定装运港将货物装上指定的船舶

D. 通知卖方船舶装货地点和所要求的交货时间

10. 按照《国际贸易术语解释通则》，表示“主运费已付”的一组术语是（　　）。

A. E 组　　　　B. F 组

C. C 组　　　　D. D 组

二、 案例分析

1. 合同签订后，公司收到买方来信，说合同规定的目的港经常发生动乱，要求我方在办理保险时加保战争险。

（1）对此，我公司应如何处理？

（2）这批货物运抵目的港后，我方接到买方支付货款的通知，声明：因货物在运输途中躲避风暴而增加的运费已代我公司支付给船公司，故此，所付的货款中已将此项费用扣除。对此，我公司应如何处理？

2. 一批从西班牙马德里经北京中转到济南的货物，货运单号 777-89783442，1 件 80 千克，航班 XY767/21MAY，在北京货物完好，但从北京运到终点站济南时发现货物完全受损，货物没有声明价值，货物价值 CNY40 000。

（1）该货物赔偿按照国际运输还是国内运输？为什么？

（2）航空公司应赔偿多少？

附　录

附录一　外贸进出口单据样本

1. 进出口合同

AIGE IMPORT & EXPORT COMPANY

ROOM 2501, JIAFA MANSION, BEIJING WEST ROAD, SHANGHAI 200001, P.R.CHINA

SALES CONFIRMATION

Messrs:	RIQING EXPORT AND IMPORT COMPANY P.O.BOX 1589, NAGOYA, JAPAN	**No.**	contract01
		Date:	2018-08-29

Dear Sirs,

We are pleased to confirm our sale of the following goods on the terms and conditions set forth below;

Choice	Product No.	Description	Quantity	Unit	Unit Price	Amount
			[FOB]	[Shanghai,China]		
○	01006	CANNED LITCHIS 850Gx24TINS/CTN	1000	CARTONS	JPY 1200	JPY1200000
		Total:	1000	CARTONS		[JPY][1200000]

Say Total: JPY ONE MILLION TWO HUNDRED THOUSAND ONLY

Payment:	L/C　AT SIGHT
Packing:	850Gx24TINS/CTN
Port of Shipment:	Shanghai,China
Port of Destination:	Nagoya,Japan
Shipment:	Shipment in [September] By vessel 20' CONTAINER × [1]
Shipping Mark:	RIQINGCO CONTRACT01 NAGOYA 1/1000
Quality:	AS PER SAMPLE SUBMITTED BY SELLER.
Insurance:	TO BE COVERED BY THE BUYER.
Documents:	1. Signed commercial invoice in 1 original and 3 copies . 2. Full set of clean on board Bills of Lading made out to order and blank endorsed, marked "freight to collect". 3. Packing List Memo in 1 original and 3 copies indicating quantity, gross and weights of each package. 4. Certificate of Quantity/Weight in 1 original and 3 copies . 5. Certificate of Quality in 1 original and 3 copies . 6. Certificate of phytosanitary in 1 original and 3 copies . 7. Health Certificate in 1 original and 3 copies . 8. Certificate of Origin Form A in 1 original and 3 copies .

Any dispute arising from or in connection with this Contract shall be submitted to Pocib International Economic and Trade Arbitration Commission for arbitration which shall be conducted in accordance with the PIETAC's arbitration rules in effect at the time of applying for arbitration.The arbitral award is final and binding upon both parties.

BUYERS	SELLERS
日清进出口贸易公司 RIQING EXPORT AND IMPORT COMPANY CHUANBEN (Manager Signature)	艾格进出口贸易公司 AIGE IMPORT & EXPORT COMPANY AIGE ZHANG (Manager Signature)

2. 商业发票

ISSUER

AIGE IMPORT & EXPORT COMPANY
ROOM 2501, JIAFA MANSION, BEIJING WEST ROAD, SHANGHAI 200001, P.R.CHINA

商业发票
COMMERCIAL INVOICE

TO

RIQING EXPORT AND IMPORT COMPANY
P.O.BOX 1589, NAGOYA, JAPAN

NO.	**DATE**
IV0000066	2018-08-29
S/C NO.	**L/C NO.**
contract01	002/0000025

TERMS OF PAYMENT

L/C AT SIGHT

TRANSPORT DETAILS

From SHANGHAI,CHINA to NAGOYA,JAPAN on September 1, 2018 By Vessel.

Choice	Marks and Numbers	Description of goods	Quantity	Unit Price	Amount
				[FOB SHANGHAI,CHINA]	
○	RIQINGCO CONTRACT01 NAGOYA 1/1000	CANNED LITCHIS 850Gx24TINS/CTN	1000 CARTONS	JPY 1200	JPY 1200000
		Total:	[1000][CARTON]		[JPY][1200000]

SAY TOTAL: JPY ONE MILLION TWO HUNDRED THOUSAND ONLY

艾格进出口贸易公司
AIGE IMPORT & EXPORT COMPANY
AIGE ZHANG

3. 装箱单

ISSUER AIGE IMPORT & EXPORT COMPANY ROOM 2501, JIAFA MANSION, BEIJING WEST ROAD, SHANGHAI 200001, P.R.CHINA	**PL0000020** 装箱单 PACKING LIST	
TO RIQING EXPORT AND IMPORT COMPANY P.O.BOX 1589, NAGOYA, JAPAN	**INVOICE NO.** IV0000068	**DATE** 2018-08-29

Choice	Marks and Numbers	Description of goods	Package	G.W	N.W	Meas.
○	RIQINGCO CONTRACT01 NAGOYA 1/1000	CANNED LITCHIS 850Gx24TINS/CTN	1000 CARTONS	22440 KGS	20400 KGS	22.588 CBM
		Total:	[1000] [CARTONS]	[22440] [KGS]	[20400] [KGS]	[22.588] [CBM]

SAY TOTAL: ONE THOUSAND CARTONS ONLY

艾格进出口贸易公司
AIGE IMPORT & EXPORT COMPANY
AIGE ZHANG

4. 国际海运货物委托书

INSTRUCTION FOR CARGO BY SEA

国际海运货物委托书

SHIPPER(发货人):	AIGE IMPORT & EXPORT COMPANY	TEL	
ADDRESS(地址):	ROOM 2501, JIAFA MANSION, BEIJING WEST ROAD, SHANGHAI 200001, P.R.CHINA		
DATE(日期):	2018-09-01		
CONSIGNEE(收货人):	TO ORDER	TEL	
ADDRESS(地址):			
ALSO NOTIFY(通知人):	RIQING EXPORT AND IMPORT COMPANY	TEL	
ADDRESS(地址):	P.O.BOX 1589, NAGOYA, JAPAN		
PORT OF LOADING(装运港):	SHANGHAI,CHINA	PORT OF DESTINATION(目的港)	NAGOYA,JAPAN
OCEAN VESSEL(船名):			

Choice	DESCRIPTION OF GOODS 货物名称及描述	MARKS & NUMBERS 唛头	NO.OF PACKAGE 件数	GROSS WEIGHT/KG 毛重	NET WEIGHT/KG 净重	Meas. 体积
○	CANNED LITCHIS 850Gx24TINS/CTN	RIQINGCO CONTRACT01 NAGOYA 1/1000	1000 CARTONS	22440 KGS	20400 KGS	22.588 CBM

[添 加][修 改][删 除]

TOTAL:	[1000] [CARTONS]	[22440] [KGS]	[20400] [KGS]	[22.588] [CBM]

RETE AGREED运费协议	SPECIAL INSTRUCTIONS 特别附注
☑ 货柜	
☐ 拼箱	

柜形 及 数量			
	☑ 20' CONTAINER X 1	☐ 40' CONTAINER X	☐ 40' HQ X
	☐ 20' REEFER X	☐ 40' REEFER X	☐ 40' REEFER HIGH
	☐ 20' Platform X	☐ 40' Platform X	
	☐ 20' Car X	☐ 40' Car X	

IMPORTANT-Please indicate freight payment by whom.	FREIGHT (运费)	☐ PREPAID ☑ COLLECT

DOCUMENT 文件单据:	INVOICE发票#:	IV0000066
	PACKING LIST装箱单#:	PL0000060

CONSIGNOR'S DETAIL委托人资料

CONSIGNOR'S NAME &ADDERSS (公司名称及地址)	AIGE IMPORT & EXPORT COMPANY ROOM 2501, JIAFA MANSION, BEIJING WEST ROAD, SHANGHAI 200001, P.R.CHINA	INSTRUCTION BY:(经手人) SIGNED & CHOPPED: 签 字 及 盖 章	AIGE ZHANG

5. 国际空运货物委托书

INSTRUCTION FOR CARGO BY AIR

国际空运货物委托书

SHIPPER(发货人):	German Sebastian EX&IM Commerce Co., Ltd	TEL	49-3-932-3588
ADDRESS(地址):	NO.110，Kurfurstendamm，berlin，Germany		
DATE(日期):	2018-08-31		
CONSIGNEE(收货人):	Symbol Import and Export Company	TEL	631-324-4939
ADDRESS(地址):	No.388, Atlantic Ave. Brooklyn,New York,America		
ALSO NOTIFY(通知人):	Symbol Import and Export Company	TEL	631-324-4939
ADDRESS(地址):	No.388, Atlantic Ave. Brooklyn,New York,America		
FLIGHT DATE(航班日期):	2018-08-31	FREIGHT (运费)	☑ PREPAID ☐ COLLECT
AIRPORT OF DEPARTURE (始发站)	HAMBURG,GERMANY	AIRPORT OF DESTINATION (到达站)	NEW YORK,AMERICA

Choice	DESCRIPTION OF GOODS 货物名称及描述	MARKS & NUMBERS 唛头	NO.OF PACKAGE 件数	GROSS WEIGHT/KG 毛重	NET WEIGHT/KG 净重	Meas. 体积
○	24K Gold Pendant Necklace 24K Pure gold, Gold Weight: 9.50g, Length: 40CM, Packaging: 1pc/box, 10boxes/carton	SYMBOLCO CONTRACT01 NEW YORK 1/100	100 CARTONS	22 KGS	9.5 KGS	0.125 CBM

[添 加][修 改][删 除]

TOTAL:	[100]	[22]	[9.5]	[0.125]
	[CARTONS]	[KGS]	[KGS]	[CBM]

CONSIGNOR'S NAME &ADDERSS (公司名称及地址)	German Sebastian EX&IM Commerce Co., Ltd. NO.110，Kurfurstendamm，berlin，Germany	INSTRUCTION BY：(经手人) SIGNED & CHOPPED：签 字 及 盖 章	Roderich

6. 出境货物检验检疫申请

出境货物检验检疫申请

申请单位（加盖公章）：艾格进出口贸易公司　　　　*编　号 EC0000001

申请单位登记号：3200000015　联系人：张艾格　　电话：86-21-23501213　　申请日期：2019年 7 月 29 日

发货人	（中文）	艾格进出口贸易公司
	（外文）	AIGE IMPORT & EXPORT COMPANY
收货人	（中文）	
	（外文）	RIQING EXPORT AND IMPORT COMPANY

货物名称（中/外文）	H.S.编码	产地	数/重量	货物总值	包装种类及数量
长毛绒熊猫 PLUSH PANDA	9503002100	中国	5000 个	USD 90000	500 纸箱

运输工具名称号码	COSCO NAPOL	贸易方式	一般贸易	货物存放地点	SHANGHAI,CH
合同号	contract01	信用证号	002/0000001	用途	
发货日期	2019-07-29	输往国家(地区)	日本	许可证／审批号	
启运地	上海	到达口岸	名古屋	生产单位注册号	
集装箱规格、数量及号码	40' CONTAINER X 2				

合同、信用证订立的检验检疫条款或特殊要求	标记及号码	随附单据（划"√"或补填）	
	RIQINGCO CONTRACT01 NAGOYA 1/500	☑合同 ☑信用证 ☑发票 ☑装箱单 ☐厂检单 ☐包装性能结果单	☐许可/审批文件 ☐报检委托书 ☐其他单据 ☐ ☐

需要证单名称（划"√"或补填）		*检验检疫费	
☑品质证书 1 正 3 副 ☐重量证书 正 副 ☐数量证书 正 副 ☐兽医卫生证书 正 副 ☐健康证书 正 副 ☐卫生证书 正 副 ☐动物卫生证书 正 副	☐植物检疫证书 正 副 ☐熏蒸/消毒证书 正 副 ☐ ☐ ☐ ☐	总金额（人民币元）	
		计费人	
		收费人	

	领取证单	
申请人郑重声明： 1、本人被授权申请检验检疫。 2. 上列填写内容正确属实，货物无伪造或冒用他人的厂名、标志、认证标志，并承担货物质量责任。 签名：张艾格	日期	
	签名	

注：有"*"号栏由海关填写

7. 一般原产地证明书

ORIGINAL

1.Exporter

German Sebastian EX&IM Commerce Co., Ltd.
NO.110，Kurfurstendamm，berlin，Germany

Certificate No. GZ0000018

CERTIFICATE OF ORIGIN

2.Consignee

Symbol Import and Export Company
No.388, Atlantic Ave. Brooklyn,New York,America

3.Means of transport and route

FROM HAMBURG TO NEW YORK BY AIR.

5.For certifying authority use only

4.Country / region of destination

America

6.Marks and numbers	7.Number and kind of packages；description of goods	8.H.S.Code	9.Quantity	10.Number and date of invoices
SYMBOLCO CONTRACT01 NEW YORK 1/100	ONE HUNDRED (100) CARTONS OF 24K Gold Pendant Necklace 24K Pure gold, Gold Weight: 9.50g, Length: 40CM, Packaging: 1pc/box, 10boxes/carton	7113191990	1000 PCS	IV0000075 AUG 31,2018

11.Declaration by the exporter

The undersigned hereby declares that the above details and statements are correct, that all the goods were produced in China and that they comply with the Rules of Origin of the People's Republic of China.

德国赛巴斯进出口贸易公司
German Sebastian EX&IM Commerce Co., Ltd.
Roderich

Place and date, signature and stamp of authorized signatory

12.Certification

It is hereby certified that the declaration by the exporter is correct.

国际贸易促进委员会
单据证明专用章
COUNCIL FOR THE PROMOTION
OF INTERNATIONAL TRADE

Place and date, signature and stamp of certifying authority

8. 普惠制原产地证明书（格式 A）

ORIGINAL

1.Goods consigned from (Exporter's business name, address, country)

Russia Yisi Import and Export Trade Company
No.88 Nevsky Avenue,St.Petersburg,Russia

Reference No. GP/000/0003

GENERALIZED SYSTEM OF PREFERENCES
CERTIFICATE OF ORIGIN
(Combined declaration and certificate)

FORM A

2.Goods consigned to (Consignee's name, address, country)

South Africa Xinyuan Import and Export Trading Company
No.90 United Street,Capetown,South Africa

3.Means of transport and route (as far as known)

From St.Petersburg,Russia to Capetown,South Africa on July 30, 2018 By Vessel.

4.For official use

5.Item number	6.Marks and numbers of packages	7.Number and kind of packages; description of goods	8.Origin criterion (see Notes overleaf)	9.Gross weight or other quantity	10.Number and date of invoices
1	XINYUANCO 0001 Capetown 1/1000	ONE THOUSAND (1000) CARTONS OF CANNED TOMATO PASTE 2200GX6TINS/CTN,BRIX:18-20%	"P"	1000cartons	IV0000004 July 24,2018

11.Certification

It is hereby certified, on the basis of control carried out, that the declaration by the exporter is correct.

验讫章

Place and date, signature and stamp of certifying authority

12.Declaration by the exporter

The undersigned hereby declares that the above details and statements are correct, that all the goods were

produced in Russia
(country)

and that th[illegible]d for those goods in the Generalized System of Preferences for goods exported to

俄罗斯奕思进出口贸易有限公司
Russia Yisi Import and Export Trade Company

South Africa
(importing country)

Colby

Place and date, signature and stamp of authorized signatory

9. 货物运输保险投保单

货物运输险投保单

APPLICATION FOR CARGO TRANSPORTATION INSURANCE

投保单号：MI0001931

注意：请您在保险人明确说明本投保单及适用保险条款后，如实填写本投保单，您所填写的材料将构成签订保险合同的要约，成为保险人核保并签发保险单的依据。除双方另有约定外，保险人签发保险单且投保人向保险人缴清保险费后，保险人开始按约定的险种承保货物运输保险。

投保人 Applicant	RIQING EXPORT AND IMPORT COMPANY				
投保人地址 Applicant' s Add	P.O.BOX 1589, NAGOYA, JAPAN			邮编 Code	197-0804
联系人 Contact	CHUANBEN	电话 Tel.	81-3-932-3588	电子邮箱 E-mail	
被保险人 Insured	RIQING EXPORT AND IMPORT COMPANY			电话 Tel.	
贸易合同号 Contract No.	contract01	信用证号 L/C No.	002/0000398	发票号 Invoice No.	IV0000066

标记 Marks & Nos.	包装及数量 Packing & quantity	保险货物项目 Description of goods
RIQINGCO CONTRACT01 NAGOYA 1/1000	1000 CARTONS	CANNED LITCHIS

装载运输工具：Name of the Carrier TBA	
起运日期：Departure Date 2018-08-29	赔付地点：Claims Payable At JAPAN

航行路线：自 Route From SHANGHAI,CHINA 经 Via ________ 到达（目的地）To(destination) NAGOYA, JAPAN

包装方式：________

运输方式：________

承保条件 投保人可根据投保意向选择投保险别及条款，并划 √ 确认，但保险人承保的险别及适用条款以保险人最终确定并在保险单上列明的险种、条款为准。

Conditions：

进出口海洋运输：☑一切险 ☐水渍险 ☐平安险 （《海洋运输货物保险条款》）

☐ICC(A) ☐ICC(B) ☐ICC(C) （《伦敦协会条款》）

进出口航空运输：☐航空运输险 ☐航空运输一切险 （《航空运输货物保险条款》）

进出口陆上运输：☐陆运险 ☐陆运一切险 （《陆上运输货物保险条款》）

特殊附加险：☑战争险 ☑罢工险

特别约定Special Conditions：

1、加成 Value Plus About 110 %

2、CIF金额 CIF value ________ 3、保险金额 Insured Value ________

4、费率（‰） Rate ________ 5、保险费 Premium ________

投保人声明：

1. 本人填写本投保单之前，保险人已经就本投保单及适用的保险条款的内容，尤其是关于保险人免除责任的条款及投保人和被保险人义务条款向本人作了明确说明，本人对该保险条款及保险条件已完全了解，并同意接受保险条款的约束。

2. 本投保单所填写事项内容均属事实，同意以本投保单作为保险人签发保险单的依据。

3. 保险合同自保险单签发之日起成立。

投保人签字（盖章） RIQING EXPORT AND IMPORT COMPANY 日期 2018-08-29

10. 出口货物报关单

出口货物报关单

预录入编号：　020000032　　　　海关编号：　　　　　　　　　页码/页数：

境内发货人 澳大利亚爱美嘉进出口贸易有限公司 913320010001249490	出境关别 墨尔本海关	出口日期 2018-08-20	申报日期 2018-08-20	备案号
境外收货人 Brian Trading Company	运输方式 江海运输	运输工具名称及航次号 TBA 002T	提运单号	
生产销售单位 澳大利亚爱美嘉进出口贸易有限公司 913320010001249490	监管方式 一般贸易(0110)	征免性质 一般征税(101)	许可证号	
合同协议号 0001	贸易国(地区) 巴西(410)	运抵国(地区) 巴西(410)	指运港 里约热内卢(2762)	离境口岸 墨尔本(3242)

包装种类 纸箱	件数 1000	毛重(千克) 22440	净重(千克) 20400	成交方式 CIF	运费 [502]/[1577]/[3]	保费 [601]/[140.3]/[3]	杂费 [ ]/[ ]/[ ]

随附单据及编码

标记唛码及备注　BRIANCO
0001
Rio De Janeiro
1/1000

项号	商品编号	商品名称及规格型号	数量及单位	单价	总价	币制	原产国(地区)	最终目的国(地区)	境内货源地	征免
1	2008991000	荔枝罐头 每箱24听，每听850克	1000 箱	15	15000	美元 (502)	澳大利亚(601)	巴西(410)	墨尔本(3242)	照章征税

报关人员　　报关人员证号　　电话　　兹申明对以上内容承担如实申报、依法纳税之法律责任 申报单位　澳大利亚爱美嘉进出口贸易有限公司 913320010001249490　　申报单位（签章）	海关批注及签章

11. 托收委托书

托收委托书
COLLECTION ORDER

致：中国银行　　　　　　　　　　　　　　　　日期：2017-08-31

托收行（Remitting Bank）:	代收行（Collecting Bank）:
中国银行 上海市人民大道170号	名称：THE BANK of TOKYO-MITSUBISHI, LTD. 地址：2-10-22 Kayato Bldg 4F, Akebonocho Tachikawa Shi, Tokyo

委托人（Principal）：	付款人（Drawee）：
艾格进出口贸易公司 中国上海市北京西路嘉发大厦2501室 86-21-23501213	名称：RIQING EXPORT AND IMPORT COMPANY 地址：P.O.BOX 1589, NAGOYA, JAPAN 电话：81-3-932-3588

付款交单 D/P（ ）　　承兑交单D/A（√）	国外费用承担人：☑付款人　☐委托人
发票号码：IV0002161	国内费用承担人：☐付款人　☑委托人
金额：[JPY　][4950000　]	

单据种类	汇票	商业发票	海运提单	航空运单	保险单	装箱单	数量重量证书	健康证	植物检疫证书	品质证书	原产地证	普惠制产地证			
份数	4	4	4		4	4						4			

付款指示：

请将收汇款原币划入我司下列账上：

开户行：　中国银行　　　　　　　　　　帐号：61010000198601

联系人姓名：张艾格

电话：　86-21-23501213　　　传真：86-21-23500633　　　　公司签章

12. 汇票

BILL OF EXCHANGE

No. S0001184 Dated 2017-09-01

Exchange for JPY 1200000

At ---- Sight of this FIRST of Exchange

(Second of exchange being unpaid)

Pay to the Order of BANK OF CHINA

the sum of JPY ONE MILLION TWO HUNDRED THOUSAND ONLY

Drawn under L/C No. 002/0000025 Dated 2017-09-01

Issued by THE BANK of TOKYO-MITSUBISHI, LTD.

To THE BANK of TOKYO-MITSUBISHI
LTD.2-10-22 2-10-22 Kayato Bldg 4F, Akebonocho
Tachikawa Shi, Tokyo

艾格进出口贸易公司
AIGE IMPORT & EXPORT COMPANY
AIGE IMPORT & EXPORT COMPANY
AIGE ZHANG

(Authorized Signature)

13. 信用证通知书

中国银行

BANK OF CHINA

170 People Avenue, Shanghai, China

FAX:86-21-52896599

信 用 证 通 知 书

NOTIFICATION OF DOCUMENTARY CREDIT

日期: 190729

TO 致: AIGE IMPORT & EXPORT COMPANY ROOM 2501, JIAFA MANSION, BEIJING WEST ROAD, SHANGHAI 200001, P.R.CHINA		WHEN CORRESPOND NG PLEASE QUOTE OUT REF NO.	AD94001A40576
ISSUING BANK开证行 THE BANK OF TOKYO-MITSUBISHI, LTD.		TRANSMITTED TO US THROUGH 转递行 REF NO.	
L/C NO.信用证号 002/0000001	DATED 开证日期 20190729	AMOUNT 金额 USD 108000	EXPIRY PLACE 有效地 RIQING EXPORT AND IMPORT C(
EXPIRY DATE 有效期 20190830	TENOR 期限	CHARGE 未付费用	CHARGE BY 费用承担人 BENE
RECEIVED VIA 来证方式 SWIFT	AVAILABLE 是否生效 VALID	TEST/SIGN 印押是否相符 YES	CONFIRM 我行是否保兑 NO

DEAR SIRS 敬启者:
WE HAVE PLEASURE IN ADVISING YOU THAT WE HAVE RECEIVED FROM THE A/M BANK A(N) **LETTER OF CREDIT**, CONTENTS OF WHICH ARE AS PER ATTACHED SHEET(S).
THIS ADVICE AND THE ATTACHED SHEET(S) MUST ACCOMPANY THE RELATIVE DOCUMENTS WHEN PRESENTED FOR NEGOTIATION.
兹通知贵公司，我行收自上述银行信用证一份，现随附通知。贵司交单时，请将本通知书及信用证一并提示。

REMARK备注:
PLEASE NOTE THAT THIS ADVICE DOES NOT CONSTITUTE OUR CONFIRMATION OF THE ABOVE L/C NOR DOES IT CONVEY ANY ENGAGEMENT OR OBLIGATION ON OUT PART.

THIS L/C CONSISTS OF SHEET(S), INCLUDING THE COVERING LETTER AND ATTACHMENT(S).
本信用证连同面函及附件共 纸。

IF YOU FIND ANY TERMS AND CONDITIONS IN THE L/C WHICH YOU ARE UNABLE TO COMPLY WITH AND OR ANY ERROR(S), IT IS SUGGESTED THAT YOU CONTACT APPLICANT DIRECTLY FOR NECESSARY AMENDMENT(S) SO AS TO AVOID AND DIFFICULTIES WHICH MAY ARISE WHEN DOCUMENTS ARE PRESENED.
如本信用证中有无法办到的条款及/或错误，请迳与开证申请人联系，进行必要的修改，以排除交单时可能发生的问题。

THIS L/C IS ADVISED SUBJECT TO ICC UCP PUBLICATION NO.600.
本信用证之通知系遵循国际商会跟单信用证统一惯例第600号出版物办理。

此证如有任何问题及疑虑，请与结算业务部审证科联络，电话：86-21-52896588

YOURS FAITHFULL
FOR 中国银行

14. 信用证修改通知书

东京三菱银行

THE BANK OF TOKYO-MITSUBISHI

2-10-22 Kayato Bldg 4F, Akebonocho Tachikawa Shi, Tokyo

FAX:81-3-932-1099

信 用 证 修 改 通 知 书

NOTIFICATION OF AMENDMENT TO DOCUMENTARY CREDIT

日期:170519

TO 致: Tokyo Sakura Furniture Co., Ltd. Jingshen 56rd, Kobe, Japan		WHEN CORRESPOND NG PLEASE QUOTE OUT REF NO.	AD94001A40576
ISSUING BANK开证行 Banque Nationale de Paris		TRANSMITTED TO US THROUGH 转递行 REF NO.	
L/C NO. 信用证号 002/0000095	DATED 开证日期 20170516	AMOUNT 金额 USD	EXPIRY PLACE 有效地 JAPAN
EXPIRY DATE 有效期 20170616	TENOR 期限 SIGHT	CHARGE 未付费用	CHARGE BY 费用承担人 BENE
RECEIVED VIA 修改方式 SWIFT	AVAILABLE 修改是否生效 VALID	TEST/SIGN 印押是否相符 YES	CONFIRM 我行是否保兑修改 NO
AMEND NO 修改次数 1	AMEND DATE 修改日期 20170518	INCREASE AMT 增额	DECREASE AMT 减额

DEAR SIRS 敬启者:
WE HAVE PLEASURE IN ADVISING YOU THAT WE HAVE RECEIVED FROM THE A/M BANK A(N) AMENDMENT TO THE CAPTIONED L/C, CONTENTS OF WHICH ARE AS PER ATTACHED SHEET(S).
兹通知贵公司，我行收自上述银行收到修改一份，内容见附件。
THIS AMENDMENT SHOULD BE ATTACHED TO THE CAPTIONED L/C ADVISED BY US, OTNER WISE, THE BENEFICIARY WILL BE RESPONSIBLE FOR ANY CONSEQUENCES ARISING THERFORM.
本修改须附于有关信用证，否则，贵公司须对因此而产生的后果承担责任。

REMARK备注:

THIS AMENDMENT CONSISTS OF SHEET(S), INCLUDING THE COVERING LETTER AND ATTACHMENT(S).
本修改连同面函及附件共纸。
KINDLY TAKE NOTE THAT THE PARTIAL ACCEPTANCE OF THE AMENDMENT IS NOT ALLOWED.
本修改不能部分接受。
THIS AMENDMENT IS ADVISED SUBJECT TO LCC UCP PUBLICATION NO. 600.
本修改之通知系遵循国际商会跟单信用证统一惯例第600号出版物办理。

此证如有任何问题及疑虑，请与结算业务部审证科联络，电话: 81-3-932-1098

东京三菱银行

YOURS FAITHFULL
FOR 东京三菱银行
通知专用章

15. 配舱回单

国际货运代理有限公司

INTERNATIONAL TRANSPORT CO., LTD

To: AIGE IMPORT & EXPORT COMPANY

Date: 2019-08-15

Port of Discharge(目的港): NAGOYA,JAPAN

Country of Discharge(目的国): Japan

Container(集装箱种类): 40' CONTAINER X 1

Ocean Vessel(船名): COSCO NAPOL

Voy.No.(航次): 002T

Place of Delivery(货物存放地): SHANGHAI,CHINA CY

16. 品质检验证书

ENTRY-EXIT INSPECTION AND QUARANTINE

正 本
ORIGINAL

编号No.: 1010000002

QUALITY INSPECTION CERTIFICATE

发货人 Consignor: Russia Yisi Import and Export Trade Company

收货人 Consignee: South Africa Xinyuan Import and Export Trading Company

品名 Description of Goods: CANNED TOMATO PASTE	标记及号码 Mark & No. XINYUANCO 0001 Capetown 1/1000
报检数量/重量 Quantity/Weight Declared: -1000-箱S/-13200-KGS(N.W.)	
包装种类及数量 Number and Type of Packages: -1000-/纸箱S	
运输工具 Means of Conveyance: COSCO NAPOL	

检验结果：
RESULTS OF INSPECTION:

IN ACCORDANCE WITH THE RELEVANT STANDARD, THE REPRESENTATIVE SAMPLE WERE DRAWN AT RONDOM AND INSPECTED WITH RESULTS AS FOLLOWS:

OF NORMAL QUALITY

THE QUALITY OF THE GOODS IS IN CONFORMITY WITH THE RELEVANT REQUIREMENTS.

印章 Official Stamp

签证地点 Place of Issue St.Petersburg,Russia 签证日期 Date of Issue Jul.24,2018

授权签字人 Authorized Officer GUODAYE 签 名 Signature 郭达业

[illegible]上述检验，不能因我们签发本证书而免除卖方或其他方面根据合同和法律所承担的产品质量责任和其他责任。 All inspections are carried out conscientiously to the best of our knowledge and ability. This certificate does not in any respect absolve the seller and other related parties from his contractual and legal obligations especially when product quality is concerned.

17. 植物检疫证书

ENTRY-EXIT INSPECTION AND QUARANTINE

正 本
ORIGINAL

编号No.： 1040000002

植 物 检 疫 证 书
PHYTOSANITARY CERTIFICATE

发货人名称及地址
Name and Address of Consignor: Russia Yisi Import and Export Trade Company

收货人名称及地址
Name and Address of Consignee: Russia Yisi Import and Export Trade Company

品名
Description of Goods: CANNED TOMATO PASTE

植物学名
Botanical Name of Plants:

报检数量
Quantity Declared: -1000-箱S/-13200-KGS(N.W.)

包装种类及数量
Number and Type of Packages: -1000-/纸箱S

产地
Place of Origin: Russia

到达口岸
Port of Destination: Capetown

标记及号码
Mark & No.:
XINYUANCO
0001
Capetown
1/1000

运输工具
Means of Conveyance: COSCO NAPOL

检验日期
Date of Inspection: Jul.24,2018

兹证明上述植物、植物产品或其他检疫物已经按照规定程序进行检查和/或检验，被认为不带有输入国或地区规定的检疫性有害生物，并且基本不带有其他的有害生物，因而符合输入国或地区现行的植物检疫要求。

This is to certify that the plants, plant products or other regulated articles described above have been inspected and/or tested according to appropriate procedures and are considered to be free from quarantine pests specified by the importing country/region, and practically free from other injurious pests; and that they are considered to conform with the current phytosanitary requirements of the importing country/region.

杀虫和/或灭菌处理 DISINFESTATION AND/OR DESINFECTION TREATMENT

日期
Date: ********

药剂及浓度
Chemical and Concentration: ********

处理方法
Treatment: ********

持续时间及温度
Duration and Temperature: ********

附加声明 ADDITIONAL DECLARATION

印章
Official Stamp

签证地点 Place of Issue: St.Petersburg,Russia

签证日期 Date of Issue: Jul.24,2018

授权签字人 Authorized Officer: GUODAYE

签 名 Signature: 郭达业

[illegible]检验，不能因我们签发本证书而免除卖方或其他方面根据合同和法律所承担的产品质量责任和其他责任。 All inspections are carried out conscientiously to the best of our knowledge and ability. This certificate does not in any respect absolve the seller and other related parties from his contractual and legal obligations especially when product quality is concerned.

18. 数量/重量证书

ENTRY-EXIT INSPECTION AND QUARANTINE

正 本
ORIGINAL

编号No.： PI0000002

INSPECTION CERTIFICATE OF QUANTITY AND WEIGHT

发货人 Consignor: Russia Yisi Import and Export Trade Company

收货人 Consignee: South Africa Xinyuan Import and Export Trading Company

品名 Description of Goods: CANNED TOMATO PASTE	标记及号码 Mark & No. XINYUANCO 0001 Capetown 1/1000
报检数量/重量 Quantity/Weight Declared: -1000-箱S/-13200-KGS(N.W.)	
包装种类及数量 Number and Type of Packages: -1000-/纸箱	
运输工具 Means of Conveyance: COSCO NAPOL	

检验结果：
RESULTS OF INSPECTION:

QUANTITY:
-1000-/纸箱

WEIGHT:

THE REPRESENTATIVE CARTONS WERE DRAWN AT RANDOM FROM THIS LOT OF GOODS AND WEIGHED ON TESTED SCALES. ON THE BASIS OF THE WEIGHT OBTAINED, THE TOTAL WEIGHT OF THE WHOLE LOT WAS CALCULATED AS FOLLOWS:

GROSS WT: -14200-KGS(G.W.)
NET WT: -13200-KGS(G.W.)

印章 Official Stamp

签证地点 Place of Issue: St.Petersburg,Russia　签证日期 Date of Issue: Jul.24,2018

授权签字人 Authorized Officer: GUODAYE　签名 Signature: 郭达业

我们已[illegible]实施上述检验，不能因我们签发本证书而免除卖方或其他方面根据合同和法律所承担的产品质量责任和其他责任。 All inspections are carried out conscientiously to the best of our knowledge and ability. This certificate does not in any respect absolve the seller and other related parties from his contractual and legal obligations especially when product quality is concerned.

19. 货物运输保险单

货物运输保险单
CARGO TRANSPORTATION INSURANCE POLICY

发票号(INVOICE NO.) IV0001972

合同号(CONTRACT NO.) contract02　　　　保单号次

信用证号(L/C NO.) 002/0000398　　　　POLICY NO. 1030001629

被保险人

INSURED: RIQING EXPORT AND IMPORT COMPANY

本公司根据被保险人的要求，由被保险人向本公司缴付约定的保险费，按照本保险单承保险别和背面所载条款与下列特款承保下述货物运输保险，特立本保险单。

THE COMPANY IN ACCORDANCE WITH THE REQUIREMENTS OF THE INSURED BY THE INSURED TO THE COMPANY AGREED TO PAY THE PREMIUMS, IN ACCORDANCE WITH THE INSURANCE COVERAGE AND ON THE BACK OF THE FOLLOWING TERMS AND CONDITIONS CONTAINED IN THE SPECIAL SECTION COVER THE CARRIAGE OF GOODS BY INSURANCE, OF THE INSURANCE TRINIDAD SINGLE.

标记 MARKS&NOS	包装及数量 QUANTITY	保险货物项目 DESCRIPTION OF GOODS	保险金额 AMOUNT INSURED
RIQINGCO CONTRACT01 NAGOYA 1/1000	CARTONS	CANNED LITCHIS	JPY 1366855.00

总保险金额

TOTAL AMOUNT INSURED: 壹佰叁拾陆万陆仟捌佰伍拾伍日元整

保费　　　　　　　　　　　　启运日期　　　　　　　　　　　　装载运输工具

PERMIUM: JPY 10934.84　　DATE OF COMMENCEMENT: 2018-06-24　　PER CONVEYANCE: TBA

自　　　　　　　　　　　　经　　　　　　　　　　　　至

FROM: SHANGHAI,CHINA　　VIA:　　TO: NAGOYA,JAPAN

承保险别

CONDITIONS:

COVERING ALL RISKS, OCEAN MARINE CARGO CLAUSES.

所保货物，如发生保险单项下可能引起索赔的损失或损坏，应立即通知本公司下述代理人查勘。如有索赔，应向本公司提交保单正本(本保险单共有3份正本)及有关文件。如一份正本已用于索赔，其余正本自动失效。

IN THE EVENT OF LOSS OR DAMAGE WITCH MAY RESULT IN A CLAIM UNDER THIS POLICY, IMMEDIATE NOTICE MUST BE GIVEN TO THE COMPANY' S AGENT AS MENTIONED HEREUNDER. CLAIMS,IF ANY,ONE OF THE ORIGINAL POLICY WHICH HAS BEEN ISSUED IN 3 ORIGINAL(S) TOGETHER WITH THE RELEVENT DOCUMENTS SHALL BE SURRENDERED TO THE COMPANY . IF ONE OF THE ORIGINAL POLICY HAS BEEN ACCOMPLISHED. THE OTHERS TO BE VOID.

国际保险公司

INTERNATIONAL INSURANCE COMPANY

赔款偿付地点

CLAIM PAYABLE AT　JAPAN

出单日期

ISSUING DATE　August 31th,2018

20. 海运提单

1. Shipper Insert Name, Address and Phone AUSTRALIA AIMEIJIA IMPORT AND EXPORT TRADE COMPANY No.212,syden ave,syden,Australia		B/L No. COBL0000016
2. Consignee Insert Name, Address and Phone TO ORDER		国际货运有限公司 INTERNATIONAL TRANSPORTATION CO.,LTD. ORIGINAL Port-to-Port or Combined Transport BILL OF LADING
3. Notify Party Insert Name, Address and Phone (It is agreed that no responsibility shall attach to the Carrier or his agents for failure to notify) Brian Trading Company No.99 Queen Street Rio Brazil		RECEIVED in external apparent good order and condition except as other-Wise noted. The toTALSW number of packages or unites stuffed in the container,The description of the goods and the weights shown in this Bill of Lading are Furnished by the Merchants, and which the carrier has no reasonable means Of checking and is not a part of this Bill of Lading contract. The carrier has Issued the number of Bills of Lading stated below, all of this tenor and date, One of the original Bills of Lading must be surrendered and endorsed or sig-Ned against the delivery of the shipment and whereupon any other original Bills of Lading shall be void. The Merchants agree to be bound by the terms And conditions of this Bill of Lading as if each had personally signed this Bill of Lading. SEE clause 4 on the back of this Bill of Lading (Terms continued on the back Hereof, please read carefully). *Applicable Only When Document Used as a Combined Transport Bill of Lading.
4. Combined Transport* Pre - carriage by	5. Combined Transport* Place of Receipt	
6. Ocean Vessel Voy. No. TBA 002T	7. Port of Loading Melbourne,Australia	
8. Port of Discharge Rio De Janeiro,Brazil	9. Combined Transport* Place of Delivery	

Marks & Nos. Container / Seal No.	No. of Containers or Packages	Description of Goods (If Dangerous Goods, See Clause 20)	Gross Weight Kgs	Measurement
BRIANCO 0001 Rio De Janeiro 1/1000	1000CARTONS	CANNED LITCHIS 850Gx24TINS/CTN FRIGHT PREPAID	22440KGS	22.588CBM
		Description of Contents for Shipper's Use Only (Not part of This B/L Contract)		

10. ToTALSW Number of containers and/or packages (in words)
Subject to Clause 7 Limitation

11. Freight & Charges	Revenue Tons	Rate	Per	Prepaid	Collect
Declared Value Charge					

Ex. Rate:	Prepaid at	Payable at	Place and date of issue Melbourne,Australia 2018-08-21
	Total Prepaid	No. of Original B(s)/L 3/3	Signed for the Carrier, 国际货运有限公司

LADEN ON BOARD THE VESSEL

DATE 2018-08-21 BY

INTERNATIONAL TRANSPORTATION CO.,LTD.

21. 信用证开证申请书

IRREVOCABLE DOCUMENTARY CREDIT APPLICATION

TO: THE BANK of TOKYO-MITSUBISHI, LTD. **DATE:** 2018-08-29

[x] Issue by airmail [ ] With brief advice by teletransmission
[ ] Issue by express delivery
[ ] Issue by teletransmission (which shall be the operative instrument)

Credit NO.

Date and place of expiry [20180931] [china]

Applicant
RIQING EXPORT AND IMPORT COMPANY
P.O.BOX 1589, NAGOYA, JAPAN

Beneficiary (Full name and address)
AIGE IMPORT & EXPORT COMPANY
ROOM 2501, JIAFA MANSION, BEIJING WEST ROAD, SHANGHAI
200001, P.R.CHINA

Advising Bank
BANK OF CHINA
170 People Avenue, Shanghai, China

Amount
[JPY][1200000]
JPY ONE MILLION TWO HUNDRED THOUSAND ONLY

Parital shipments
[x] allowed [ ] not allowed

Transhipment
[x] allowed [ ] not allowed

Credit available with
ANY BANK IN CHINA
By
[x] sight payment [ ] acceptance [ ] negotiation
[ ] deferred payment at select
against the documents detailed herein
[ ] and beneficiary's draft(s) for 100 % of invoice value
at select sight
drawn on ISSUE BANK

Loading on board/dispatch/taking in charge at/from
SHANGHAI,CHINA
not later than 20180901
For transportation to：NAGOYA,JAPAN

[x] FOB [ ] CFR [ ] CIF
[ ] or other terms

Documents required: (marked with X)

1.(×) Signed commercial invoice in 1 original(s) and 3 copy(copies) indicating L/C No. and Contract No. contract01 .

2.(×) Full set of clean on board Bills of Lading made out to order and blank endorsed, marked "freight [×]to collect / [ ] prepaid [ ] showing freight amount" notifying THE Applicant .

( ) Clean Air Waybill consigned to ,marked "freight [ ] to collect/[ ] prepaid " notifying .

3.( ) Insurance Policy/Certificate in original(s) and copy(copies) for % of the invoice value showing claims payable in in currency of the draft, blank endorsed, covering .

4.(×) Packing List Memo in 1 original(s) and 3 copy(copies) indicating quantity, gross and weights of each package.

5.(×) Certificate of Quantity/Weight in 1 original(s) and 3 copy(copies)

6.(×) Certificate of Quality in 1 original(s) and 3 copy(copies)

7.( ) Certificate of Origin in original(s) and copy(copies)

Other documents, if any

1.(×) Certificate of phytosanitary in 1 original(s) and 3 copy(copies)

2.(×) Health Certificate in 1 original(s) and 3 copy(copies)

3.(×) Certificate of Origin Form A in 1 original(s) and 3 copy(copies)

Description of goods:
01006
CANNED LITCHIS
850Gx24TINS/CTN
QUANTITY: 1000CARTONS
PRICE: JPY1200

Additional instructions:

1.(×) All banking charges outside the opening bank are for beneficiary's account.

2.(×) Documents must be presented within 7 days after date of issuance of the transport documents but within the validity of this credit.

3.(×) Third party as shipper is not acceptable, Short Form/Blank B/L is not acceptable.

4.(×) Both quantity and credit amount 5 % more or less are allowed.

5.( ) All documents must be forwarded in .

( ) Other terms, if any

22. 入境货物检验检疫申请

入境货物检验检疫申请

申请单位（加盖公章）： 日清进出口贸易公司　　　　*编　号 IC0000001

申请单位登记号： 3200[illegible]018　联系人： 川本一郎　电话： 81-3-932-3588　申请日期： 2019年 7 月 29 日

收货人	（中文）	日清进出口贸易公司	企业性质(划"√")	□ 合资 □ 合作 □ 外资
	（外文）	RIQING EXPORT AND IMPORT COMPANY		
发货人	（中文）	艾格进出口贸易公司		
	（外文）	AIGE IMPORT & EXPORT COMPANY		

货物名称（中/外文）	H.S.编码	原产国(地区)	数/重量	货物总值	包装种类及数量
长毛绒熊猫 PLUSH PANDA	9503002100	中国	5000个	usd90000	500纸箱

运输工具名称号码	COSCO NAPOL			合　同　号	contract01
贸易方式	一般贸易	贸易国别(地区)	中国	提单/运单号	COBL0000001
到货日期	2019-07-29	启运国家(地区)	中国	许可证/审批号	
卸毕日期	2019-07-31	启运口岸	上海	入境口岸	
索赔有效期至	2019-07-31	经停口岸		目的地	名古屋
集装箱规格、数量及号码					
合同订立的特殊条款以及其他要求				货物存放地点	
				用　途	

随附单据（划"√"或补填）		标记及号码	*外商投资财产(划"√")	□ 是 □ 否
☑合同	□到货通知	RIQINGCO	*检验检疫费	
☑发票	☑装箱单	CONTRACT01	总金额（人民币元）	
☑提/运单	□质保书	NAGOYA	计费人	
□兽医卫生证书	□理货清单	1/500	收费人	
□植物检疫证书	□磅码单			
□动物检疫证书	□验收报告			
□卫生证书	□无木质包装证明			
□原产地证	□报检委托书			
□许可/审批文件	□合格保证			

申请人郑重声明： 1. 本人被授权申请检验检疫。 2. 上列填写内容正确属实。 签名： 川本一郎	领取证单	
	日期	
	签名	

注：有"*"号栏由海关填写

23. 进口货物报关单

进口货物报关单

预录入编号：　080000015　　　海关编号：　　　页码/页数：

境内收货人 巴西布莱恩贸易公司 913320010001249500	进境关别 里约热内卢海关	进口日期 2018-08-21	申报日期 2018-08-21	备案号
境外发货人 AUSTRALIA AIMEIJIA IMPORT AND EXPORT TRADE COMPANY	运输方式 江海运输	运输工具名称及航次号 TBA 002T	提运单号 COBL0000016	货物存放地点
消费使用单位 巴西布莱恩贸易公司 913320010001249500	监管方式 一般贸易(0110)	征免性质 一般征税(101)	许可证号	启运港 墨尔本(3242)
合同协议号 0001	贸易国(地区) 澳大利亚(601)	启运国(地区) 澳大利亚(601)	经停港 墨尔本(3242)	入境口岸 里约热内卢(2762)

包装种类	件数	毛重(千克)	净重(千克)	成交方式	运费	保费	杂费
纸箱	1000	22440	20400	CIF	[ ]/[ ]/[ ]	[ ]/[ ]/[ ]	[ ]/[ ]/[ ]

随附单据及编码

标记唛码及备注　BRIANCO
0001
Rio De Janeiro
1/1000

项号	商品编号	商品名称及规格型号	数量及单位	单价	总价	币制	原产国(地区)	最终目的国(地区)	境内目的地	征免
1	2008991000	荔枝罐头 每箱24听，每听850克	1000 箱	15	15000	美元 (502)	澳大利亚(601)	巴西(410)	里约热内卢 (2762)	照章征税

报关人员　　报关人员证号　　电话　　兹申明对以上内容承担如实申报、依法纳税之法律责任 申报单位　巴西布莱恩贸易公司 913320010001249500　　申报单位（签章）	海关批注及签章

24. 信用证

LETTER OF CREDIT

-- MESSAGE TEXT --

:27:SEQUENCE OF TOTAL
1/1
:40A:FORM OF DOCUMENTARY CREDIT
IRREVOCABLE
:20:DOCUMENTARY CREDIT NUMBER
002/0000026
:31C:DATE OF ISSUE
180829
:40E: APPLICABLE RULES
UCP LATEST VERSION
:31D:DATE AND PLACE OF EXPIRY
20180930 CHINA
:50:APPLICANT
RIQING EXPORT AND IMPORT COMPANY
P.O.BOX 1589, NAGOYA, JAPAN
:59:BENEFICIARY
AIGE IMPORT & EXPORT COMPANY
ROOM 2501, JIAFA MANSION, BEIJING WEST ROAD, SHANGHAI 200001, P.R.CHINA
:32B:CURRENCY CODE, AMOUNT
JPY 1200000,
:41D:AVAILABLE WITH BY
ANY BANK IN CHINA BY SIGHT PAYMENT
:42C:DRAFTS AT
:42A:DRAWEE
ISSUE BANK
:43P:PARTIAL SHIPMENTS
ALLOWED
:43T:TRANSHIPMENT
ALLOWED
:44E: PORT OF LOADING/AIRPORT OF DEPARTURE
SHANGHAI,CHINA
:44F: PORT OF DISCHARGE/AIRPORT OF DESTINATION
NAGOYA,JAPAN
:44C:LATEST DATE OF SHIPMENT
20180901
:45A:DESCRIPTION OF GOODS AND/OR SERVICES
01006
CANNED LITCHIS
850GX24TINS/CTN
QUANTITY: 1000CARTONS
PRICE: JPY1200
FOB SHANGHAI,CHINA
:46A:DOCUMENTS REQUIRED
+SIGNED COMMERCIAL INVOICE IN 1 ORAGINAL(S) AND 3 COPY(COPIES) INDICATING L/C NO. AND CONTRACT NO.SELL001
+FULL SET OF CLEAN ON BOARD BILLS OF LADING MADE OUT TO ORDER AND BLANK ENDORSED, MARKED "FREIGHT TO COLLECT" NOTIFYING THE APPLICANT.
+PACKING LIST MEMO IN 1 ORAGINAL(S) AND 3 COPY(COPIES) INDICATING QUANTITY, GROSS AND WEIGHTS OF EACH PACKAGE.
+CERTIFICATE OF QUANTITY/WEIGHT IN 1 ORAGINAL(S) AND 3 COPY(COPIES)
+CERTIFICATE OF QUALITY IN 1 ORAGINAL(S) AND 3 COPY(COPIES)
+CERTIFICATE OF PHYTOSANITARY IN 1 ORAGINAL(S) AND 3 COPY(COPIES)
+HEALTH CERTIFICATE IN 1 ORAGINAL(S) AND 3 COPY(COPIES)
+CERTIFICATE OF ORIGIN FORM A IN 1 ORAGINAL(S) AND 3 COPY(COPIES)
:47A:ADDITIONAL CONDITIONS
THIRD PARTY AS SHIPPER IS NOT ACCEPTABLE, SHORT FORM/BLANK BACK B/L IS NOT ACCEPTABLE.
BOTH QUANTITY AND CREDIT AMOUNT 5% MORE OR LESS ARE ALLOWED.
:71B:CHARGES
ALL BANKING CHARGES OUTSIDE THE OPENING BANK ARE FOR BENEFICIARY'S ACCOUNT.
:48:PERIOD FOR PRESENTATION
DOCUMENTS MUST BE PRESENTED WITHIN 7 DAYS AFTER DATE OF ISSUANCE OF THE TRANSPORT DOCUMENTS BUT WITHIN THE VALIDITY OF THIS CREDIT.
:49:CONFIRMATION INSTRUCTIONS
WITHOUT
:57D:ADVISE THROUGH BANK
BANK OF CHINA
170 PEOPLE AVENUE, SHANGHAI, CHINA

25. 海关进口增值税专用缴款书

海关进口增值税专用缴款书

收入系统: 税务系统　　填发日期: 2019-07-30　　号码 NO.:220020191080000001-L01

收款单位	收入机关	中央金库			缴款单位（人）	名　称	日清进出口贸易公司
	科　目	进口增值税	预算级次	中央		帐　号	
	收款国库	东京三菱银行				开户银行	

税号	货物名称	数量	单位	完税价格	税率%	税款金额
9503002100	长毛绒熊猫	5000	个	7396720.00	13.00	961573.60
金额	(大写) 玖拾陆万壹仟伍佰柒拾叁日元陆拾钱				合计	961573.60

申请单位编号	2200000018	报关单编号	080000001	填制单位	收款国库(银行)
合同(批文)号	contract01	运输工具(号)	COSCO NAPOL 002T		东京三菱银行 20190730 转讫
缴款期限	2019-08-14前	提/装货单号	COBO0000001		
备注	一般贸易(0110) 一般征税(101) 2019-07-27 国标代码:32010300000018 USD　0.0125 961573.60			制单人 复核人	

从填发缴款书之日起限15日内缴纳(期末遇星期六，星期日或法定节假日顺延)，逾期按日加收税款总额万分之五的滞纳金。

26. 海关进口消费税专用缴款书

海关进口消费税专用缴款书

收入系统: 海关系统　　填发日期: 2019-06-26　　号码 NO.:220020101080001880-Y01

收款单位	收入机关	中央金库			缴款单位（人）	名　称	日清进出口贸易公司
	科　目	进口消费税	预算级次	中央		帐　号	
	收款国库	东京三菱银行				开户银行	

税号	货物名称	数量	单位	完税价格	税率%	税款金额
7116200000	黄翡茶壶	20	件	2185846.76	10.00	242871.86
金额	(大写) 贰拾肆万贰仟捌佰柒拾壹日元捌拾陆钱				合计	242871.86

申请单位编号	2200001988	报关单编号	080001880	填制单位	收款国库(银行)
合同(批文)号	CONTRACT03	运输工具(号)	CZ3103		
缴款期限	2019-07-11前	提/装货单号			
备注	一般贸易(0110) 一般征税(101) 2019-06-23 国标代码:320103100001988 JPY　1.0000 242871.86			制单人 复核人	253645

从填发缴款书之日起限15日内缴纳(期末遇星期六，星期日或法定节假日顺延)，逾期按日加收税款总额万分之五的滞纳金。

27. 海关进口关税专用缴款书

海关进口关税专用缴款书

收入系统: 海关系统　　填发日期: 2019-07-30　　号码 NO.:220020191080000001-A01

收款单位	收入机关	中央金库			缴款单位（人） 名 称	日清进出口贸易公司
	科 目	进口关税	预算级次	中央	帐 号	
	收款国库	东京三菱银行			开户银行	

税号	货物名称	数量	单位	完税价格	税率%	税款金额
9503002100	长毛绒熊猫	5000	个	7396720.00	0.00	0.00
金额 （大写）零日元整					合计	0.00

申请单位编号	2200000018	报关单编号	080000001	填制单位	收款国库(银行)
合同(批文)号	contract01	运输工具(号)	COSCO NAPOL 002T		东京三菱银行 20190730 转 讫 253645
缴款期限	2019-08-14前	提/装货单号	COBO0000001		
备注	一般贸易(0110) 一般征税(101) 2019-07-27 国标代码:32010300000018 USD 0.0125 0.00			制单人 复核人	

从填发缴款书之日起限15日内缴纳(期末遇星期六，星期日或法定节假日顺延)，逾期按日加收税款总额万分之五的滞纳金。

附录二　全球各大船运公司简介及航线分布

序号	中文简称	英文简称	简介	航线
1	马士基航运	MSK	马士基航运全称 A. P. 穆勒——马士基，全球五百强集团，总部设在丹麦首都哥本哈根，全球航线覆盖面广泛，船期准确，到港时间可准确到每小时	北欧、英国、地中海、北美（东岸、西岸）
2	法国达飞	CMA	1978 年 Jacques R. Saade 创建法国达飞轮船公司（CMA），首次开创南欧至黎巴嫩，叙利亚的班轮航线	欧洲基本港、欧洲内陆点、地中海、非洲（北非、西非、南非）
3	地中海航运	MSC	MSC 的全称是地中海航运公司（Mediterranean Shipping Company S. A），总部位于瑞士日内瓦。MSC 于 1970 年建立，业务网络遍布世界各地	欧洲、地中海、黑海、非洲、中东航线为主

续表

序号	中文简称	英文简称	简介	航线
4	长荣海运	EMC	Evergreen——长荣海运服务网络遍布全球 80 多个国家，服务点多达 240 余处，所经营的远、近洋全货柜定期航线涵盖全球五大区块	北美航线、加勒比海地区、地中海；中南美、南美东、台湾、克罗地亚，欧洲一些内陆点比较全
5	韩进海运	HJ	韩进海运成立于 1977 年，成立时名为韩进集装箱班轮有限公司。 1988 年，与大韩商船合并后，正式更名为韩进海运有限公司。 目前，韩进海运已成为全球第七大集装箱班轮运输公司	航线分布，西北欧、地中海,拉斯配几亚直挂，美线（最佳优势航线）
6	商船三井	MOL	MOL 公司在中国有 130 年的船运经验。 全称为：株式会社商船三井，曾经也被缩写为：MOSK	覆盖航线，中东、澳洲、北美、南美、非洲
7	以星船运	ZIM	以星船运(ZIM)有 60 种以上的周次服务，180 个停靠港口快速过闸，端对端多式服务，服务直达五大洲，全方位物流服务，在亚洲、美洲和欧洲拥有最先进的服务中心，地区性服务网络遍布全世界	加勒比海、柬埔寨的金边．东南亚、以色列、西非 TINCAN、美东、加拿大、地东
8	太平船务	PIL	太平船务有限公司（PIL）由张允中先生于 1967 公司成立初期首次年在新加坡成立。 从 83 年才开始接集装箱运输。 那时中国的港口还未正式对外开放，但太平船务已有定期的客轮及货轮挂靠中国各港口，从中国运输货物至东南亚、中东及东非等港口	中国各大港口达到东非、西非、红海、欧洲、红海以及南美地区的海洋运输
9	美国总统轮船	APL	APL 全称 AMERICAN PRESIDENT LINES 美国总统轮船原来是一家有 150 年历史的美国船公司，后来在 97 年的时候给 NOL（东方海皇）吞并，但还是用 APL 的牌子	中东、澳洲、北美、南美，美线（最强）

续表

序号	中文简称	英文简称	简介	航线
10	东方海外	OOCL	东方海外货柜航运有限公司(OOCL)，即香港联交所上市公司的全资附属公司为世界最具规模之综合国际货柜运输、物流及码头公司之一。 其子公司东方海外物流(OOCL Logistics)原名“伟达联运”	日本、东南亚、北美、中东。近洋线比较强

附录二剩余内容

附录三　船级社和世界知名租箱公司

部分知名船级社简介

序号	中文名称	英文简称	英文全称	简介
1	英国劳氏船级社	LR	Lloyd's Register of Shipping	世界上成立最早的一个船级社，其机构庞大，历史较长，在世界船舶界享有盛名，是国际公认的船舶界权威认证机构，在军工、工程等方面也颇有名气
2	德国劳氏船级社	GL	Germanischer Lloyd	成立于 1867 年，是世界最大和历史最悠久的船级社之一，也是世界头号所有种类集装箱船级社，全球有超过 30%的集装箱船队和近乎半数的新造集装箱经德国劳埃德船级社认证
3	挪威船级社	DNV	DET NORSKE VERITAS	成立于 1864 年，总部位于挪威首都奥斯陆，是一家全球领先的专业风险管理服务机构，以“捍卫生命与财产安全，保护环境”为宗旨的独立基金组织
4	法国船级社	BV	Bureau Veritas	法国船级社（必维国际检验集团、法国国际检验局、法国国际检验集团、法国国际验船协会），Bureau Veritas，简称 BV，1828 年成立，总部位于法国巴黎，是国际船级社协会 12 个正式成员之一，世界领先的检验认证集团之一

续表

序号	中文名称	英文简称	英文全称	简介
5	美国船级社	ABS	American Bureau of Shipping	成立于1862年，属非政府组织，主要致力于为公共利益和客户需求服务，通过开发和验证海洋相关设施的设计、建造和操作标准，保护人命、财产和自然环境的安全
6	中国船级社	CCS	China Classification Society	成立于1956年，总部设在北京。中国船级社作为交通部直属事业单位，实行企业化管理。中国船级社是国家的船舶技术检验机构，是中国唯一从事船舶入级检验业务的专业机构，也是国际船级社协会的正式会员
7	意大利船级社	RINA	Registro Italiano Navale	1861年成立于热那亚，由一群船东和海上保险商发起成立，至今已有150多年的历史，是世界上最老的船级社之一，也是国际船级社协会（IACS）的创建者之一。经过140多年的发展，意大利船级社的业务范围不断扩大

部分世界知名租箱公司

序号	租箱公司名称	中文译名（所在国）	箱主代号
1	Abac Transport Ltd	阿巴克运输公司（英国）	ABAU
2	Alcon Conainers BV	阿尔康集装箱公司（荷兰）	ALNU
3	Amficon-Amphibious Container Leasing Ltd	安菲康水陆联运租箱公司（英国）	AMFU，HYDU
4	Anglo Saxon Containers Ltd	盎格鲁撒克逊集装箱公司（英国）	ASKU
5	Arocon(Marine)Ltd	阿罗康海运公司（英国）	ARQU
6	Australian Reefer Leasing	澳大利亚冷藏箱租箱公司（澳大利亚）	RLAU
7	Aztec Leasing	阿兹台克租箱公司（加拿大）	ZTEU
8	Barrons Leasing Co Ltd	巴伦租箱公司（香港）	BARU
9	Bond Internantional(US) Ltd	邦德国际（美国）公司（美国）	BONU
10	Brambles Container Services Ltd	黑莓集装箱服务公司（澳大利亚）	CHSU，BILU

附录三剩余内容

附录四　常用航运和租船英语缩略词

序号	缩略词	英文全称	中文
1	AAAA	Always afloat，always accessible	永远漂浮，可接近
2	AAR	Against all risks	针对所有风险
3	ABS	American Bureau of Shipping	美国船级社
4	ABT	About	大约
5	ACC	Acceptance/Accepted	接受
6	ACCDG	According to	根据
7	ACCT	Account	账目，因为
8	ACOL	After completion of loading	装货结束后
9	ADDCOM	Address commission	回扣佣金
10	ADV	Advise	告知

附录四剩余内容

参考文献

［1］孙明．国际货运代理实务：第4版［M］．上海：同济大学出版社，2020.

［2］陆建兵．“外贸新常态”背景下的国际货运代理业发展对策探索［J］．产业与科技论坛，2018（08）：16、17.

［3］魏文杰．货代企业服务效率提升策略：业务流程重组［J］．经营管理者，2017（28）：80.

［4］郑了．关于我国国际货运代理向现代物流转型的研究［J］．环渤海经济瞭望，2017（10）：24.

［5］李鸿媛，张镒，向嘉欣．“一带一路”背景下铁路货运代理企业的发展战略分析［J］．企业科技与发展，2017（06）：10-14.

［6］李立明．货代高手教你做货代——货代笔记：第2版［M］．北京：对外经济贸易大学出版社，2020.

［7］李立明．国际货运代理实务精讲［M］．北京：对外经济贸易大学出版社，2020.

［8］范思远．小型国际货运代理X公司的发展战略研究［D］．北京：北京邮电大学，2018.

［9］陈志红．国际货运代理实务［M］．北京：人民教育出版社，2019.

［10］杨国梁，张妍．国际货运代理实务［M］．广州：中国财富出版社，2019.

［11］吴敬祥．基于物流场景的货运大数据服务［J］．中国物流与采购，2018（14）：39.

［12］王明严．国际货运代理实务［M］．北京：北京师范大学出版社，2019.

［13］杨鹏强．国际货运代理操作实务：第2版［M］．北京：中国海关出版社，2019.

［14］夏成钢，陆乾山．基于工作过程为导向的国际物流与货运代理课程教学内容设计［J］．企业科技与发展，2017（05）：122-124.

［15］郭琳．高职创新创业教育融入国际贸易专业教学改革的路径研究［J］．科技风，2018（07）：27-30.

［16］张为群，李贤明．国际货运代理实务操作［M］．成都：西南财经大学出版社，2019.

［17］孙家庆，姚景芳．国际货运代理实务：第2版［M］．北京：中国人民大学出版社，2019.

［18］刘小卉．国际货运代理：第2版［M］．大连：大连理工大学出版社，2018.

［19］胡成琳．国际货运代理［M］．北京：中国人民大学出版社，2018.

［20］孙明贺．国际货运代理实务：第 2 版［M］．北京：科学出版社，2018.

［21］郭冬芬．国际物流与货运代理［M］．北京：北京师范大学出版社，2019.

［22］李凌．国际货运代理实务：第 3 版［M］．北京：对外经济贸易大学出版社，2018.

［23］肖林玲．网络经济下国际货运代理企业的战略选择［J］．现代企业，2019（06）：30.

［24］穆瑞远．浅谈 A 国际货运代理公司的业务发展研究［J］．中国商论，2018（03）：32.

［25］杨欣茹．国际货运代理实务操作［M］．北京：北京师范大学出版社，2018.

［26］：顾永才，高倩倩．国际物流与货运代理：第 3 版［M］．北京：首都经济贸易大学出版社，2018.

［27］汪志林，孙梦溪．国际货运代理实务［M］．武汉：华中科技大学出版社，2018.

［28］刘丽，吴文一．国际货运代理实务［M］．上海：上海财经大学出版社，2018.

［29］林旭明．D 公司国际货运代理业务策略选择研究［D］．广州：华南理工大学，2019.

［30］谢娟娟．对外贸易单证实务与操作［M］．北京：中国人民大学出版社，2017.

［31］林榕，吕亚君．外贸单证实务：微课版［M］．北京：人民邮电出版社，2019.

［32］黄敏．M 公司国际物流发展战略研究［D］．南宁：广西大学，2017.

中国轻工业“十四五”规划教材
普通高等教育一流本科专业建设成果教材

化工过程分析与合成

姚 月 王亚婷 贾原媛 著

中国轻工业出版社

图书在版编目（CIP）数据

化工过程分析与合成／姚月，王亚婷，贾原媛著．
北京：中国轻工业出版社，2025．7．——ISBN 978-7
-5184-5592-8

Ⅰ．TQ02

中国国家版本馆 CIP 数据核字第 20255PC132 号

责任编辑：杜宇芳　　责任终审：劳国强
文字编辑：武代群　　责任校对：吴大朋　　封面设计：锋尚设计
策划编辑：杜宇芳　　版式设计：致诚图文　　责任监印：张　可

出版发行：中国轻工业出版社（北京鲁谷东街 5 号，邮编：100040）
印　　刷：三河市万龙印装有限公司
经　　销：各地新华书店
版　　次：2025 年 7 月第 1 版第 1 次印刷
开　　本：787×1092　1／16　印张：12．75
字　　数：360 千字
书　　号：ISBN 978-7-5184-5592-8　定价：59．80 元
邮购电话：010-85119873
发行电话：010-85119832　010-85119912
网　　址：http://www.chlip.com.cn
Email：club@chlip.com.cn

230615J1X101ZBW

前　言

按照国家级一流本科专业建设“双万计划”和教育部工程教育专业认证标准要求，化工过程分析与合成是一门化学工程与工艺本科学生必修的专业核心课程。

一方面，加强综合能力培养、化学工程与工艺专业教学的实践性以及增强现代设计方法和工具的学习辅助作用，受到了教与学双方的广泛认可。本课程是对现有教学内容的整合，它面向典型的石油化工、精细化工等化工过程系统，培养学生综合运用化工原理、化学反应工程、分离工程与计算化工方法等知识，处理化工工艺选择、化工系统工程应用以及化工设计等实际问题的能力。另一方面，课程的本质是应用化工系统工程学实践性地解决化工生产问题，此方法是为解决复杂化学工程问题而生的一个科学方法，但是如果需要同时对化工问题本身，工艺过程进行建模，再加上工程、经济、环保和安全等方面的限制条件，无疑增加了化工系统工程学在过程分析与合成课程中的应用难度，并且会在很大程度上削弱课堂中学生的学习兴趣，让学生们误认为，化工过程分析与合成的内容就是求列和求解大型非线性稀疏方程和方程组。作为本专业的化工系统工程学课程，如果我们打开思路，面对上述问题，寻找对应方法，就会发现，求列和求解复杂数学问题恰巧是工程数学类计算机辅助软件要去做的事，能够将工程、经济、环保和安全方面的限制条件整合到化工背景的计算机工程数学中的软件就是化工流程模拟软件。故，综合考虑本课程特点和模拟软件的加入使得化工生产、化工设计计算能力大幅度提升的实际情况，化工过程分析与合成课程应该更多地增加系统工程学方法的应用性和可操作性，具体的做法应当包括将流程模拟软件求解典型化工生产问题加入到课程中来。

流程模拟软件包含的种类较多，目前在化工行业内部最被认可的是美国麻省理工学院开发，由先进化工模拟系统技术公司进行商业化发展的先进化工模拟系统（Aspen）软件，由于在国内和中石化等大型国有石油化工企业联系紧密，在一般性大化工和精细化工生产中被认为是能解决绝大多数流程问题的计算机辅助系统。在 2018 年以前，其各个版本中几乎所有的操作界面都是英文界面，所有的操作习惯也都和西方社会化工生产更加契合。近 5 年来，由于中国用户的不断增多，公司官网从提供中文补丁（2019 年）到最近相继问世的中文版本都要求国内化工行业中众多参考书目和内容相关的课程进行更新换代，以适应新技术应用带来的改变。可见，将汉化版先进化工模拟系统介绍给化工行业的准从业者们刻不容缓。

从学生培养和学生就业的角度看，流程模拟软件与化工过程、化工工艺进行结合已经是行业内的通行做法，很多本科毕业生在行业内找不到工作的原因其实很简单，那就是所学的内容已经跟不上化工行业发展的步伐。再加上本身对化工中间节点的重要化工产品的生产过程、工艺对比了解不够深入，更加凸显了对相关课程教学内容及时更新和跟进现代化工设计与生产方法的紧迫性。

本书由天津科技大学教师姚月、王亚婷、贾原媛著，参与编写的还有于小舟、廖小元。成稿后，由天津科技大学郝庆兰教授和常州大学刘平教授主审，对本书的质量提高有很大帮助，在此表示衷心感谢！同时，感谢天津市重点教改项目——基于完全学分制的面向未来人才培养模式研究与实践（A231005701）对本书的资助！

由于作者水平有限，书中难免有缺点和疏漏之处，恳请各位读者批评指正。

作者

2025 年 1 月

目　录

第一章　绪　　论

本专业中，在学习本门课程之前，一般是将反应过程、换热过程和分离过程拆分开学习，涉及分离、换热过程的课程有化工原理和分离工程，涉及反应过程的课程有化学反应工程等。化工过程分析与合成是将它们联系起来的一种方法，能对各类单元操作和反应器进行排列组合。如果再考虑到实际问题，实现工艺目标的路线一般不止一种，此时就涉及优化问题了，也就是需要找出综合成本最低的工艺路线。当然，现在流程模拟方法较为成熟，能够做化工过程的全流程模拟，寻求最优设计和操作值，用化工过程分析与合成的理念辅助完成化工设计，制作化工设计工艺包将是本门课程的学习下游应用之一。

第一节　化学工业产品

一、生产化工产品-化工过程分析

化工产品的生产是一项高度复杂的工作，一般认为它涉及化学反应，分离提纯以及换热；按生产顺序又可以认为其包括原料提纯等预处理、中间换热和输送、反应过程和产品精制等。一般地，以物料流股将这些过程和单元连接起来，也就构成了一套以生产某种或某些产品为目的的生产工艺流程。在工艺流程中，化工过程分析是以数学方法对化工过程系统的运行机制、过程模型和优化工况操作参数等进行认识和模拟计算。

（1）预处理过程

对化工原料的预处理是使得初始原料达到下一步流程所需要的状态和规格。例如，对固体原料如铁矿石或矿渣进行冶铁等下一步生产前，需要进行原料粉碎、筛选和除杂，以便提取矿物组分。对于液体原料如硫酸溶液，预处理可能要去除其中的杂质、水分等成分。还可以通过改变原材料的温度、压力等条件进行调整处理，从而确保原材料的纯度、稳定性和适应性，进而提高产品质量和生产效率，减少环境污染和原材料损失。

（2）换热和输送

化工生产流程中，着眼于各流股中的物流，一般需要按先后顺序进行单元操作，并适应各单元所需求的温度和压力等操作参数的要求。输送设备和换热器能进行物料在运转中的加热、冷却、压力变化和相态变化。满足这些换热要求的热量或冷量，可以来自工艺中的其他物料，也可以来自公用过程。这些过程中的换热设备与冷热物流也就构成了化工生产中的换热网络。一套合理的换热网络，恰恰可以做到充分回收整个系统中的热量或冷量，减少公用工程消耗，降低整体成本。

（3）反应过程

以催化反应过程、离子反应过程和生物化工反应过程为代表的化学反应过程被认为是石油化工、精细化工等化工生产流程的核心步骤。石油化工行业中的绝大多数化学反应都是在催化剂的催化作用下进行的。石油化工行业典型的催化反应过程如下。

① 催化裂化反应：是在高温和硅铝催化剂的作用下使重质油发生裂化反应，转变为裂化气、汽油和柴油等物质的过程。

② 异构化反应：是以铂-氧化铝或铂-分子筛为催化剂使正构烷烃异构化的过程。在石油炼厂中，它常用于将炼厂气中的正丁烷异构为异丁烷，作为石油烃烷基化原料；也用于正戊烷、正己烷的异构化以提高辛烷值。

③ 加氢裂化反应：在临氢条件下进行催化裂化，可抑制催化裂化时发生的脱氢缩合反应，避免焦炭的生成。环烷烃脱氢、烷烃脱氢环化、异构化、加氢裂化反应都是典型的催化重整过程。

催化重整是指在有催化剂作用的条件下，对汽油馏分中的烃类分子结构进行重新排列成新的分子结构的过程。

产品精制是根据产品中杂质的含量、性质及其他质量要求，产品精制的方法有化学精制、溶剂精制、吸附精制等。经过精制过程，使得产品达到性质及纯度等质量要求。

二、化工产品溯源-化工过程合成

化工过程合成面对的是对某种化工产品或某项生产任务进行生产单元以及生产过程的组合和优化，最终是要完成由反应、换热、输送、分离和控制参数等综合组成的系统性任务，所涉及基本的方法一般归结到化工系统工程（Chemical System Engineering）范畴。化工系统工程是将系统工程的理论和方法应用于化工过程领域的一门新兴的边缘学科，是化学工程的一个分支。它的基本内容是：从系统的整体目标出发，根据系统内部各个组成部分的特性及其相互关系，确定化工系统在规划、设计、控制和管理等方面的最优策略。例如，某大型石油化工企业对现有对苯二甲酸（PTA）生产装置进行升级改造，将原有每年300kt产能进行扩能至450kt，扩能设计中要求在达到产能的同时严格控制成本，降低能耗。这就是一个典型的化工生产中的过程合成问题，它需要用化工系统工程学的方法，对目标函数进行优化并求最优解。这类问题通常具有非线性、有约束条件、多变量的特点，可以借助工程数学算法以及计算机辅助工具进行求解。

第二节　化工过程生产

一、化工生产操作

化工生产操作针对生产工况的调节，也就是对反应、分离、换热等设备中物料和中间输送流股的温度、压力、流量和液位等涉及显示或自动控制等操作参数的调节。可以将化工生产操作按时间和操作难易程度大体分为三类。

第一类是早期的生产操作控制技术，对应的是相对小规模的化工生产过程，通常是单输入、单输出的简单回路控制，以及从简单回路控制发展而来的串级、前馈补偿等控制方案。其特点是控制是分散的，互相独立的，当某一控制回路出现故障，并不影响其他控制节点和回路，化工生产的可持续性相对容易控制。

第二类生产操作控制是针对大规模商品化的化工生产过程，其生产规模较大，通常会以年产万吨级产品作为设计产能或产量。为了避免较多控制回路需要相应的控制硬件多的缺点，适应巨型装置中控制生产操作参数众多的特点，将电子计算机引入化工生产操作中，进行了初步尝试。这种尝试起初是把各个控制回路的算法、控制和显示都集中于计算机来实现。虽然极大控制了硬件成本，也有利于分析和掌握整体的操作信息，能为实现最终工况调优和最优化提供了一定的有利条件。但是，这类控制是集中的，具有控制系统完全瘫痪的巨大风险。直到第三类生产操作控制方式，集散控制系统的出现，才从根本上避免这种问题。

二、集散控制系统

集散控制系统简称 DCS（Distributed Control System），也可直译为“分散控制系统”或“分布式计算机控制系统”。它是以计算机微处理器为基础，采用控制功能分散、显示操作集中、兼顾分而自治和综合协调的设计原则的第三代仪表控制系统，一经问世就在化工生产操作中展现出了能实现全局系统控制，同时克服上一代集中控制、系统危险集中的缺点。图 1-1 所示为原油常减压分离过程减压塔的集散控制系统的显示界面。

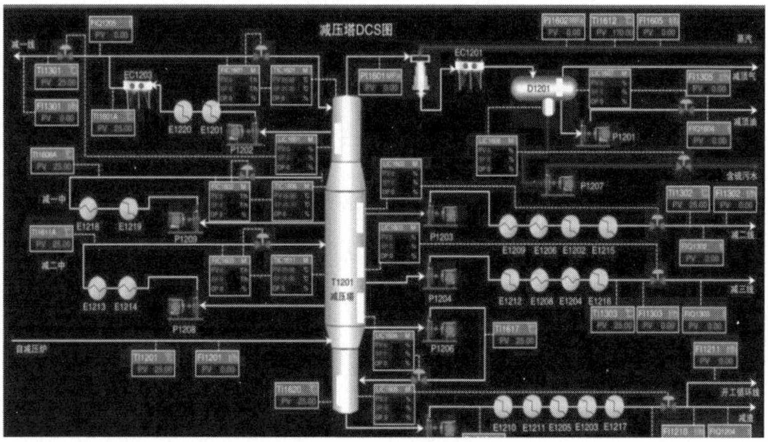

图 1-1 减压塔的集散控制系统的显示界面

我国化工行业，吉化公司合成氨装置在 1981 年引进并应用了第一套 DCS 系统。1982 年，石化企业的第一套 DCS 是由上海高桥石化公司炼油厂引进的，属于美国 Foxboro 公司的 Spectrum 系统，用于常减压装置生产控制。到目前为止，石油化工行业新建的大中型石化设备均采用集散控制系统，这已经成为业内共识。

经过艰苦的技术攻关，我国已经在包括石油化工行业的化工领域内，将集散控制方面与世界的这一方面之间的差距逐渐缩小。中国 DCS 市场已进入相对稳定和成熟的时期，且以中智深控制、和利时及中控技术为代表的本土厂商表现强势，由于 DCS 市场受众以大项目为主，存在规模效应，未来中国厂商极有可能将进一步替代国际厂商。截至 2022 年年底，化工及电力 DCS 应用国产率占比超过了 60%。

考虑到人工智能在集散控制中的应用，未来 DCS 各类物联感知数据可靠接入智能 DCS，同时无缝整合各类第三方系统如 PLC 等数据。智能 DCS 可对工业生产数据进行实时解析，快速提炼出生产过程的信息和知识；智能 DCS 可与底层设备和子系统联动，采用先进控制实现过程的精准稳定控制；智能 DCS 将进一步强化全厂一体化监控能力，进行统一数据展现、分析和指导。

三、人工智能在生产中的应用

人工智能（AI）是研究、开发用于模拟、延伸和扩展人的智能的理论、方法、技术及应用系统的一门新的技术科学。随着进一步发展，人工智能逐渐向增强或应用智能的形式转变。如今，人工智能理论和技术日益成熟，技术和应用程序的范围也不断扩大，广泛应用于医疗、自动化、游戏、过程控制等领域。在化工系统工程学范畴内的人工智能应用由两个主要部分组成，一个是专家系统，它是通过计算机模拟人分析和研究运用知识、逻辑，掌握逻辑规律，优选出与人的思维过程一致的结果。另一个是应用人工神经网络模型，主要是运用数学的计算逻辑，建立神经元模型，运用多层输入-输出关系模拟它们相互间传递信息的网络算法逻辑。

人工智能专家系统“指导”并优化化工设计和化工流程，过程模拟软件是设计研究和生产部门有力的辅助工具，可以将实际生产过程“投放”于计算机上，实施在线操作、动态调整，优化产品结构、装置的原料组成及操作条件，模拟增产高价值产品，提升装置运行经济效益和竞争能力，促进产业转型升级。

通过人工智能与制造业的融合发展，提升制造业数字化与智能化发展水平，可以进一步加速“制造”向“智造”的转变。工业和信息化部2022年度智能制造示范工厂揭榜单位和优秀场景名单中，有包括巨化股份、金宏气体、玲珑轮胎、赛轮轮胎、森麒麟等化工企业。人工智能、工业互联网、工业大数据是实现智能制造的技术和手段。运用人工智能、大数据、云计算这些新的智能化技术，可以帮助制造企业在替换一些低认知密集型劳动的同时，也能为生产过程中的质量稳定性控制和生产效能的优化带来提升。

第三节　化工过程流程模拟

利用计算机技术，在软件上模拟化工过程工艺流程，被称作化工流程模拟，这样的模拟软件叫作化工流程模拟软件。应用化工流程模拟软件可以进行化工过程工艺开发、设计和优化即计算机辅助工艺过程设计。大多数情况下，所提到的化工流程模拟系统均是指稳态模拟系统，这是因为，稳态模拟实际上是把化工生产过程中的各种因素都假设为不随时间变化而变化。然而，在实际工艺过程中，物料是以连续性的状态在流程中被加工和生产的，各种参数都是在随时间变化，是动态的，可以认为稳态模拟是对动态过程达到平衡状态的一种简化认识，它能够用来认识和获得流程中的各种设计和操作参数。

一、过程系统模拟软件

第一代工艺流程模拟软件是20世纪50年代末至60年代初由美国Kellogg公司开发的FLEXIBLE FLOWSHEET软件和由美国休斯敦大学开发的CHESS软件，这两款软件系统可以用于整个化工工艺流程的物料平衡计算，能量平衡计算，以及进行多方案横向对比。第二代工艺流程模拟软件是在20世纪70年代以后开发成功的，相比第一代在功能性和软件规模上均具有了较明显的进步，其中具有代表性的有美国Monsanto公司开发的FLOWTRAN，日本千代田工程株式会社开发的CAPES等。

第三代流程模拟软件系统被认为是在 20 世纪七八十年代美国麻省理工学院（MIT）开发的先进化工模拟系统（Advanced System For Process Engineering，Aspen）的一部分，并于 1981 年成立了 AspenTech 公司将其进行商业化运营。AspenTech 公司在随后的时间里又先后兼并了 20 多个在各行业中技术领先的公司（B-JAC International，Inc.、Dynamic Matrix Control Corporation、ICARUS Corporation、PIMS business group From Bechtel Corp.、Hyprotech Ltd. 等），成为过程工业提供从集散控制系统（DCS）到企业资源计划（ERP）全方位服务的公司。AspenONE™ 作为当前技术领先的产品将 AspenTech 公司的所有产品结合起来，其中含有 Aspen Plus、HYSYS 等 40 多个软件。

我国流程模拟软件应用和开发，相对起步较晚，但发展较快。最初是以引进技术应用为主，最早引进的流程模拟软件是 1978 年，一套合成氨工艺专用的流程模拟软件名为 GI-PS。而后在石化行业和精化品生产中，相继引进了 Aspen Plus、PRO/Ⅱ 等流程模拟软件系统。中石化等大型石油化工企业由于自身巨大的应用需求，所以对开发和应用流程模拟软件系统具有很强的动力，专门建立了石化盈科等技术服务型企业开发和跟进流程模拟相关的业务。我国首款向市场推出的商业型软件是青岛化工学院开发的 ECSS 软件系统（Engineering Chemical Simulation System）。另外，在 2018 年以前，以 Aspen 公司旗下流程模拟软件为代表的所有相关软件的操作界面都是英文界面，所有的操作习惯也都是和西方社会化工生产更加契合。由于中国用户的需求不断增多，公司官网从提供中文补丁（2019 年）到最近相继问世的更适合中国石油炼制、生产等技术特点的中文版本，都要求国内化工行业流程模拟相关的内容进行更新和换代，以适应新技术应用带来的改变。

二、Aspen Plus

Aspen Plus 是 1982 年 AspenTech 公司开发的化工流程模拟软件，它主要功能特点是具有丰富的物性数据库和单元模型库，强大的流程分析与优化功能；具有方便灵活的用户操作环境和专家指导系统；模拟计算以交互方式分析计算结果，可以按模拟要求修改数据，调整流程；提供了包括复制、粘贴等目标管理功能，能方便地处理复杂的流程图。Aspen Plus V14 执行初始布局界面如图 1-2 所示。

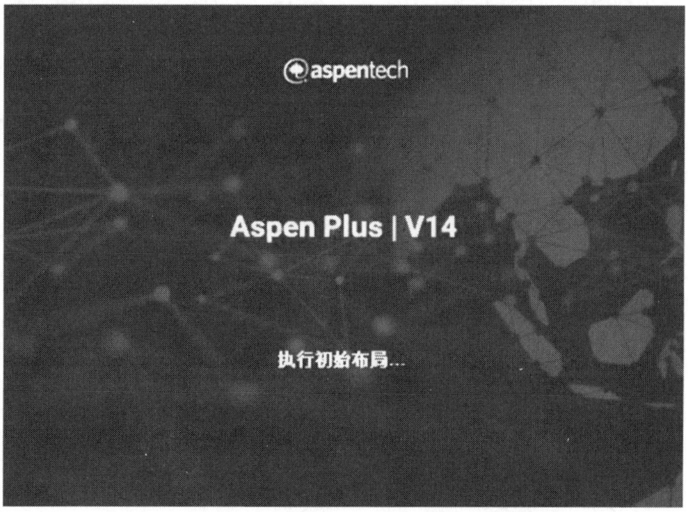

图 1-2 Aspen Plus V14 执行初始布局界面

Aspen Plus 一经问世，就因为其强大的数据库内容受到业界的关注，其自身具有超过 5000 个纯组分数据，包含 1773 种有机物、2450 种无机物、3314 种固体、900 多种水溶性电解质的基本物性参数。模拟时，可自动从数据库中调用并应用于传递和热力学性质的计算。其纯组分数据库经过进一步扩充至 50000 种以后，基本上能满足石化行业所有的流程模拟的数据需求。

流程模拟软件 Aspen Plus 实际应用需求如此强大的一个重要原因是，化工系统工程中以数学的方法，对工程问题进行建立的模型已经被软件分类集成进软件的单元操作模块中，用户只需要通过选取相应的模块和选择对应的热力学模型，即可完成化工系统工程方法中相对复杂的建模过程。例如，用于气相和液相处于理想状态的体系（如减压体系、低压下的同分异构体系），即可选用相应的反应和分离模块，同时选择 IDEAL 理想状态性质方法进行模拟。Aspen Plus 中有 50 多种单元操作模型，如混合、输送、换热、结晶、精馏和反应等。通过这些模块化模型的组合，能满足模拟用户所需的流程。例如，RADF-RAC：用于精馏、吸收、萃取精馏和共沸精馏的严格法模拟；RADFRAC：可以处理有双液相、固相以及带有化学反应和电化学反应的情况；PETROFRAC：可选用于炼油厂的预闪蒸塔、常减压塔、催化裂化主馏分塔和延迟焦化分馏塔等。各种反应过程：产率反应器（RYield）、化学计量反应器（RStoic）、化学平衡反应器（REquil）、基于 Gibbs 自由能最小化的平衡反应器（RGibbs）、连续搅拌槽式反应器（RCSTR）、活塞流反应器（RPlug）和间歇反应器（RBatch）。

除此之外，Aspen Plus 还具有可反馈的专家系统，帮助初学者和操作人员熟悉和完成模拟流程以及数据的比较和优化。以灵敏度分析为例，用户可以设置某一变量作为灵敏度分析变量，通过改变此变量的数值，可以模拟出变量数值变化对操作结果的影响程度，得到数值反馈和软件建议，优选数值初值，最终得到最优的模拟结果。

流程模拟解分离问题的计算与校核

第四节　化工过程相关能力及课程与思政要求

一、化工工艺设计的能力

随着化工过程系统工程学的发展，本课程倡导并讲授了用数学模型来描述化工过程和化工系统最优合成方法。由于一般化工工业生产过程所具有的连续性和可设计性特点，物料物流数据特征，反应过程数据特点，分离和换热过程的流程参数都可以作为工艺设计中可参考的重要数据来源。化工过程分析与合成的目的是得到高产、优质和低耗的化工生产流程，寻求工艺生产中设备和流程的合理配置方案，确定最优工况生产参数操作。在很多化工工艺设计类过程中，从业者们都认识到化工系统工程学的重要作用，提早完成对化工过程分析与合成的深入学习就很可能在化工工艺设计领域获得领先的地位。

二、化工生产的能力

本教材的目的是让学生们在学习了化工原理、化学反应工程、化工工艺学、化工热力学以及化工动力学等课程的基础之上，能够利用化工系统工程的方法，处理化工过程分析与合成的问题并掌握解决问题的方式。能为化工工艺设计提供理论基础和数据支持，也能为化工工业生产提供数值指导，完成闭环式的生产调节，为生产建模、诊断、综合、识别和控制等方面提供切实的改进和改造方案。

化工产品的生产是一项高度复杂的工作，一般认为它涉及化学反应，分离提纯以及换热；按生产顺序又可以认为包括原料提纯等预处理、中间换热和输送、反应过程和产品精制等。一般地，以物料流股将这些过程和单元连接起来，也就构成了一套以生产某种或某些产品为目的的生产工艺流程。在工艺流程中，化工过程分析是以数学方法对化工过程系统的运行机制、过程模型和优化工况操作参数等进行认识和模拟计算。化工过程合成面对的是对某种化工产品或某项生产任务进行生产单元以及生产过程的组合和优化，最终是要解决由反应、换热、输送、分离和控制参数等综合组成的系统性任务。它的基本内容是：从系统的整体目标出发，根据系统内部各个组成部分的特性及其相互关系，确定化工系统在规划、设计、控制和管理等方面的最优策略。

《化工过程分析与合成》是一门化学工程与工艺专业学生的必修专业核心课程。在学习《化工过程分析与合成》课程之前的学习一般是将反应过程、换热过程和分离过程拆分开，涉及分离、换热过程的课程有化工原理和分离工程，涉及反应过程的课程有化学反应工程等。化工过程分析与合成是将它们联系起来的一种方法，能将各类单元操作和反应器进行排列组合，如果再考虑到实际问题中，实现工艺目标的路线一般不止一种，此时就涉及优化问题了，也就是需要找出综合成本最低的工艺路线。当然，现在流程模拟方法较为成熟，能够做全流程模拟，寻求最优值，用化工过程分析与合成的理念辅助完成化工设计，制作化工设计工艺包。应用化工流程模拟软件可以进行化工过程工艺开发、设计和优化即计算机辅助工艺过程设计也是本课程要关注和教学的重要内容之一。

课程的教学特点和实际要求教学过程需要针对教学中的难点问题和课程思政要解决的痛点问题，采用多维度、多视角和多层次、多元化方法，切勿只采取“案例引入-知识讲解-总结激励”的单一模式，使得学生参与度低、体验感差；避免将社会责任和使命感、创新意识和辩证思维、爱岗敬业等思政元素强行融入，避免同一实例重复使用，需结合行业和教学动态更新和考核。具体的教学设计思路如图 1-3 所示。

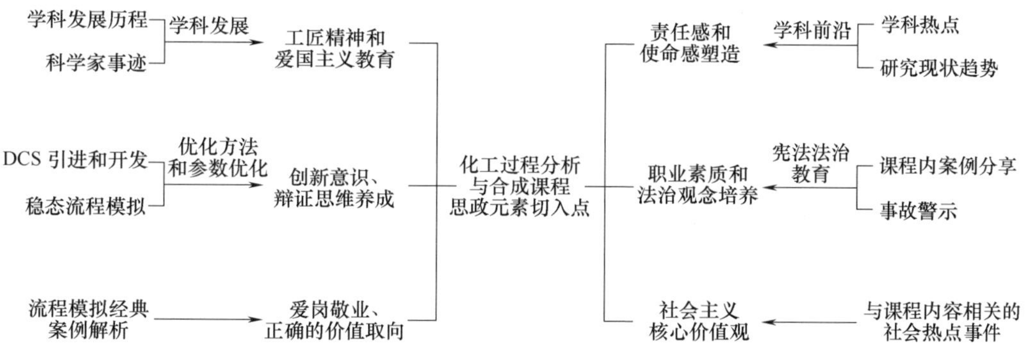

图 1-3　课程思政教学设计思路

在知识能力层面，认识并记忆化学品生产过程中的主要分析、合成和解决问题方法及分类，解释稳态模拟与优化、动态模拟与优化、操作参数调优、夹点法解换热网络等基本理论，归纳化工生产的流程性生产特点与原则。以创新性的思维，掌握信息技术工具，应用化工过程现代设计方法流程模拟软件、安全生产中 HAZOP 分析（危险与可操作性分析）等相关信息化辅助方法，具备初步化工流程设计的能力，能够分析流程过程模拟技术存在的问题和面临的挑战，对可能出现的三废处理以及污染的环节论证其对健康、安全以及社会造成的影响。

在道德素质能力层面，提升学生的分析能力与思辨能力，认识化工行业造福人类社会的突出贡献，激发爱国情怀，树立远大志向，爱岗敬业。辩证地看待其“相对风险低、致危因素多”的特点。树立“生态兴则文明兴”的观念，确立化工生产要服务于社会和生态和谐发展，深刻领会蓝天白云保卫战、水污染防治计划和清废行动等文件政策，理解“绿水青山就是金山银山”的深层内涵，培养化工专业工程师过硬的素质、突出的创新能力、强烈的社会责任感和法治观念。

参考文献

[1] 陆恩赐，张慧娟. 化工过程模拟：原理与应用［M］. 北京：化学工业出版社，2011.

[2] 高晓新，汤吉海. 化工过程分析与合成：基于 Aspen Plus 的应用［M］. 北京：中国石化出版社，2021.

[3] 赵云鹏，汪广恒，李士凤，等. 化工流程模拟—Aspen Plus 从入门到实践［M］. 北京：化学工业出版社，2023.

第二章　化工过程系统模拟分析和设计

第一节　过程系统模拟的三类问题及三种方法

一、过程系统模拟的三类问题

在化工原理课程设计的学习中，经常以闪蒸和精馏的方法按设计要求分离醇水二组分体系。流程模拟软件中的闪蒸器模块一般是用来描述气液相组分蒸发分离过程的。以闪蒸的方式分离醇水二组分的问题其实就是一类典型的化工过程系统中稳态模拟与分析问题。例如：要求同学甲以乙醇-水溶液流股流率 $F_1=100$kmol/h，乙醇的含量为3%（mol），建立闪蒸模型（变量表示形式如图2-1所示），并计算得到闪蒸罐顶部产品和闪蒸罐底部产品的流率以及各自乙醇含量。

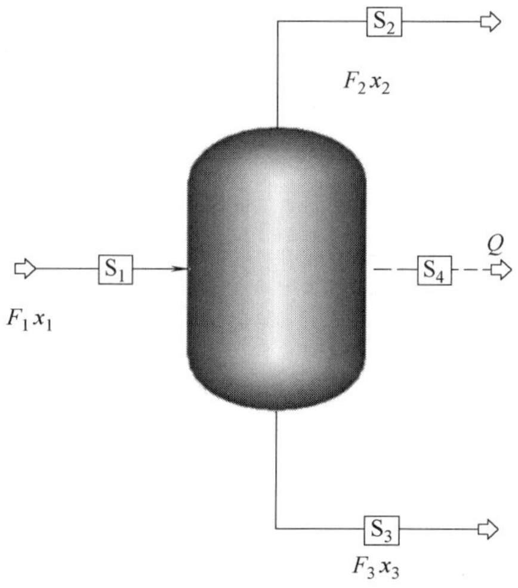

图2-1　醇水二组分闪蒸过程

解：按物料衡算，组分质量衡算，热量衡算和相平衡方程列出以下关系，获得闪蒸器单元的模拟方程，见式（2-1）至式（2-4）：

物料衡算：　$F_1=F_2+F_3$　　(2-1)

组分质量衡算：$F_1x_1=F_2x_2+F_3x_3$　　(2-2)

热量衡算：$H_1F_1+Q=H_2F_2+H_3F_3$　　(2-3)

相平衡：$X_2=Kx_3$　　(2-4)

式中　Q——外部加能量；

K——相平衡常数；

H_1、H_2、H_3——原料、顶部产品、底部产品的焓；

x_1、x_2、x_3——原料、顶部产品、底部产品的乙醇含量（mol），%。

经过联立方程求解，可以解得 F_2、F_3 和 x_2、x_3。求解该问题是用4个方程，解4个未知数，方程组的规模小，可以用模拟分析的方案，根据给定体系中的热量变化等操作条件信息、流率和浓度等进口条件信息，即可计算求解。

又例如：要求同学乙以乙醇-水溶液流股流率 $F_1=100$kmol/h，乙醇的含量为3%（mol），建立流程并提出设计要求，要求最终产品中乙醇含量需要达到80%以上，计算得到闪蒸罐顶部产品和闪蒸罐底部产品的流率以及各自乙醇含量。

对上述问题进行分析，发现此问题是一类带有设计规定的（产品中乙醇含量达到80%以上）发酵液闪蒸后混合输出的问题。由于有设计规定限制，所以需要将单个闪蒸罐单元扩展至由3个闪蒸单元和1个混合单元组合而成的化工生产过程才能进行生产（图2-2）。一般地，要想对此类具有设计条件的问题按照数学建模的方式进行求解，通常的建模方法有两种，第一种方法是按物料衡算，组分质量衡算，热量衡算和相平衡方程列出该生产过程的模型方程，见式（2-5）至式（2-8）：

物料衡算：$F_1=F_2+F_3;F_2=F_4+F_5;F_4=F_6+F_7;F_8=F_3+F_5+F_7;$ （2-5）

组分质量衡算：$F_1x_1=F_2x_2+F_3x_3;F_2x_2=F_4x_4+F_5x_5;F_4x_4=F_6x_6+F_7x_7;F_8x_8=F_3x_3+F_5x_5+F_7x_7;$ （2-6）

热量衡算：$H_1F_1+Q_1=H_2F_2+H_3F_3;H_2F_2+Q_2=H_4F_4+H_5F_5;H_4F_4+Q_3=H_6F_6+H_7F_7;$ （2-7）

相平衡：$X_2=K_1x_3;X_4=K_2x_5;X_6=K_3x_7$。 （2-8）

虽然看上去该方程组的规模并不大，它包含14个方程组求解14个未知数（F_2、F_3、F_4、F_5、F_6、F_7、F_8、x_2、x_3、x_4、x_5、x_6、x_7和x_8），建模思路也非常明确，只需要对3个闪蒸罐，一个混合器工艺流程进行求列相关的模型方程，即可进行计算求解相应出口的物料性质数据。但是，如果将问题置于更加复杂的化工生产问题的时候，复杂化工过程系统中，一定会包括更多的生产单元和模块，这个时候其求解的物料参数数目增加明显，模型方程的数目急速增大，模型的规模将会变得巨大，以人力方式进行求解并不切合实际。而且，即便是借助计算机技术进行求解，其计算过程也相当耗费时间，特别是以此种方式对大型化工过程进行计算机软件建模，难免会出现建立模型描述不准确的情况。每次模型的修正和改进，就意味求解过程将模型中所有方程进行重新计算，故而，此种方法很难在设计工作和实际生产中进行实际的应用。

第二种建模方法的思路是一种从已知物料数据出发，先计算得到较近模块中的出口数据，再将此计算结果作为下一个模块的已知物料数据，进行依次计算，最终得到流程出口处的数值解的过程。例如图2-2中，就可以按闪蒸罐1的进口物流S_1的条件（F_1、x_1）和操作条件Q_1，运用物料衡算，组分质量衡算，热量衡算和相平衡方程对此模块进行建模求解，得到F_2、F_3、x_2、x_3，而后将计算获得的闪蒸罐2进口物流S_2的物料参数及操作参数Q_2，再进行模块建模和计算，像这样，依次对每一个模块进行单独建模求解最终获得对整个过程系统的模型求解结果。

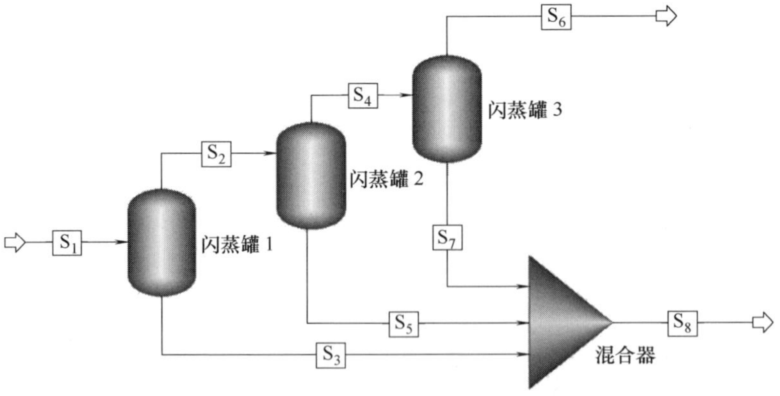

图2-2　醇水二组分多级闪蒸过程

在处于稳定状态的化工过程系统中，模拟一般指的是对化工过程模型求解。利用化工系统工程学思想，可以对以下三类基本问题进行模拟计算。

将某个化工过程进行求解，解得该过程的全部状态变量，可以对其生产工况进行全面掌控和分析，即化工过程系统的模拟分析。如图 2-1 所示，在醇水二组分闪蒸过程中，模拟得到了全部状态变量的数值，获得了该化工过程的全部参数，达到了模拟分析的目的。

如图 2-2 所示，醇水二组分多级闪蒸过程中，由于设计规定要求，需要对某些决策变量进行调整使得模拟计算结果满足化工过程的设计规定称为化工过程系统的设计。

能符合化工过程系统所有设计规定的某个模拟结果，并非一定是最优结果，过程系统优化是需要先获得最优化模型而后进行求解的一类问题，如图 2-3～图 2-5 所示，化工过程系统模拟分析、化工过程系统设计以及化工过程系统参数优化组成了化工过程系统模拟的三类基本问题。针对所要解决的问题不同，其进行模拟求解的难度稍有区别，一般认为，设计问题比分析的问题增加了以满足设计规定为目的的赋初值调整，一层迭代的问题，而优化的问题，不仅增加了一层迭代，还增加了最优化模型求列和求解，过程更加复杂。

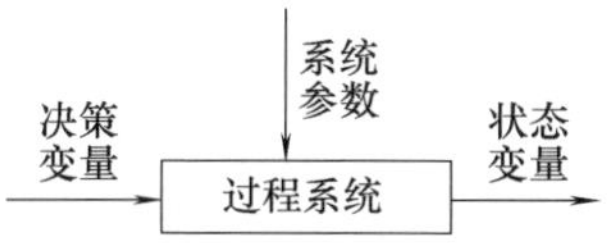

图 2-3　化工过程系统模拟分析

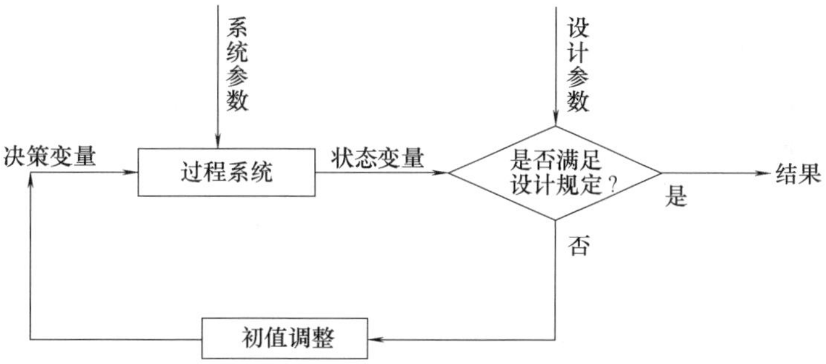

图 2-4　化工过程系统设计

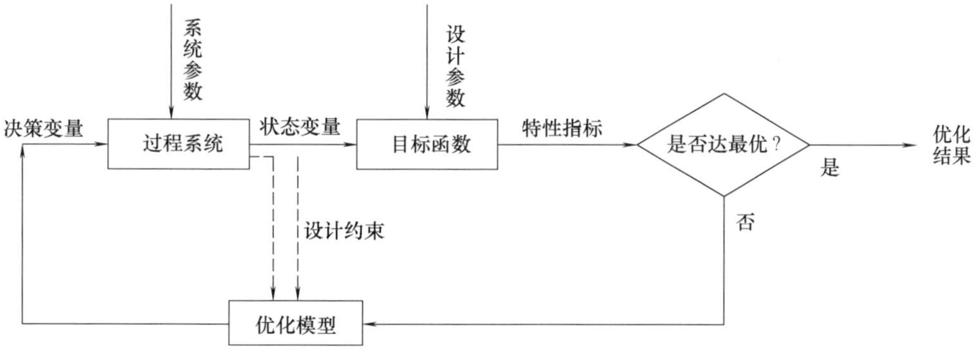

图 2-5　化工过程系统参数优化

二、过程系统模拟的三种方法

到目前，随着计算机技术和化工生产过程进行深度融合，特别是化工过程系统流程模拟软件得到广泛应用之后，有三种稳态模拟方法被人们逐渐认识和认可。这三种化工过程系统模拟的方法分别是：序贯模块法（Sequential modular method）、面向方程法（Equation oriented method）和联立模块法（Simultaneously modular method）。

序贯模块法是化工过程系统模拟中被最早开发，发展程度最高，最成熟，也是应用最广的通用模拟方法。目前，绝大多数的化工过程系统模拟软件中，都具有此种方法解流程模拟问题的应用。此种方法是以单个数据模块（单元模块）为基础，进行多模块相互连接，并以描述物性、单元操作参数以及系统提供的其他功能进行组合。模拟计算的顺序就是按照先后顺序对各单元模块进行逐一的模拟分析计算，从而完成整个过程系统的模拟计算。在以 Aspen 等商用流程模拟软件为代表的应用序贯模块法解化工流程模拟问题的一般性依据是，根据化工流程起始处的单元模块的入口物流信息，以及需要足够对各过程单元特性信息的定义，来进行序贯模块法在流程模拟软件中的应用。

一般认为序贯模块法的优点是具有模拟流程可直观对应实际生产；模拟系统建立、修改和扩充直观方便，通用化推广更加容易；特别是如果模拟过程中发现计算出错，易于诊断找到出错的模块，确认错误位置。其主要的缺点是计算效率低，尤其对复杂流程的设计及模拟优化问题时，这一缺点则表现得更加明显。这是因为，由于模拟计算的方向在序贯模块法中是被固定的，只能根据单元模块中的输入物流信息计算输出物流信息，这使得在对物料物流计算、单元模块计算、断裂物流设定和流程计算过程中，需要进行三重嵌套的循环迭代计算。如果过程流程又涉及设计和模拟优化问题，那么这样的循环嵌套迭代计算过程可以达到五重，这也就是序贯模块法解过程系统模拟效率不高的原因（图 2-6）。即便这样，随着计算机计算能力的大幅度提高，考虑到目前化工生产过程系统模拟的实际需求，计算效率低的问题被有效解决。序贯模块法被实践检验，最终被认可为一种优秀的化工生产过程系统模拟方法。具有典型序贯模块法解流程模拟问题应用特征的部分商用流程模拟软件有：PRO/Ⅱ、Chemcad、Aspen、FLOWTRAN 等。

过程系统模拟的面向方程法又被称作联立方程法，其求列和求解过程就像本章开头醇水二组分体系闪蒸问题中的第一种解决方法，是将描述整个化工过程系统的数学表达进行统一建模，将方程式联立求解的过程。如果将其和序贯模块法进行对比，图 2-7 所示面向方程法就类似于将图 2-6 中物性、单元、流程以及设计计算部分进行了合并。这种合并带来的影响是必须使得它们同时被计算得到收敛解。也就使得其在实际应用及系统模拟

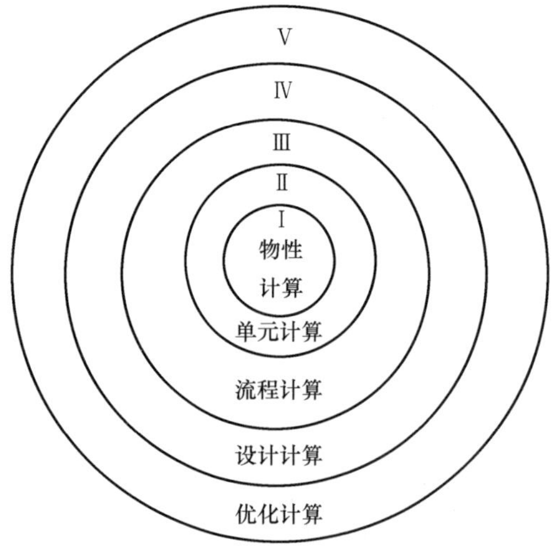

图 2-6　序贯模块法迭代循环示意图

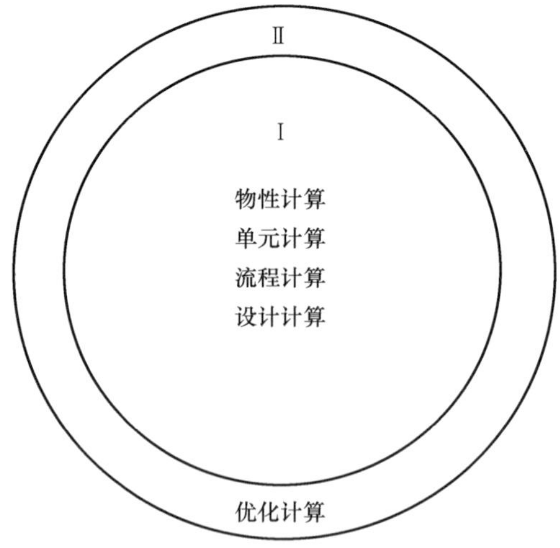

图 2-7　面向方程法迭代循环示意图

计算中，缺乏各单元模块间的直观联系，并在计算出错的情况下，很难对错误诊断，确认错误位置，另外其对计算初值要求苛刻，这也进一步限制了其在实际化工生产过程系统模拟中的应用。

过程系统的联立模块法是将过程系统的近似模型方程与单元模块交替求解，又被称为双层法。联立模块法的具体思路可以参考图 2-8 所示，该法在每次进行迭代时都要用到简化模型。利用简化模型辅助产生一组新的猜值，再通过严格模型计算调整简化模型的参数，逐步获得最优解。相比来说，联立模块法在一定意义上兼具序贯模块法和面向方程法的优点，它既能直接调用序贯模块法解算积累的模块化数据，又能像面向方程法那样合并模拟计算部分迭代循环，达到联立求解的目的。

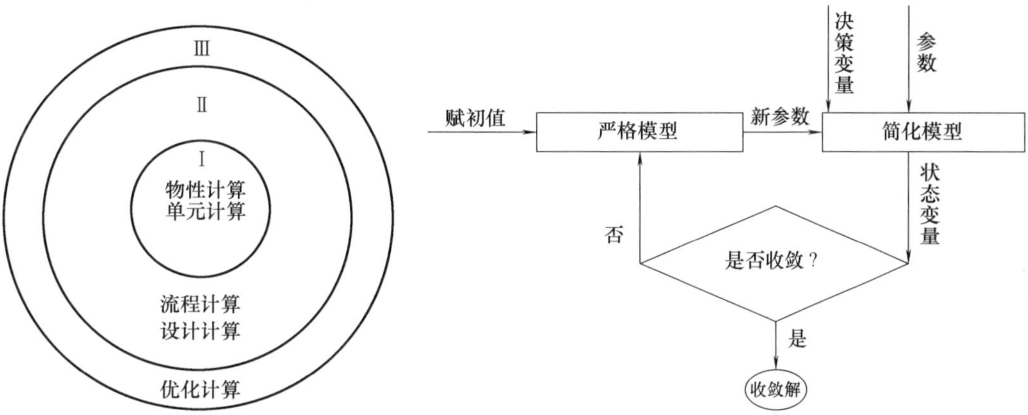

图 2-8　联立模块法及其迭代循环

将序贯模块法、面向方程法以及联立模块法进行特点对比，总结于表 2-1 中。

表 2-1　　序贯模块法、面向方程法以及联立模块法的特点对比

	应用优势	应用劣势
序贯模块法	与工艺过程和实际生产经验一致 单元模块模型丰富,便于推广和诊断错误	计算效率低 优化计算效率更低
面向(联立)方程法	计算效率高	对初值要求高 难于诊断错误 大型化工生产过程中难以商业化推广
联立模块法	可以取用成熟的单元模型 可以智能地避免过多循环迭代过程	复合单元模型库难以建立 简化模型向严格模型转换的准确性尚有争论

第二节　序贯模块法求解稳态模拟

一、断裂再循环物流

按序贯模块法求解稳态模拟问题时，进行求解的基本思路是，从系统初始物流开始，流经接收该物流的单元模块得到输出物流变量。此输出物流变量恰好又是下一相邻单元模块的输入物流变量，按此方式逐个计算过程系统中的各个单元，最终得到整个过程系统的最终输出物流，获得状态变量数值。这里的单元模块是指依据相应过程单元（通常可以认为是一台具体的生产设备）的数学模型按输入对应输出的关系以及求解算法编制而成的程序或子程序（图 2-1）中的闪蒸单元模块。

序贯模块法求解是要针对过程系统的不同结构进行具体分析。如果过程系统相对简单，不包括再循环物流（此时的系统称为无反馈联结系统），序贯模块法的计算顺序即为过程单元的排列顺序。

过程系统具有反馈联结的判断标志是，在此系统中，至少存在一个这样的单元，其某个输入物流是后面某个单元的输出物流。如图 2-9 所示的单元模块 1（Block 1 可简写为 B_1），流股 4（Stream 4 可简写为 S_4）是其一条输入物流，它也刚好是按流股流经顺序靠后的单元模块 2 的一条输出物流。针对具有反馈联结的过程系统，如果直接采用序贯模块法逐个单元模块进行计算的话，则不能进行顺序选取，通常会遇到后续模块的输出需要被提前输入的问题。这时，可以先假定一个初始值，采用断裂（Tearing）和收敛（Convergence）的求解方法进行计算。

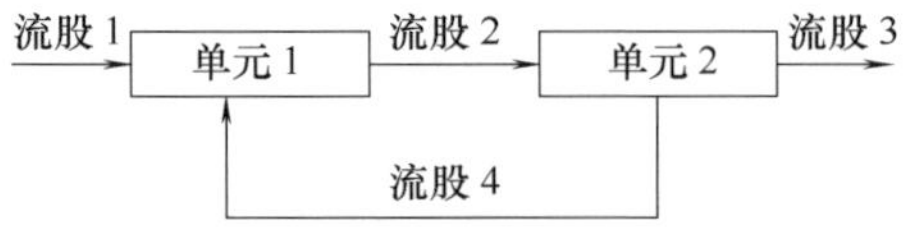

图 2-9　具有反馈联结的过程系统

断裂计算的初衷是打开反馈联结，将断裂流股两端的变量进行是否相一致（收敛）的判断，可以采用假定值作为输入变量的一部分（输入变量还含有温度、压力等），使用序贯模块法进行过程流程求解计算，解得断裂流股的输出变量计算值，进行收敛判断。如果断裂流股两端的变量其假定值和计算值不一致（不收敛），则需要重新赋予假定变量值，重复序贯模块法的计算过程，直到其收敛为止。

另外，除需要考虑断裂物流变量的特性对收敛计算的影响外，断裂位置的设置对复杂系统的收敛效果影响较大。而且，如何进行赋初始值，如何求得收敛解，更快地获得收敛解，也都和收敛算法有关。

二、断裂和收敛

用数学方法表达断裂：

假设如式（2-9）所示一个方程组包含五个方程，求解五个未知数 x_1、x_2、x_3、x_4 和 x_5。

$$\begin{cases} F_1(x_2, x_3) = 0 \\ F_2(x_2, x_3, x_4) = 0 \\ F_3(x_1, x_2, x_3, x_4) = 0 \\ F_4(x_1, x_5, x_3) = 0 \\ F_5(x_1, x_2, x_3, x_4, x_5) = 0 \end{cases} \tag{2-9}$$

上述方程组可以进行联立求解，也可以由赋初始值的方式进行求解。比如，先假设猜值 x_2，则可以在 F_1 中解得 x_3，然后在 F_2 中解得 x_4，由 F_3 中解得 x_1，在 F_4 中解得 x_5，最后通过 F_5 来检验猜值，这时只要猜值适用于 F_5 等于 0，则可验证其正确性。如果经过验证发现此时的 F_5 不等于 0，则需要对猜值进行修正，重新进行迭代计算，直至验证通过，即为断裂和收敛的数学表达全过程。这种通过迭代运算，把高维方程组求解转换变为多个一维方程问题求解的方法被称为断裂。如果将数学表达和再循环物流建立起联系，可以通过有向图（图 2-10），进行辅助理解。

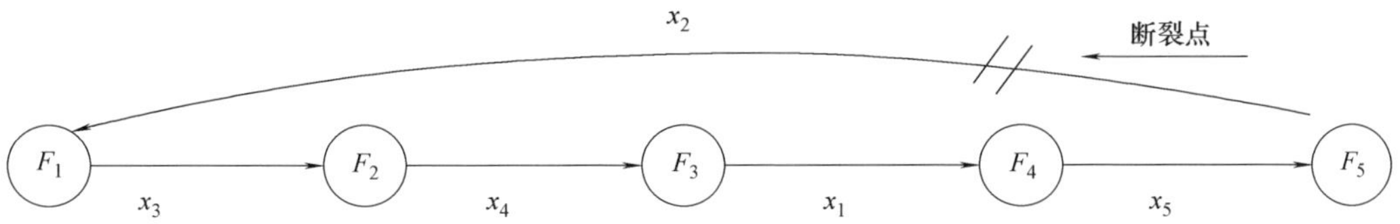

图 2-10　有向图

在化工过程系统中，当含有再循环物流时，则构成了不可分割子系统。对不可分割子系统的求解方式一般包括联立方程，数学上即对其系统中所有的方程进行联立求解。另一种方式是利用断裂技术，打开反馈联结，通过迭代计算，使得断裂物流变量数值收敛。

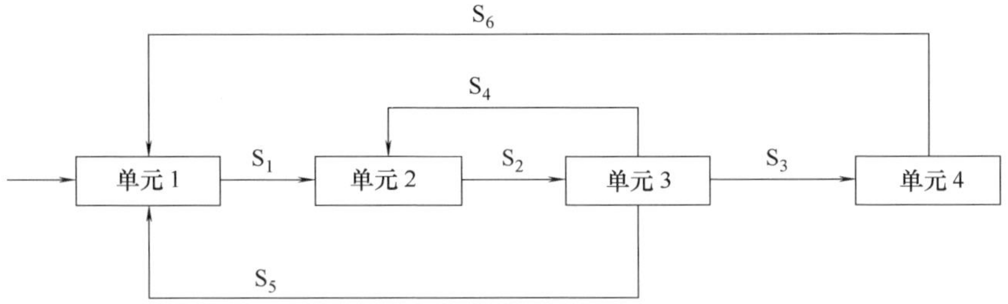

图 2-11　含有多个简单回路的不可分割子系统

那种包含两个以上流股，且其中的任何单元只被通过一次，称作简单回路。如果考察的对象为相对复杂的不可分割子系统，含有多个简单回路，可以针对某一简单回路进行断裂，如图 2-11 所示，它是一个含有 3 个再循环回路的不可分割子系统，断裂物流可以选择 S_4，也可以选为 S_2 或者其他流股。不同的断裂流股选择方式，会影响迭代计算顺序。由于过程系统中，各物流及其变量特性都有区别，在收敛计算中难免存在明显的差异。因此，选择断裂物流确认最优断裂实际上已经成为了系统模拟中的一项重要任务。一般认为，最优断裂的准则分为 4 类：a. 断裂的物流数最少；b. 断裂物流的变量数最少；c. 断裂物流的权重因子之和最少（一般为经验性取值，视具体操作情况而定）；d. 断裂回路的总次数最少。这些准则都可以作为判断最优断裂的判据方法。针对相对简单的过程系统，可以用人工穷举的方法找出全部的简单回路，确定最优断裂。图 2-11 中，不可分割子系统的 3 个简单回路就可以用回路矩阵表示，矩阵中的每行代表 1 个回路，每列代表流股。如果某回路 i 中包括有物流 j，则在矩阵中填入矩阵元素 $a_{ij}=1$，若不存在相应物流则填入 0 或空白。但是，需要指出的是，对于大型复杂的系统是难以用人工穷举的方法进行识别全部简单回路的，例如式（2-10）：

	S_1	S_2	S_3	S_4	S_5	S_6
A		1		1		
B	1	1			1	
C	1	1	1			1

（2-10）

一个更加复杂的不可分割子系统，包括若干个简单回路，按照断裂的方法进行计算，就需要进行多个断裂流股操作，其中的断裂流股组是否有效，是通过校验它是否能将全部简单回路至少断裂一次为标准的。如果一个断裂组存在对某个回路的二次断裂，或者能从此有效断裂组中至少减除一个流股后，得到的断裂组仍为有效断裂组，那么该断裂组都被称为多余断裂组，否则为非多余断裂组。然后，在所有非多余断裂组中寻找最优断裂组的方法可以参照以下替代规则来进行。

Upadhye-Grens 断裂法与 Westerberg 替代规则：

Upadhye-Grens 断裂法是美国加州大学的 Upadhye 等人提出的一种类似动态规划法的寻求最佳断裂物流的算法。如图 2-12 所示，针对不可分割子系统建立分析，得到与其相应的回路矩阵，列为式（2-11）。为了对其进行降维运算，需要对某一个（或某些）回路进行断裂。断裂的方法有很多种，如断裂物流 2 或者同时断裂物流 4、物流 5 和物流 6（这里的物流 4、5 和 6 就组成了一个断裂组）都可以实现回路的断裂。这里有两个问题需要进行探究，那就是何种方法能够快速准确找到所有有效断裂组，以及如何确定最优断裂组。Upadhye 等人提出并应用了一种搜索所有断裂组的替代规则。

	回路	S_1	S_2	S_3	S_4	S_5	S_6
	A		1		1		
	B	1	1			1	
	C	1	1	1			1
权重因子	W_j	2	9	2	3	3	4

（2-11）

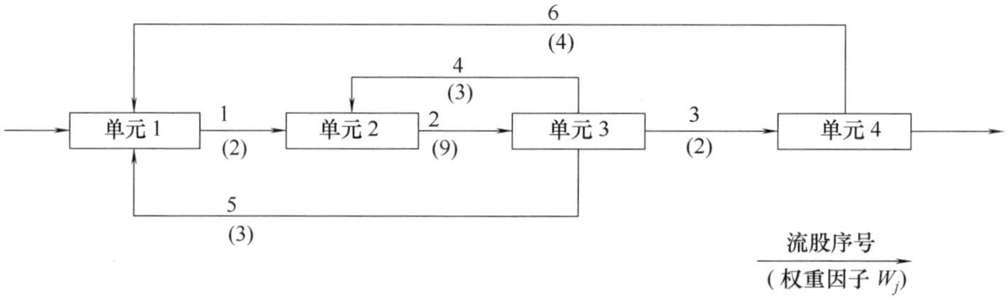

图 2-12　不可分割子系统

首先找到一初始断裂组编号为｛D1｝，单元 1 为全部输入流均属于｛D1｝的流程单元（至少有一个这样的单元存在，否则此断裂组为无效断裂组）。将单元 1 的所有输入流股用其全部输出流股替代，构成新的断裂组，令得到的新断裂组为｛D2｝。那么新的断裂组｛D2｝也是有效断裂组；对于以直接迭代法求解此收敛问题，｛D2｝与｛D1｝具有相同的收敛特点。由此替代规则相互联系得到的各断裂组的集合也被称为断裂族。

然后，基于断裂组替代规则，Westerberg 提出了寻找最优断裂组的具体算法：

① 选择任意一个有效断裂物流或断裂组物流，运用替代规则进行物流替换。

② 如果在替代过程任意一步中出现了两次被断裂的物流，则可以直接消去这个重复的物流，获得新的物流组，再以此物流组为起点进行物流替代。

③ 重复上面两个步骤，不再有二次断裂物流出现的是中间中止过程，直到最后获得的断裂组和之前可替代的断裂组重复，整个替代过程完成。从最后一组被判断为新起点的断裂物流组开始计算，其分支中所有不重复的断裂物流组即为非多余断裂组。

④ 非多余断裂组中所有流股的权重因子 W_j 相加，总和最小的断裂组为最优断裂组。

【例题 2-1】

应用 Upadhye-Grens 断裂法与 Westerberg 替代规则求解图 2-12 问题中的最优断裂组。

解： 任意选取断裂组 $\{S_1, S_2, S_3\}$，按替代规则进行反复断裂组搜索。具体过程如图 2-13 所示，图中各个箭头方向一侧的物流为被替代的物流。

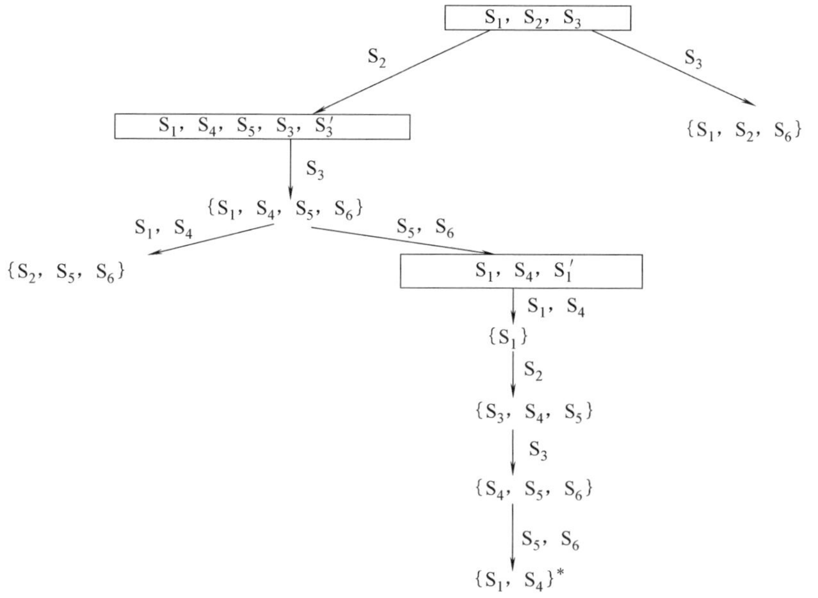

图 2-13　替代过程

替代过程中，方框中的三组断裂物流分别为新断裂物流组，中间过程分别有两步中出现了两次被断裂的物流，以 S_1' 和 S_3' 进行表示，然后直接消去这个重复的物流进行下一步替代。标记 * 表示的是重复出现的可替代断裂组，按规则，此处可以中止完成整个替代过程。

获得了以下非多余断裂组：

$\{S_2\}$；$\{S_1, S_4\}$；$\{S_3, S_4, S_5\}$；$\{S_4, S_5, S_6\}$。

按如图 2-12 所示中各流股的权重因子，按题目中要求方法进行计算，得到各非多余断裂组的总权重分别为：

9；2+3=5；2+3+3=8；3+3+4=10。

所以断裂组 $\{S_1, S_4\}$ 为最优断裂组。

如果按照断裂的思想，通过赋初值的方法将再循环物流流程打开，利用序贯模块方法进行模拟计算，这就需要进行收敛模块的收敛功能校验。

执行断裂物流变量收敛功能的模块称为收敛单元模块，如果我们将图 2-10 中有向图辅助理解断裂反馈联结中的方程 F_1 至 F_5，抽象为一个过程系统，那么经过过程系统再循环物流断裂就形成了以下以 x 为断裂物流猜值，y 为经过过程系统模型计算得到的断裂物流计算值。

如图 2-14 所示，断裂物流变量的收敛问题，可以被数学描述为迭代求解非线性方程组的问题，见式（2-12）：

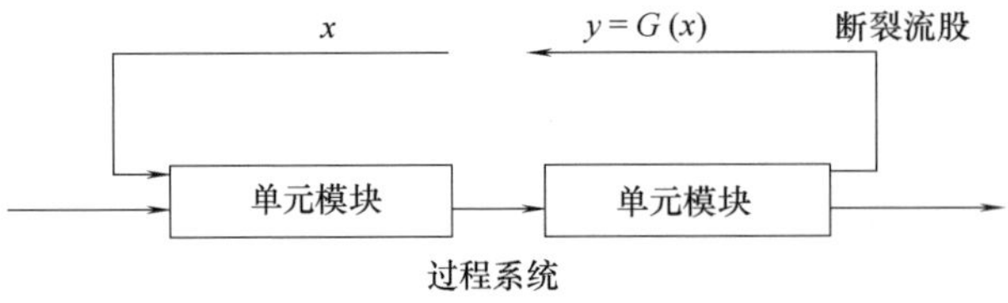

图 2-14 断裂物流收敛的数学描述

$$x=y=G(x) \qquad (2-12)$$

在以序贯模块法进行解算的非线性方程组 G 中，当断裂物流变量猜值 x 与计算值 y 的差小于收敛容差 ε，即可判断 x 为断裂流股的收敛解，见式（2-13）：

$$G(x)-x<\varepsilon \qquad (2-13)$$

适用于收敛单元的数值计算方法，一般是以对初值要求不高、数值稳定性好、收敛速度快为标准进行具体方法选择计算的。初值易得，容易计算收敛以及需要赋初值的变量数少都可以认定为对初值要求不高，通常直接迭代法需要的初值数目较少，只需要一组初值，而对于 n 维方程组，如果采用割线法进行计算时，则需要 $n+1$ 组初值。

数值不稳定一定会影响收敛速度，而且迭代次数，方程组的计算次数，以及矩阵求逆的次数也都会影响收敛速度。如图 2-15 所示，迭代收敛计算的四种情形，由于序贯模块法中函数 $G(x)$ 每一次进行求解就相当于做一次全流程回路的模拟计算，而且某些非线性方程组的数值解法中还包含计算函数 $G(x)$ 的导数，而每求一次导数就要做两次流程模拟计算。

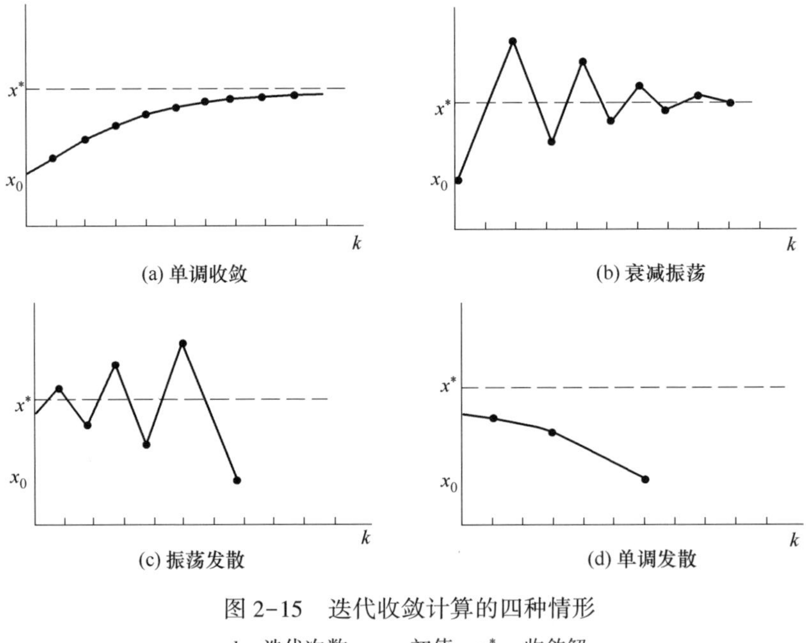

图 2-15 迭代收敛计算的四种情形

k—迭代次数；x_0—初值；x^*—收敛解

以 Aspen 和 FLOWTRAN 为代表的过程模拟系统软件中，都集成了多种迭代方法，其中的直接迭代法和 Wegstein 方法应用最为广泛。

直接迭代法是将计算值 y^k 作为下一轮迭代的猜值 x^{k+1} 而实施迭代计算，见式（2-14）：

$$x^{k+1}=G(x^k)=y^k \qquad (2-14)$$

非线性方程组 $x=y=G(x)$ 的另外一种形式为式（2-15）：

$$F(x)=x-G(x)=0 \qquad (2-15)$$

将式（2-6）代入式（2-7）中得到直接迭代法的基本表示形式如式（2-16）：

$$x^{k+1}=x^k-F(x^k) \tag{2-16}$$

直接迭代法可以不计算导数和矩阵求逆，只需要一组初值，但此方法的缺点也很明显，那就是迭代次数多，造成收敛速度慢，且对初值要求高，需要对其进行收敛改进，采取的方法叫作阻尼直接迭代法，或者叫作加权直接迭代法，见式（2-17）：

$$x^{k+1}=qx^k+(1-q)G(x^k) \tag{2-17}$$

其中，q 为阻尼因子，可以人为给定；当 $q=0$ 时，直接迭代；当 $0<q<1$ 时，加权直接迭代，可改善收敛的稳定性；当 $q<0$ 时，外推直接迭代，加速收敛，但稳定性下降；当 $q\geqslant 1$ 时，无意义。

由于 q 值人为给定具有较大的随意性，Wegstein 等人提出一种相对简便的方法，来应对阻尼因子取值困难的情形。

（1）一维 Wegstein 迭代

对式（2-18）：

$$x=g(x) \tag{2-18}$$

Wegstein 迭代公式可表示为以 x^k 求解 x^{k+1}，见式（2-19）：

$$x^{k+1}=qx^k+(1-q)g(x^k) \tag{2-19}$$

可以引入参数 S 来表示 q，见式（2-20）：

$$\begin{cases} q=\dfrac{S}{S-1} \\ S=\dfrac{g(x^k)-g(x^{k-1})}{x^k-x^{k-1}} \end{cases} \tag{2-20}$$

将一维方程以隐式方程方式表示，见式（2-21）：

$$f(x)=x-g(x)=0 \tag{2-21}$$

列出隐式方程迭代关系即割线法方程，见式（2-22）：

$$g(x^k)=x^k-f(x^k) \tag{2-22}$$

将式（2-19）与式（2-22）合并得到式（2-23）：

$$x^{k+1}=qx^k+(1-q)[x^k-f(x^k)]=x^k-(1-q)f(x^k) \tag{2-23}$$

结合式（2-20）和参数 S 来表示 q，得到式（2-24）：

$$1-q=\frac{1}{1-S}=\frac{x^k-x^{k-1}}{f(x^k)-f(x^{k-1})} \tag{2-24}$$

最终可以得到式（2-25），即为割线法的迭代公式。

$$x^{k+1}=x^k-\frac{x^k-x^{k-1}}{f(x^k)-f(x^{k-1})}f(x^k) \tag{2-25}$$

隐式方程具有更大的普遍性，所以割线法常为人们所熟知。在流程模拟领域中，物流回路多用显式方程描述的。因而多用 Wegstein 法。由式（2-25）可见，一维 Wegstein 法需要有两个初值，其中第一个初值是设置的猜值，第二个初值可根据第一个初值按直接迭代法得到。

这里要注意的是，阻尼因子 q 的取值不当可使迭代计算收敛缓慢甚至发散，Wegstein 法虽然无须人为选定 q 值，但是也会因为 q 值不当导致收敛不完全。有界 Weigstein 法就是凭借经验人为地把 q 值限定在一定的范围内，以改善收敛行为。

（2）有界 Weigstein 法

如果把 q 值进行限制可表示为式（2-26）：

$$q_{\min} \leqslant q \leqslant q_{\max} \tag{2-26}$$

下面可以根据具体应用和例题形式，分别选取不同阻尼因子 q（即为例题 2-2 中模拟软件所述 Wegstein 加速参数），来对比流程模拟计算的收敛行为。

三、序贯模块法在流程模拟中的应用

【例题 2-2】

如图 2-16 所示，模拟了某石油化工企业原油预处理及原油分离流程。原油分离流程中，原油首先被加热至高温，然后通过蒸馏塔进行分离。在蒸馏塔中，原油会被分成不同的组分，每个组分都有不同的沸点。高沸点的组分会在塔底凝结，低沸点的组分则会在塔顶凝结。在不同的蒸发温度下，会将不同长度的烃链分离出来。每种长度不同的链都具有不同的性质，从而对应不同的用途。具体包括小分子烷烃的甲烷、乙烷、丙烷和丁烷，经常被加压液化为 LPG（液化石油气）；石脑油，将被进一步加工为汽油，含有 5~9 个碳原子的烷烃混合物；汽油，烷烃和环烷烃（5~12 个碳原子）的混合物，沸程为 40~205℃；煤油，烷烃（10~18 个碳原子）和芳香烃的混合物，沸程为 175~325℃；柴油，液体碳原子数大于等于 12 的烷烃，沸程为 250~350℃ 以及润滑油等沸点和沸程更高的石油类物质。

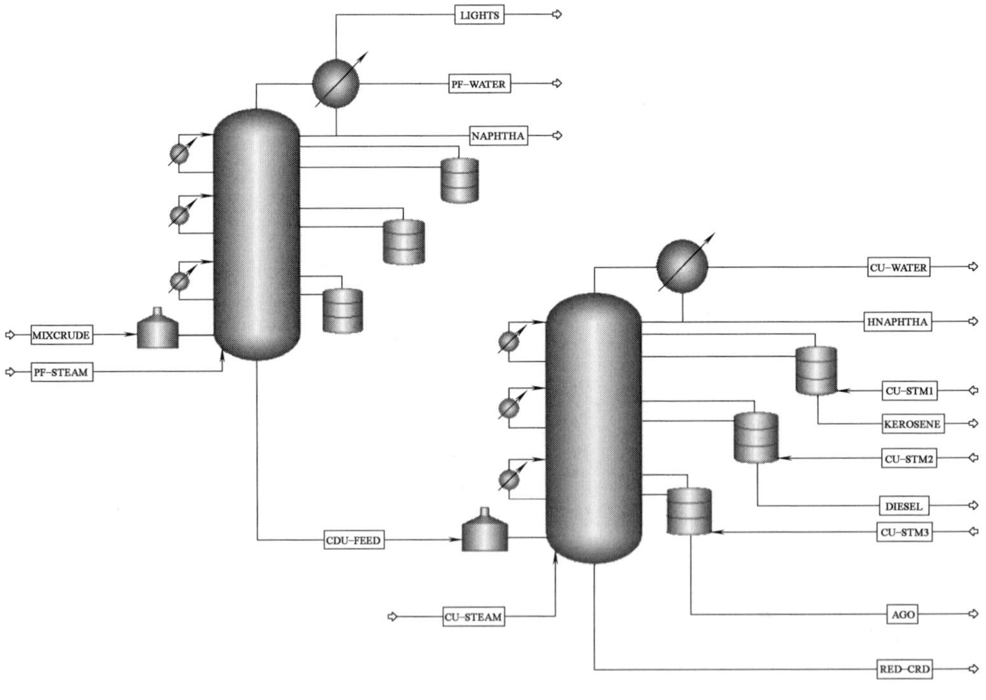

图 2-16　原油预处理及原油分离流程

流程中输入参数原料原油标准体积流量为 10000 桶/d，每桶原油质量为 128~142kg，如图2-17所示，输入不同q的取值上限以及下限（表2-2），采用流程模拟相关过程，获得软件计算时间。

表2-2　原油分离过程模拟数据对比

阻尼因子上限	0	0.9	0.0	-11	3
阻尼因子下限	-5	0.3	0.0	-15	1
计算时间/s	3	20	22	22	不能输入

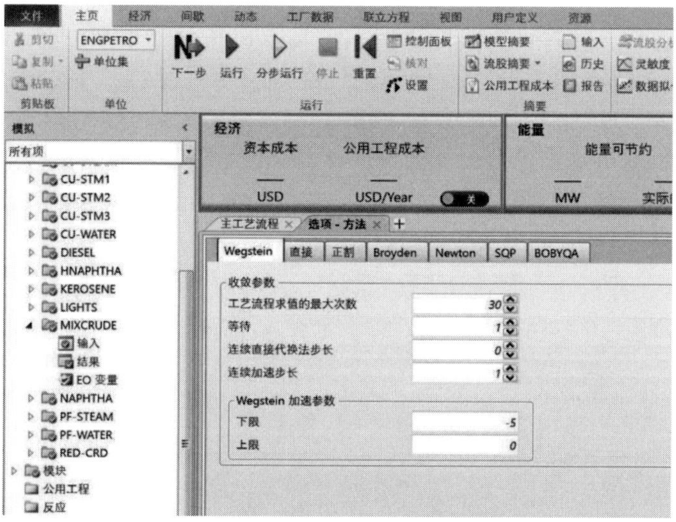

图2-17　输入阻尼因子参数界面

另外，将此流程模拟过程运行，结果是否收敛，需要进行判定，引入收敛判据这一概念进行说明。在式（2-13）中有过初步的表示，通常是用猜值与计算值的绝对误差［式（2-27）］和相对误差［式（2-28）］来判断。

$$\|F(x^k)\| = \|x^k - G(x^k)\| \leqslant \varepsilon \tag{2-27}$$

$$\frac{\|F(x^k)\|}{\|x^k\|} \leqslant \varepsilon \tag{2-28}$$

如图2-18所示，例题2-2判断收敛的方法是采用相对误差判定法，即$\varepsilon = 0.0001$。

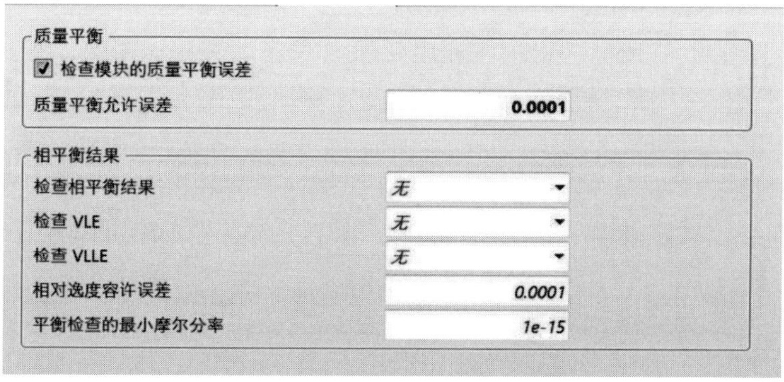

图2-18　相对误差判定收敛参数界面

第三节　面向方程法和联立模块法

一、面向方程法的基本原理

对比于序贯模块法，多循环圈迭代计算量大，计算速度慢；面向方程法的基本思想是，把化工过程系统中所有数学模型进行方程联立，形成一个非线性方程组进行求解，减少了循环圈迭代计算，极大提升了计算效率。

如果以式（2-29）作为系统模型方程组，其中包括物性方程，物料、能量衡算方程，化学组分平衡方程，过程单元联结方程和设计参数方程等。其数学表达见式（2-29）：

$$F(x,w)=0 \tag{2-29}$$

式中　x——状态变量向量；

w——决策变量向量。

由于，化工过程系统本身的复杂性，通常过程系统模型方程组是规模较大、由众多非线性方程组成的稀疏方程组。稀疏方程组指每个方程只含有少量的非零系数修饰的变量元素，可以被理解成如式（2-30）所示，其中含有一个高阶线性方程组。

$$\sum_{j=1}^{1000} a_{i,j}x_i = \beta_j \quad (i = 1,2,\cdots,10000) \tag{2-30}$$

且假设其中任意的方程如式（2-31）

$$\begin{gathered}\alpha_{100,50}x_{50}-\alpha_{100,75}x_{75}+\alpha_{100,512}x_{512}=\beta_{100}\\ \alpha_{200,150}x_{150}-\alpha_{200,175}x_{175}=\beta_{200}\\ \alpha_{500,350}x_{350}=\beta_{500}\\ \cdots\cdots\end{gathered} \tag{2-31}$$

大多数方程的特点是变量总数多，但只有非常少数的非零系数，这样的方程稀疏特性，可以用稀疏比式（2-32）来描述。

$$\Phi=\frac{N}{n^2} \tag{2-32}$$

式中　N——非零系数数量；

n——阶数。

式（2-30）中得到的稀疏比数值可以发现，大多数的化工过程系统方程组都需要在0与0之间进行大量的数值计算，可见常规使用联立求解的解法有时并不能称得上经济。按照方程组稀疏特性，可以按照分解方程组的方法，从而达到在小规模方程数目内降维，进而进行全局求解的相对简便方法。

对于一个大型 n 阶稀疏方程组，利用回路搜索法（例题2-3）等方程分解的方式，分解为多个子方程组，如果其中一部分是包含有 m_1 个变量的 m 阶方程组，对其单独求解。剩下的 $n-m_1$ 个方程中再进行方程分组和分别求解，最终可以将问题转换为整个方程组分解成系列可进行按序列求解的多个分解方程组求解的问题。

【例题 2-3】

回路搜索法求解方程组式（2-33）：

$$
\begin{cases}
f_1 = x_1 + x_4 - 10 = 0 \\
f_2 = x_2^2 x_3 x_4 - x_5 - 86 = 0 \\
f_3 = x_1 x_2^{0.5}(x_4 - 5) - 8 = 0 \\
f_4 = x_4 - 3x_1 + 6 = 0 \\
f_5 = x_1 x_3 - x_5 + 6 = 0
\end{cases}
\tag{2-33}
$$

在求解之前，可以用方程组分解的思路对式（2-11）进行分析和处理。发现有如下规律 F_1 和 F_4 组成的小型方程组只与 x_1 与 x_4 有关。

$$
\begin{array}{c|ccccc|}
 & x_1 & x_4 & x_2 & x_3 & x_5 \\
f_1 & [1 & 1] & & & \\
f_4 & [1 & 1] & & & \\
f_3 & 1 & 1 & [1] & & \\
f_5 & 1 & & & [1 & 1] \\
f_2 & & 1 & 1 & [1 & 1]
\end{array}
$$

可以将 f_1 和 f_4 优先联立求解，见式（2-34），进一步用事件矩阵将其转换为多个小方程组。

$$
\begin{cases}
f_4 = x_4 - 3x_1 + 6 = 0 \\
f_1 = x_1 + x_4 - 10 = 0
\end{cases}
\tag{2-34}
$$

解得 $x_1 = 4$，$x_4 = 6$ 并代入式（2-35），求解 x_2。

$$
f_3 = x_1 x_2^{0.5}(x_4 - 5) = 8 \tag{2-35}
$$

解得 $x_2 = 4$，代入 f_2 和 f_5 所组成的新的方程组如式（2-36），并可以完成对所有变量的求解，$x_3 = 1$，$x_5 = 10$。

$$
\begin{cases}
f_2 = x_2^2 x_3 x_4 - x_5 = 86 \\
f_5 = x_1 x_3 - x_5 = -6
\end{cases}
\tag{2-36}
$$

经过求解过程，可以看出原方程组经过分解，得到的小型方程组稀疏比变大，可以用一般代数求解的方法进行计算，这就是回路搜索法解方程分解问题的思路基础。

解：使用回路搜索法分解方程组，首先需要对每一个方程进行输出变量指定，用以绘制有向图。输出变量是可通过其所在方程中其他变量进行求解的变量，对本题方程组中指定输出变量，在矩阵中用括号做出标记。

用有向图 2-19 所示表示方程间的关系，图中每一个节点均用一个方程表示。如果方程 F_i 的输出变量存在于 F_j 中，则从 F_i 向 F_j 做一条有向边，这样的有向图表示出了方程间的相关关系。

有向图中节点 F_2 和 F_5 均无输出边，故可以将其进行合并，并删除，如图 2-20 所示，而且发现在新获得的回路图中 F_3 也没有输出边，也可以进行删除，最终即获得 F_1 和 F_4 方程组。

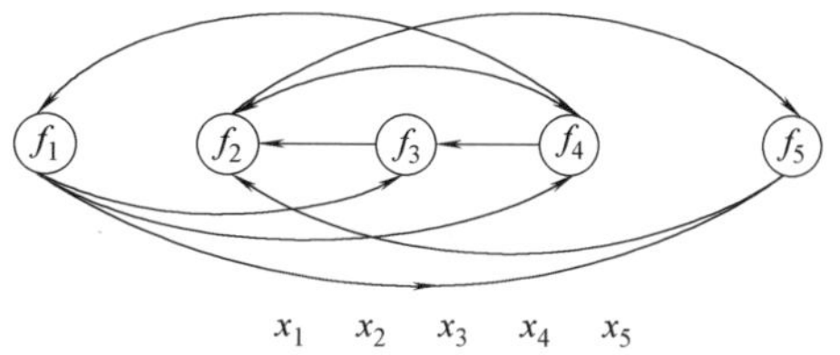

$$
\begin{array}{c|ccccc|}
 & x_1 & x_2 & x_3 & x_4 & x_5 \\
f_1 & (1) & & & 1 & \\
f_2 & & 1 & 1 & 1 & (1) \\
f_3 & 1 & (1) & & 1 & \\
f_4 & 1 & & & (1) & \\
f_5 & 1 & & (1) & & 1
\end{array}
$$

图 2-19　式（2-33）方程组有向图

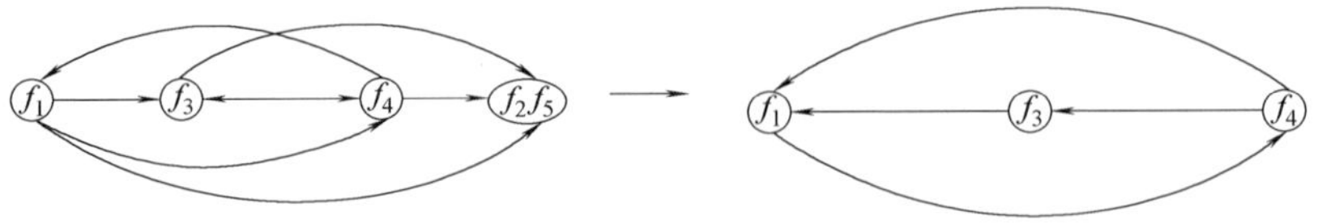

图 2-20　回路搜索解法

表 2-3　　方程组拆分组合节点

方程组	（组合）节点	方程组	（组合）节点
1	(f_2f_5)	3	(f_1f_4)
2	f_3		

合并节点 f_1 和 f_4。并依次将删掉和组合的节点填入表 2-3 中，它们分别代表原方程组拆分后得到的小型方程组，其求解顺序按 3、2、1 进行，其运算和结果和分析过程相一致。

二、联立模块法的基本原理

联立模块法是人们为了继承序贯模块法和面向方程法的优点，克服这两种方法的缺点被创建得到的新方法。它针对的问题主要包括迭代循环次数多、计算效率低、对初值要求高、以及难于进行错误诊断等，类似的问题被总结于表 2-4。

表 2-4　　联立模块法针对的问题

主要问题	序贯模块法	面向方程法	主要问题	序贯模块法	面向方程法
迭代循环次数	多	—	对初值要求	—	高
计算效率	低	—	计算错误诊断	—	难
指定设计变量	不灵活	—	改进模型	—	难

具体来看，联立模块法（图 2-21）与序贯模块法的共通之处在于计算是按照一以贯之的顺序面对模块进行的；与面向方程法的共通点在于一般都是联立求解化工过程系统模型方程。利用联立模块法解化工过程问题的最有效方法应该是先建立单元模块库，在进行过程流程模拟的时候，将库中简易模型进行组合和调取，再使用序贯模块法进行下一步计算。总结起来看，联立模块法实际是把序贯模块法中效率较低的求解迭代过程，用联立求解方程组的解进行了替代或部分替代，提升了收敛性能，因此计算效率被提高。同时还应该注意到，在对单元模块模型库中的数据进行取用后，由于单元模块数目本身比方程数目要少得多，所以联立模块法的求解难度也被相应降低。

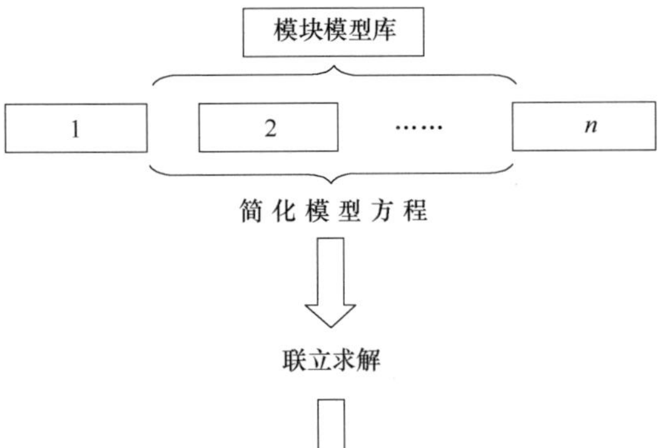

图 2-21　联立模块法的原理

联立模块法的求解难，主要依赖的是简化模型的形式。一般情况下，简化模型应该能近似描述严格模型，同时还需要在模型库中容易调用，求解方便，但是这种模型库在实际应用过程中很难得到应用，主要原因是就目前化工生产过程来说，生产过程纷繁而复杂，建立起的模型库通常模型数量都不足以支撑起在联立模块法中的应用，还有用以描述化工生产的过程系统模型总是随着化工生产的调整而进行调整的，模型库中的模型极有可能在短时间内就随着不断更新的生产流程而被淘汰。

以断裂和收敛的方式考虑，联立模块法求解的方式包含以过程单元为基本单位建立简化模型和以回路建立简化模型。这两种方式的断裂形式分别是联结物流全切断和回路切断，在联立模块法中，如果采用流股全切断的方式进行模型求解就相当于求列面向方程法中进行求解的过程，唯一的区别就是联立模块法是调用已经进行过模块内部计算的简化模型。回路切断方式相对可以更加简洁而方便的进行断裂并求解。回路切断方式如图 2-22 所示，虚拟单元的简化模型与联结方程设计规定等一起构成了过程系统模型。

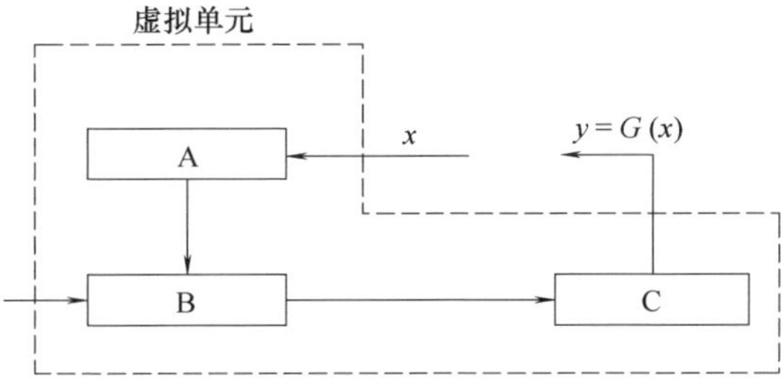

图 2-22　回路切断方式

回路切断的方式类似于序贯模块法的断裂方法，其中新简化模型的参数都是以序贯模块法计算为基础得到的，而且多模块联立入库也大大增加了模块库建立的难度，进一步限制了联立模块法的实际应用。

流程模拟解换热器设计

第四节　典型的稳态与非稳态过程模拟与分析

一、连续搅拌罐反应器稳态及动态过程模拟

对比化工过程系统稳态模拟过程，实际上化工过程模拟的动态性应该受到一样的重视，大多数的化工过程都具有动态特征。如果对动态特性进行数学描述，按化工过程分析与合成的一般认识方法可以将问题进行区分。

动态模拟范畴内的化工过程分析，是正向的，已知模拟生产变量和参数求解预测化工系统的状态分布及其在一定时间范围内的动态特征问题，相当于对模型方程组进行求解。而合成问题则是逆向的，是对模型参数进行估计的问题。就类似于，经常能遇到利用从某设备上采集得到的生产条件下，系列系统变量对应于时间的变化关系信息，并进行求解某些未知参数值。最核心、最本质的问题，是如何科学地描述过程系统动态特性的规律，这意味着必须选择或者建立一种既能反映过程系统本质特性，又相对简单明了的数学模型。

根据建立模型的不同方法可以将数学模型定义为统计模型、确定性模型以及介于两者之间的半经验模型。确定性模型又称机理模型，统计性模型也被称作经验模型。在以往化工相关学科的学习中，我们经常会借助机理性模型的方式来求解单元操作或反应工程等相关问题。

一般地，凡是连续过程都会经历开停工情况，实际上开停工过程就是典型的化工动态

过程，具有动态模拟特性。对于一套连续操作、理想混合的全混流反应器（连续搅拌罐 CSTR）的开工过程，可以利用式（2-37）来数学描述。

$$\frac{\mathrm{d}u}{\mathrm{d}t}=f(u,\mu) \tag{2-37}$$

$t=0$ 时，见式（2-38）：

$$u=u(0)=u_0 \tag{2-38}$$

其中 u、u_0 分别代表任一时刻和起始时刻的状态向量，μ 代表未知而且待估计的参数向量。模型参数估计就是为了确定参数向量 μ 的最优值，使限制下的解最大限度地逼近已采集到的状态变量在不同时刻的离散数据，并且从表达式中可以确定连续搅拌罐 CSTR 的开工过程是一个以微小时间变化 dt 为基础的数学模型。

同时，连续搅拌罐 CSTR 的稳态过程也应该作为典型模型过程进行对比和记忆。其模拟过程的数学描述如式（2-39）至式（2-41）所示。

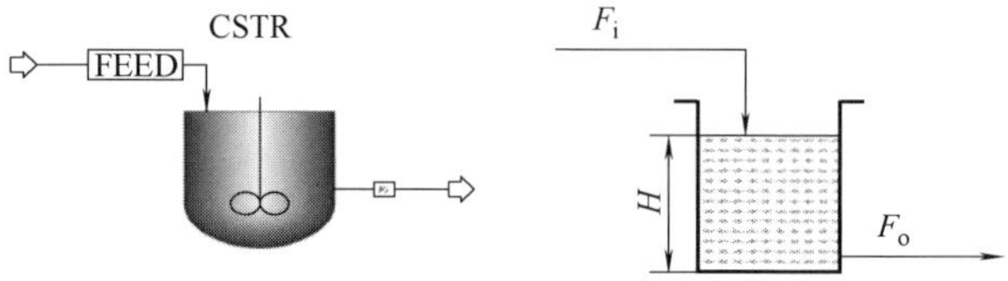

图 2-23　连续搅拌罐模块及数据示意图

【例题 2-4】

连续搅拌罐的流量表示如图 2-23 所示，进料量为 F_i（一般指物料的体积流率），搅拌罐中料液高度用 H 表示，开工之前假设其原有料液高度为 H_0，试求稳态情况下数学表达方式及开工状态下其动态模拟排料量的变化情况。假设罐体尺寸均一，横截面面积为 A，排液量与液位高度正相关，即 $F_o=kH$。

按质量守恒关系，质量衡算为：累计量=流入量-流出量（稳态），

$$A\cdot\rho\cdot H=F_i\cdot\rho-F_o\cdot\rho \tag{2-39}$$

将 $F_o=kH$，代入式（2-39），得到式（2-40），最后得到式（2-41）：

$$A\cdot\rho\cdot H=F_i\cdot\rho-kH\cdot\rho \tag{2-40}$$

$$H=\frac{F_i}{A+K} \tag{2-41}$$

稳态操作状态，液位高度与进料量和比例系数 k 有关，通常经过计算是一个定值。

按质量守恒关系，动态开工过程状态衡算式为：质量累积速率=质量流入速率-质量流出速率。

$$质量累积速率=\frac{\mathrm{d}(V\rho)}{\mathrm{d}t}=A\cdot\rho\cdot\frac{\mathrm{d}H}{\mathrm{d}t} \tag{2-42}$$

$$质量流入速率=F_i\cdot\rho \tag{2-43}$$

$$质量流出速率=F_o\cdot\rho \tag{2-44}$$

$$A\cdot\rho\cdot\frac{\mathrm{d}H}{\mathrm{d}t}=F_i\cdot\rho-F_o\cdot\rho \tag{2-45}$$

$$\frac{\mathrm{d}H}{\mathrm{d}t}=\frac{F_i}{A}-\frac{k}{A}H \tag{2-46}$$

按积分方程求解得式（2-47）：

$$\ln(F_i-kH)=-\frac{k}{A}t+C \tag{2-47}$$

考虑到题目中给出的条件，可为初始化条件，$t=0$ 时，$H=H_0$ 代入式，并化简可得式（2-48）：

$$H=\frac{1}{k}(kH_0-F_i)e^{-\frac{k}{A}t}+F_i \tag{2-48}$$

如果考虑到排液量与液位高度的关系，$F_o=kH$，那么得到式（2-49）：

$$F_o=(kH_0-F_i)e^{-\frac{k}{A}t}+F_i \tag{2-49}$$

图 2-24 是不同 k 取值情况下，液位高度随时间变化的曲线，在图中初始液位高度均为 H_0，即 $t=0$ 时刻的 H 取值。从图中各曲线的变化趋势可以看出，随时间增加，对应罐中液位高度均以指数形式进行变化，直到某个时刻后，接近于某稳定值。和稳态操作状态相比，罐中液位高度随时间变化的关系表现更加明显。

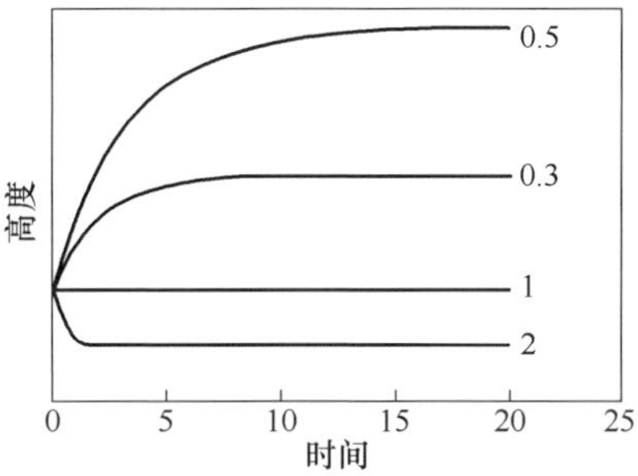

图 2-24　开工过程中搅拌罐的液位高度变化趋势

一般情况下，普遍性的搅拌罐式反应器中有可能进行着两物质（或多物质）间的化学反应并且同时有化学反应的热效应，以及反应器本身的热量衡算和化学物质的组分衡算等数学描述形式。但是，由于实际生产的复杂性，不可能用数学方法进行精准求解计算，一般会以数值方法进行积分运算，以获得更加接近真实情况的解。

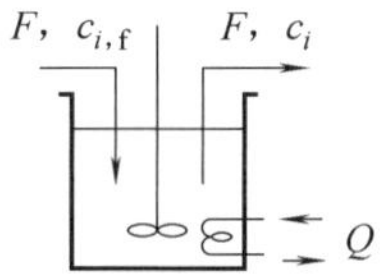

图 2-25　连续搅拌罐浓度和温度变化示意图

为了对普遍性连续搅拌罐式反应器进行分析以便使得系统工程学方法更接近于实际应用情况，通常需要对对象模块进行一定条件假设，如图 2-25 所示，假定反应器内物质处于分子级理想混合，在液相均相反应过程中，反应器内温度均一，反应混合物的浓度在罐中液面高度以下处处均匀。同时也需要假定反应区容积不随时间变化而变化，则加料和排料的流量也可以认为是近似相等的，如果在一个反应体系中含有 M 个组分和 N 个反应，对其中任意一个组分 i 能列出组分质量守恒关系，见式（2-50）：

$$V\frac{dc_i}{dt}=F(c_{i,f}-c_i)+VR_i \tag{2-50}$$

反应区能力守恒关系见式（2-51）：

$$V\rho C_P=\frac{dT}{dt}=F\rho C_p(T_f-T)-UA(T-T_c)+V\sum_j^N R_j(-\Delta H_j)\quad j=1,2,\cdots,N \tag{2-51}$$

式中　V——反应器容积，L；

F——加料体积流量，m^3/s；

c_i——搅拌罐反应器内的浓度，mg/L；

$c_{i,f}$——加料过程第 i 组分的浓度，mg/L；

T——搅拌罐反应器内的温度，K；

T_f——加料过程各组分的温度，K；

U——热交换的总传热系数，$W/(m^2\cdot K)$；

A——总传热面积，m^2；

T_c——换热温度，K；

ρ——反应混合物的平均密度，kg/m^3；

C_p——反应混合物的比热容，J/(kg·K)；

H_j——发生反应的热效应的焓，J；

R_j——第 j 个反应的速率，mol/(L·s)；

R_i——因化学反应引起的第 i 个组分浓度的变化速率，mol/(L·s)。

$$R_i = \sum_j \mu_{i,j} R_j = \sum_j \mu_{i,j} R_j(c_i, T) \tag{2-52}$$

式中　$\mu_{i,j}$——第 j 反应式中 i 组分的系数。

代入初始条件约束，当 $t=0$ 时，有式（2-53）：

$$c_i = c_{i,0}, T = T_0 \tag{2-53}$$

由式（2-50）至式（2-53）构成的连续操作搅拌罐反应器的动态数学模型进行求解，通常可以利用龙格-库塔（R-K）法，吉尔（Gear）法等通用程序，其典型应用包括：

① 计算开工过程所需要的时间，从初始条件，经过上面提到的搅拌罐反应器的动态数学模型求解，得到状态变量如 c_i 和 T 接近于定值，所需要的时间就是开工过程所需的近似时间。

② 研究初始条件对开工过程直至稳态过程的影响。同样是上述过程，只不过将多个初始条件逐个进行数值求解后，确定符合设计规定的最优解，即为适合的开工方案设定初值。

③ 状态空间分析。指以每一个独立变量作为一个坐标轴定义的实数空间。

如式（2-50）~式（2-53）所涉及的 c_i 和 T 作为坐标轴的定义空间内的任意一个点，表示一个状态，这个点被称为相点，相点的轨迹称为相轨线，它反映了从某初始状态到另外一个状态的演变过程，由众多相轨线构成，组成了具有反应其动态特性的图像，即被称为相轨线图，也叫相图。下面就以一个例题详细说明相图在动态特性研究中的应用情况。

【例题 2-5】

以单个一级不可逆放热反应 A→B，将 A 作为着眼组分，反应速率可以表示为 $R=kc_A$，$k=k_0\exp\left(-\dfrac{E}{R_gT}\right)$，$k$ 是反应速率常数，k_0 是指前因子，E 是反应活化能，R_g 是通用气体常数。

这时式（2-50）~式（2-53）可以改写成式（2-54）~式（2-56）：

$$\frac{dc_A}{dt} = \frac{F}{V}(c_{Af} - c_A) - k_0\exp\left(-\frac{E}{R_gT}\right)c_A \tag{2-54}$$

$$\frac{dT}{dt} = \frac{F}{V}(T_f - T) - \frac{UA}{VC_{p\rho}}(T - T_c) + \left(\frac{-\Delta H}{C_{p\rho}}\right)k_0\exp\left(-\frac{E}{R_gT}\right)c_A \tag{2-55}$$

当 $t=0$ 时，

$$c_A = c_{A,0}, T = T_0 \tag{2-56}$$

对于任意给定的某一初始条件［如式（2-56）中 $c_{A,0}$ 和 T_0］，利用龙格-库塔法求得式（2-54）以及式（2-55）的数值解如图 2-26 所示。

t，　0，　t_1，　t_2，．．．．，t_L，．．．．，t_∞

c_A，$c_{A,0}$，$c_{A,1}$，$c_{A,2}$，．．．．，$c_{A,L}$，．．．．，$c_{A,S}$

T，　T_0，　T_1，　T_2，．．．．，T_L，．．．．，T_S

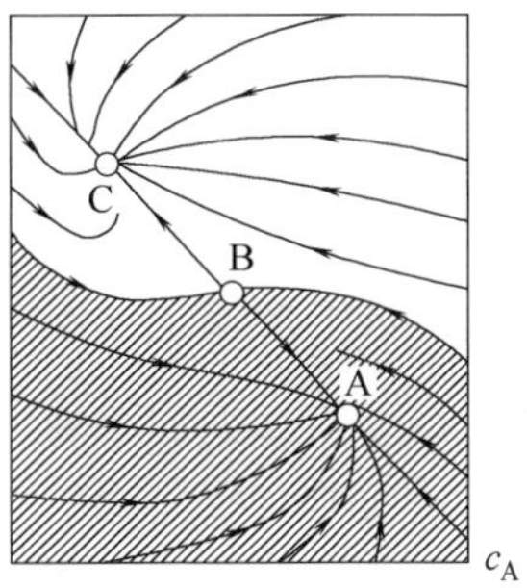

图 2-26　数值解及一级不可逆放热反应 A→B 的相图

T_s 和 $c_{A,S}$ 分别表示 A 组分在达到定常态时刻时的温度和浓度。将所对应计算得到的 c_A 和 T 的成对数据标注在相平面上并连成光滑曲线，并向 c_A 相近方向做出方向标志就得到一条相轨线。从不同的初始条件出发，仿照上述方法可以作出不同的轨线。由足够多的轨线就可以绘出相图。从图 2-26 得到的相图中能看出三个不同的定常态点，其中 A 和 C 是局部稳定点，而 B 则为局部不稳定点，从图中所显示的信息可以清楚地了解到只要是以定常态 A 或 C 的稳定区域内任何一点作为开工状态，化工过程系统都会在搅拌罐开工过程完成时达到其对应的定常态点的状态。

二、精馏塔的稳态及动态特性

在一般化工生产过程中，精馏塔是一种在原料纯化及产品提纯和分离过程中非常常见且重要的一种化工生产设备。对精馏塔参与的化工生产过程进行稳态和动态的模拟能建立起相对普遍的分析方法。这是因为对精馏塔模型的数学处理上具有典型性，以及非线性系统的定性分析等方法，也具有典型性，基于此两点，本节将精馏塔作为主要的研究对象。对精馏过程和精馏塔的稳态模拟一般是根据稳态数据，例如物料的温度、压力、流量、组成等以及相应的操作参数如进料位置，总塔板数等，采用适当的计算方法，计算物料平衡和热量平衡。如图 2-27 所示，是以任一精馏塔塔板的物料和热量变化情况为例进行模拟计算。

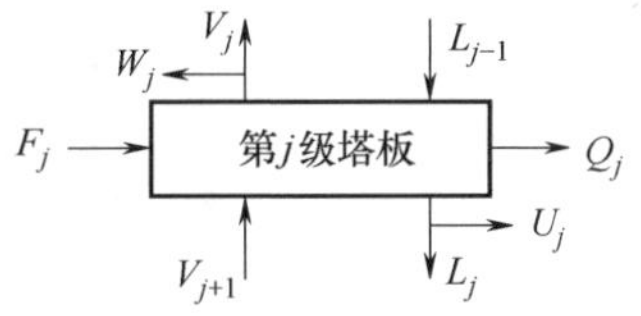

图 2-27　精馏塔任意塔板物料守恒

每个组分的物料衡算，见式（2-57）：

$$L_{j-1}x_{i,j-1}+V_{j+1}y_{i,j+1}+F_jz_{i,j}-(U_j+L_j)x_{i,j}-(W_j+V_j)y_{i,j}=0 \quad (2-57)$$

每级 C 个方程；

每个组分的相平衡关系，见式（2-58）：

$$y_{i,j}-k_{i,j}x_{i,j}=0 \quad (2-58)$$

每级 C 个方程；

组分衡算关系，见式（2-59）：

$$\begin{cases}\sum_{j=1}^{c} x_{i,j} = 1 \\ \sum_{j=1}^{c} y_{i,j} = 1\end{cases} \quad (2-59)$$

每级 2 个方程；

能量衡算关系（每级只有一个方程），见式（2-60）：

$$L_{j-1}H_{L_{j-1}}+V_{j+1}H_{V_{j+1}}+F_jH_{F_j}-(U_j+L_j)H_{L_j}-(W_j+V_j)H_{V_j}-Q_j=0 \quad (2-60)$$

式中　F_j——加料量，kmol/h；

L_j——液体流量，kmol/h；

U_j——侧线液体流量，kmol/h；

L_{j-1}——相邻塔板液体回流流量，kmol/h；

V_j——蒸气流量，kmol/h；

W_j——侧线蒸气流量，kmol/h；

V_{j+1}——相邻塔板蒸气回流流量，kmol/h；

Q_j——热量变化量，kJ/h。

可以看出，在 N 块塔板组成的方程组中，共有 $N(2C+3)$ 个方程，C 为组分个数，总变量数目却为 $N(3C+10)+1$ 个，在方程组中未知数数目大于方程数目，在数学上需要进行条件给定来进行对应情况求解。大多数情况下需要给定变量包括，总塔板数，进料中流股的组成，组分的分率、进料温度、压力，塔板处压力情况、热量变化和侧线处蒸气和液体流量等数据。这也就是典型精馏塔稳态流程模拟在 Aspen Plus 软件中进行模拟输入初始数据的理论基础。如图 2-28～图 2-30 所示，即为使用精馏塔稳态模拟萃取分离甲苯和甲基环己烷分离过程问题的组分输入、图形用户交互界面和数据浏览界面中输入参数的情况。甲基环己烷，是一种有机化合物，化学式为 C_7H_{14}，为无色透明液体，主要用作有机反应的溶剂，市场需求量稳定，效益突出。某公司以苯酚为萃取剂，从富液中萃取精馏分离甲基环己烷（MCH）和甲苯（TOLUENE），按照萃取精馏模拟方案，需要先进行组分输入，各组分分别是甲苯、甲基环己烷以及萃取剂苯酚。构建图形用户交互界面中塔（T1）模块（RadFrac 模块），甲苯和甲基环己烷混合进料流股命名为 FEED1，萃取剂苯酚流股进料命名为 FEED2，并进行流量数据，进料温度、压力情况的数值输入（数据来自网络），精馏塔塔板数为 22 块，进料位置分别在第 7 块和第 14 块塔板上方，并合理设

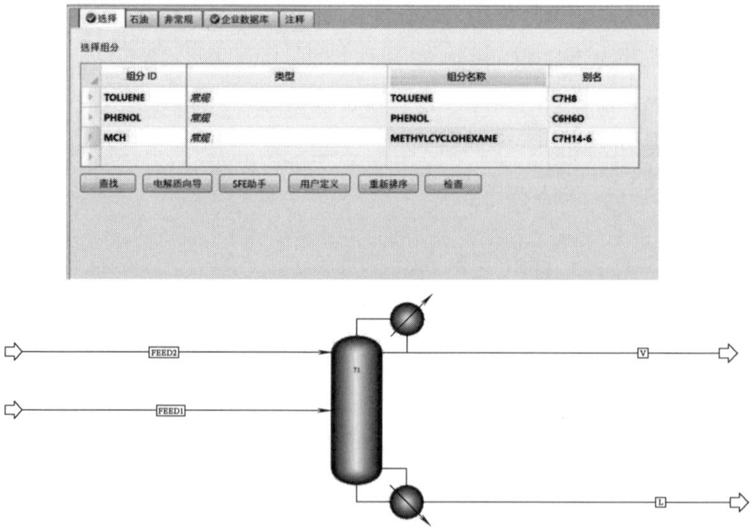

图 2-28　精馏塔分离甲苯和甲基环己烷组分输入和图形用户交互界面

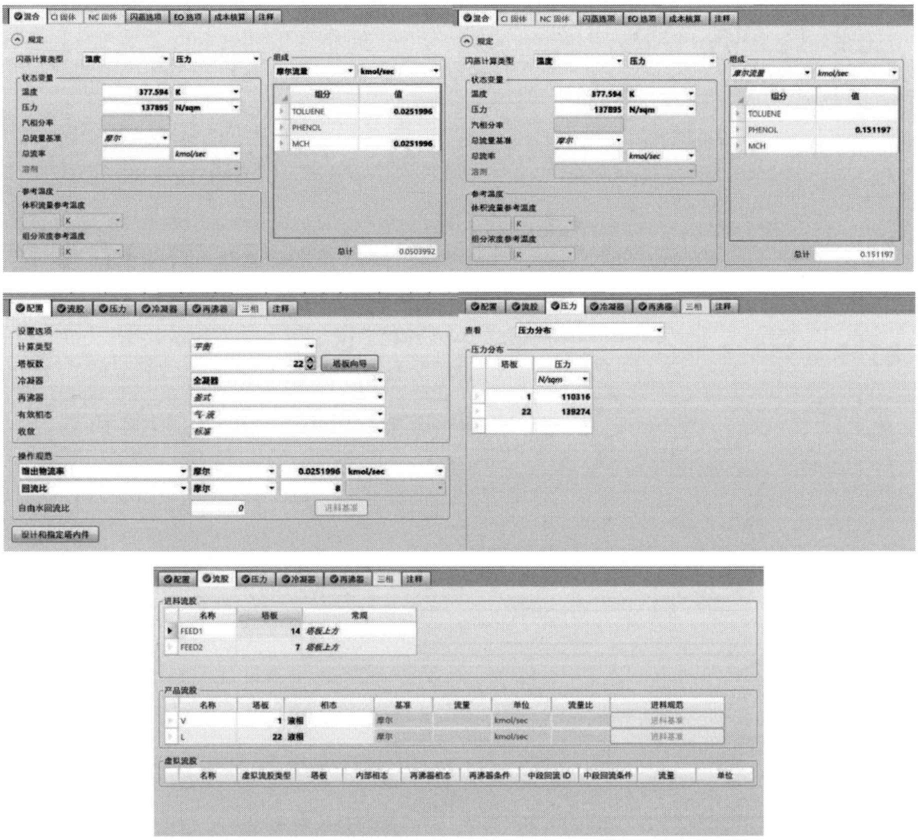

图 2-29　进料流股 FEED1、FEED2 以及精馏塔塔板数、压力情况等输入数据

置全塔压降等数据，运行模拟过程得数据如图 2-30 所示，最终模拟结果获得数据为甲基环己烷的分离纯度（质量分数）能达到 98%以上。

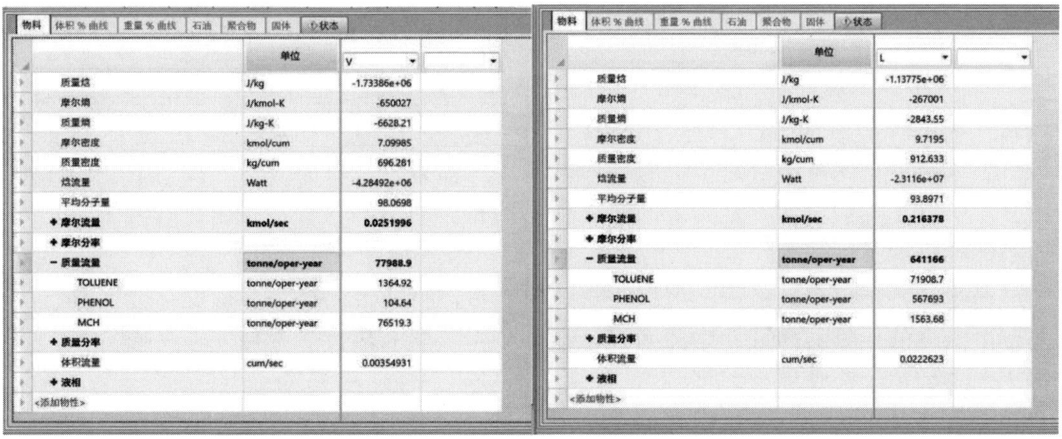

图 2-30　气相和液相馏出物的数据结果

精馏塔的稳态模拟过程是化工过程流程模拟的重要组成部分，稳态模拟的数据参数能为化工原料以及产品的提纯和分离提供重要的依据和调整参考。在化工生产中，经常会遇

到一些具有相似多级系统的生产过程，如多级串联的 CSTR 反应器和板式精馏塔，向 CSTR 反应器的动态特性值得深入挖掘和掌握一样，理解了精馏塔的动态特征也可以对其开停工过程进行更明确的数值分析。

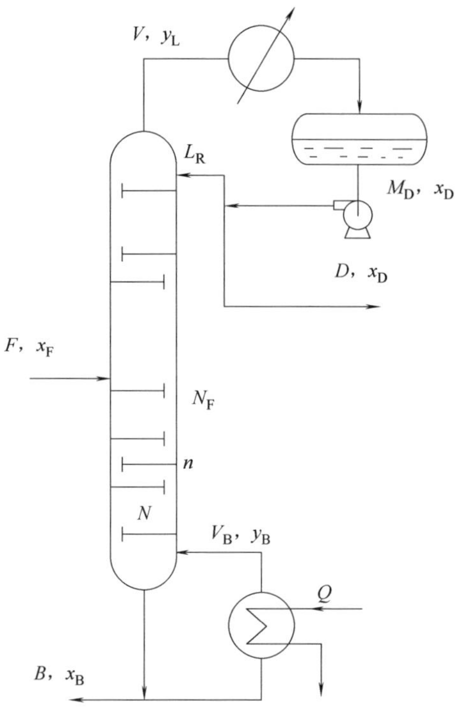

图 2-31　板式精馏塔示意图

图 2-31 中板式精馏塔全塔共有 N 块塔板，塔顶为全冷凝器，塔底有间接加热的再沸器，在第 N_F 板上方进料。F、D 和 B 分别为进料量、馏出液采出量和残液采出量，单位为 kmol/h；L_R 为回流量，单位为 kmol/h；V 为蒸气量，单位为 kmol/h；M_D 为持液量，单位为 kmol/h；y、x 分别是气相与液相易挥发组分的摩尔分数；Q 为塔底加热量，单位为 kJ/h；N 为塔板总数 n 为塔板序号（从塔顶向下计）。

为了能对精馏塔的动态过程模拟进行有效建模，并对其中参数进行求解，通常需要对整个系统进行化简和简化，将复杂化工过程系统经过一些合适的假设。对精馏塔的动态过程模拟进行如下假设：

① 每块塔板上气相与液相分别为理想混合；

② 两组分的摩尔汽化热近似相等，气相和液相在沿塔轴向运动过程中，显热变化对热量衡算的影响以及热损失的影响均可忽略不计，泡点进料；

③ 塔内压力恒定（在设备实际运行情况下，这点很难保证）；

④ 离开每一块塔板的气液两相处于平衡状态；

⑤ 每块塔板上持液量远大于持气量，后者及其变化可以忽略不计。

结合基本假设②和③，可以得出：任意两块塔板间上升蒸气量恒定，从而使模型变量的数目大大减少，因此不必对每一块塔板都做热量衡算，使模型方程的数目也就相应地减少很多。引入基本假设⑤，是为了回避塔板上的传质动力学的复杂问题。其他假设是为了适应机理模型的条件限制。

经过化简精馏塔精馏过程，可以对每一块塔板进行物流衡算、易挥发组分衡算、全凝器与馏出液罐的总物料衡算和难挥发组分衡算、再沸器的热量衡算与气液平衡关系，获得精馏塔动态模拟的数学模型。

全凝器及馏出液罐总物料衡算见式（2-61）：

$$\frac{dM_D}{dt}=V-L_R-D \tag{2-61}$$

全凝器及馏出液罐易挥发组分衡算见式（2-62）：

$$\frac{\mathrm{d}(M_{\mathrm{D}}x_{\mathrm{D}})}{\mathrm{d}t}=VY-(L_{\mathrm{R}}+D)x_{\mathrm{D}} \tag{2-62}$$

第 n 块塔板总物料衡算见式（2-63）：

$$\frac{\mathrm{d}M_n}{\mathrm{d}t}=L_{n-1}-L_n \tag{2-63}$$

第 n 块塔板易挥发组分衡算见式（2-64）：

$$\frac{\mathrm{d}(M_n x_n)}{\mathrm{d}t}=L_{n-1}x_{n-1}-L_n x_n+V(y_{n+1}-y_n) \tag{2-64}$$

离开第 n 块塔板气液相浓度关系见式（2-65）：

$$y_n=f(x_n) \tag{2-65}$$

此式中，按基本假设 V，气液两相处于平衡状态。

对于加料板，与第 n 块塔板相似的可以得到下列守恒关系与平衡关系式

$$\frac{\mathrm{d}(M_{\mathrm{F}})}{\mathrm{d}t}=L_{\mathrm{F}-1}-L_{\mathrm{F}}+F \tag{2-66}$$

$$\frac{\mathrm{d}(M_{\mathrm{F}}x_{\mathrm{F}})}{\mathrm{d}t}=L_{\mathrm{F}-1}x_{\mathrm{F}-1}-L_{\mathrm{F}}x_{\mathrm{F}}+Fx_{\mathrm{F}}+V(y_{\mathrm{F}+1}-y_{\mathrm{F}}) \tag{2-67}$$

$$y_{\mathrm{F}}=f(x_{\mathrm{F}}) \tag{2-68}$$

再沸器及塔底总物料衡算见式（2-69）：

$$\frac{\mathrm{d}M_{\mathrm{B}}}{\mathrm{d}t}=L_N-V-B \tag{2-69}$$

再沸器及塔底易挥发组分衡算见式（2-70）：

$$\frac{\mathrm{d}(M_{\mathrm{B}}x_{\mathrm{B}})}{\mathrm{d}t}=L_N x_N-Vy_{\mathrm{B}}-Bx_{\mathrm{B}} \tag{2-70}$$

离开再沸器及塔底的气液相浓度关系见式（2-71）：

$$y_{\mathrm{B}}=f(x_{\mathrm{B}}) \tag{2-71}$$

再沸器热量衡算见式（2-72）：

$$V=\eta Q \tag{2-72}$$

式中　η——再沸器单位（时间）产液系数。

此外，根据流体动力学原理，还可以得到每一块塔板上经降液管回流的液体量与该板上持液量的函数关系见式（2-73）：

$$L_N=\phi(M_N) \tag{2-73}$$

综合得看式（2-61）~式（2-73）［其中式（2-66）~式（2-68）关系式已计数，无须重复计算］，共计可以求列出以 $4N+6$ 个方程式。但是仔细观察这些方程式可以看出，其共涉及 $4N+10$ 个未知数，它们分别是 N 个 x_n、N 个 y_n、N 个塔板回流量 L_N、N 个塔板持液量，还包括馏出液贮罐持液量 M_{D}、馏出液成分 x_{D}、馏出液采出量 D、回流至第一块塔板的液体量 L_{R}、再沸器与塔底持液量 M_{B}、再沸器液相采出量 B、上升蒸气量 V 和离开再沸器气、液相成分 y_{B} 与 x_{B} 和输入再沸器的热量 Q。虽然未知数的数量大于方程数目，数学上不能求解，但是，如果考虑到 Q、L_{R}、D 和 B 通常是能够从输入情况或者在线对设备监测得到的输入和输出变量得到的数据（也有可能是通过某函数关系映射得到的），从而使得未知数数目和方程数目相等，进而对这些常微分方程赋初值后，可以进行方程组联立求解。

在精馏塔体系中典型的动态模拟问题包括连续操作精馏塔开、停工问题等情况。需要指出的是，所有涉及易挥发组分的方程，均应将其微分方程按函数乘积导数展开规则展开，然后利用相应的物料衡算将其代入消去展开式中关于 M 的导数项，从而使所有常微分方程的左端都转变为更容易计算的单导数形式，如式（2-62）经过上述方法进行改写成式（2-74）：

$$M_D \frac{dx_D}{dt}=V(y_L-x_D) \tag{2-74}$$

其他方程如下式（2-74）~式（2-78）：

$$\frac{dM_B}{dt}=L_N-V-B \tag{2-75}$$

$$M_n \frac{dx_n}{dt}=L_{n-1}(x_{n-1}-x_n)+V(y_{n+1}-y_n) \tag{2-76}$$

$$M_F \frac{dx_F}{dt}=L_{F-1}(x_{F-1}-x_F)+F(x_f-x_F)+V(x_{F+1}-x_F) \tag{2-77}$$

$$M_B \frac{dx_B}{dt}=L_N(x_N-x_B)+V(x_B-y_B) \tag{2-78}$$

$$\begin{cases} y_n=f(x_n) \\ y_F=f(x_F) \\ y_B=f(x_B) \\ L_n=\phi(M_n) \\ L_F=\phi(M_F) \\ V=\eta Q \end{cases} \tag{2-79}$$

如果已经给定 M_D、M_n、M_F、M_B 和 x_D、x_n、x_F 和 x_B 的初始值，并且 F、Q 为已知，要模拟求解在全混状态下（$D=0$）和无塔底残液采出（$B=0$）条件下，此时精馏塔开工过程的动态特性。求解过程可以在给定 Q 的情况下，由式（2-79）计算得到 V 的值。由每块塔板上 M 初值，从式（2-75）计算得到 L。从 x 的初值和假定温度 T 的初值，在相平衡关系中计算得到 y，然后用归一化方程检验每块塔板和再沸器内气相组成，归一化方程如式（2-80）：

$$\sum_i y_{i,n} = 1 \tag{2-80}$$

如果不能满足，重新调整初值，直至满足气相归一化条件。相似得，如果利用 V、L、x 和 y 的初值数据，检验馏出液是否浓度达到设计要求，塔底残液是否能达到设计要求，如果有任何一个指标和设计要求不符，都要将 M、x 进行数据重新赋值后再进行计算，如果馏出液和塔底残液能同时达到设计要求，则可以认定 M、x 的数值随时间变化的结果收敛。

三、变压吸附过程的动态特性

变压吸附（Pressure Swing Adsorption，PSA），是一种新型气体吸附分离技术，它有如下优点：分离得到的产品纯度高；适用条件广，一般可适用于室温和中低压压力范围，床层再生时处理简单；设备操作、维护简便；循环操作，可完全达到自动化。因此，当这种新技术问世后，就受到各国工业界的关注，发展迅速，并日益成熟。

在吸附平衡情况下，对于同一被吸附气体（吸附质）来说，温度越低，压力越高，吸附量越大。反之，温度越高，压力越低，则吸附量越小。因此，气体的吸附分离方法，通常采用变温吸附或变压吸附两种循环过程。变温吸附原理是，如果压力不变，在常温或低温的情况下吸附，用高温解吸的方法，称为变温吸附（简称 TSA）。显然，变温吸附是通过改变温度来进行吸附和解吸的。变温吸附操作是在低温（常温）吸附等温线和高温吸附等温线之间的范围进行，由于吸附剂的比热容较大，热导率（导热系数）较小，升温和降温都需要较长的时间，操作上比较麻烦，因此变温吸附的应用范围受限，实际应用较少。如果温度不变，在加压的情况下吸附，用减压（抽真空）或常压解吸的方法，称为变压吸附。变压吸附的原理是，变压吸附是通过改变压力来吸附和解吸的。变压吸附操作由于吸附剂的热导率较小，吸附热和解吸热所引起的吸附剂床层温度变化不大，故可将其看成等温过程，它的工况近似地沿着常温吸附等温线进行，在较高压力下吸附，在较低压力下解吸。吸附常常是在压力环境下进行的，变压吸附提出了加压和减压相结合的方法，它通常是由加压和减压组成的吸附-解吸压力循环系统。在等温的情况下，利用加压吸附和减压解吸组合成吸附操作循环过程。吸附剂对吸附质的吸附量随着压力的升高而增加，并随着压力的降低而减少，同时在减压（降至常压或真空）过程中，放出被吸附的气体，使吸附剂再生，外界不需要供给热量便可进行吸附剂的再生。因此，变压吸附既称等温吸附，又称无热再生吸附。整个过程最大的动态特征是，吸附塔的操作压力成周期性变化，从而实现吸附和解吸分离。

一套典型的双塔式变压吸附空气分离制备氮气的装置，装置内填充碳分子筛作为吸附剂，主要是基于氧气和氮气在碳分子筛中的扩散速率不同，在0.7~1.0MPa 压力下，即氧气在碳分子筛表面的扩散速度大于氮气的扩散速度，使碳分子筛吸附剂优先吸附氧气，而氮气则大部分不能被吸附剂所吸附。碳分子筛本身具有加压时对氧气的吸附容量增加，减压时对氧气的吸附量减少的特性。利用这种特性采用变压吸附法进行氧气、氮气分离，能获得高纯氮气，通常纯度能达到 99.5%（摩尔分数）以上。

通常将双塔式变压吸附空气分离制备氮气（图 2-32）的一个完整循环分为四个阶段：加压、吸附、放空和吹扫。为了使装置更加节能，部分装置在现有四个阶段循环的基础上增加了均压阶段。均压过程是利用一台吸附塔降压时抽出的气体填充到另外一台正处于升压阶段的塔中，至两塔均压，完成均压阶段。但如果两塔还未完成降压或升压，不能达到吸附剂的最佳吸附和脱附效果，则需继续使用外加能量进行相应阶段的压力变化进程。均匀阶段的做法是使用内部压力变化互补的过程，减少了外部能量的输入，降低了公用工程消耗，起到了节能的作用，降低了生产成本。理论上，由于放空、吹扫和加压、吸附时间相等，压力变化情形相反，一台吸附塔放空、吹扫时，另外一台正处于加压、吸附阶段，也就是在双塔式变压吸附过程中产品气是能够被一直生产获得的，如图 2-33 所示，

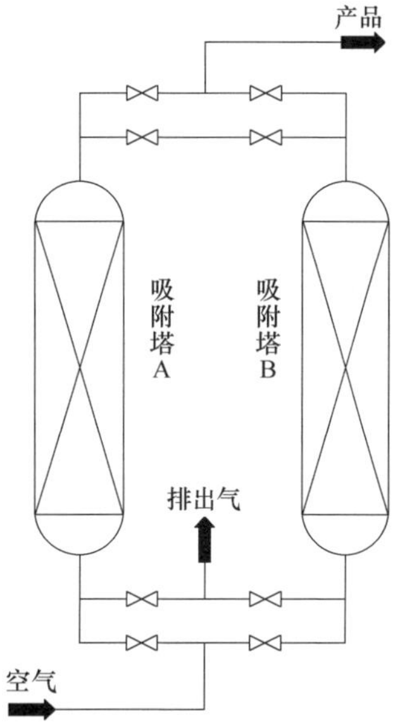

图 2-32　双塔式变压吸附空气制氮气示意图

双塔式变压吸附过程中，以单个吸附塔塔内压力变化情况为例，一个周期内压力变化过程（不含均压阶段）。

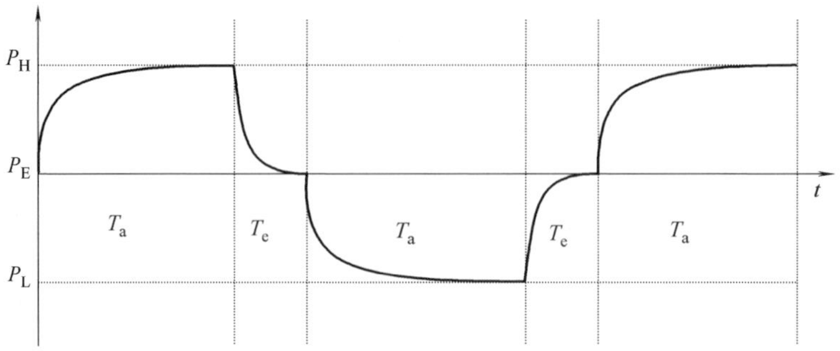

图 2-33　双塔式变压吸附单塔内压力变化

如果用化工系统工程学的思想认识在碳分子筛上进行的双塔式变压吸附分离空气制氮气的过程，需要将其使用数学语言进行描述，用模型化的思想将其进行加工，有必要进行以下简化和化简，才能更直观地使用机理模型对其建模。空气干燥过程中的假设条件如下：

① 空气作为原料需要干燥且均质，其流量、组成和温度稳定；

② 忽略吸附热效应的影响，认为 PSA 循环是等温过程；

③ 在吸附塔内压力随位置变化的数量远小于操作压力，因而可以近似认为压力是均匀的；

④ 气体流速径向均匀分布，即可以利用一维模型来描述；

⑤ 考虑气相轴向有效扩散；

⑥ 由于在气相沿塔流动过程中被吸附的氧气占总气量的比例较大，应当考虑气体流速沿轴向的变化；

⑦ 氧气和氮气的吸附平衡可以用 Henry 定律描述；

⑧ 每个气相组分与碳分子筛吸附剂之间传质过程的速率可以利用线性推动力模型来描述。

从一台吸附塔中，取出长度为 dz、垂直于气流方向的一小段吸附床，在很短的时间 dt 内对气体 A（氧）和气体 B（氮）进行物料衡算，然后各项遍除该微分单元体体积与微分时间间隔的乘积（Fdz）（dt），并简化，得到流动气各组分的质量衡算式（2-81）和式（2-82）：

$$\frac{\partial c_A}{\partial t}-D_L\frac{\partial^2 c_A}{\partial Z^2}+v\frac{\partial c_A}{\partial Z}+c_A\frac{\partial v}{\partial Z}+\left(\frac{1-\varepsilon}{\varepsilon}\right)\frac{\partial q_A}{\partial t}=0 \tag{2-81}$$

$$\frac{\partial c_B}{\partial t}-D_L\frac{\partial^2 c_B}{\partial Z^2}+v\frac{\partial c_B}{\partial Z}+c_B\frac{\partial v}{\partial Z}+\left(\frac{1-\varepsilon}{\varepsilon}\right)\frac{\partial q_B}{\partial t}=0 \tag{2-82}$$

式中　c——气相浓度，mol/m^3；

v——气体线速度，cm/s；

D_L——气相轴向有效扩散系数，cm^2/s；

q——单位体积吸附剂的吸附量，mol/m^3；

ε——吸附剂床层空隙率，%；

Z——轴向坐标；

t——时间，s。

根据假设⑧，气固两相间的传质速率可由下式（2-83）和式（2-84）表示：

$$\frac{\partial q_A}{\partial t}=k_A(q_A^*-q_A) \tag{2-83}$$

$$\frac{\partial q_B}{\partial t}=k_B(q_B^*-q_B) \tag{2-84}$$

式中　q^*——平衡吸附量，mol/m^3；

k——吸附速率常数，s^{-1}。

由于假设⑦（氧气和氮气的吸附平衡可以用 Henry 定律描述）可以将平衡吸附量写成式（2-85）：

$$\begin{cases} q_A^*=K_A c_A \\ q_B^*=K_B c_B \end{cases} \tag{2-85}$$

式中　K——吸附平衡常数。

流动气相总物料衡算关系见式（2-86）：

$$\frac{\partial c}{\partial t}+c\frac{\partial v}{\partial Z}+\left(\frac{1-\varepsilon}{\varepsilon}\right)\left(\frac{\partial q_A}{\partial t}+\frac{\partial q_B}{\partial t}\right)=0 \tag{2-86}$$

其中，$c=c_A+c_B$，在式（2-80）、式（2-81）和式（2-85）中只需要保留其中两式，和式（2-82）~式（2-84）组成一台吸附塔的动态数学模型。其边界条件见式（2-87）~式（2-89）：

$$D_L\frac{\partial c_A}{\partial Z}\bigg|_{Z=0^+}=-v\,|_{Z=0}(-c_A\,|_{Z=0^-}-c_A\,|_{Z=0^+}) \tag{2-87}$$

$$\frac{\partial c_A}{\partial Z}\bigg|_{Z=L}=0 \tag{2-88}$$

$$v\,|_{Z=0}=\begin{cases} v_{0,h} \\ 0 \\ v_{0,L} \\ \phi(t) \end{cases} \tag{2-89}$$

式（2-89）中，四种条件分别对应加压阶段、放空阶段、吹扫阶段和降压阶段。$\phi(t)$ 对应降压阶段床层的流速，应当等同于另外一塔放空阶段出口处的流速。

其初始条件，以开停工过程中的开工过程为例，对于开工过程，条件为：

$$t=0,\ c_A(Z,0)=q_A(Z,0)=q_B(Z,0)=0$$

以上即为变压吸附过程的动态模型的建模过程，关于变压吸附空分制氮过程数学模型的数值求解方法，一般会采用将偏微分方程组转化为近似等价的常微分方程组进行求解的过程方法，这种方法被称为正交配置法。它的基本思想是，在微分方程定义域内选定特定的点作为内配置点，然后求使这些点与真实值间误差为零的近似解，这里内配置点的选取需要一定的技巧，而且计算过程烦琐，章节篇幅有限，不能详细介绍，读者若对此方法有兴趣，可以参阅相关文献。

第五节　流程模拟软件中序贯模块法的应用

一、序贯模块法解醋酸乙烯工艺设计

醋酸乙烯（VAc）也被称为醋酸乙烯酯，是一种酯类化合物，由饱和酸和不饱和醇反应得到。醋酸乙烯是一种十分重要的化工原料，聚合产生多种产物，如聚乙烯醇（PVA）、醋酸乙烯-乙烯共聚乳液（VAE）等。这些聚合物在黏结剂、纸浆、油漆等方面都有着广泛的应用，因此在化工行业和轻化工行业，醋酸乙烯化合物以及其下游聚合产物都具有广阔的应用前景。

相比较而言，生产醋酸乙烯产品的成熟工艺主要有乙炔法、羰基化法和乙烯法，其中乙烯法按照进料方式不同可以细分为乙烯气相法和乙烯液相法。乙炔法是以乙炔与醋酸蒸气为原料，在催化剂存在下反应生成醋酸乙烯，电石法生产乙炔受电石质量及环境问题限制，存在消耗高、污染严重等不足。天然气乙炔法存在成本高的问题。乙炔法采用乙酸锌负载活性炭催化剂，该催化剂虽然原料易得、制备简单，但是其使用寿命短（6~12 个月），该工艺所生产的醋酸乙烯成品中醋酸乙烯的含量超过 99.5%，乙炔法醋酸乙烯中醛类含量大大高于乙烯法，这些醛类绝对含量虽然不多，但对聚合反应有较大的影响。乙炔法三废多，环保问题严重，能耗物耗高。羰基化法是以合成气为原料生产醋酸乙烯，而合成气可由煤制气、天然气等作为原料制得。随着石化资源的不断减少，且用煤和焦炭制得的粗原料气组分中氢碳比太低，酸性气体和灰渣排放量较大，需投入较多资金建设和环保处理设施。羰基化法中二醋酸亚乙酯（EDA）裂解制备醋酸乙烯为均相反应，催化剂须能够提供 Bronsted 酸。在 Bronsted 酸中，硫酸是常用的强酸，但有强氧化性，羰基化法中采用苯磺酸为催化剂，它无硫酸的强氧化性，具有与硫酸相近的强酸性。羰基化法三废较少，能够解决大部分环保问题，能耗较低。乙烯法是以乙烯、醋酸和氧气为原料，在催化剂存在下反应生产醋酸乙烯。此工艺依赖石油资源，乙烯价格受石油价格及储存开采量影响。且如果工厂周围没有临近乙烯装置进行供给，则需要外购原料乙烯。乙烯的运输必须采用低温储运，不仅增加了企业的生产成本，而且运输技术性和安全性要求都相对较高。乙烯法所用催化剂多为 CTV 型和 Bayer 型，在使用寿命（2~4 年）和催化活性方面占据优势，但机械强度差、活性下降快，同时废催化剂的回收处理也是问题。乙烯法中气相进料方式的乙烯气相法相比于液相进料环保问题得到较大改善，能耗低。总的来看，乙炔法耗能高且三废多，环保问题较严重，而羰基化法工业应用极少，工艺相对不成熟，乙烯气相法生产醋酸乙烯，以裂解气分离的乙烯气体为原料，气相进料不仅可以降低乙烯随原油价格波动带来的不利影响，而且对比液相法在成本控制上，也具有天然的优势。在本节中将选择乙烯气相法制备醋酸乙烯工艺进行流程模拟相关内容的介绍，以上提到的三种工艺技术方案对比总结于表 2-5。本节中涉及的模拟过程均为稳态模拟过程。

表 2-5　　制备醋酸乙烯工艺方案对比

技术方案	乙炔法	乙烯(气相)法	羰基化法
消耗	高	较低	较低
转化率	较低	高	高

续表

技术方案	乙炔法	乙烯(气相)法	羰基化法
能耗	高	较低	低
本质环保	三废多,环保问题严重	三废较少	三废较少
流程特点	技术成熟,设备投资小,产能大,催化剂易得	技术成熟,工艺流程简单,选择性高,副产物少,设备腐蚀小,催化活性高,产品质量好	催化活性高,反应条件温和,研究技术仍有待提高,目前工业上应用少

二、乙烯气相法合成醋酸乙烯模拟的反应过程

某大型石油化工企业下属有机化工产品生产厂，使用上游原料，裂解气中一股 C2、C3 混合烯烃分离得到的乙烯气体和即制即用的醋酸进行反应得到醋酸乙烯酯粗产品，经提纯后得到纯度为 99.8%的 VAc 产品，同时以分离得到的丙烯为原料，丙烯经过环氧化反应得到副产品环氧丙烷。工艺流程如图 2-34 所示。整个生产过程可以分为裂解气分离工段、丙烯环氧化工段、乙烯直接氧化工段和醋酸乙烯合成精制工段。设计要求中提出以此工艺路线进行醋酸乙烯产品生产，醋酸乙烯产品纯度要高于 99%，且副产品环氧丙烷纯度应高于 98%。

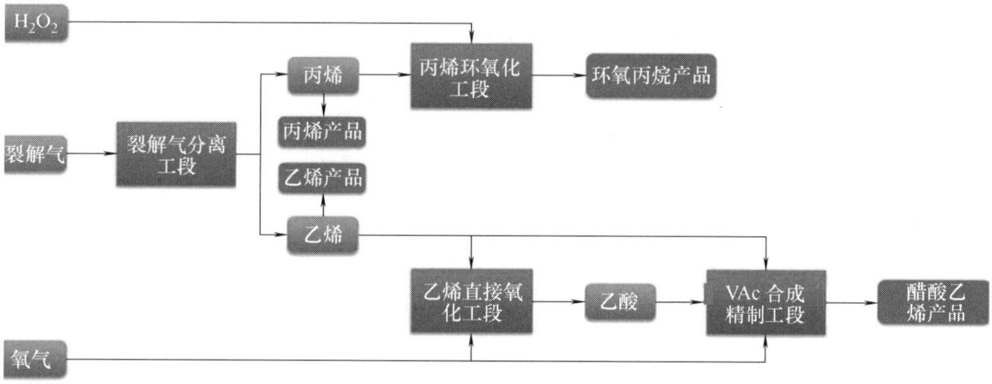

图 2-34　乙烯气相法合成醋酸乙烯工艺流程

针对设计要求，主要产品醋酸乙烯和主要副产品环氧丙烷的纯度需要分别达到 99%和 98%以上，使用流程模拟软件 Aspen Plus 对以上流程进行模拟，按照流程模拟一般过程和序贯模块法基本思想，在软件中输入定义化学组分（化学组分较多，篇幅所限，只展示了部分），如图 2-35 所示。

在定义模拟流程步骤中，根据设想出乙烯气相法制备醋酸乙烯，副产环氧丙烷的流程框图，使用物料流股联结单元模块形成图形用户交互界面中所绘制的工艺流程简图如图 2-36 所示，丙烯环氧化工段反应器 R0201（第 2 工段的第一个反应单元模块）进行过氧化氢直接氧化法制备环氧丙烷，反应方程见式（2-90），产物为环氧丙烷和水，环氧丙烷即为流程主要副产物；醋酸乙烯合成精制工段反应器 R0401（第 4 工段的第一个反应单元模块）中进行酯化反应，产物为醋酸乙烯，见式（2-91）。

组分 ID	类型	组分名称	别名	CAS号
H2	常规	HYDROGEN	H2	1333-74-0
CO	常规	CARBON-MONOXIDE	CO	630-08-0
CH4	常规	METHANE	CH4	74-82-8
C2H2	常规	ACETYLENE	C2H2	74-86-2
C2H4	常规	ETHYLENE	C2H4	74-85-1
C2H6	常规	ETHANE	C2H6	74-84-0
C3H4	常规	METHYL-ACETYLENE	C3H4-2	74-99-7
C3H6	常规	PROPYLENE	C3H6-2	115-07-1
C3H8	常规	PROPANE	C3H8	74-98-6
C4H6	常规	1,3-BUTADIENE	C4H6-4	106-99-0
C4H8	常规	CIS-2-BUTENE	C4H8-2	590-18-1
C4H10	常规	N-BUTANE	C4H10-1	106-97-8
C5H12	常规	N-PENTANE	C5H12-1	109-66-0
C6H6	常规	BENZENE	C6H6	71-43-2
O2	常规	OXYGEN	O2	7782-44-7
CH3CHO	常规	ACETALDEHYDE	C2H4O-1	75-07-0
CH3COOH	常规	ACETIC-ACID	C2H4O2-1	64-19-7
H2O	常规	WATER	H2O	7732-18-5
N2	常规	NITROGEN	N2	7727-37-9
CO2	常规	CARBON-DIOXIDE	CO2	124-38-9

图 2-35　定义和输入化学组分（部分）

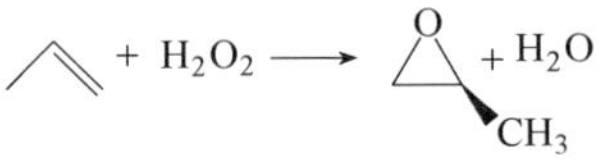
(2-90)

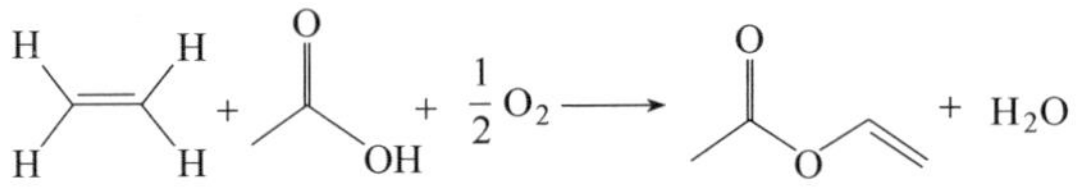
(2-91)

经过对全局定义，选择热力学方法步骤对全工艺流程建立数学模型后，是定义（进料）流股信息步骤。

定义流股信息步骤中，需要先定义各输入流股的物性参数信息，按表 2-6 所示裂解气原料物性，按原料流股中各组分的摩尔分率实际数值进行气液混合进料，流程模拟过程中输入进料流股信息情况如图 2-37 所示（篇幅所限，只展示了部分，以输入流股混合轻烃裂解气编号为 S0103 为例）。

表 2-6　　原料物性

主要问题	裂解气温度/℃	裂解气压力/MPa	裂解气气量/($m^3 \cdot h^{-1}$)
混合轻烃裂解气 1	-135	0.8	59.51
混合轻烃裂解气 2	-115.6	0.8	72.16
混合轻烃裂解气 3	-75.8	0.8	1417.27
混合轻烃裂解气 4	-98.5	0.8	493.64

在提供过程条件步骤中，需要分别对各类单元模块进行信息填写，这也是使用 Aspen Plus 运用序贯模块法进行全流程模拟的重要步骤，在第二工段的过氧化氢氧化丙烯生成环氧丙烷过程中，主反应式如式（2-90），副反应包括过氧化氢分解为水和氧气，以及其他多种可能存在的氧化反应（以生成丙二醇甲醚反应为例）。第二工段丙烯环氧化流程简图如图 2-38 所示。

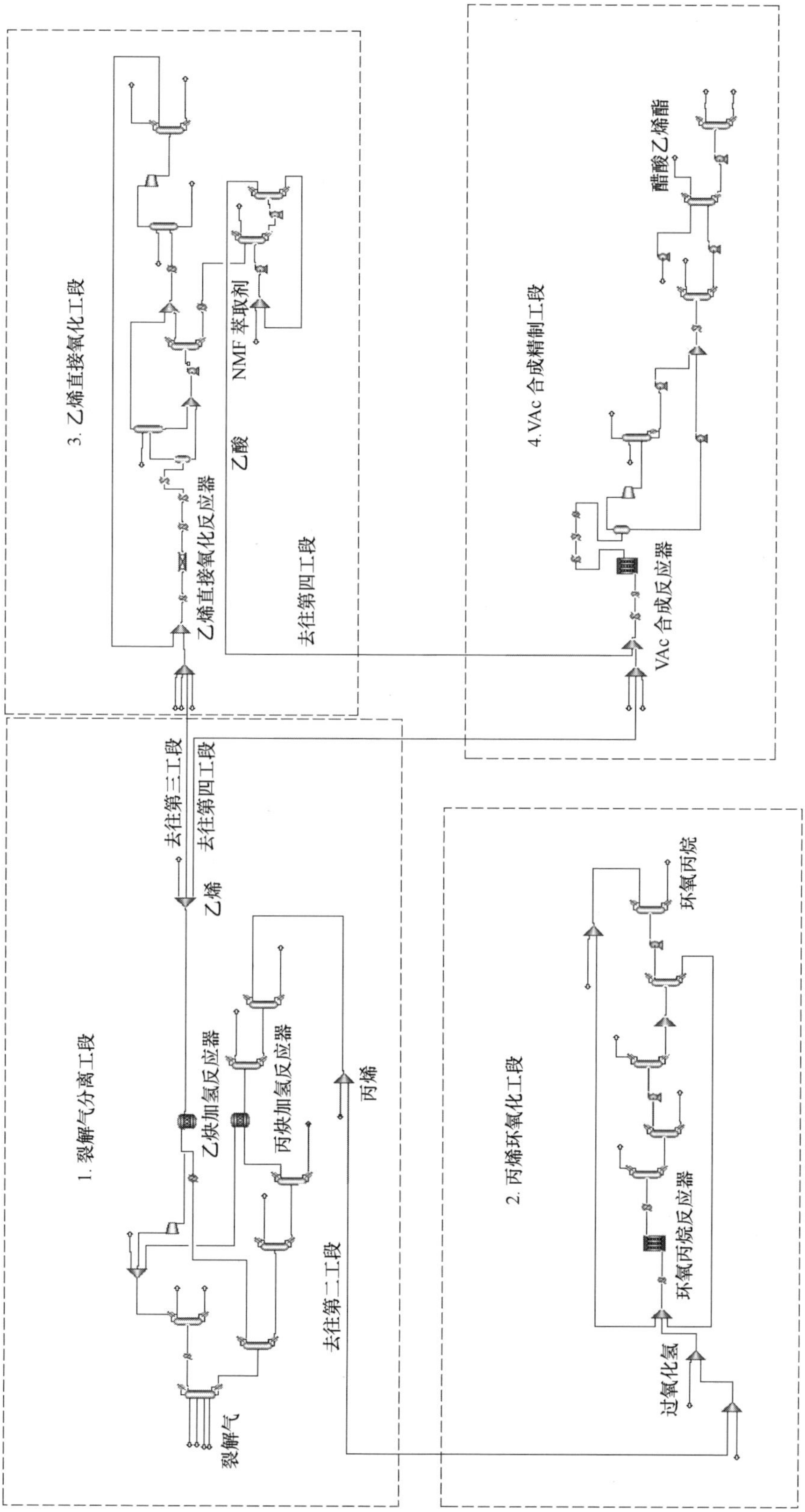

图 2-36　全流程模拟图形用户界面及四个工段的具体流程

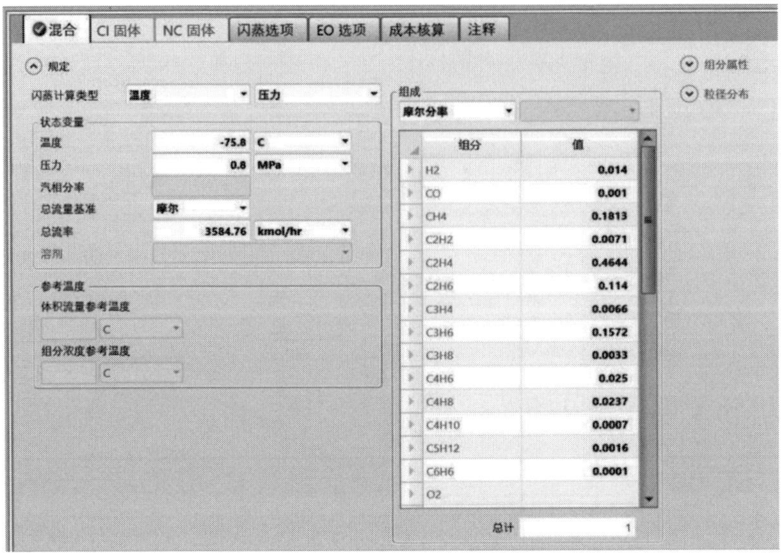

图 2-37　进料流股信息（部分）

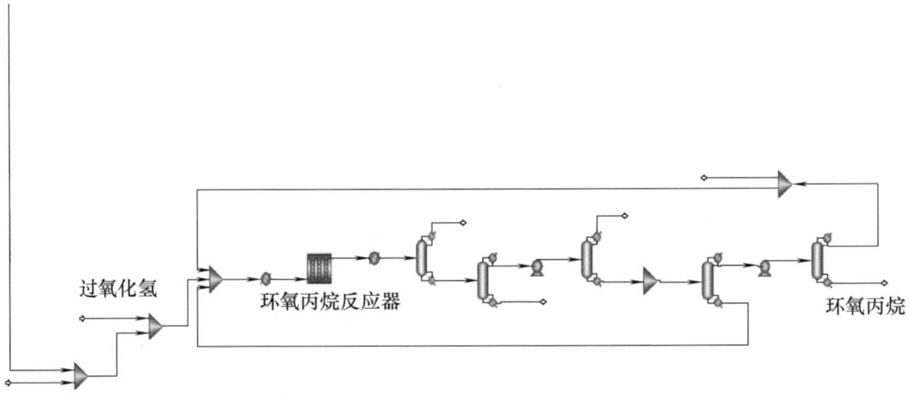

图 2-38　第二工段丙烯环氧化流程简图

化学反应过程是化工过程的核心概念之一，催化反应过程是现代化学工业的重要基础，现代化工过程中，特别是石油化工过程中的绝大多数化学反应都是在催化剂催化作用下进行的化学反应。化学反应动力学过程在现代化工生产中的重要性无须赘述。同样的，化工流程模拟中反应器的动力学模拟过程是进行全流程模拟的重要组成部分，丙烯环氧化主反应动力学参数是通过查阅相关文献，在钛硅分子筛（TS-1 催化剂）的催化作用下对反应数据进行动力学推导而确定的。动力学反应类型为幂定律类型，动力学因子计算式中的 k 值为 143，活化能 E 取值为 22.83kJ/mol（图 2-39）（图中单位为 kJ/kmol）。

副反应动力学参数输入过程如图 2-40 和图 2-41 所示，分别是过氧化氢分解反应和丙二醇甲醚的生成反应。

第四工段 VAc 合成精制工段中，反应器单元模块 R0401 中进行乙酸、氧气和乙烯反应生成醋酸乙烯的主反应，以及乙烯和氧反应生成乙醛、乙烯氧化分解、乙酸氧化分解等副反应。丙烯环氧化主反应动力学参数是通过查阅相关文献，在 Pd-Au/SiO_2 的催化作用

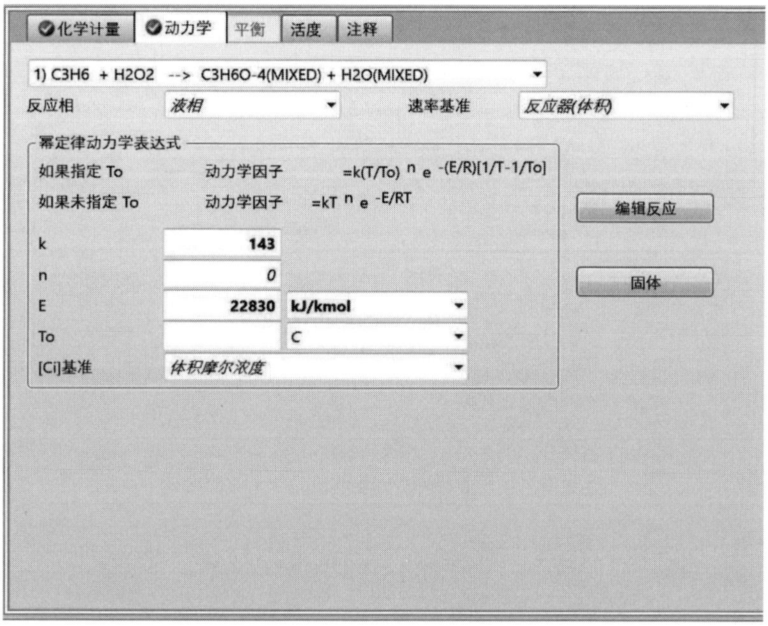

图 2-39　丙烯环氧化主反应动力学参数

下对反应数据进行动力学推导而确定的。动力学反应类型为幂定律类型，动力学因子计算式中的 k 值为 1.04129×10^{-5}，活化能 E 取值为 15kJ/mol（图 2-42）。

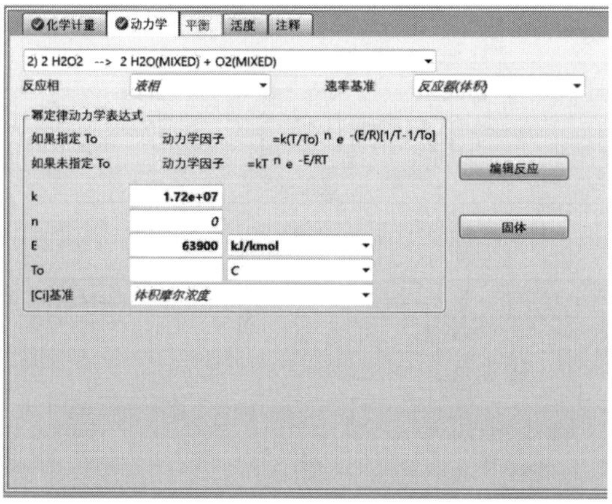

图 2-40　第二工段副反应动力学参数一

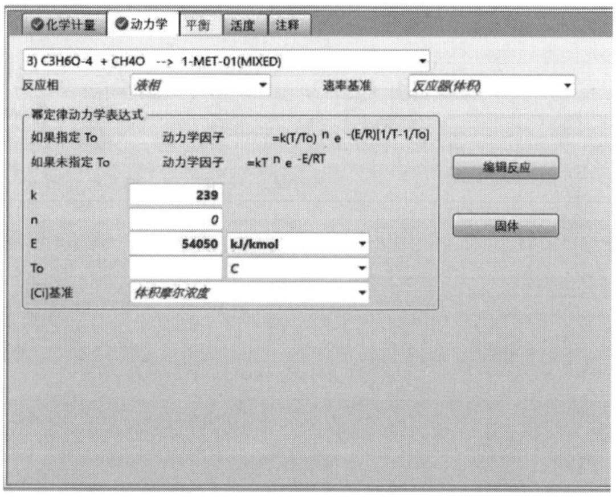

图 2-41　第二工段副反应动力学参数二

图 2-43 中为乙烯氧化分解为二氧化碳和水的副反应，它的动力学方程采用幂定律方程表达方式，k 值和 E 值分别按图 2-43 所示进行填写。

图 2-44 中显示的是为乙烯氧化生成乙醛的副反应，它的动力学方程也采用幂定律方程表达方式，k 值和 E 值分别按图 2-44 所示进行填写。

第四工段反应过程，还进行着醋酸氧化分解为二氧化碳和水的副反应，它的动力学参数如图 2-45 所示填写。

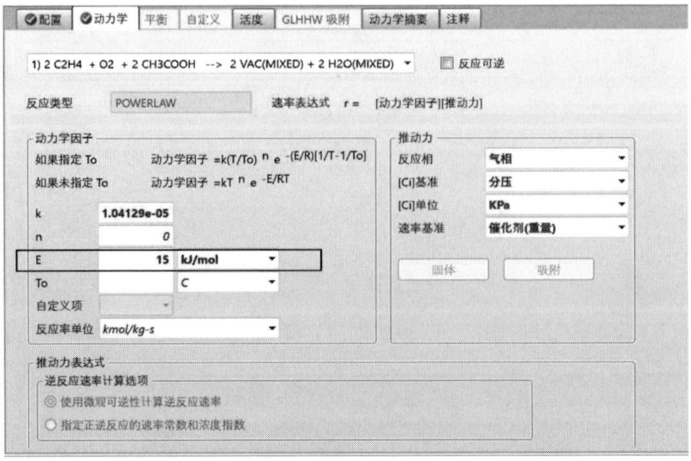

图 2-42　生成醋酸乙烯主反应动力学参数

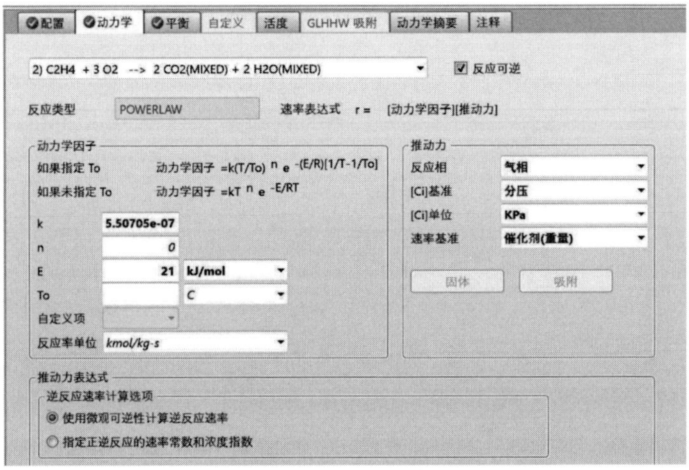

图 2-43　第四工段副反应动力学参数一

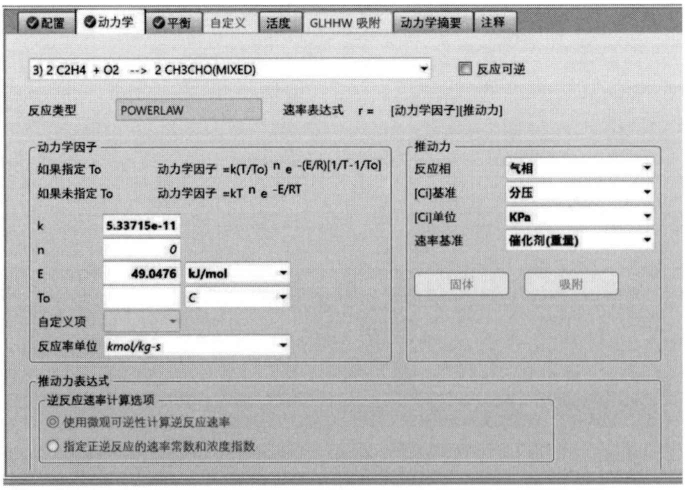

图 2-44　第四工段副反应动力学参数二

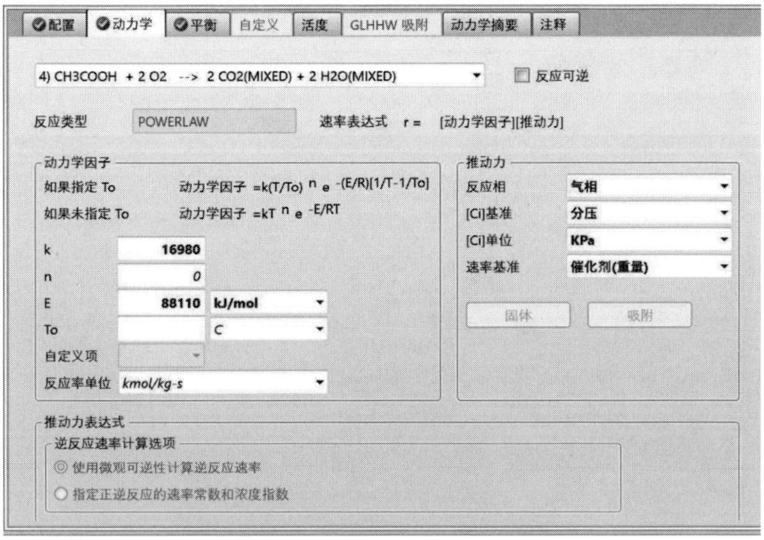

图 2-45　第四工段副反应动力学参数三

乙烯直接氧化法合成的醋酸（即第三工段）经过原料预热器升温至 201℃，裂解气分离的乙烯与氧气、氮气混合进料，经过原料预热器升温与预热后的醋酸气体进入换热器，升温至反应温度 160℃，进入合成反应器，在商用的贵金属负载二氧化硅催化剂的作用下，反应生成醋酸乙烯，温度和压力设置为图 2-46 和图 2-47 所示。

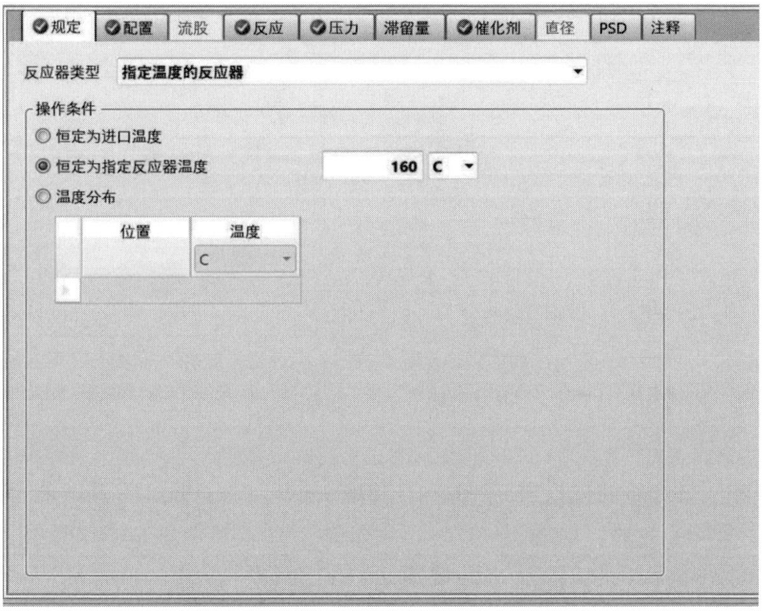

图 2-46　R0401 反应器温度参数设定

运行流程模拟过程，得到模拟结果，从图 2-48 以及图 2-49 的流程模拟结果查看情况，可以得到经过反应和提纯的醋酸乙烯产品摩尔分率为 99.1%，环氧丙烷的摩尔分率接近于 100%，都达到了设计要求的纯度。Aspen Plus 软件中的反应器单元模块种类较多，

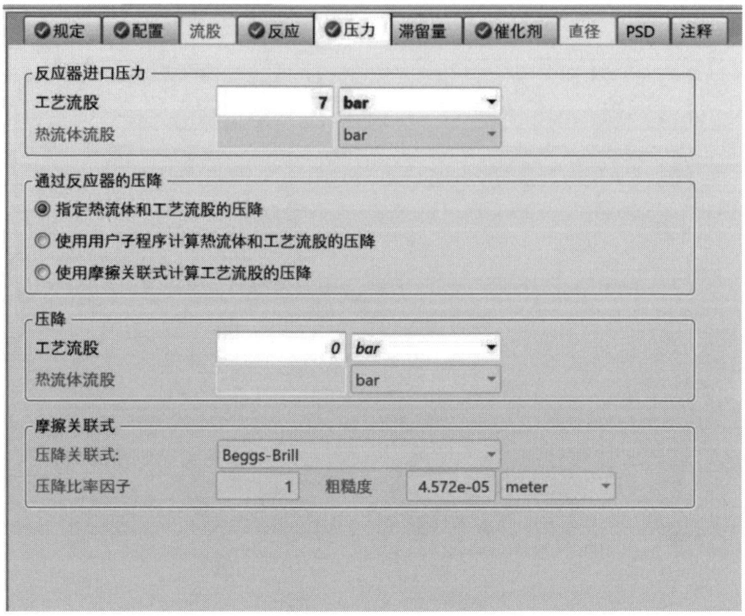

图 2-47　R0401 反应器压力参数设定

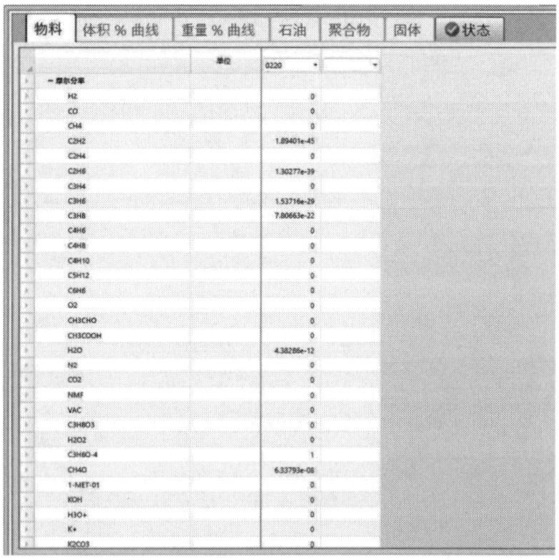

图 2-48　副产品环氧丙烷流股的信息

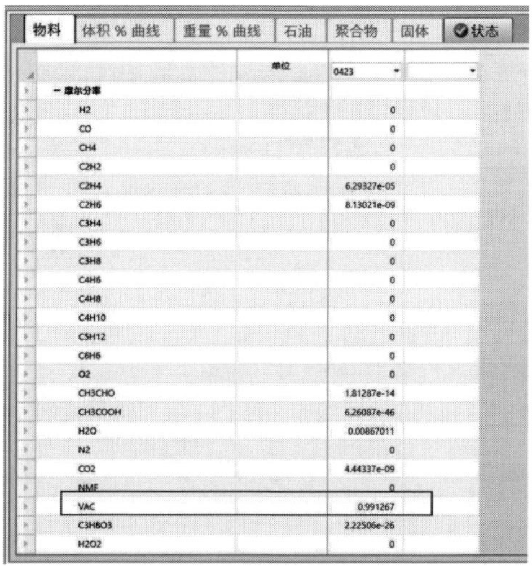

图 2-49　醋酸乙烯产品流股的信息

除以上提到的基于动力学的反应器（RCSTR、RPlug 和 RBatch）外，还有基于物料平衡的反应器（RStoic 和 RYeild），和基于热力学平衡的反应器（REquil 和 RGibbs）。对反应单元进行模块选择的时候可以根据适当的情况进行符合设计规定的选择。

三、醋酸乙烯流程中典型的换热过程

换热器，又称热交换器，是将热流体的部分热量传递给冷流体的装置。换热器在化工、石油、电力、食品等众多工业生产中发挥着重要作用。换热器可用作加热器、冷却器、冷凝器、蒸发器和再沸器等。

具体来说，换热器的作用是指两种不同温度的流体在由壁分隔的空间中流动，通过壁的热传导和流体在壁上的对流，两种流体之间发生热交换。隔板换热器有管壳式、套管式和其他类型换热器。换热器及换热过程的作用是冷、热介质进行热量交换的场所。在流程模拟软件 Aspen Plus 中，换热器模块的使用率较高，起到改变流股中物流温度的作用，以便达到反应、相变以及后续分离的作用。像反应器单元模块进行选择一样，换热单元进行模块选择的时候也可以根据实际情况进行选择。

在第四工段中如图 2-50 所示，从乙烯氧化工段产生的醋酸和作为其他原料加入的氧气等物流经过充分加热，二级换热完全汽化后，经 E0402 将温度升高至 160℃（达反应温度），反应物料流股流入反应器 R0401 进行后续反应。E0402 换热器为 VAc 反应器前的 Heater 换热单元模块，它的设置情况如图 2-51 所示。

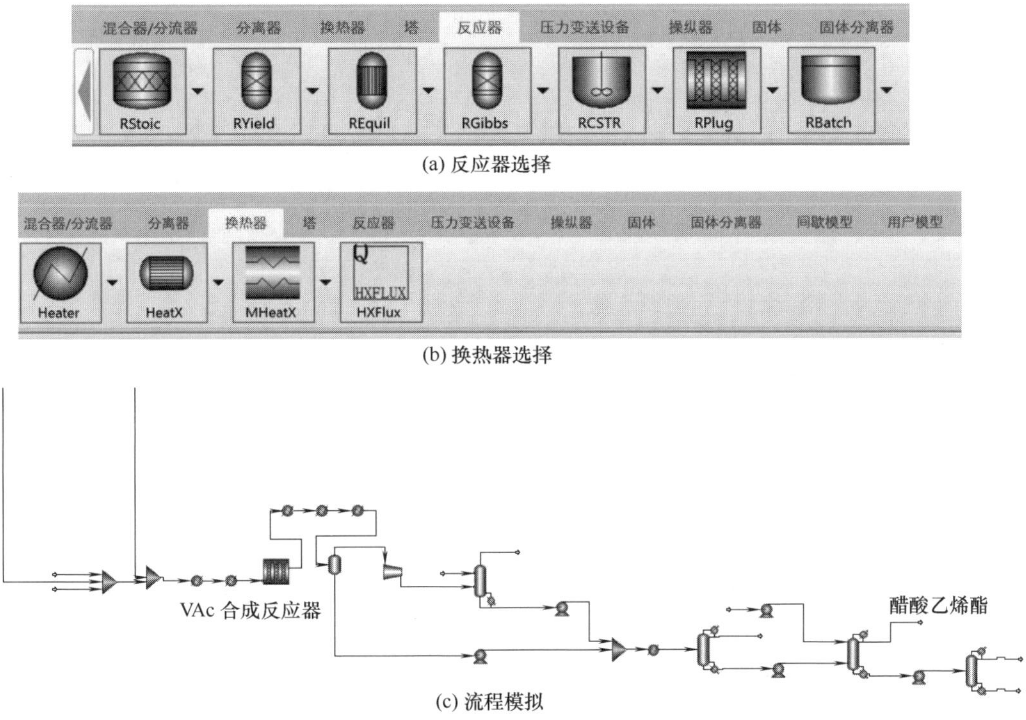

(a) 反应器选择

(b) 换热器选择

(c) 流程模拟

图 2-50　第四工段 VAc 合成精制配件选择及流程模拟

四、醋酸乙烯流程中典型的分离过程

Aspen Plus 流程模拟软件中，能起到分离作用的单元模块种类较多（图 2-52），起到固相分离作用的固体分离器一般原理较为简单。而以精馏塔为代表的分离设备单元模块就要复杂得多，本节内容针对醋酸乙烯流程中 T0103 塔单元模块，进行了简要的 RadFrac 模块模拟特点分析。图 2-53 为第一工段裂解气分离流程简图，T0103 为精馏塔 RadFrac 模块。

T0103 塔单元上游和下游的其他单元情况是：粗分精馏塔（T0101）塔底产出的馏出物进行再次分离，馏出物进入乙烯提浓塔 T0103，塔顶采出粗乙烯，其主要成分为乙烯、

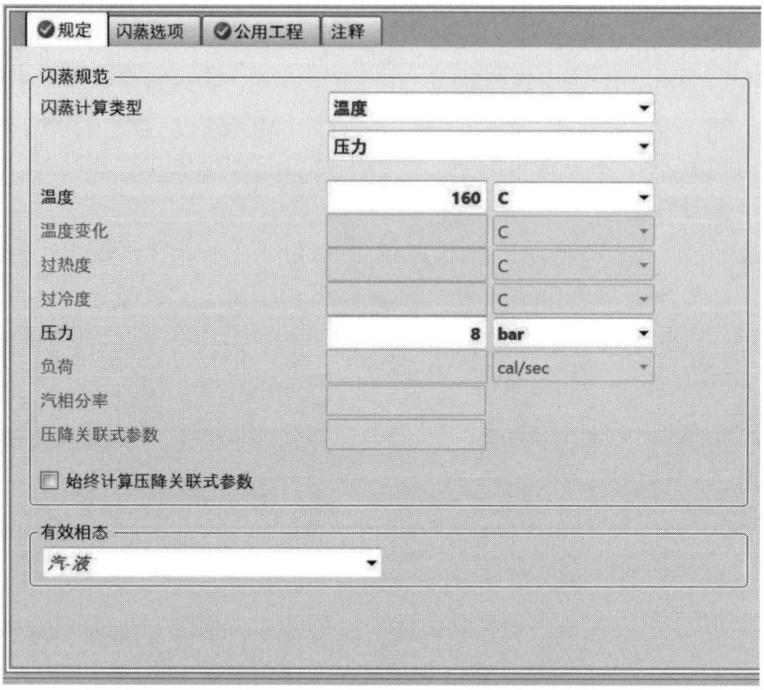

图 2-51　E0402 换热器参数设定

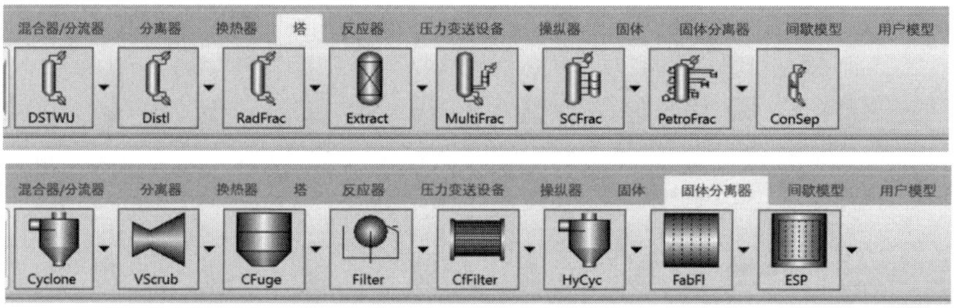

图 2-52　分离模块

乙炔。塔顶馏出物进入反应器，反应器中发生乙炔的加氢反应，反应方程式为式（2-92）：

$$C_2H_2+H_2 = C_2H_4 \quad (2\text{-}92)$$

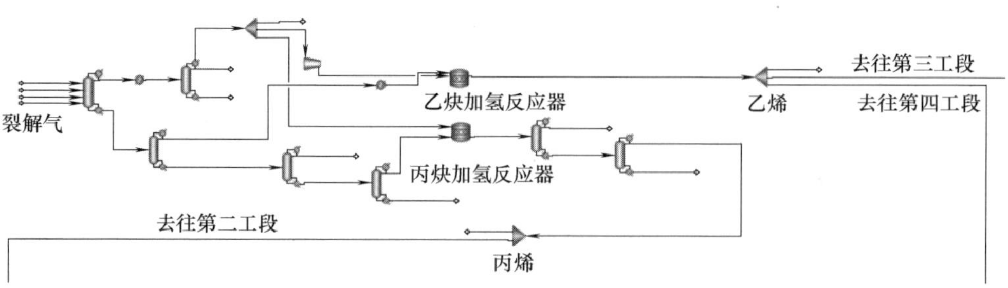

图 2-53　第一工段裂解气分离流程简图

T0103 模块中塔板数、回流比和馏出物进料比设置情况如图 2-54 所示，进料板位置设置情况如图 2-55 所示，第一块塔板即冷凝器内压力情况和全塔压降设置如图 2-56 所示，冷凝器和再沸器部分选择默认参数进行设置（图 2-57～图 2-59）。

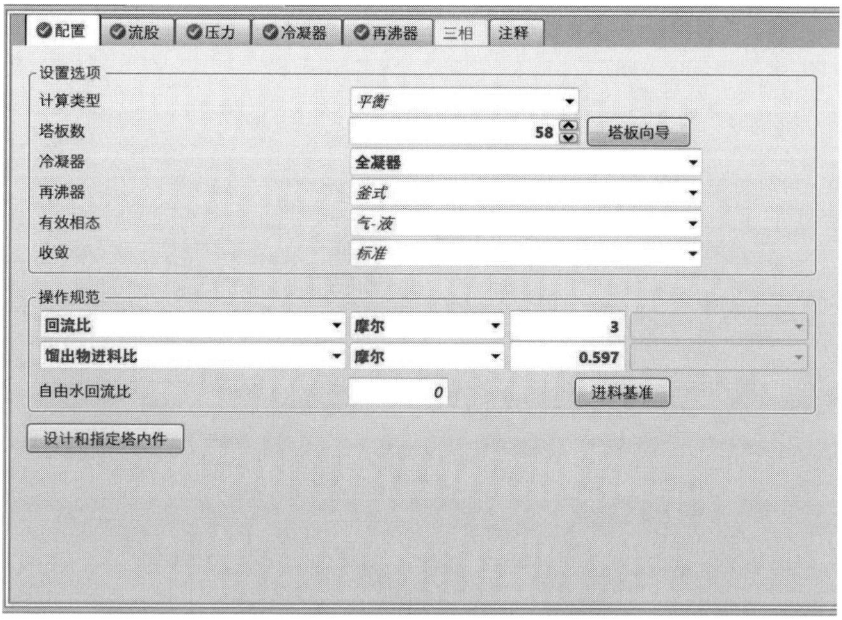

图 2-54　T0103 塔板数等参数设定

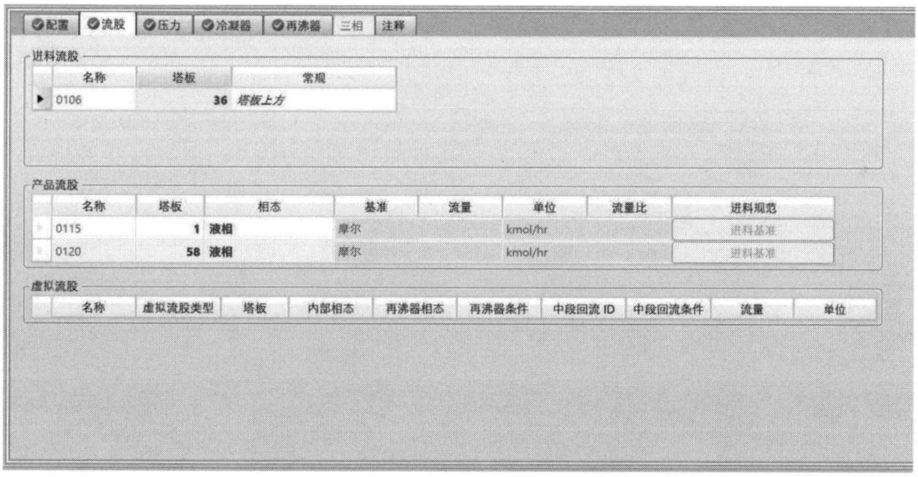

图 2-55　T0103 进料板位置等参数设定

在工业生产过程中，塔设备是不可或缺的设备组成部分，根据不同的用途，可将塔细分为精馏塔、吸收塔、解吸塔、萃取塔和洗涤塔等。一般进行精馏塔单元模块设计的思路是先对其进行简捷模块塔设计（Aspen Plus 流程模拟的简捷模块是 DSTWU），确定满足要求的理论塔板数、进料位置和采出率的初始值，然后分析得到塔板数随回流比的变化曲线，确定最优的回流比，获得最优数值后，再使用严格模块（一般选 RadFrac 模块）的输入条件，进行模拟。另外，塔的校核工作通常要借助 Distl 模块来进行。最后，一些最优分离条件还需要对各种参数进行灵敏度分析来最终确认。

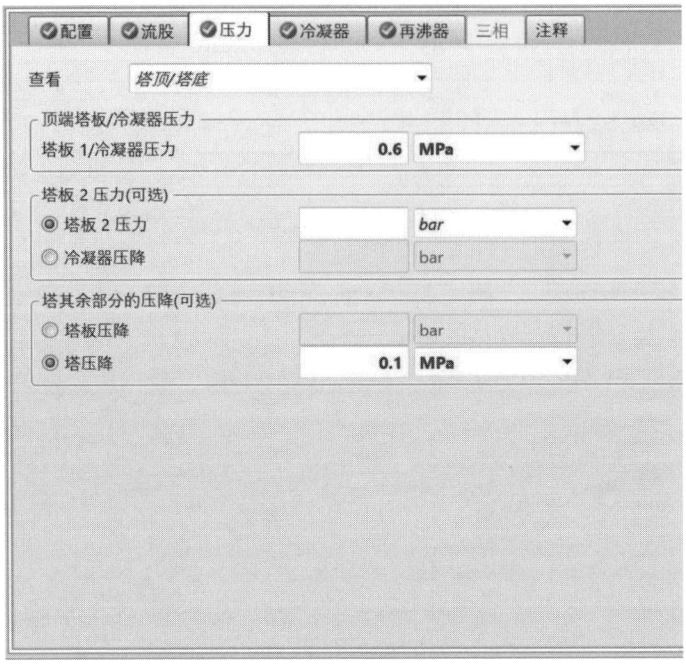

图 2-56　T0103 压力降等参数设定

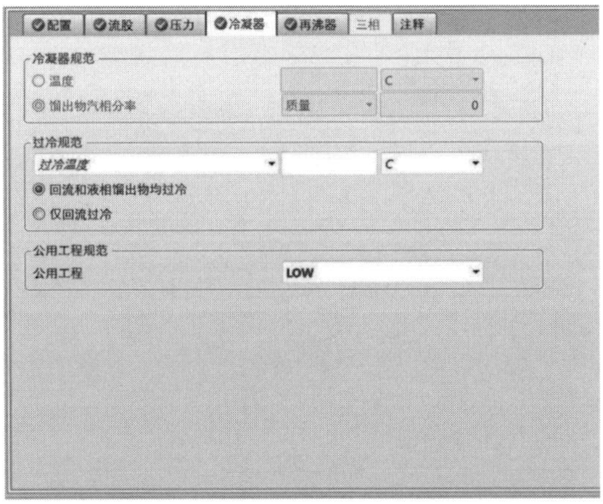

图 2-57　T0103 冷凝器设定

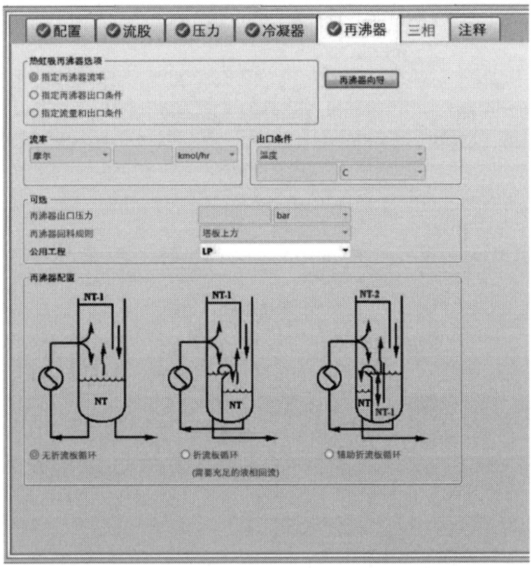

图 2-58　T0103 再沸器设定

本节中不同的单元模块在化工流程模拟中作用各异，但它们通过流股信息进行联结，相互联系，互为印证，计算过程采用序贯模块法思想，使用输入流股 FEED 作为信息源头，选取适当热力学模型，利用断裂求收敛解的思路将复杂的化工设计问题进行符合设计要求的数值模拟求解，求解过程中相对误差判定收敛参数设定为系统默认值，数值为 0.0001。

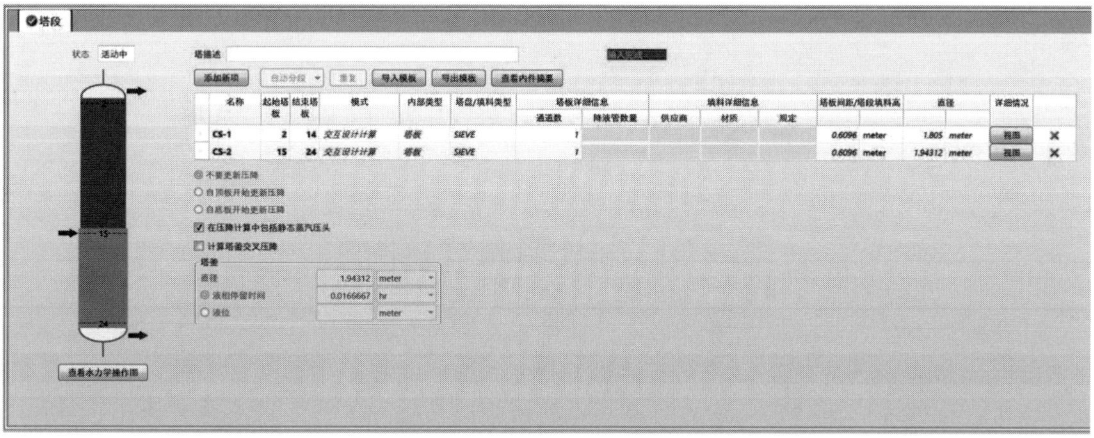

图 2-59　T0103 塔内件设计

参 考 文 献

[1] Upadhye R S, Grens E A. Selection of decompositions for chemical process simulation [J]. AIChE Journal, 1975, 21 (1): 136-143.

[2] Westerbewrg A W, Hutchison W D, Motard R I, et al. Process Flowsheeting [M]. Cambridge England: Cambridge University Press, 2011.

[3] Cohen K, Wegstein J H. AXLE2: an axiomatic language for string transformations [J]. Communications of the ACM, 1965, 8 (11): 657-661.

[4] 陈晓晖，李世军，陈宪，等. 过氧化氢法制备环氧丙烷的反应动力学研究 [J]. 西安交通大学学报，2000，(9)：97-99.

[5] Contreras J P, Naranjo J C, Ramírez S, et al. Vinyl acetate from ethylene, acetic acid and oxygen industrial plant simulation [C]//Proceedings of the Computing and Systems Technology Division, American Institute of Chemical Engineers (AIChE) Annual Meeting. AIChE. 2009: 249-259.

第三章　化工过程系统优化与最优化问题

第一节　优化与最优化问题

优化问题在生产和生活中比较常见，通常意义上优化是使用一定方法来确定以最短时间成本、经济成本以及其他生产代价来解决某项问题。在化工工业生产中的优化问题是对某具体生产或设计问题，进行高效建模和有效求解的过程和方法。在设计、建设、操作中所涉及的问题均可使用优化的方法进行分析求解。相对应地，最优化一般指对于一个化学工程问题，采用一个确定的标准（比如最小成本投入），其目的在于找到使过程达到最佳性能的变量和具体的最优变量值。但是，在投资和操作成本等领域内，通常会存在一个折中，具体到实际问题中的优化问题，优化又成为了这种“折中”的问题。最优化还有一类表现，它是指寻求最优求解方法。在化工过程设计和工厂操作中的系统工程学表现中有许多可行的求解方法，最优的求解方法就隐藏其中，计算机和其相关软件的发展使最优化计算变得可行而且高效。通过对化工过程系统的分析，可以建立过程系统的稳态和动态数学模型，这些数学模型是优化问题和求最优解的基础。

在实际设计和生产操作中，设计者和操作员一直都在进行着优化问题的应用。比如，操作员为了提升反应器中产品的纯度，调节反应温度和压力；调节换热器液体流量以使其更加适应热量交换，设计人员通过改变精馏塔进料板数来调整塔顶产品的采出纯度，确定冷、热物流的匹配方式进行换热设计，以降低公用工程消耗等。前两者可以被认为是操作参数的优化，而后两种可以被划分为结构优化的问题。

结构优化更侧重于流程方案的优化，在多种可行方案中，寻求费用最小的流程结构，还要对该方案的安全、环保、易操作等问题进行合理的调节和确认，这其实是化工过程分析与合成中过程合成的范畴。

不论是结构优化还是参数优化，最终都是为了获得更高的经济效益，即以较小投入获得最大的收益。由于本章所涉及的过程系统相对复杂，在进行优化之前，首要问题是对整个系统进行充分认识，再确认其是否为连续的或是间歇的，是稳态的或是动态的，是单目标优化或是多目标优化，需要建立机理模型还是经验模型，而后再确认用何种方法进行模型求解。本章中优化问题一般是指过程系统参数的优化问题，而第五章侧重结构优化求解问题。

一、最优化问题的数学表达和分类

1. 最优化问题的数学表达

在数学上，求解最优化问题就是要找到一组使得目标函数 J 达到最大或最小的决策变量。求最小值的方法完全可以用于求解最大值问题，即式（3-1）：

$$\min J = \max[-J] \tag{3-1}$$

所以求最小值问题可以转化为求最大值问题，由此可得最优化问题的通用数学表达见式（3-2），求目标函数：

$$\min J=\min F(y) \tag{3-2}$$

服从于不等式约束条件，见式（3-3）：

$$g(y)\geqslant 0 \tag{3-3}$$

及 n 个等式约束条件，见式（3-4）：

$$e(y)=0 \tag{3-4}$$

式中　y——n 维优化变量向量，$y=(y_1,\ y_2,\ \cdots,\ y_n)^{\mathrm{T}}$。

由此可见，最优化问题的组成要素分别为：目标函数，优化变量（向量），约束条件和可行域。

（1）目标函数

目标函数（又称性能函数，评价函数）是最优化问题所要达到的目标。两组不同的决策，其好坏优劣要以它们使目标函数达到值的大小为评判标准。对于过程系统参数优化问题，目标函数可以是：系统的产量最大；系统的经济收益最大；系统的能量消耗最小；系统的原料利用率最高；系统的操作成本最低；系统的投资成本最低；系统的稳定操作周期最长。或者同时满足上述目标函数中的几个的复合多目标问题。

（2）优化变量（向量）

对于过程系统参数优化问题，优化变量向量就是过程变量向量。过程变量向量主要由两部分组成，包括决策变量和状态变量。决策变量等于系统的自由度，它们是系统变量中可以独立变化以改变系统行为的变量；状态变量是决策变量的函数，它们是不能独立变化的变量，服从于描述系统行为的模型方程。w 表示决策变量，x 表示状态变量，则过程系统模型方程确定了 x 与 w 的函数关系，见式（3-5）：

$$f(w,x)=0 \tag{3-5}$$

上式称为状态方程，它表示的是系统状态变量与决策变量之间的关系。状态方程数目与状态变量 x 的维数相同。若状态方程数等于自由变量数 n，则系统自由度为 0，此时非线性方程组有唯一解。即自由度为零的系统优化问题就是系统模拟问题。

有时过程变量向量还包括单元内部变量向量 z，因此，状态方程的一般形式见式（3-6）：

$$f(w,x,z)=0 \tag{3-6}$$

一般，过程系统优化问题中，决策变量数仅占整个过程变量中的一小部分。这一特性在缩小优化搜索时是很有用的。

（3）约束条件和可行域

当过程变量向量 y 的各分量为一组确定的数值时，称为一个方案。实际上，有的方案在技术上行不通或明显不合理。因此，变量 y 的取值范围一般都要给以一定的限制，这种限制称为约束条件。

状态方程限制了状态变量与决策变量间的关系，因此，也可以看作是一种约束条件。对于设计参数优化问题，设计规定要求也是一种约束条件。约束条件包括等式约束和不等式约束。

过程系统参数优化的不等式约束条件包括过程变量的不等式约束条件和不等式设计规定要求，表示为式（3-7）：

$$g(w,x) \geqslant 0 \tag{3-7}$$

等式约束条件由等式设计规定要求和尺寸成本关系式两部分组成，分别表示为式（3-8）和式（3-9）：

$$h(w,x)=0 \tag{3-8}$$

$$c(w,x,z)=0 \tag{3-9}$$

以及状态方程（包括各种衡算方程、联结方程等），见式（3-10）：

$$f(w,x,z)=0 \tag{3-10}$$

满足以上约束条件的方案集合，构成了最优化问题的可行域，记作 R。可行域中的方案称为可行方案。每组方案 y 为 n 维向量，它确定了 n 维空间中的一个点。因此，过程系统最优化问题是在可行域中寻求使目标函数取最小值的点，这样的点称为最优化问题的最优解。

综上，过程系统优化问题可表示为式（3-11）：

$$\begin{aligned} &\min F(w,x) \\ &f(w,x,z)=0 \\ &c(w,x,z)=0 \\ &h(w,x)=0 \\ &g(w,x) \geqslant 0 \end{aligned} \tag{3-11}$$

式中 w——决策变量向量（w_1，…，w_r）；

x——状态变量向量（x_1，…，x_m）；

z——过程单元内部变量向量（z_1，…，z_s）；

F——目标函数；

f——m 维流程描述方程组（状态方程）；

c——s 维尺寸成本方程组；

h——l 维等式设计约束方程；

g——不等式设计约束方程。

接下来，我们计算一下方程组的自由度。上述优化问题的变量数为 $m+r+s$，等式约束方程数为 $m+l+s$，则问题的自由度为式（3-12）：

$$d=\text{变量数}-\text{方程数}=(m+r+s)-(m+l+s)=r-l \tag{3-12}$$

式中 l——等式设计约束方程的个数；

r——决策变量数。

若 $l<r$，自由度大于零，则最优化问题有解，其中，若 $l=0$，自由度等于决策变量数 r；

若 $l=r$，自由度等于零，此时最优化问题的解是唯一的（即等于约束方程的交点），没有选择最优点的余地；

若 $l>r$，自由度小于零，则最优化问题无解。

由此可见，$l<r$ 是最优化问题有解的必要条件之一。这一点在给出等式设计约束方程时要特别注意。

2. 最优化问题的分类

最优化问题的机理模型通常为一套描述过程特性的方程组，需要特殊的最优化方法进行求解。求解最优化问题的方法很多，大致有如下几种分类原则。

（1）无约束最优化与有约束最优化

在寻求最优决策时，如果对于决策变量及状态变量无任何附加限制，则称为无约束最优化。问题的最优解就是目标函数的极值。这类问题比较简单，求解方法是最优化技术的基础。

在建立最优化模型方程时，若直接或间接的对决策变量施以某种限制，则称为有约束最优化。又可分为等式约束最优化和不等式约束最优化。

求解方法是通过把有约束最优化问题转化成无约束最优化模型进行求解。

（2）线性规划与非线性规划

当目标函数及约束条件均为线性函数时，称为线性最优化，或线性规划，比较成熟。

当目标函数或约束条件中至少有一个为非线性函数时，则称为非线性最优化，或非线性规划。过程系统参数的优化通常都属于非线性规划。

由于非线性规则问题求解困难，有时将其近似地线性化，用比较成熟的线性规划技术求解。

（3）单维最优化和多维最优化

根据优化变量的数目，可将问题分为单维最优化和多维最优化。

只有一个可以调节的决策变量的单维最优化问题是最简单的典型问题。

研究单维最优化的方法具有基本的意义，复杂的多维最优化问题往往可以转化为反复应用单维最优化方法来解决。

（4）解析法与数值法

根据解算方法，则可分为解析法和数值法。

解析法又称为间接最优化方法。只适用于目标函数（或泛函）及约束条件有显函数表达的情况。要求把一个最优化问题用数学方程式表达，然后用导数法或变分法得到最优化的必要条件，通过对必要条件方程求解得到问题的最优解。

古典的微分法、变分法、拉格朗日乘子法和庞特里亚金最大值原理等都属于解析法。数值法又称为直接最优化方法，或优选法。

不要求目标函数为各种变量的显函数表达式，利用函数在某一局部区域的性质或一些已知点的数值，逐步搜索、逼近，最后达到最优点。

（5）可行路径法和不可行路径法

对于有约束最优化问题，视其如何处理约束条件可分为可行路径法和不可行路径法。

可行路径法的整个搜索过程是在可行域内进行的，对变量的每次取值，约束条件均必须满足对于每一次优化迭代计算（统计模型除外）均必须解算一次过程系统模型方法（即状态方程）$F(x)$，也就是做一次全流程模拟计算。这类方法简单可靠，但计算量很大。

不可行路径法不要求必须在可行域内进行，可以从不可行域向最优解逐步逼近，但在最优解处必须满足条件。

在这类方法中，所有的过程变量同时向使目标函数最优而又能满足所条件的方向移动。

这类方法的求解过程有可能不稳定，但计算量比可行路径法显著减少。计算量少的主要原因是比可行路径少一层迭代环节。

二、化工系统最优化问题的类型

对于不同的阶段和对象，化工过程系统最优化问题可分为过程系统的参数优化，过程系统的结构优化和过程系统的管理优化。过程系统结构的优化属于过程系统合成问题，将在之后的章节讨论。

（1）过程系统的参数优化

过程系统的参数优化包括设计参数优化和操作参数优化。

设计参数优化，就是把最优化技术应用于过程系统模型，寻求一组使目标函数达到最优，同时又满足各项设计规定要求的决策变量（即设计变量）。根据最优设计方案可计算单元设备的尺寸。

操作参数优化，即在实际生产操作中，根据环境和条件的变化来调节决策变量（即操作变量），从而使整个过程系统处于最佳状态，也就是目标函数达到最优。如：通过操作参数优化计算，可以找到对应于系统下的精馏塔最佳回流比、操作压力、反应器最佳反应温度和再循环流量等。

如果操作参数与生产装置的测试系统连接在一起，随时根据检测仪表送来的信息进行优化计算，然后将计算结果信息直接送往控制系统，则称为“在线操作优化”。由此可见，过程系统的设计参数优化和操作参数优化的区别在于优化对象不同，前者优化的是设计变量，后者优化的是操作变量。但就应其数学本质而言没有本质上的区别，优化的对象都是决策变量。

当用机理模型描述过程系统的参数优化问题时，模型方程可分为稳态优化模型和动态优化模型。

稳态又称作定常态，稳态优化模型中的过程变量、目标函数和约束条件均不随时间的变化而改变。稳态优化模型通常适用于稳态过程系统设计参数优化和离线操作参数优化。稳态集中参数优化模型由代数方程组成，数学形式见式（3-13）：

$$
\begin{aligned}
&\min F(w,x)\\
&f(w,x,z)=0\\
&c(w,x,z)=0\\
&h(w,x)=0\\
&g(w,x)\geqslant 0
\end{aligned}
\tag{3-13}
$$

式中 w——决策变量向量（w_1，…，w_r）；

x——状态变量向量（x_1，…，x_m）；

z——过程单元内部变量向量（z_1，…，z_s）；

F——目标函数；

f——m 维流程描述方程组（状态方程）；

c——s 维尺寸成本方程组；

h——l 维等式设计约束方程；

g——不等式设计约束方程。

动态优化模型中引入了时间变量，过程变量、目标函数和约束条件均可为时间变量的函数。集中参数的动态优化模型，通常由常微分-代数方程组成，它的一般形式为式（3-14）：

$$
\begin{aligned}
&\min J = \min\left\{\int F[x(t),w(t),t] + z[x(t_f),t_f]\right\} \\
&\frac{dx(t)}{dt} = f[x(t),w(t),t] \\
&g[x(t),w(t),t] \geq 0 \\
&c[x(t),w(t),t] = 0 \\
&x(t_0) = x^0
\end{aligned}
\tag{3-14}
$$

式中　t——时间变量；

t_0——初始时刻；

t_f——终止时刻；

w——决策变量向量（w_1，…，w_r）；

x——状态变量向量（x_1，…，x_m）；

z——过程单元内部变量向量（z_1，…，z_s）；

F——目标函数；

f——m 维流程描述方程组（状态方程）；

c——s 维尺寸成本方程组；

g——不等式设计约束方程。

动态优化模型一般适用于解决动态过程（如间歇过程、开停车过程等）的优化设计和优化操作问题。例如，找到 $w(t)$ 的最优变量规律，使得在规定时间内到达 $x(t)$ 指定值的系统规模最小；系统规模已定，找到 $w(t)$，使一定时间内 $x(t_F)$ 值为最大；系统规模已定，找到 $w(t)$，使得达到 $x(t)$ 的指定值的时间最短。由于动态优化模型描述的是时间连续系统，又可称为连续系统优化。对应的，稳态系统优化可称为离散系统优化。两者的区别在于，动态优化模型的解不是一组简单的数据，而是时间的函数。

（2）过程系统的管理优化

过程系统的管理优化主要从以下几个方面考虑：

① 资源的合理分配。工厂里的蒸汽、冷却水等公用工程；几个车间共用一种化工原料过程系统。

② 时序问题（Scheduling）。多组反应器中的催化剂再生；间歇操作中流程中每个设备的运行周期；设备的维护和检修；多产品车间的生产运行。

③ 多产品生产过程的排产计划。生产装置是现成的，所以只考虑加工成本变量，在这种情况下，往往可以形成线性模型。

第二节　线性规划问题与求解方法

线性规划问题指目标函数和所有的约束函数均为线性函数，即为线性数学模型。线性规划是运筹学的一个重要分支。作为一种最优化方法，线性规划理论完整、方法成熟、应用比较广泛。

一、数学描述与图形求解

1. 线性规划数学模型的标准形式

线性规划是求一组非负变量，这些变量在满足一定的线性约束条件下，使一个线性函数达到极小或极大。其标准形式见式（3-15）：

$$
\begin{gathered}
\min(\text{或}\max)c_1x_1+c_2x_2+\cdots+c_nx_n \\
a_{11}x_1+a_{12}x_2+\cdots+a_{1n}x_n(\geqslant,=,\leqslant)b_1 \\
a_{21}x_1+a_{22}x_2+\cdots+a_{2n}x_n(\geqslant,=,\leqslant)b_2 \\
\vdots \\
a_{m1}x_1+a_{m2}x_2+\cdots+a_{mn}x_n(\geqslant,=,\leqslant)b_m \\
x_1\geqslant 0,x_2\geqslant 0,\cdots,x_n\geqslant 0 \\
b_1\geqslant 0,b_2\geqslant 0,\cdots,b_m\geqslant 0
\end{gathered}
\tag{3-15}
$$

式中（c_1，c_2，…，c_n）和 a_{ij} 为已知常数；$i=1$，…，m；$j=1$，…，n。

为便于求解，通常需要把上述线性规划问题的一般模型转化成下面的标准形式，见式（3-16）

$$
\begin{gathered}
\min c_1x_1+c_2x_2+\cdots+c_nx_n \\
a_{11}x_1+a_{12}x_2+\cdots+a_{1n}x_n=b_1 \\
\vdots \\
a_{21}x_1+a_{22}x_2+\cdots+a_{2n}x_n=b_2 \\
a_{m1}x_1+a_{m2}x_2+\cdots+a_{mn}x_n=b_m \\
x_1\geqslant 0,x_2\geqslant 0,\cdots,x_n\geqslant 0 \\
b_1\geqslant 0,b_2\geqslant 0,\cdots,b_m\geqslant 0
\end{gathered}
\tag{3-16}
$$

对于各种非标准形式的模型，可以采用以下方法转化为标准形式。

（1）将求极大化为求极小

如果目标函数 J 是求极大值，则可采用式（3-17）转化为求极小值：

$$\max(J)=\min(-J) \tag{3-17}$$

（2）将不等式约束化为等式约束

如果约束条件是不等式，则可采用以下方法转化等式。

对于小于等于型不等式，例如式（3-18）：

$$a_{i1}x_1+a_{i2}x_2+\cdots+a_{in}x_n\leqslant b_i \tag{3-18}$$

引入新的非负变量 y_i，将不等式化为式（3-19）：

$$a_{i1}x_1+a_{i2}x_2+\cdots+a_{in}x_n+y_i=b_i \tag{3-19}$$

式中　y_i——松弛变量。

对于大于等于型不等式，例如式（3-20）：

$$a_{i1}x_1+a_{i2}x_2+\cdots+a_{in}x_n\geqslant b_i \tag{3-20}$$

引入新的非负变量 y_i，将不等式化为式（3-21）：

$$a_{i1}x_1+a_{i2}x_2+\cdots+a_{in}x_n-y_i=b_i \tag{3-21}$$

式中　y_i——剩余变量。

（3）将自由变量化为非负变量

在线性规划的数学模型中，若变量 x_k 没有非负的限制，则称 x_k 为自由变量。通过变换，即式（3-22）和式（3-23）：

$$x_k=x_k'-x_k'' \tag{3-22}$$

$$x_k'>0, x_k''>0 \tag{3-23}$$

将一个自由变量化为两个非负变量；或者设法在约束条件和目标函数中消去自由变量。

2. 线性规划数学模型的解

线性规划问题的标准数学模型也可以写成式（3-24）和式（3-25）的矩阵形式：

$$\min J=CX \tag{3-24}$$

$$AX=b,\ X\geqslant 0 \tag{3-25}$$

式中　$C=(c_1,\ c_2,\ \cdots,\ c_n)$——$n$ 维向量；

$b=(b_1,\ b_2,\ \cdots,\ b_m)$——$m$ 维向量；

A——系数 a_{ij} 组成的 $m\times n$ 矩阵。

如果满足式（3-25），则称为问题的可行解，全部可行解组成问题的可行域。如果可行解还满足式（3-24），则此可行解称为问题的最优解。

将矩阵 A 看成由 n 个列向量组成，即式（3-26）：

$$A=(A_1, A_2, \cdots, A_n) \tag{3-26}$$

设 A 的秩为 m（$m\leqslant n$），从 A 的 n 列中选出 m 个线性无关的列组成一个 m 阶矩阵，假设选择的是前 m 列，用 B 表示这个矩阵，称 B 为问题的一个基。它由 m 列线性无关的列向量组成，即式（3-27）：

$$B=(A_1, A_2, \cdots, A_m) \tag{3-27}$$

B 中列向量称为基向量。A 中其他列向量可组成矩阵 N，见式（3-28）：

$$N=(A_{m+1}, A_{m+2}, \cdots, A_n) \tag{3-28}$$

N 中列向量称为非基向量。则矩阵 A 可以分解为式（3-29）：

$$A=(B, N) \tag{3-29}$$

相应地把分解为式（3-30）：

$$X=\begin{pmatrix} X_B \\ X_N \end{pmatrix} \tag{3-30}$$

式中与 B 对应的 X_B 的分量称为基本变量，与 N 对应的 X_N 的分量称为非基本变量。于是，式（3-25）可以写成式（3-31）：

$$AX=(B, N)\begin{pmatrix} X_B \\ X_N \end{pmatrix}=BX_B+NX_N=b \tag{3-31}$$

由于 B 线性无关，故有式（3-32）：

$$X_B=B^{-1}b-B^{-1}NX_N \tag{3-32}$$

即基变量 X_B 可用非基变量 X_N 线性表示。若令 $X_N=0$，则见式（3-33）：

$$X=\begin{pmatrix} X_B \\ 0 \end{pmatrix}=\begin{pmatrix} B^{-1}b \\ 0 \end{pmatrix} \tag{3-33}$$

式（3-33）是式（3-34）的一个解，称为线性规划问题关于基 B 的基本解。若 $B^{-1}b\geqslant 0$，称 B 为可行基，此时，称式（3-33）为关于可行基 B 的基本可行解。

同样相应地将目标函数的系数向量 C 分解，即：

$$C=(C_B, C_N)$$

$$C_B=(c_1, c_2, \cdots, c_m)$$

$$C_N=(c_{m+1},c_{m+2},\cdots,c_n) \tag{3-34}$$

按式（3-30），目标函数 $J=CX$ 也可以用非基变量线性表示，见式（3-35）：

$$CX=(C_B,C_N)\begin{pmatrix}X_B\\X_N\end{pmatrix}=C_BX_B+C_NX_N=C_B(B^{-1}b-B^{-1}NX_N)+C_NX_N \tag{3-35}$$

整理得式（3-36）

$$CX=C_BB^{-1}b+(C_N-C_BB^{-1}N)X_N \tag{3-36}$$

定理 1（最优性判别定理）：对于线性规划问题的基 B，若有 $B^{-1}b\geqslant 0$，且 $C-C_BB^{-1}A\geqslant 0$，则对应于 B 的基本可行解是线性规划问题的最优解，称为最优基本可行解，基 B 称为最优基。

定理 2：对具有标准形式的线性规划问题，若存在一个可行解，则必存在一个基本可行解；若存在一个最优解，则必存在一个最优基本可行解。

3. 求解线性规划的图解法

图解法适用于变量较少的线性规划问题。它通过作图的方式，直观地显示满足约束条件的可行域并找出目标函数的最优解。

其一般思路是：

① 建立具有合适坐标单位的坐标系；

② 对每一约束条件进行线性转化，确定可行域；

③ 将目标函数以等值线方式表述，并确定等值线的移动方向；

④ 求出最优解，最优解一般为等值线在移动过程中与等值线最后的交点。

【例题 3-1】

用图解法求解式（3-37）：

$$\begin{aligned}&\min J=-x_1-2x_2\\&-x_1-2x_2\leqslant 4\\&3x_1+2x_2\leqslant 12\\&x_1\geqslant 0,x_2\geqslant 0\end{aligned} \tag{3-37}$$

解：由于 x_1、x_2 是非负的，可以将 x_1、x_2 看作是坐标平面上第一象限内的点（含坐标轴），将前两个约束条件写成等式，则可以在平面上画出两条件直线，如图 3-1 所示两条直线 AD 与 AB。

AD 线：　$-x_1+2x_2=4$

AB 线：　$3x_1+2x_2=12$

等值线：　$z=-x_1-2x_2$

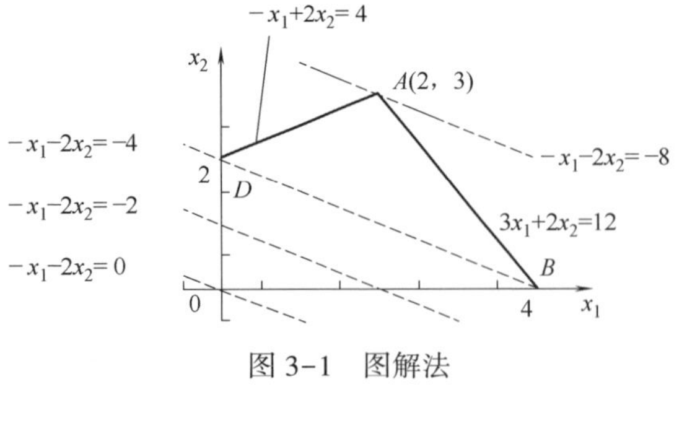

图 3-1　图解法

合并约束条件围成的区域即为可行域，最优解一定是将落在由原点、A、B、D 四个点围成的四边形内。由于目标函数是线性函数，等值线提取后得到一个平行直线族，平行直线族上落在可行域中的点都为可行解，其中使 J 取最小值的点即为最优解。

二、线性规划的单纯形法求解

由定理 1、2 可知，线性规划问题的目标函数的最小值（或最大值）一定在基本可行解中获得。所以，在寻找最优解时，只需要考虑基本可行解。单纯形法求解线性规划问题就是应用的这一思想。将式（3-14）表示的线性规划问题，用下面的等价式（3-38）表示：

$$\begin{aligned}&\min J=C_B B^{-1}b+(C_N-C_B B^{-1}N)X_N\\&\text{s. t. } X_B=B^{-1}b-B^{-1}NX_N\\&X_B\geqslant 0, X_N\geqslant 0\end{aligned}\tag{3-38}$$

记为式（3-39）：

$$\begin{aligned}&C_B B^{-1}b=y_{00}\\&C_N-C_B B^{-1}N=(y_{0m+1}, y_{0m+2}, \cdots, y_{0n})\\&B^{-1}N=\begin{bmatrix}y_{1m+1} & y_{1m+2} & \cdots & y_{1n}\\ y_{2m+1} & y_{2m+2} & \cdots & y_{2n}\\ \vdots & \vdots & \vdots & \vdots\\ y_{mm+1} & y_{mm+2} & \cdots & y_{mn}\end{bmatrix}\\&B^{-1}b=(y_{10}, y_{20}, \cdots, y_{m0})^T\end{aligned}\tag{3-39}$$

代入式（3-38），可得式（3-40）：

$$\begin{aligned}&\min J=y_{00}+y_{0m+1}x_{m+1}+y_{0m+2}x_{m+2}, \cdots, y_{0n}x_n\\&x_1+y_{1m+1}x_{m+1}+y_{1m+2}x_{m+2}, \cdots, y_{1n}x_n=y_{10}\\&x_2+y_{2m+1}x_{m+1}+y_{2m+2}x_{m+2}, \cdots, y_{2n}x_n=y_{20}\\&x_m+y_{mm+1}x_{m+1}+y_{mm+2}x_{m+2}, \cdots, y_{mn}x_n=y_{m0}\\&x_j\geqslant 0\end{aligned}\tag{3-40}$$

式（3-40）中每一个等式约束中含有一个且仅含有一个基变量，而且基变量用非基变量线性表示。同样，目标函数也仅用非基变量线性表示，其中非基变量 x_j 的系数 $y_{0j}=C_j-C_B B^{-1}A_j$ 称为 x_j 的检验数或相对成本系数。将式（3-40）写成如表 3-1 所示的形式：

表 3-1　　单纯形法表

	第 0 列	x_1	x_2	$\cdots$	x_m	x_{m+1}	x_{m+2}	$\cdots$	x_n	
	$-y_{00}$	0	0	$\cdots$	0	y_{0m+1}	y_{0m+2}	$\cdots$	y_{0n}	第 0 行
x_1	y_{10}	1	0	$\cdots$	0	y_{1m+1}	y_{1m+2}	$\cdots$	y_{1n}	第 1～m 行
x_2	y_{20}	0	1	$\cdots$	0	y_{2m+1}	y_{2m+2}	$\cdots$	y_{2n}	
$\vdots$	$\vdots$			$\vdots$				$\vdots$		
x_m	y_{m0}	0	0	$\cdots$	1	y_{mm+1}	y_{mm+2}	$\cdots$	y_{mn}	

（第 1～n 列：x_1 至 x_n 各列）

表 3-1 中的第 1～m 行对应式的 m 个约束方程，第 0 列对应于约束方程右端的常数项，第 0 行对应于目标函数的变形为式（3-41）：

$$-y_{00}=-J+y_{0m+1}x_{m+1}+y_{0m+2}x_{m+2}, \cdots, y_{0n}x_n\tag{3-41}$$

用单纯形法求解线性规则问题的方法步骤如下：

① 求一个初始基本可行解；

② 从基本可行解出发，转移到另一个目标函数值更小的基本可行解；

③ 逐步迭代计算，当目标函数值不能再减小，即满足最优性条件：$C-C_B B^{-1}A \geqslant 0$ 时，计算结束，得到最优基本可行解。

三、特殊类型线性规划问题求解

化工过程存在大量排产问题。例如纯碱生产过程的重碱工段通常有十几组塔组成，这些塔交替进行制碱和清洗操作，如何将塔群分组，合理安排制碱和清洗时间以保证重碱产量，就构成重碱生产的排产问题。又比如，一个生产多种产品的工厂，当原料成本或市场价格等因素发生变化时，为了保证全年利润，也需要重新安排生产计划。对于像重碱生产之类排产问题，由于涉及设备的生产安排、生产负荷与操作时间调整，因此建立的优化模型大都为非线性模型。而对于只涉及成本和利润的排产问题，建立的优化模型一般为线性方程，可采用线性规划法求解。

第三节　非线性规划问题与求解方法

非线性规划问题指数学模型中至少有一个函数为非线性函数。如果线性规划的最优解存在，其最优解一般是在其可行域的边界上达到（特别需要关注的是可行域的顶点处）而非线性规划的最优解（如果最优解存在）则可能在其可行域的任意一点内达到。

一、无约束条件最优化问题的解析求解方法

对于一个函数 $F(x_1, x_2, \cdots, x_n)$，如果其所有的一阶导数都存在，则函数 $F(x)$ 的极小值的必要条件为式（3-42）：

$$\frac{\partial f}{\partial x_1}=\frac{\partial f}{\partial x_2}=\cdots=\frac{\partial f}{\partial x_n}=0 \tag{3-42}$$

对于满足以上方程的点成为极小值的充分条件是在这个点上所有二阶导偏导数均存在，而且其赫森矩阵为正定。

函数 $F(x)$ 的海森矩阵 H 定义为式（3-43）：

$$H=\begin{bmatrix} \dfrac{\partial^2 f}{\partial x_1^2} & \dfrac{\partial^2 f}{\partial x_1 \partial x_2} & \cdots & \dfrac{\partial^2 f}{\partial x_1 \partial x_n} \\ & \vdots & & \\ & \vdots & & \\ \dfrac{\partial^2 f}{\partial x_n \partial x_1} & \dfrac{\partial^2 f}{\partial x_n \partial x_2} & \cdots & \dfrac{\partial^2 f}{\partial x_n^2} \end{bmatrix} \tag{3-43}$$

H 是否为正定的判据见式（3-44）：

$$D_i=\begin{vmatrix} H_{11}\cdots\cdots H_{1i} \\ \vdots \\ \vdots \\ H_{i1}\cdots\cdots H_{ii} \end{vmatrix} \quad (i=1,2,\cdots,n) \tag{3-44}$$

这样得到一组数值 $\{D_1, D_2, \cdots, D_n\}$，这称为 H 矩阵的主子式。如果所有的 $D_i>0$ $(i=1, 2, \cdots, n)$，则海森矩阵 H 为正定的。

根据函数存在极小值的充分必要条件，无约束的最优化问题的求解转化为下面一组非线性方程的求解式（3-45）：

$$\begin{cases} \dfrac{\partial f(x)}{\partial x_1}=0 \\ \dfrac{\partial f(x)}{\partial x_2}=0 \\ \vdots \\ \dfrac{\partial f(x)}{\partial x_n}=0 \end{cases} \tag{3-45}$$

其中满足式（3-46）的点，就是方程组的解。

$$\left(\frac{\partial f}{\partial x_1}\right)^2+\left(\frac{\partial f}{\partial x_2}\right)^2+\cdots+\left(\frac{\partial f}{\partial x_n}\right)^2=0 \tag{3-46}$$

这种经典方法存在以下缺点：

① 对较复杂的问题，这种非线性方程组求解是相当困难的；

② 由于上述条件是满足极小，而不是最小，所以找到的解可能是局部极值，而不是全局最优值；

③ 这种经典方法只能用于导数连续的场合，当导数不连续时不能使用。然而，导数不连续之处，可能正好是最小值或最大值所在之处。

二、有约束条件最优化问题的解析求解方法

有约束条件最优化问题的方法很多，这里介绍比较常见的拉格朗日乘子法和罚函数法。他们的共同点在于都是将有约束最优化问题转变成无约束最优化问题。

1. 拉格朗日乘子法

已知目标函数 $F(x_1, x_2, \cdots, x_n)$，服从等式约束条件，见式（3-47）：

$$e_j(x_1,x_2,\cdots,x_n)=0 \quad j=1,2,\cdots,m \tag{3-47}$$

引入拉格朗日函数 $\varphi(x, \lambda)$ 可以将这个有约束的最优化问题，转化成无约束的最优化问题，见式（3-48）：

$$\varphi(x,\lambda)=f(x)+\sum_{j}^{m}\lambda_j e_j(x) \quad x=(x_1,x_2,\cdots,x_n) \tag{3-48}$$

式中　λ——拉格朗日乘子。

根据无约束最优化问题的求解方法，只要函数 f 和约束 e_j 的一阶偏导数在所有各点均存在，则只要求解下列非线性方程组，就可得到最优解，见式（3-49）：

$$\begin{cases} \dfrac{\partial f}{\partial x_i}+\displaystyle\sum_{j=1}^{m}\lambda\frac{\partial e_j}{\partial x_i}=0 \quad i=1,2,\cdots,n \\ e_j(x_1,x_2,\cdots,x_n)=0 \quad j=1,2,\cdots,m \end{cases} \tag{3-49}$$

以上共 $n+m$ 个方程，可解出未知数 x_1^*，x_2^*，$\cdots$，x_n^* 及 λ_1^*，λ_2^*，$\cdots$，λ_m^*。

2. 罚函数法

罚函数法的基本思想为通过一个惩罚因子把约束条件连接到目标函数上去，从而将有约束条件的最优化问题转化为无约束条件的问题。新的目标函数具有如下性质：当搜索到

不可行点时，附加一个约束惩罚项，会使目标函数变得很大，而且离约束条件越远惩罚就越大。

已知目标函数$f(x_1,\ x_2,\ \cdots,\ x_n)$，服从等式约束条件，见式（3-50）：

$$g_j(x_1,x_2,\cdots,x_n)=0 \quad j=1,2,\cdots,m \tag{3-50}$$

引入惩罚因子 k_j 将目标函数 f 转换成带罚函数的目标函数 $F(x)$，见式（3-51）：

$$F(x)=f(x_1,x_2,\cdots,x_n)+\sum k_j[g_j(x_1,x_2,\cdots,x_n)]^2 \quad j=1,2,\cdots,m \tag{3-51}$$

这样有约束的最优化问题就被转化为无约束的最优化问题，可以用上面的方法进行求解。

当 k_j 为很大的正数时，只要 x 违反了约束条件，则惩罚项就会变成一个很大的正值，从而使 $F(x)$ 离最小值更远。而且 x 对约束条件偏离越大，惩罚也就越大。

显然，所求的 $F(x)$ 最小值会因 k_j 值的不同而不同。k_j 值越大，则惩罚项的权增加，偏离约束的可能越小。当 k_j 很大时，则只有 $g_j(x)=0$ 时才能使 $F(x)$ 达到最小值，这时的解就是 $F(x)$ 的解。

一般来说，罚函数法是一种有效的求解方法。它的缺点是：把罚函数引入目标函数就可能引入了二阶导数的不连续，因此用梯度法来搜索最小值时会发生困难。同时，这种方法是从不可行区域逐步收敛到解的，这就要允许在不可行区域进行函数估值，这可能会使程序计算失败，比如试图求负数的对数或求负数的平方根等。

三、非线性规划问题的数值求解方法

实际化工过程中数学模型通常求解复杂、计算量大，其求解过程更多地依赖于计算机技术，数值算法因而得到了普遍的应用。数值算法主要以代数运算来实现模型求解，是按照一定策略搜索最优值的问题。通常是以迭代的形式逐渐逼近最优解，故又可以把求解的过程看作是在可行域或非可行域内按照一定策略搜索最优值的问题。求解过程可归结为由初始点出发，寻找更新点，趋近最优解，判断所得点是否已足够趋近于最优，而停止搜索的过程。

多变量问题的搜索中，有约束问题的求解是以无约束问题的求解为基础；多变量问题求解是以单变量问题为基础。单变量问题的搜索又是以解析解法中的相关定理和结论为基础的。

四、无约束条件最优化问题的搜索策略与变量轮换法

1. 搜索策略

多变量非线性规划的求解思路可归结为搜索方向和搜索步长的确定，即式（3-52）：

$$X_{k+1}=X_k+a_k s_k \tag{3-52}$$

式中　X_k——当前搜索点；

X_{k+1}——新的迭代点；

s_k——当前搜索方向；

a_k——方向上的最优步长。

一旦搜索方向 s_k 确定后，多变量搜索问题即转化为在 s_k 方向上的单变量搜索问题，仅求解 s_k 方向上的最优步长 a_k。

多变量线性规划问题可以根据搜索方向的不同方式分为变量轮换法，单纯形法，最速下降法，和牛顿法等。

2. 变量轮换法

变量轮换法为含有 n 个变量的目标函数选择 n 个固定的搜索方向，然后连续使用一维搜索使 $f(x)$ 在每一个搜索方向上最小化。

此方法对式（3-53）形式的二阶方程更加适用：

$$f_1(x) = \sum_{i=1}^{n} c_i x_i \tag{3-53}$$

因为搜索方向与主轴（x 轴或 y 轴）有共同的方向，如图 3-2（a）所示。然后该方法却很难应用于更一般性的二阶目标函数，例如式（3-54）的形式：

$$f_2(x) = \sum_{j=1}^{n} \sum_{i=1}^{n} d_{ij} x_i x_j \tag{3-54}$$

函数的图形如图 3-2（b）所示。对于后一种情况，随着最优值的邻近，x 的变化量减小，因此要想得到高精确度，就需要很多的迭代步骤。

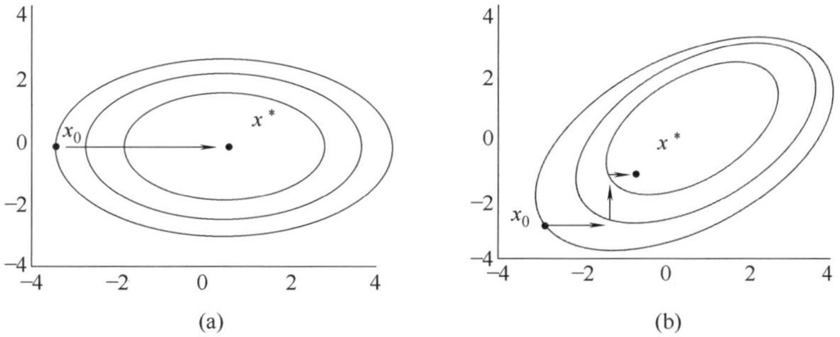

图 3-2　两个不同二阶函数的一元搜索过程

五、非线性规划的单纯形法

这种方法可以选择单纯形法中的函数值最大点来估计 $F(x)$。在二维空间中，其图形是等边三角形（图 3-3）。对于顶点，每一个搜索方向是远离顶点中有最大 $F(x)$ 值的点，这样造成了搜索方向的不断改变。并且，对于一个给定尺寸的单纯形法，步长是固定的。

下面，以一个两变量函数来阐述这个过程。

在三角形的每个顶点上都需要估计 $F(x)$ 值。所确定的搜索方向应远离使函数值达到最大的点，并通过单纯形的质点。通过平分搜索方向且连接三角形另外两点的直线，搜索方向就会通过质点。在这个相应的方向上确定了一个新的点，并保存这个几何图形，然后在这个新的点上估计目标函数，就可以确定一个新的搜索方向。

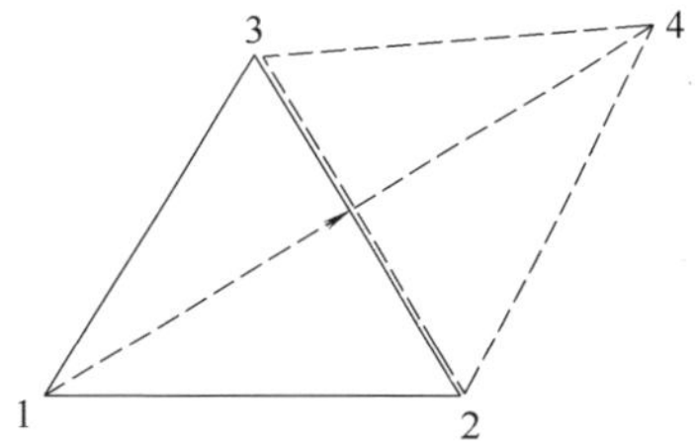

图 3-3　单纯形法中一个新点的映像点 1 处的 $F(x)$ 值大于点 2 和点 3 处的 $F(x)$ 值

重复使用该方法，每次否定一个质点，指导单纯形法跨越最优值。在接近最优值附

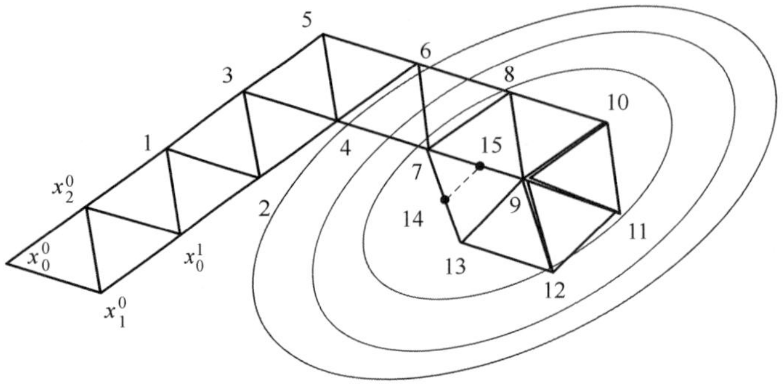

图 3-4　使用单纯形法向最优值的逼近以及在最优值附近的摆动

近，可以利用减小步长等方法来防止出现重复循环。当单纯形尺寸小于规定收敛误差时，搜索路线停止，这样，最优化位置就被确定在一个受单纯形尺寸影响的误差范围内，如图 3-4 所示。

最初的顶点是 x_0^0、x_1^0、x_2^0，下一个顶点是 x_0^1。后续新的顶点连续标注为 1～13。在 13 处会出现一个循环，将单纯形尺寸缩小，形成一个由 7、14、15 组成的三角形，重复上述过程，逐渐逼近最优解。

六、非线性规划的最速下降法

一个好的搜索方向应该不断使目标函数值减小（对应最小值问题）。为了使目标函数值减小，如果 x_0 是原来的点，x_1 是一个新点，即式（3-55）：

$$f(x_1)<f(x_0) \tag{3-55}$$

这样的方向 s 叫做下降方向，其在任何点上都满足式（3-56）：

$$\nabla^{\mathrm{T}} f(x)s<0 \tag{3-56}$$

如图 3-5 所示，两个向量 $\nabla^{\mathrm{T}} f(x^k)$ 和 s^k 其夹角是 θ。因此得到式（3-57）：

$$\nabla^{\mathrm{T}} f(x)s^k=|\nabla^{\mathrm{T}} f(x)||s^k|\cos\theta \tag{3-57}$$

如果 $\theta=90°$，则沿 s^k 方向不会降低 $f(x)$ 的值；如果 $0\leqslant\theta\leqslant 90°$，$f(x)$ 会增大；只有当 $\theta>90°$ 搜索方向才能产生更小的值，所以，$\nabla^{\mathrm{T}} f(x^k)s^k<0$。

对于求解最大值，搜索的方向是梯度方向时用到的算法叫最速上升，求解最小值搜索方向是梯度的反方向，对应的算法是最速下降，见式（3-58）：

$$s^k=-\nabla^{\mathrm{T}} f(x) \tag{3-58}$$

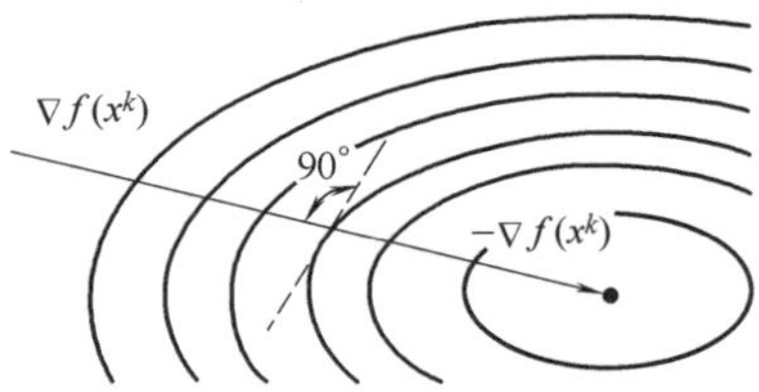

图 3-5　辨别可能搜索方向的区域

在下降的第 k 步中，由当前点 x^k 到下一次迭代的点 x^{k+1} 按式（3-59）：

$$x^{k+1}=x^k+\nabla x^k+a^k s^k=x^k-a^k\nabla f(x^k) \tag{3-59}$$

∇x^k 代表从 x^k 到 x^{k+1} 的向量；s^k 为下降最快的方向；a^k 决定 s^k 步长的标量。

梯度的方向给出了最小值化方向，但是没有给出步长，所以，随着步长的不同会有多种下降过程。

步长 a^k 可以用线性搜索来决定，以理想目标二次函数 $f(x)=x_1^2+x_2^2$ 为例，其图形等高线是同心圆，如图 3-6 所示。

$f(x)=x_1^2+x_2^2$ 梯度向量，计算其在点 $x^{\mathrm{T}}=[2\quad 2]$ 处的梯度。

$$\nabla^{\mathrm{T}} f(x)=\begin{bmatrix}2x_1\\2x_2\end{bmatrix}$$

$$\nabla^{T} f(2,2)=\begin{bmatrix}4\\4\end{bmatrix}$$

则下降最快的方向是

$$s=-\begin{bmatrix}4\\4\end{bmatrix}$$

没有理想比例关系的函数以及有互相作用相的函数，梯度的反方向是不可能直接通过最优值点的。相互作用相、非理想比例、脊形都会导致梯度方法收敛变慢。

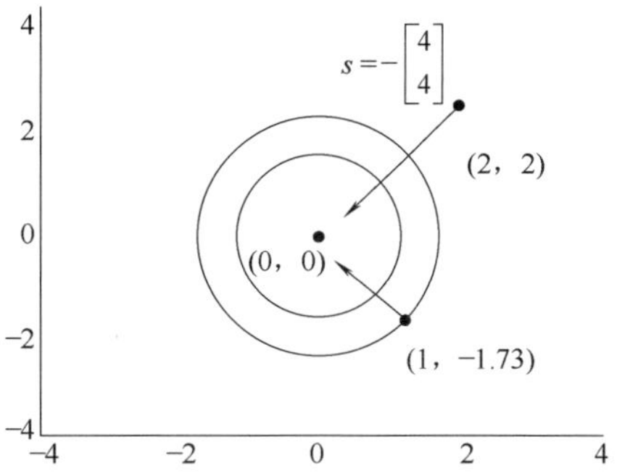

图 3-6　最速下降方向的判断过程

最速下降法可被概况为以下：

① 选择一个原始点 x^0 随后在点 x^k 处；

② 计算偏微分$\dfrac{\partial f(x)}{\partial x_j}$,$j=1,\cdots,n$；

③ 计算搜索向量 $s^k=-\nabla^{T} f(x)$；

④ 利用 $x^{k+1}=x^k+a^k s^k$ 得到 x^{k+1} 的值；

⑤ 比较$f(x^{k+1})$ 和$f(x^k)$，如果$f(x)$ 变化比给定误差小，可以终止，如果大于给定误差，返回到第二步。

最速下降法可以在任何类型的驻点处终止，也就是在任意$f(x)$ 梯度值为 0 的点。同时，最速下降法的根本困难在于，对$f(x)$ 的尺度太灵敏，所以收敛很缓慢，容易产生大量摆动。

七、牛顿法与有约束条件的最优化问题搜索方法

1. 牛顿法

从另一个角度看，最速下降法的搜索方向可被解释成与目标函数在点 x^k 的线性近似值（切线）正交。

观察图 3-7，现在假定要求$f(x)$ 在 x^k 处的一个二次近似值，见式（3-60）：

$$f(x)\approx f(x^k)+\nabla^{T} f(x^k)\Delta x^k+\frac{1}{2}(\Delta x^k)^{T}H(x^k)(\Delta x^k) \tag{3-60}$$

式中　$H(x)$——$f(x)$ 的海森矩阵（在 x^k 处关于 x 的二阶偏导数矩阵）。

式（3-60）中$f(x)$ 二次近似值的最小值，是通过求其在 Δx 各分量的微分，并让结果表达式为 0 得到的，见式（3-61）和式（3-62）：

$$\nabla f(x)=\nabla f(x^k)+H(x^k)\Delta x^k=0 \tag{3-61}$$

或

$$x^{k+1}-x^k=\Delta x^k=-[H(x^k)]^{-1}\nabla f(x^k) \tag{3-62}$$

式中　$[H(x^k)]^{-1}$——$H(x)$ 的逆矩阵。

引入表示步长的参数 a^k 得到式（3-63）：

$$x^{k+1}-x^k=-a^k[H(x^k)]^{-1}\nabla f(x^k) \tag{3-63}$$

所以，搜索方向 s 为式（3-64）：

$$s^k=-[H(x^k)]^{-1}\nabla f(x^k) \tag{3-64}$$

在求解 Δx^k 时，不一定要矩阵求逆，可以用式（3-61）的变形形式，得到式（3-65）：

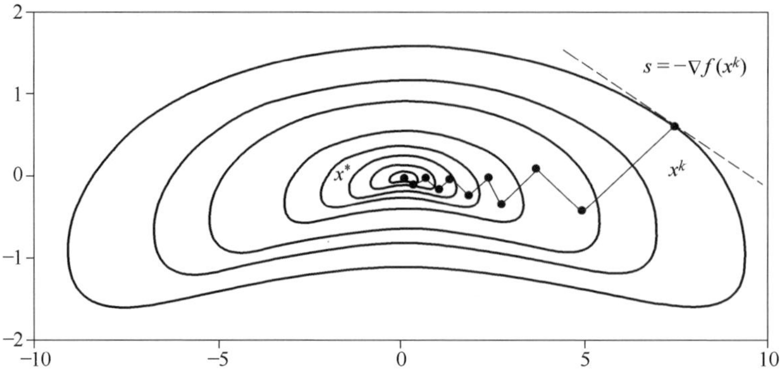

(a) 最速下降法：$f(x)$ 在 x^* 处的一次逼近及共轭梯度法锯齿状逼近过程

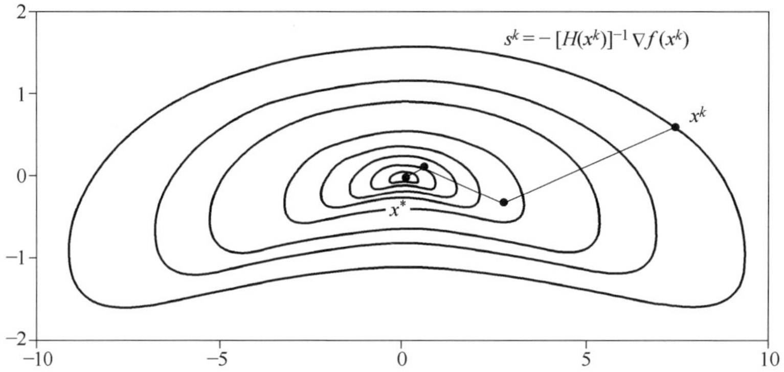

(b) 牛顿法：$f(x)$ 在 x^* 处的二次逼近

图 3-7　从目标函数近似值的观点比较最速下降法和牛顿法

$$H(x^k)\Delta x^k=-\nabla f(x^k) \tag{3-65}$$

小结：本节讨论的所有方法中，牛顿法需要最少迭代。但其缺点如下：如果有多重局部解存在，它不一定能找到全局解；牛顿法需要解一组含有 n 个对称线性方程的方程组；牛顿法需要求一阶、二阶偏导数；在使用单元步长时，可能不收敛。

为了有效降低更新海森矩阵的计算量，可采用拟牛顿法。该方法是在式（3-61）中用一个正定近似值 H^k 代替 $H(x^k)$，见式（3-66）：

$$H^k s^k=-\nabla f(x^k) \tag{3-66}$$

H^k 被初始化为任意对称正定矩阵（通常是单位矩阵或者对角矩阵），并在每次线性搜索后用 x 和 $f(x)$ 在最后两点的变化值更新。

2. 有约束条件的最优化问题搜索方法

更普遍的非线性规划问题

最小化 $f(x)$，$x=[x_1, x_2, \cdots, x_n]$ 服从式（3-67）：

$$\begin{aligned} h_i(x)&=b_i \quad (i=1,2,\cdots,m) \\ g_j(x)&\leqslant c_j \quad (j=1,2,\cdots,r) \end{aligned} \tag{3-67}$$

数值解法的求解思路是将有约束问题转换为无约束问题。线性或非线性等式约束时，可用其他变量表达式表示一个或两个变量，代入目标函数，从而直接转化。非等式约束可以参照线性规划中，引入松弛变量，将不等式先转化为等式再进行数值求解。

第四节　非线性规划最优化方法解设计与优化问题

化工生产具有典型的流程化特点，化工行业一般被认为是典型的流程行业之一，且生产装置多，工艺复杂。石油化工中的很多稳态或非稳态（动态）的生产问题都需要借助流程模拟过程来进行模拟与分析。实际上，最优的生产条件和过程才是企业稳定生产和效益最大化的必要条件。这就使得最优化方法的选取和使用在石油化工产业中的应用多，范围广。可以考虑以流程模拟软件参与的非线性规划最优化方法求解设计与优化问题的新思路。

一、C5 烷烃综合利用工艺可行性分析

近年来中国炼化一体化和煤（甲醇）制烯烃技术快速发展，乙烯产能持续扩大，生产过程中产生的 C5 馏分随之迅猛增长，已经成为乙烯工业不可忽视的伴生资源。对于我国相对丰富的裂解 C5 资源而言，其综合化工利用率却仍然较低，部分新建装置裂解 C5 馏分经加氢后返回裂解炉重新裂解，而大部分还是作为燃料烧掉，浪费了宝贵的资源。C5 资源（尤其是其中的 C5 烷烃资源）的高值综合利用，是提高乙烯工业核心竞争力的重要途径。

针对某石油化工企业工艺过程中产生的乙烯裂解气为原料，采用分析、设计与过程优化生产下游高附加值产品的整体思路，通过原料分离提纯，获得各组分：C3（高纯丙烯）；C4（异丁烯）制取甲基丙烯酸甲酯（MMA）；C5（正戊烷和异戊烷）正戊烷经芳构化、二次硝化、催化加氢生产 2,4-二氨基甲苯（TDA）。部分正戊烷亦可异构化转换为异戊烷，再和原异戊烷混合后催化加氢生产异戊烯。异戊烯与盐酸反应，再与甲醛水溶液进行缩合反应，经重排后制备得到频呐酮，流程框图如图 3-8 所示。

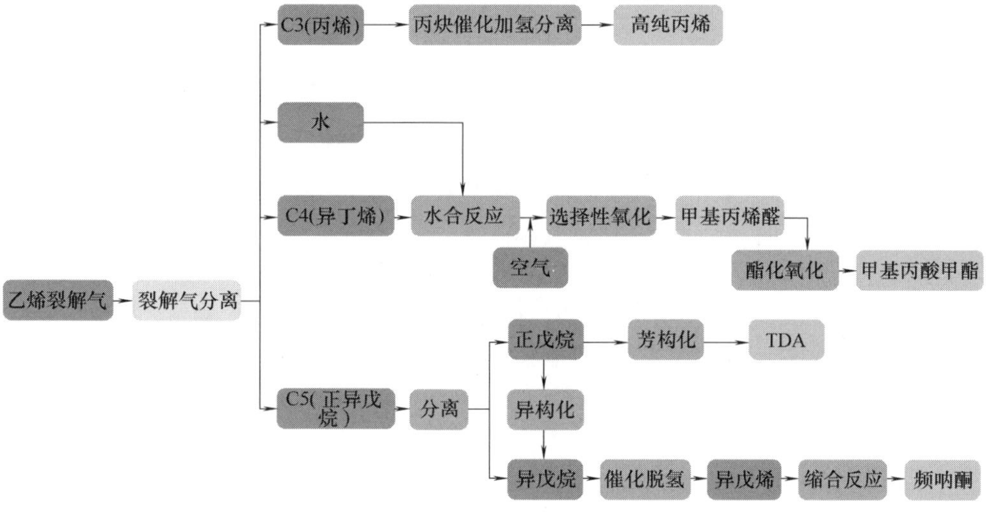

图 3-8　流程框图

按此工艺可具体进行全流程模拟与分析，即乙烯裂解气分离工段、甲基丙烯酸甲酯合成精制工段、二氨基甲苯合成精制工段、频呐酮合成精制工段等四个工段，如图 3-9 所示。

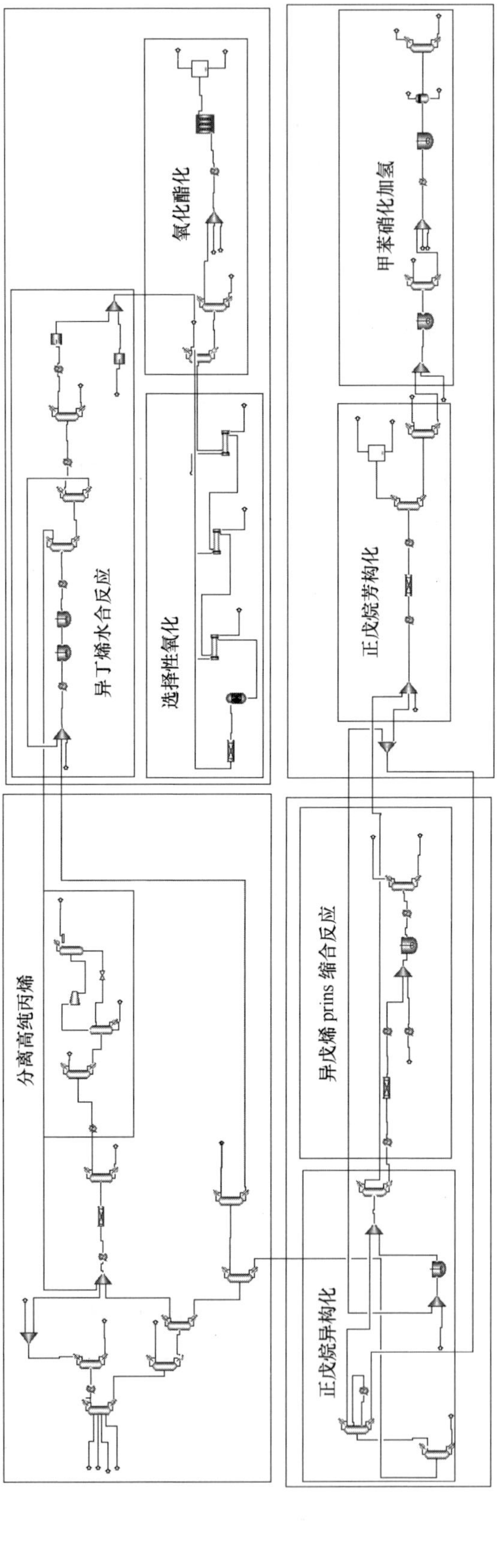

图 3-9　乙烯裂解气组分中 C5 烷烃综合利用全流程模拟

第一工段为乙烯裂解气分离工段：将来自总厂的 1.686×10^{6}t/a 乙烯裂解气中 C2、C3、C4 以及 C5 组分进行分离提纯，得到乙烯、丙烯、异丁烯、正戊烷及异戊烷，其中乙烯返回总厂，异丁烯及正异戊烷作为后续工段的原料，高纯丙烯作为产品出售。

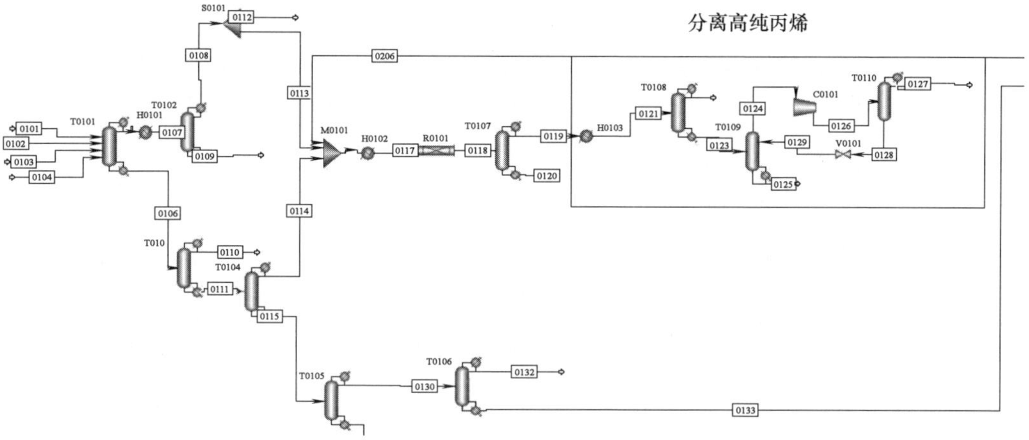

图 3-10　第一工段流程模拟

第二工段为甲基丙烯酸甲酯合成精制工段：原料来源为乙烯裂解气分离得到的 C4，其中的异丁烯经水合反应，与空气经选择性氧化制甲基丙烯醛，再经氧化酯化制得甲基丙烯酸甲酯。

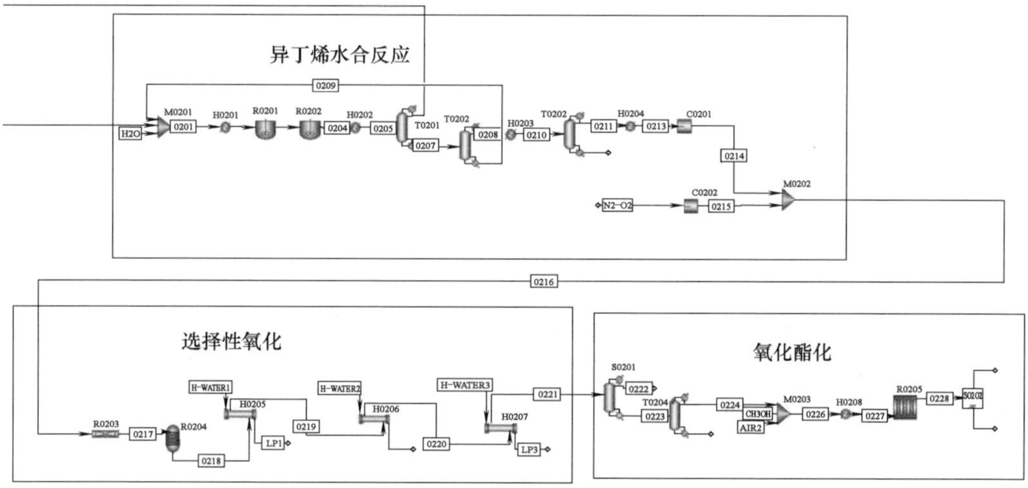

图 3-11　第二工段流程模拟

第三工段为频呐酮合成精制工段：原料来源为乙烯裂解气分离得到的 C5，其中正戊烷按生产需求可全部或部分芳构化制二氨基甲苯，其余（全部或部分）异构化制异戊烷，经催化脱氢、精制合成异戊烯，异戊烯通过与盐酸反应，再与甲醛水溶液进行缩合反应，经重排后制备得到频呐酮。

第四工段为二氨基甲苯合成精制工段：经二次硝化法生产二硝基甲苯，再经过催化加氢法生产二氨基甲苯。

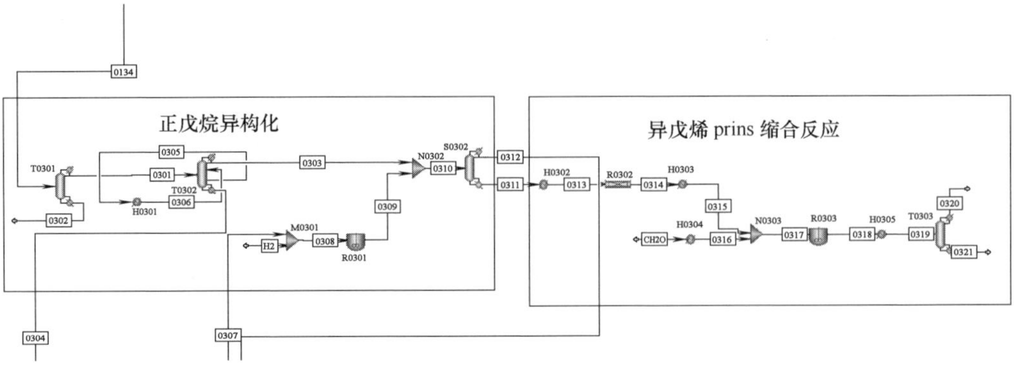

图 3-12　第三工段流程模拟

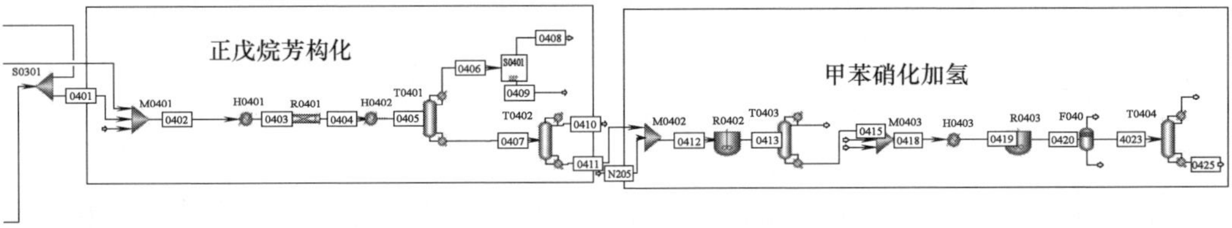

图 3-13　第四工段流程模拟

二、2,4-二氨基甲苯合成过程模拟与优化

目前二硝基甲苯还原制备二氨基甲苯反应分为两类：化学还原法和催化加氢法。

1. 化学还原法

化学还原法包括铁粉还原法、硫化物还原法、金属氢化物还原法、水合肼还原法。铁粉还原法工艺应用历史久，技术成熟，原料易得，但劳动强度大，收率低，严重污染环境。硫化物还原法工艺反应比较缓和，易于控制，还可使多硝基化合物中的硝基分步还原，产物容易分离，但原料生产成本高，还原效率低，并且反应时放出有害气体。金属氢化物还原法对硝基化合物进行还原得到了相应的芳胺，但收率不高。水合肼还原法具有常压进行、转化率高、不产生废气废渣、可进行部分还原等特点，但还需要进一步开发价廉、可循环使用、高效的催化剂。总的来说，化学还原法劳动强度大，收率低，严重污染环境，三废处理费用高，原料生产成本高，还原效率低。

2. 催化加氢法

催化加氢法分为气相催化加氢和液相催化加氢。气相催化加氢由于受原料沸点限制，应用范围较窄。液相催化加氢因其应用面广，环境友好，产品质量稳定，工艺先进而受到人们青睐。连续液相加氢法是杜邦公司在 1958 年提出的一种采用贵金属催化剂连续加氢制备甲苯二胺的方法。催化剂为负载量为 0.1%～10%（质量分数，下同）的 Pt/C、Pd，负载量为 0.05%～10%的 Pd/C 或 Pt 和 Pd 混合负载量为 0.1%～10%的 Pt-Pd/C，为进一步提高催化剂活性和寿命，可加入 0.05%～5%的铁助剂。

该工艺在整个反应过程中不适用外加溶剂，先将催化剂和部分产品装入釜式反应器中，再连续加入 DNT，在 70~80℃和 724kPa 条件下，通入氢气至饱和，产物和催化剂的混合液连续放出并分成两部分，一部分循环回到反应器作为反应的溶剂，另一部分通过外部过滤器滤掉混合物中的催化剂，然后精制得到二氨基甲苯产品。

表 3-2　　二氨基甲苯合成精制工段技术指标对比

技术方案	化学还原法	催化加氢法
原料消耗	高	较高
转化率	较低	高
能耗	高	较低
环保方面	三废多、环境问题严重	三废较少、达到环保标准
流程特点	技术成熟、设备投资小	技术成熟、工艺流程简单、选择性高、副产物少、设备腐蚀小、催化活性高、产品质量好

二氨基甲苯合成精制工段技术指标对比见表 3-2。

化学还原法装置投资较高，单位生产成本高，能耗大，环保问题严重，总投资高。与催化加氢法相比，化学还原法工艺应用虽然历史久，技术成熟，原料易得；但劳动强度大，收率低，严重污染环境，三废处理费用高，原料生产成本高，还原效率低。

催化加氢法由于其经济性好、副产物较少、符合当下环保要求需要等优点而成为目前生产二氨基甲苯的主要方法，应用面广泛。产品纯度高，市场竞争大，环境友好，产品质量稳定，工艺先进，转化率高。

一般来说，使用模拟软件（如 Aspen 等）进行流程模拟时，用户定义了一个流程以后，模拟软件一般会自行处理流程构造分析和模拟算法优选的问题，也就是采取软件中自动的逻辑运算关系来处理模拟和优化相关的步骤，但是，在热力学模型选取的过程中需要用户决定对应的物性方法，这同样关系到能否获取最优解。而且，流程模拟中几乎所有的单元操作模型都需要热力学性质的计算，迄今为止，还没有任何一个热力学模型和物性方法能适用于所有的物系和所有的过程。

通过对比，催化加氢法制备二氨基甲苯工艺具有产品质量及收率高，适合大批量及可实现连续性生产等优点，更为重要的是催化加氢法生产过程中产生的环境污染物比化学还原法更少，是一种绿色环保的生产工艺。在第四工段中，具有两步反应，正戊烷芳构化生成甲苯以及甲苯硝化加氢生产二氨基甲苯。在流程模拟的优化过程中，需要优先考虑对全局热力学方程进行优选，由于在工艺设计过程中综合考虑反应历程中各组分的物性特点，在本工艺过程中可选热力学方法，重点考虑和对比了 NRTL 模型和 BK10 模型（方程选择可点击软件中的方法助手按键进行详解，亦可参见本课本后续章节），如图 3-14 和图 3-15 所示。所选热力学方法不同造成计算结果具有相似的运行结果以及明显的模拟数据差别。如图 3-16 和图 3-17 所示选择不同方程模拟结果无错误，均含有一处物性警告（此类警告多为手动输入物质参数造成的）。特别是在图 3-18 和图 3-19 中，使用 BK10 模型时，本工段加氢过程中溢出氢气量较大，达到 2285.95kmol/a，相比造成较大程度的原料浪费。

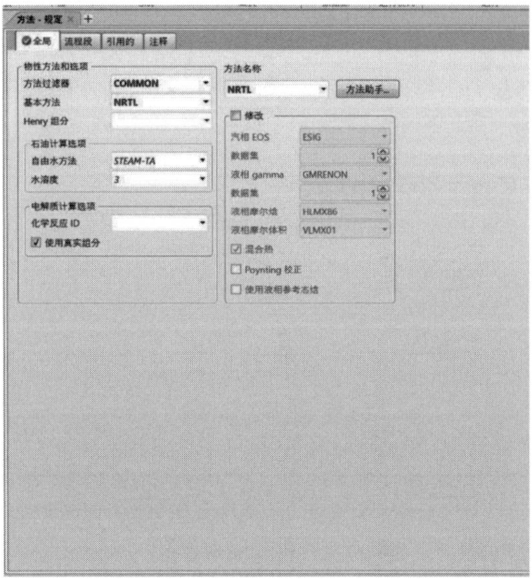

图 3-14　流程模拟过程选用 NRTL 方程

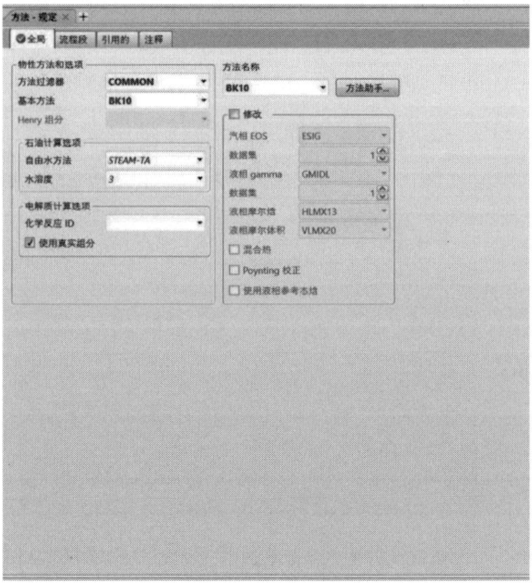

图 3-15　流程模拟过程选用 BK10 方程

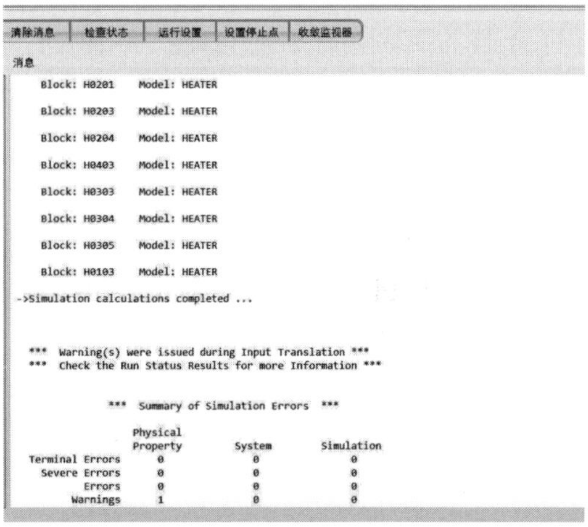

图 3-16　流程模拟过程选用 NRTL 方程计算的面板信息

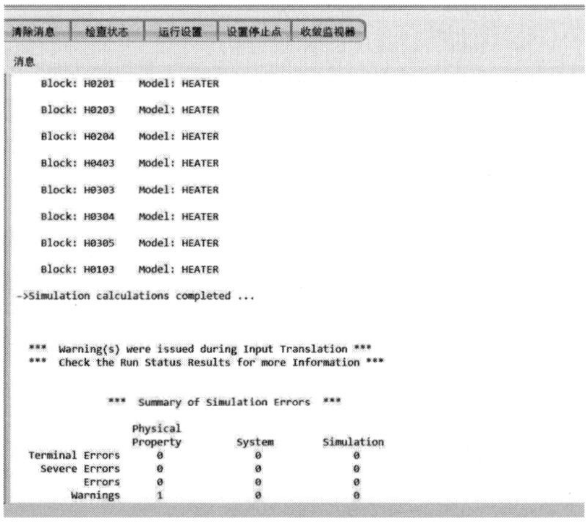

图 3-17　流程模拟过程选用 BK10 方程计算的面板信息

三、频呐酮合成过程模拟与优化

目前频呐酮制备工艺主要有三种：特戊酸/乙酸/丙酮法、四甲基乙烯氧化法、异戊烯法。

1. 特戊酸/乙酸/丙酮法

该方法利用的是热化学反应：一个或两个羧酸通过热分解来产生对称或者不对称酮。以特戊酸和乙酸或者丙酮为原料在稀土催化剂上合成频呐酮。其化学方程式如下式（3-68）和式（3-69）：

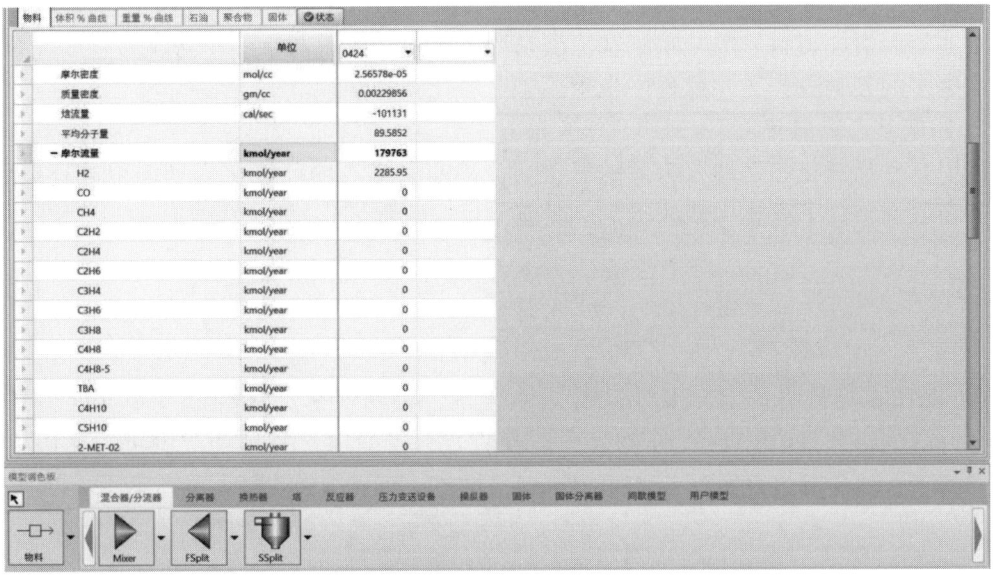

图 3-18　流程模拟过程选用 NRTL 方程计算的数据信息

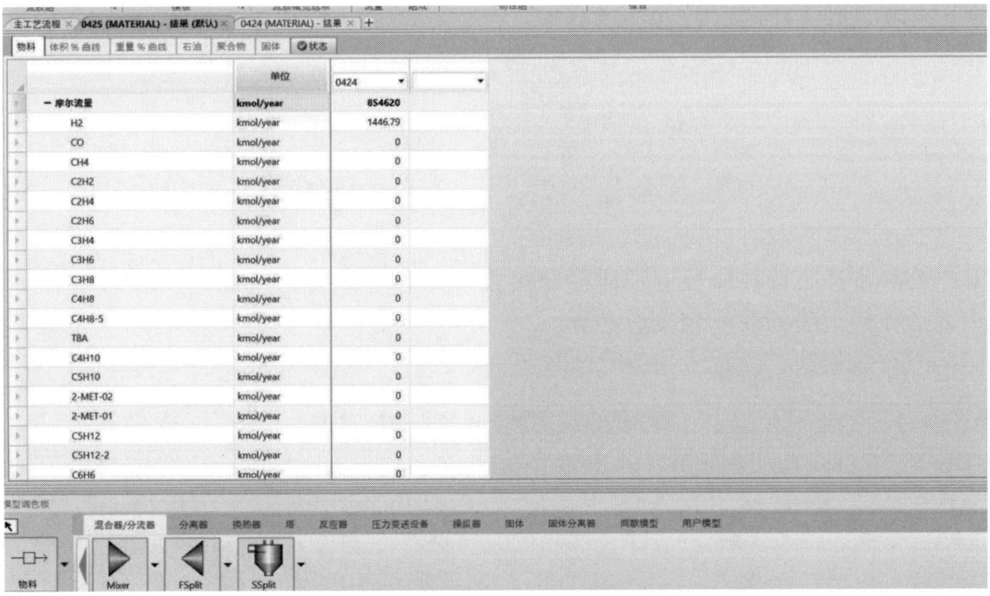

图 3-19　流程模拟过程选用 BK10 方程计算的数据信息

$$(H_3C)_3C—COOH+CH_3COOH \longrightarrow (H_3C)_3C—\overset{\overset{\displaystyle O}{\|}}{C}—CH_3 + CO_2 + H_2O \tag{3-68}$$

$$2(H_3C)_3C—COOH+CH_3COCH_3 \longrightarrow 2(H_3C)_3C—\overset{\overset{\displaystyle O}{\|}}{C}—CH_3 + CO_2 + H_2O \tag{3-69}$$

它的作用机理是：特戊酸通过失去酸性的氢原子从而与稀土金属催化剂形成配合物。然后，丙酮的亚甲基离子攻击碳氧双键来提供电子，电子转移到氧原子上。并且失去氧原子和丙酮的甲基官能团偶联，从而形成了中间体（$(CH_3)_3CCOCH_2COCH_3$。然后此中间体经过水解从而引起裂解形成频呐酮和乙酸基团。乙酸基团再与下一个特戊酸金属配合物反应形成更多的频呐酮，在此过程中也生成了二氧化碳和水。

2. 四甲基乙烯氧化法

四甲基乙烯氧化法是加入合适的氧化剂，将四甲基乙烯环氧化得到四甲基环氧乙烷，然后其在酸性条件下重排生成频呐酮，其基本反应流程如式（3-70）：

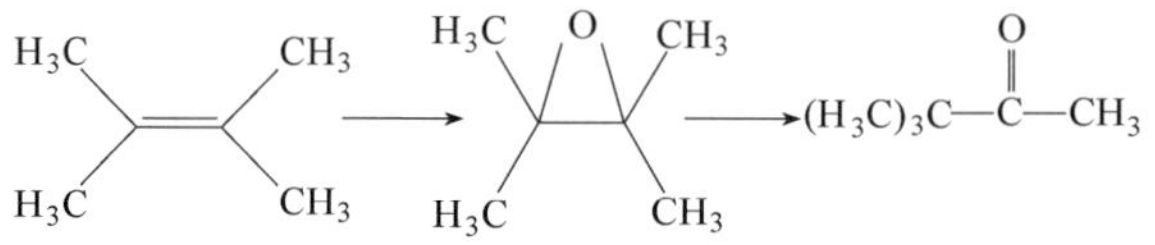

（3-70）

HaroldHart 等利用 CF_3CO_3H/BF_3 作为氧化剂，将四甲基乙烯经过一步反应得到频呐酮。该反应的机理是由 CF_3CO_3H 中较为活泼的 OH^+ 对四甲基乙烯的双键进行作用生成羟基碳正离子，然后其经过重排反应来得到对应的酮，如式（3-71）：

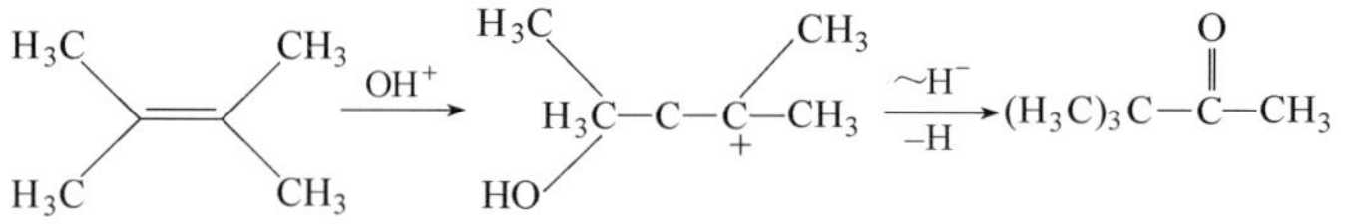

（3-71）

3. 异戊烯法

异戊烯法是在无机强酸存在的条件下，烯烃和醛加成生成 1,3-二戊烷，然后其在经过酸化重排得到频呐酮反应路线如式（3-72）：

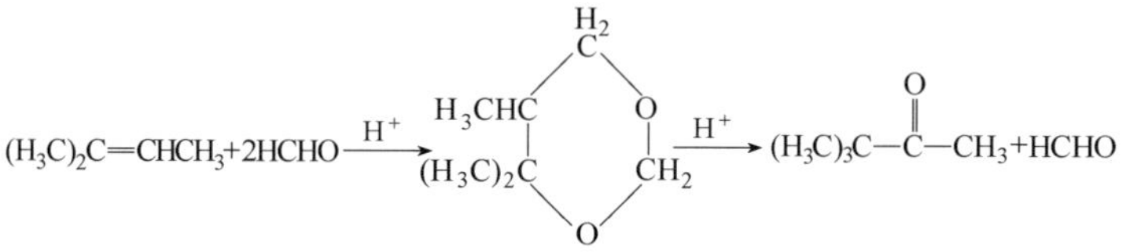

（3-72）

其中第一步涉及普林斯反应：烯烃在酸性条件下与甲醛生成 1,3-二戊烷或者 1,3-二醇，二者的比例因酸的浓度和温度而异。

频呐酮合成精制工段技术指标对比见表 3-3。

表 3-3　　频呐酮合成精制工段技术指标对比

技术方案	特戊酸/乙酸/丙酮法	四甲基乙烯氧化法	异戊烯法
原料消耗	高	较高	较高
转化率	较低	高	较高
能耗	高	较低	低
环保方面	三废较少	涉及剧毒物质，环保问题严重	三废较少
流程特点	流程简单，副产物少，催化剂活性低	流程简单，产率低	反应条件温和，目前工业上应用多

特戊酸/乙酸/丙酮法的优点是反应流程短，副产物较少以及产品易分离。但缺点同样有很多：首先，反应所需要的温度较高，所以对设备的要求较高，而且要消耗大量的能量，为了达到更高的转化率，正常来说操作温度是在 400～500℃。所以在这温度区间内，积碳无法避免。一旦积碳生成，会造成催化剂活性和转化率的降低，生产成本较大。

四甲基乙烯氧化法方法的优点是一步反应，流程操作十分简单。但缺点也很明显，需要用到具有毒性的氟化物，产率不是很高，而且三氟过氧乙酸不稳定，需要用三氟乙酸酐与过氧化氢和二氯甲烷在冰水浴中搅拌混合反应。从经济和环境角度考虑，不易进行工业化的生产。

异戊烯法是主要的工业化生产方法。此方法的优点是异戊烯是来自石油组分中的碳五部分，原料来源稳定丰富，缓慢滴加甲醛使烯烃同盐酸首先发生加成反应得到氯代特戊烷，然后由其得到频呐酮，反应条件温和，工艺操作简便，甲醛聚合焦油明显减少，有较好的应用价值。设备无腐蚀性及利用率高，减轻劳动强度，节约成本。频呐酮粗品经中和分层的废水可再利用，减少废水排放，产品品质稳定。

经过上述分析对比，工艺方案可以被优选确定为：第一工段采用异丁烯法制取甲基丙烯酸甲酯，二氨基甲苯合成工段采用二次硝化法以及催化加氢法制取二氨基甲苯，频呐酮的制备选用异戊烯法，用超强酸催化正戊烷发生异构化反应生成异戊烷，由异戊烷催化脱氢制取异戊烯。在第三工段中，R0303 反应器中进行一步高压条件下的过程反应，是由异戊烯和甲醛反应生成 3,3-二甲基丁酮，在流程模拟过程中，对单一单元可以设定相应热力学方法模型，从而达到优化的目的。对比了 NRTL 模型和 NRTL-RK 模型［两类模型一般前者更适用于中高压过程，后者更适用于高压过程，此反应器设置压力约为 20atm（1atm = 101325Pa），故需要对比模拟结果选用更优的模型方法］。所选热力学方法不同造成计算结果具有细微的模拟数据差别，如图 3-20 和图 3-21 所示，选择不同的模型进行单一反应器模块模拟。在图 3-22 中，使用 NRTL 模型进行模拟的结果是液相体积相对较大，停留时间稍有延长，最终产物产量受到了影响。

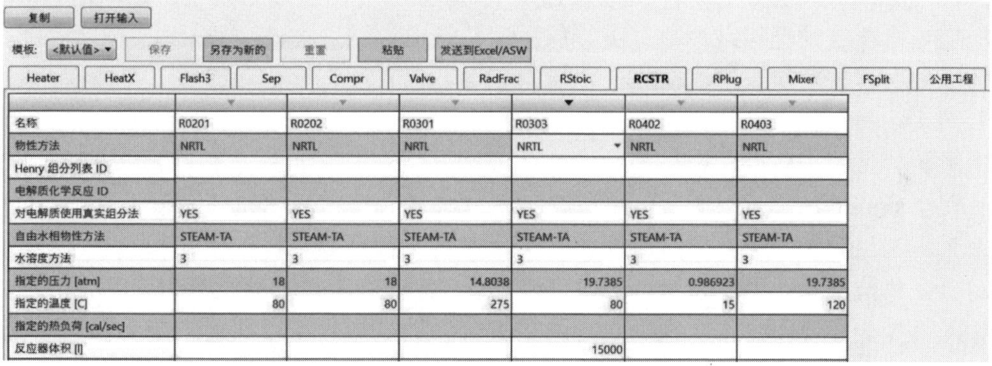

名称	R0201	R0202	R0301	R0303	R0402	R0403
物性方法	NRTL	NRTL	NRTL	NRTL	NRTL	NRTL
Henry 组分列表 ID						
电解质化学反应 ID						
对电解质使用真实组分法	YES	YES	YES	YES	YES	YES
自由水相物性方法	STEAM-TA	STEAM-TA	STEAM-TA	STEAM-TA	STEAM-TA	STEAM-TA
水溶度方法	3	3	3	3	3	3
指定的压力 [atm]	18	18	14.8038	19.7385	0.986923	19.7385
指定的温度 [C]	80	80	275	80	15	120
指定的热负荷 [cal/sec]						
反应器体积 [l]				15000		

图 3-20 R0303 选用 NRTL 模型

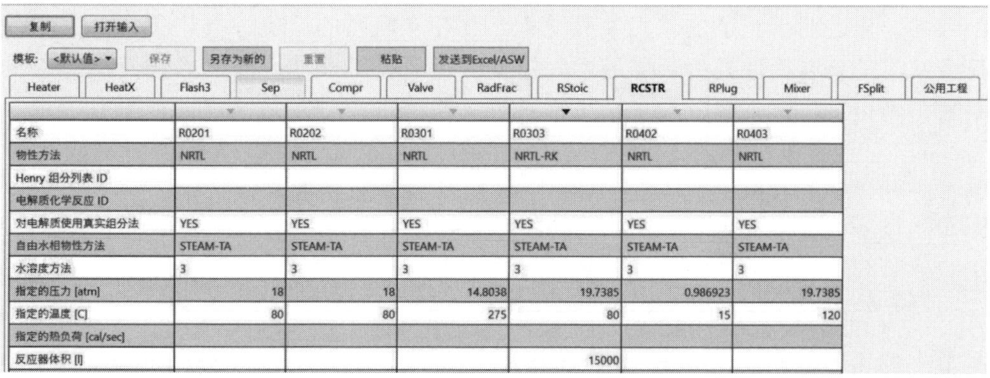

名称	R0201	R0202	R0301	R0303	R0402	R0403
物性方法	NRTL	NRTL	NRTL	NRTL-RK	NRTL	NRTL
Henry 组分列表 ID						
电解质化学反应 ID						
对电解质使用真实组分法	YES	YES	YES	YES	YES	YES
自由水相物性方法	STEAM-TA	STEAM-TA	STEAM-TA	STEAM-TA	STEAM-TA	STEAM-TA
水溶度方法	3	3	3	3	3	3
指定的压力 [atm]	18	18	14.8038	19.7385	0.986923	19.7385
指定的温度 [C]	80	80	275	80	15	120
指定的热负荷 [cal/sec]						
反应器体积 [l]				15000		

图 3-21 R0303 选用 NRTL-RK 模型

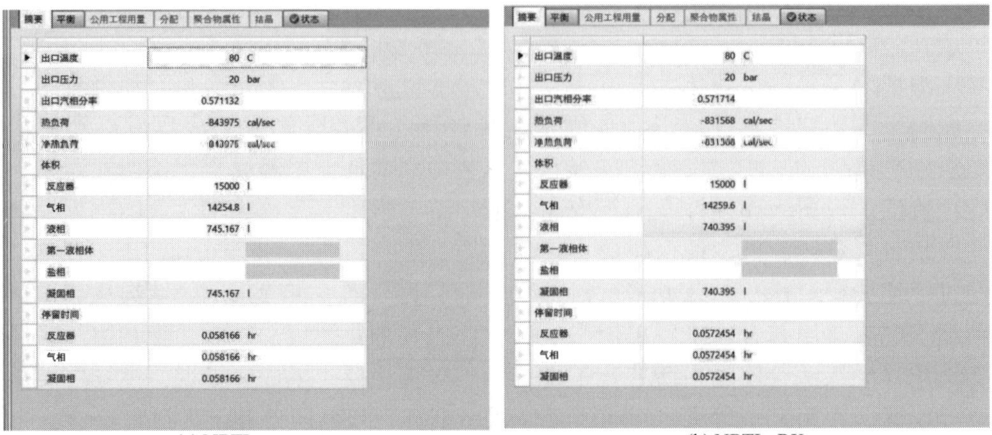

(a) NRTL　　(b) NRTL-RK

图 3-22　R0303 选用两种模型的模拟结果

机理模型在流程模拟过程中的应用是根据对象、生产过程的内部机制或者物质流的传递机理建立起精确的数学模型。它是基于质量平衡方程、能量平衡方程、动量平衡方程、相平衡方程以及某些物性方程、化学反应定律、电路基本定律等而获得对象或过程的数学模型。机理模型的优点是参数具有非常明确的物理意义。这类模型存在于各行各业，需要充分的输入条件，通过模型得到输出，可以模拟整个过程。

非机理模型可以细分为统计模型（经验性模型）和人工智能模型，在流程模拟过程中的应用当然也有神经网络模型、决策树、遗传算法等。这类模型虽然输入不全，但是可以将海量的数据进行组织形成信息，之后对相关的信息进行整合和提炼，在数据的基础上经过赋多次初值和拟合的方式，形成决策模型。

如果从另外一个角度探究机理性模型和统计模型，将更加贴近于对未知流程采用化工系统工程学研究的特征。对于氢气燃烧产生水这样的一个过程从机理角度上是能解释得很清楚，无论是从分子作用，还是从能量的角度都有一系列的解释。

还有一种情况是，做了多次（成千上万次）实验，发现两分子氢气和一分子氧气在点燃情况下生成两分子的水，这个统计结果符合大数定律。可以认定两分子氢气和一分子氧气在点燃情况下和两分子水具有统计学上的相关性，这就是统计模型。

对相似化工流程过程进行机理模型与统计模型的模型建立，其本质和上述氢气燃烧过程是一致的。但是对于复杂的化工生产流程，在相互联系的反应、换热和分离中既有适合机理模型又有适合非机理模型建立的中间过程，这时就不能使用简单形式模型来认识和计算复杂的生产过程了。一般此种复杂模型被称为半机理模型（或半经验模型）。

AspenTech 在其流程模拟过程中，于 2020 年以后推出了机理模型和人工智能模型结合的混合模型（Hybrid Model）适应了在流程系统工程级的仿真和优化需求，以及提供了模拟过程中更多的模型选择。

四、三元体系下物性方法优化分离过程

本节中的相图是指采用的热力学变量不同构成不同的相结构图。相图（Phase diagram），也称相态图或相平衡状态图，是用来表示相平衡系统的组成与一些参数（如温

度、压力）之间关系的一种图。气-液相图的重要应用场景之一是精馏单元操作，液-液相图应用的主要代表是萃取单元操作，液-固相图应用的主要代表是结晶单元操作。

使用 Aspen Plus 绘制（气液）相图可以根据相图数据来进行精馏分离流程的设计，便于详细设计精馏单元和对分离精制过程优化，具体可理解为：一个体系能分离到多纯，可以依靠操作条件来调节，但一个体系能不能分离，适不适合用精馏来分离，是可以由相图来直观体现。三元体系相对要比二元体系复杂得多，绘制得到的相图需要更加贴近实际情况才能为模拟提供真实的模型基础。

针对乙基叔丁基乙醚（ETBE）—甲醇（MEOH）—乙酸乙酯（ETAC）三元体系，可以首先通过软件默认推荐的物性方法 UNIFAC 活度系数模型，绘制体系的三元相图（Aspen V14）。

步骤 1：输入组分 ETBE、MEOH 和 ETAC（图 3-23）。

图 3-23　组分输入

步骤 2：选择物性方法为 UNIFAC（图 3-24）。

图 3-24　物性方法选择

步骤 3：在模拟界面的菜单栏中选择精馏分析，获得相点图（图 3-25 和图 3-26）。

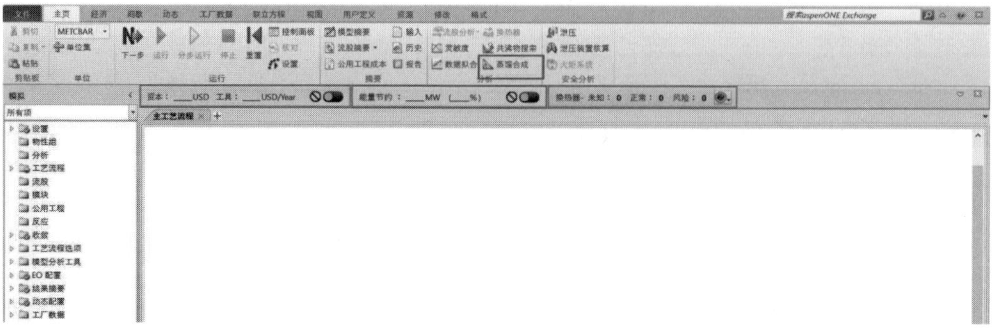

图 3-25　形成三元相图步骤一

图 3-26　形成三元相图步骤二

如图 3-27 所示，三元相图给予了非常丰富的体系信息，可以看到图中三条边上分别有三个温度点，这是三元体系中两两物质的二元共沸点，也就是这三个物质两两分别都形

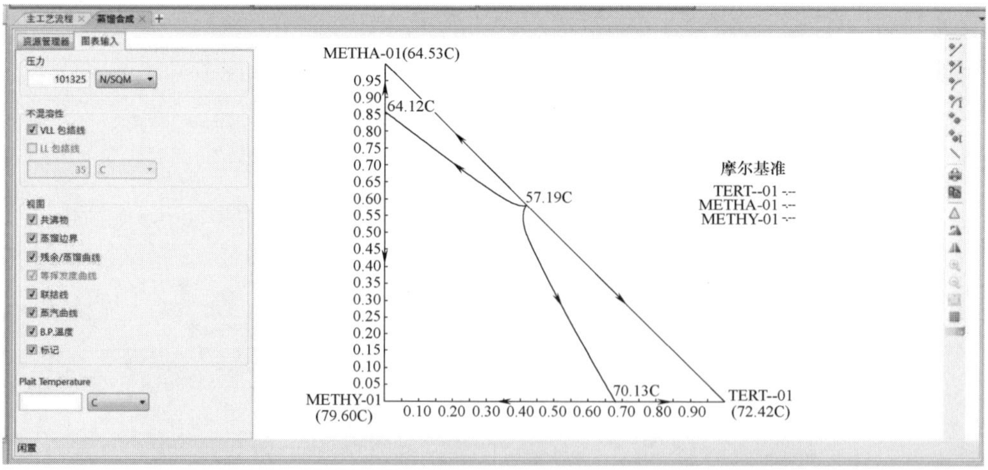

图 3-27　以 UNIFAC（活度系数物性方法）得到的三元体系相图

成二元共沸。而图中带有箭头的线条则称为精馏边界，物质无法通过精馏跨越。可以根据三元相图结合进料数据来进行精馏分离流程的设计，进一步，如果改变初始热力学方程的物性方法，带来的改变也是比较明显的。

如果在第 2 步的时候，将默认的物性方法进行修改，可以分别用 NRTL、PENG-ROB、WILSON 和 SRK 等物性方法来绘制三元相图，得到不同结果分别如图 3-28、图 3-29、图 3-30 和图 3-31 所示。

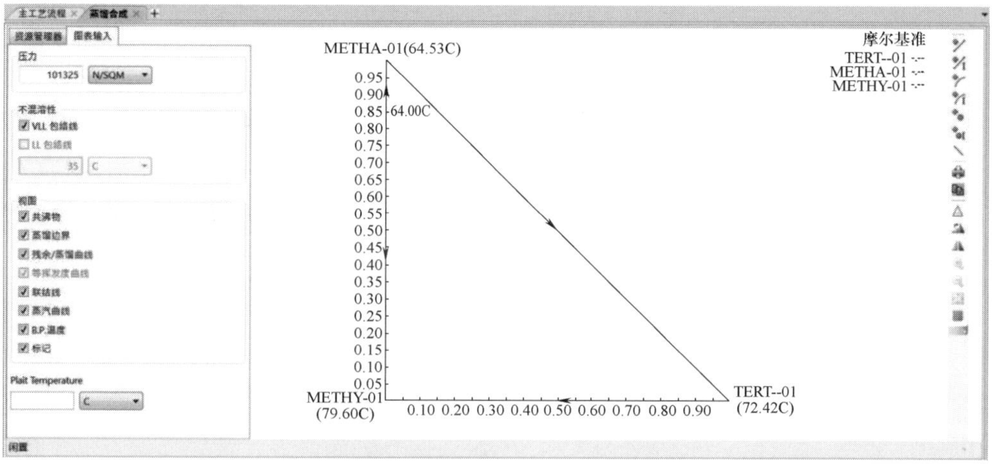

图 3-28　以 NRTL（多相混合物物性方法）得到的三元体系相图

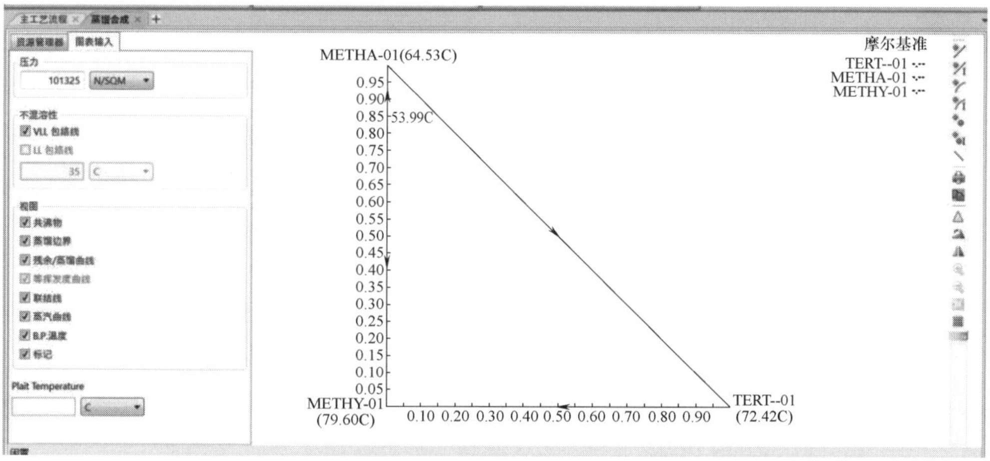

图 3-29　以 PENG-ROB（非极性混合物物性方法）得到的三元体系相图

以上物性方法之间对于共沸的分析就有巨大的差距，有的方法判定只有一个二元共沸点，有的判定有两个，而我们最开始的 UNIFAC 物性方法则有三个二元共沸点。由于它们之间的差距非常明显，这就使得在流程中的最终模拟结果极有可能受此类情况的影响较大，造成偏离实际情况，不能获得最优解。不论哪一个是与实际结果一致的相图，要使模拟分离过程的设计和优化结果不会偏离实际的情况，选择采用何种热力学方程所决定物性方法在优化模拟中非常重要。对于一些偏经验性的物性方法选择问题，在本教材后面的内容中也有所涉及。

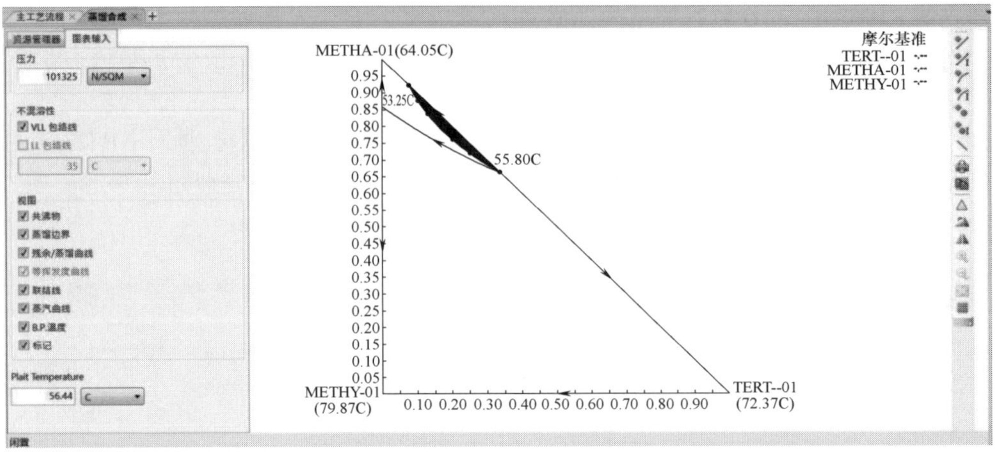

图 3-30　以 WILSON（恒定活度系数法）得到的三元体系相图

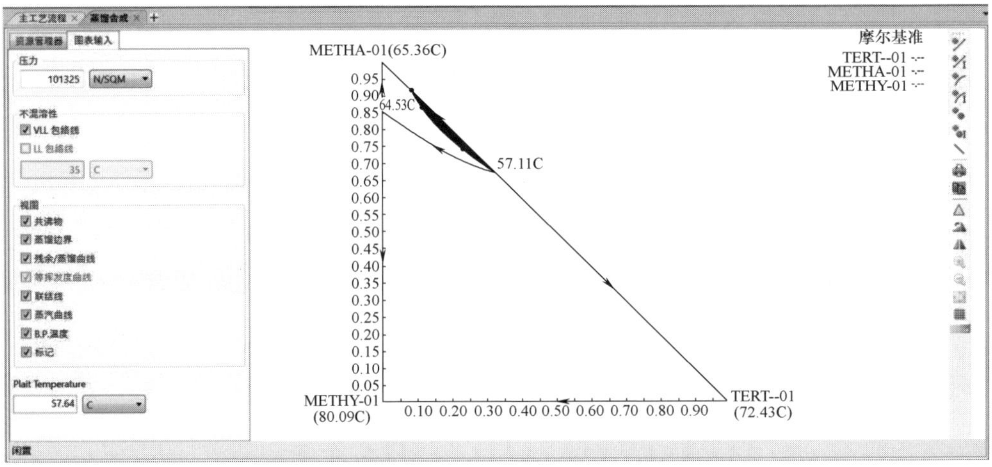

图 3-31　以 SRK 物性方法得到的三元体系相图

课程与思政

1. 讲好化工生产故事，勇攀科学高峰

近年来中国炼化一体化和煤（甲醇）制烯烃技术快速发展，乙烯产能持续扩大，生产过程中产生的 C5 馏分随之迅猛增长，已经成为乙烯工业不可忽视的伴生资源。实现 C5 资源（尤其是其中的 C5 烷烃资源）的高值综合利用，是提高乙烯工业核心竞争力的重要途径。C5 资源的传统处理方法为合成发泡剂或作为燃料，其价格低廉，并且经济效益较低。熔喷滤材是医用口罩的重要组成部分。熔喷滤材化工原材料包括滤材主体聚丙烯，黏合助剂甲基丙烯酸甲酯（MMA），增塑剂甲苯二异氰酸酯（TDI）的原料二氨基甲苯（TDA）等。某工厂设计并投产了一套以乙烯裂解气为原料，对 C5 烷烃进行高值利用的生产工艺，实现 C5 烷烃的资源化利用的熔喷滤材原料综合性生产。

在本门课程中，教师在讲授机理模型进行稳态模拟、序贯模块法解决化工过程流程设计、集散控制系统（DCS）应用、夹点法解决换热网络合成内容时，可以此为切入点，结合我国科研工作者和设计、生产工程师的劳动内容进行介绍，如科研人员攻关克难、解决技术难题。发生在身边经历过的事迹更能引发学生的情感共鸣。将专业课程知识与实践相结合的教学，可以让学生认识到化工行业是在发展和进步的，是在众多科研工作者的长期努力下，众多行业参与者的共同见证下取得了一个又一个值得铭记的成绩。让学生感受勇攀高峰的科学精神，是深刻蕴含在化工行业和产业中的，从而使他们产生热爱科学、追求真理的精神向往。

2. 多视角、多维度解析化工流程

将学生分组，分配进入多个生产小组、设计小组和安全环境小组，赋予每个人设计任务和生产规范。按照设计目标，利用 C5 烷烃生产熔喷滤材基础化工原料高纯丙烯、TDA 和 MMA。乙烯裂解气分离工段的主要任务是将来自上游的 168.6 万 t/a 乙烯裂解气中 C2、C3、C4 以及 C5 组分进行分离提纯，其中 C2 组分返回总厂，异丁烯及正异戊烷作为后续工段的原料，高纯丙烯作为产品出售。将设计任务赋予不同流程的参与者（如增加丙烯产能和增加丙烯产品纯度），同学们可以根据各自身份，设计小组的负责同学，采用不同流程调整方式和方法，针对产能增加或降低的任务要求，可以自行对分离过程中的设备温度、塔压力降等参数进行即时设计和调整，最终达到设计规定；生产小组相应的负责同学可以随即进行生产任务审核，监控稳态条件下产品的产量、纯度等指标，以及后续工艺流程的反馈情况，并进行操作参数调整设置；安全和环境小组负责同学，重点监控三废产生途径，针对重点废气产品进行数据跟踪和流程调整，以保证安全性和跟进无害化处理。

甲基丙烯酸甲酯合成精制工段的主要任务是将乙烯裂解气分离得到的 C4，其中的异丁烯与水混合均匀，通过多级逆流水合得到叔丁醇，经脱重塔进行分离，塔顶得到的叔丁醇和水的共沸物进入反应精馏塔，在塔内同时发生异丁烯的水解以及产物的分离两个过程，得到高纯异丁烯。异丁烯与空气在固定床反应器内进行选择性氧化，反应后的高温气体经过三级换热后，经过气液分离器得甲基丙烯醛，进入酯化氧化反应器与水、空气发生反应，得到纯度为 99%的甲基丙烯酸甲酯产品。

二氨基甲苯合成精制工段的主要任务是从 C5 精馏塔塔底流出的正戊烷，一部分异构化后进入后续工段，剩余部分进入芳构化反应器得到甲苯，然后进入甲苯精馏塔进行提纯，提纯后的甲苯与 N_2O_5 进行混合，然后进入硝化反应器反应得到 2,4-二硝基甲苯，然后继续将 2,4-二硝基甲苯进一步加氢得到 2,4-二氨基甲苯，最后进行提纯，得到纯度为 99%的 TDA 产品。

对不同目标的产品，从不同产品工艺方案和模拟数据反馈对比入手，在不同科学研究方向和化工流程设计以及化工生产必需工序上，培养人才的工程思维、创新能力、辩证思维下所展现出的实践能力，提升从业者的职业素养，加强人才综合竞争力。

C5 分离制备 TDA
全流程模拟

第五节　过程系统操作参数的优化方法

传统的过程系统操作是一种固定的操作方法，操作条件的依据往往是在设计阶段确定的，操作的目标是实现系统的设计能力。所谓过程系统参数的优化，是指应用各种优化方法及最优化技术等系统工程和数学方法及工具，寻求实际过程系统操作条件的改进方案，即最佳的化工生产实际操作方案，以获得显著经济效益的系统工程学类方法。主要是解决设计与实际操作差异引起的系统性能下降的问题。

一、过程系统操作参数优化的意义与方法

在化工生产中，由于原材料和产品价格波动，不同批次原料品质的细微差别，环境保护条例进一步限制，以及政策性计划变化等都会引起设计操作参数与实际操作参数的较大差别。一般地，较大的设计裕量一方面使设计生产能力显得比较保守，另一方面，设计裕量本身也是给最优操作参数的选取留出了相对宽泛的范围。因此，传统设计的过程系统操作中，以固定的操作方法进行操作生产，往往都不能最大化地发挥过程系统生产的潜力，更谈不上在参数非线性变化中加以适应经济技术环境指标的变化。例如，在原有设计目标是经济效益最大化的系统中，当原材料价格急剧上涨时，若不采取相应的生产操作参数改变以增加原料转化率，提升产品收率的方案，则该生产过程获得的产品总值将受到较大程度的影响，势必会失去部分（或全部）市场竞争能力。综合考虑系统能力和经营决策，在经营目标范围中充分发挥操作系统的潜力，提高应变能力，获得或经济的、或社会的、或环境友好的或全方位等多方面的效益是过程操作参数优化的根本意义。

当今，化工生产快速进入了与计算机软件深度融合的时代，化工过程系统操作参数优化的方法表达通常是和控制系统紧密联系的。操作参数优化结果，更需要借助控制系统（如集散控制系统 DCS）来进行具体体现和反馈，如果操作参数优化计算是定期进行的，用计算结果指导生产操作，这个过程称为“离线操作优化”。如果控制系统本身与生产装置相联通，随时可以根据检测仪表传输得到的信息进行自身优化计算，计算得到的结果在控制系统中得到显示，为操作人员的决策提供数据基础和适当建议，这种操作称为“在线操作优化开环控制”。如果计算结果直接送至控制系统并即刻执行，则称为“在线操作优化闭环控制”。

除机理模型方法外，一般把过程系统操作参数优化方法经常使用的模型方法细分为统计模型方法和智能模型方法。

二、操作参数调优机理模型方法在流程模拟中的应用

乙烯是一种重要的化工原料，广泛用于制造塑料、橡胶、合成纤维等材料。乙烯精馏工艺的目的是将乙烯从原料中分离出来，以获得高纯度的乙烯。基本原理是利用其在不同温度下的沸点差异，将乙烯与其他物质分离。乙烯的沸点为-103.7℃。在加热的过程中，乙烯会先于其他组分（如乙烷、丙烷等）气化，进入塔柱顶端的冷凝器后被冷却凝结成液态乙烯，从而实现分离的目的。

在乙烯生产中，精馏过程是本工艺中核心的操作过程之一，在实际运行中对乙烯精馏塔的不合理操作，不仅造成能耗的大量损失，严重时还会影响乙烯产品的纯度和质量。为避免乙烯精馏塔的不合理操作所带来的生产风险，通过流程模拟软件对乙烯精馏塔进行模拟，可获得乙烯精馏的操作极限以及最优操作条件，以指导实际生产。如前章所述，采用机理模型法进行过程系统调优，依据的是过程的物理、化学本质和机理，如质量守恒定律、能量守恒和化学反应相关方程等规律建立一套描述过程特性的数学模型及边界条件，能够准确地反映过程特性，精馏过程的机理模型建模过程已于前章中详细论述，本节以乙

烯精馏塔为例重点讲解流程模拟求解机理模型最优解的过程。

表 3-4　　乙烯精馏塔操作参数和进料数据

操作项目	操作参数	进料数据	摩尔分率
操作压力/MPa	0.83	CH_4	0.00005659
塔压降/kPa	50	C_2H_4	0.8494
回流比	2.32	C_2H_6	0.149
进料流量/(kg·h^{-1})	147246	C_3H_6	0.001511
塔板数/进料板数	95/23	C_3H_8	0.00001677

乙烯精馏装置的原料均为非极性物质，在表 3-4 所列出条件下，属于气液两相共存的状态，可以选用 SRK、RK-SOVAE、PENG-ROB、GRASON 等状态方程进行模拟。将实际数据与模拟结果进行对比，选择模拟误差最小的状态方程为最终模型方程。故而，可选用 PENG-ROB 状态方程进行流程模拟。

乙烯精馏塔的模拟流程是热泵流程，即乙烯精馏塔塔顶气体在乙烯制冷压缩机 C0201 经过压缩再作为回流进入乙烯精馏塔再沸器 E0201 中（图 3-32）。

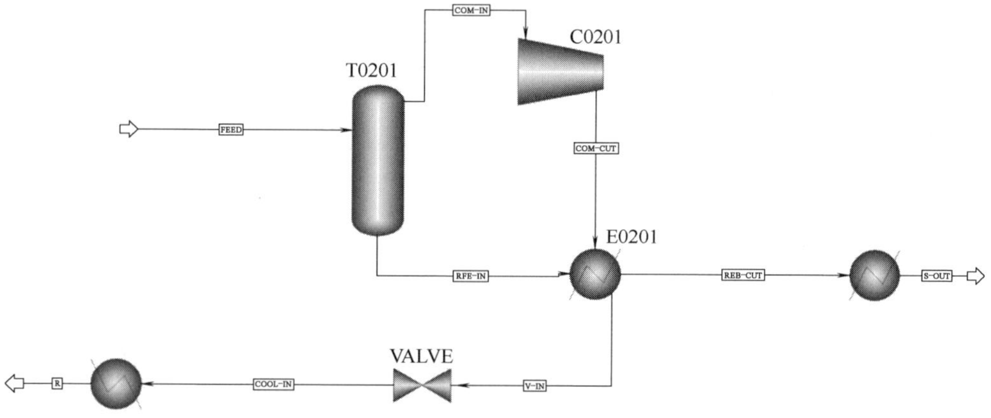

图 3-32　模拟乙烯精馏

使用 Aspen Plus 灵敏度分析功能设置进料塔板为定义变量，乙烯精馏塔塔顶乙烯产品纯度、乙烯精馏塔塔底乙烯损失为观察变量，观察当进料板位置发生变化时，对塔顶塔底乙烯带来的影响。具体模拟结果如图 3-33 所示。当进料板过于靠近塔底或塔顶时，会造成塔顶乙烯产品纯度较低，塔底乙烯浪费。

在乙烯精馏塔的操作中，调节回流量是调整精馏产品品质指标的常用手段之一。较大的回流量，虽然可以保证塔顶采出产品指标（主要指乙烯），但也会造成塔釜再沸器负荷增加，精馏塔压差增大，造成高能耗。当回流量偏小时，又会造成塔顶产品品质不佳。因此合适的回流量在精馏操作中具有重要的实际意义。通过改变回流流量，观察塔顶乙烯产品指标及塔釜乙烯损失从而确定最优的回流流量。当乙烯精馏塔进料为 147.2t/h 时，回流量≥250t/h 即可获得高纯乙烯，满足生产设计条件。同时，回流量控制得越小，装置越节能（图 3-34）。

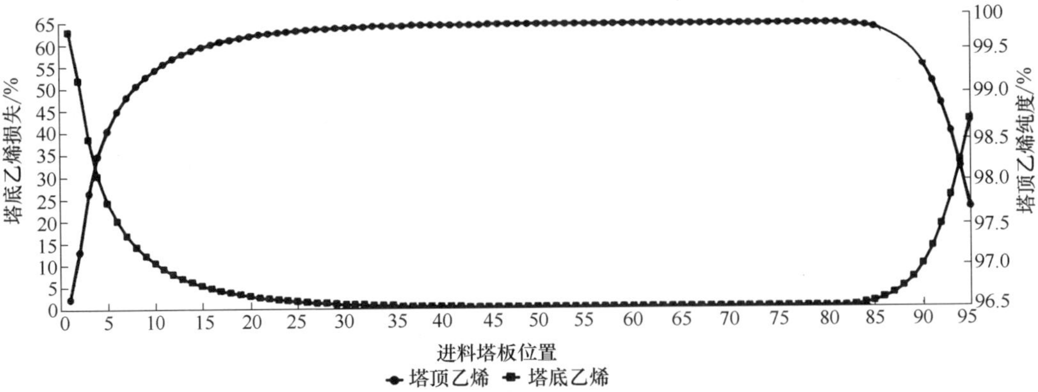

图 3-33 进料塔板位置选择对乙烯的影响

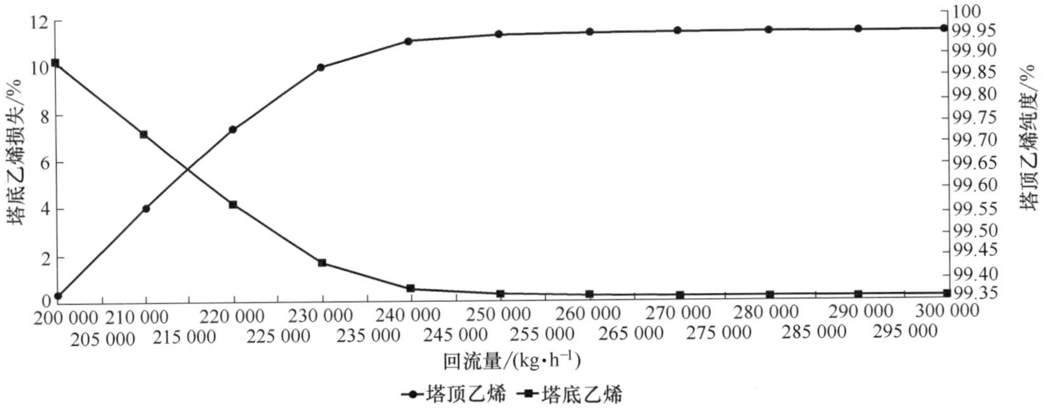

图 3-34 回流量对乙烯的影响

在实际生产过程中，乙烯精馏塔压差偏高、塔顶乙烷含量偏高、塔底乙烯损失较多、压缩机能耗偏高等问题都需要操作中需要重点监测和调节，进一步进行参数优化和调优。流程模拟分析，建立不同操作参数的灵敏度分析可以针对性地获得优化的参数。某石化企业按此思路解决该问题，将其乙烯装置增加了一套乙烯精馏塔灵敏板温度控制和调节器，通过串联的控制逻辑，调节回流量，从而保证乙烯产品的品质。

三、操作参数调优统计模型方法（合成尿素）

化工过程系统内部的机理模型相对复杂，很难通过一般分析获得，而要想获得较为精准的模型，就需要依靠试验的方法，加以一定经验推定来验证模型的合理性。基础操作调优法 EVOP（Evolutionary Operation）是一种通过试验来调整系统的操作条件，以达到产量、质量、能耗等生产目标的操作参数的初始调优方法。随着数理统计法的发展，调优试验中开始应用了正交设计、回归设计等试验设计方法，形成了 M-EVOP（Modified-Evolutionary Operation）改进型方法，主要针对两点进行改进，一是操作条件的数据来源并非完全依赖于试验过程，而是主要来自生产报表，仅辅以少量试验数据加以补充和完善；第二是引入了数理统计方法，由操作数据建立目标函数，再通过其等值线图来寻找最佳操作条件。

统计调优法模型是用统计的方法确定性能指标与优化变量间的一种函数关系，是包含目标函数和约束条件方程的模型。解决确定过程系统操作的调优目标，往往是在经济效益最大化的总目标下指导完成的。从经济效益的角度，总决策对系统运行要求达到一些具体指标，如产量、产品质量、能耗等，都会有一些特定的要求。在调优模型中，可选择其中的一个或几个作为主要调优指标，其余指标被作为约束条件（部分指标内在联系较为紧密可进行合并处理）。

确定操作参数调优变量，是根据对象系统的特点，分析影响系统性能的各种可变因素，从中选择一个或多个相对关键因素作为变量的过程。系统中那些难以控制或是对响应不够灵敏的变量，不宜选为调优变量。同时，调优变量选取不宜过多，变量过多将会降低作为统计方法得到模型的精准程度。这是因为，以生产数据为依据所建立的统计模型通常具有三类误差，一是原始数据观测或者测试时所产生的观测误差；二是建立模型过程中一些近似的简化和化简而形成的模型误差；三是在模型求解过程中，由于计算产生的计算误差。在一定条件下，可以将这些总和误差控制在一定范围，使调优操作的结果处于有实际意义的精度范畴。但是，选取过多的调优变量就会放大这些误差，使得数据不能达到精度要求，不能产生指导实际生产的意义。

更进一步描述统计型模型，是以某数据输入一定对应某数据输出这样的理论为基础的，可以不用过分探究中间过程，而把建立模型的主要精力只放在寻求输入对应输出这样的关系上，实际上这样的建立模型方式也可以理解为“黑箱”理论。如图3-35所示，针对所处理的问题，调优对象整体系统是一个“黑箱”，其输入变量为 $x=[x_1, x_2, \cdots, x_m]^T$ 所对应的输出为 $y=[y_1, y_2, \cdots, y_m]^T$，黑箱作用可以用函数 $F(x)$ 表示即为式（3-73）：

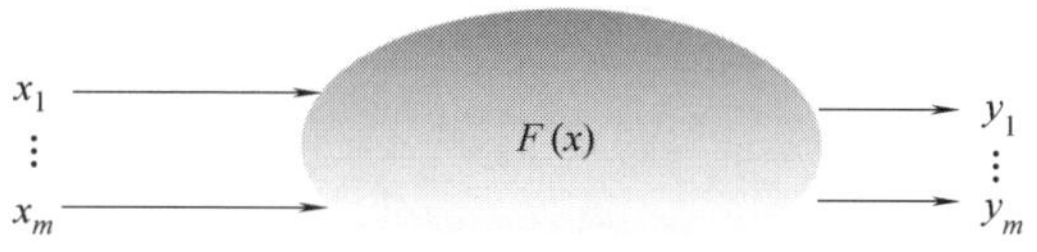

图3-35　输入-输出对应关系示意

$$y=F(x) \tag{3-73}$$

这个关联性，在输入-输出的大量观测数据中都被表现出来，反过来，相对可以从观测得到的数据中获得 $F(x)$ 的近似表达，例如可以利用多元的回归分析法获得多项表达式，见式（3-74）：

$$y_k = \beta k_0 + \sum_i \beta k_i x_i x_i + \sum_j \beta k_j x_j x_j + \cdots \quad k=[1,\cdots,n] \tag{3-74}$$

统计模型法-合成尿素式生产过程操作调优，见式（3-75）：

$$2NH_3+CO_2 = CO(NH_2)_2+H_2O \tag{3-75}$$

某化工企业采用二氧化碳氨化法生产尿素，由于工艺复杂，建立能反映实际生产装置的机理模型较为困难，因此采用统计模型法进行生产参数调优较为适宜。结合实际数据情况，采用线性化多元回归方法建立该套装置的数学表达模型。

氨气的转化率是实际生产工艺过程中的重要控制指标之一，可以作为尿素生产的主要优化指标对象。合成尿素反应的产物较多，主产物为尿素，副产物有水、一氧化碳等。这些副产物和主产物的产生关系密切。在原料组成稳定的情况下，操作参数决定着反应过程，对应相应的反应结果。但当原料本身发生变化，加之不改变操作参数，显然反应结果就有可能随之变化，产物分布情况也会有相应的变化。此时，操作人员往往会根据反应中氨气的转化率经验性地判断反应中的变化情况，做出相应的参数调整，可调整的参数一般可以考虑反应温度、气体进料比、一氧化碳含量、水含量等以保证氨气被更多转化。据此，可以将反应关系密切的反应温度、压力、进料量等 6 个参数来模拟尿素合成反应。但是，设立统计数学模型变量不宜过多，由于预测模型中含有难调节的参数，如副产物的产率，因而其不能直接用于操作调优计算，还需要建立在固定原料组成和催化剂寿命等条件下的调优模型。经过以上分析，可以进一步确定选取反应温度、气体进料比和氨气进料流速作为调优参数。将其模型写作式（3-76）：

$$Y=f(T,R,V) \tag{3-76}$$

以反应工段第一车间的数据记录为依据，经数据筛选，剔除明显的离散点，包括明显工艺不合理或不符合 3S（方差的 3 倍）原则的数据，最终整理得到 403 组现场生产数据。根据数据内容初步确定出可能被认为是氨气转化率与反应温度、气体进料比、氨气进料速率等参数的统计模型，设置回归方程，根据初步回归结果，进行数据分析和修正，再回归，从中凝练出适合的统计型模型，见式（3-77）和式（3-78）：

$$Y_{CA}=b_0+b_1x_1+b_2x_2+b_3x_3+b_4x_4+b_5x_5+b_6x_6+b_7x_7+b_8x_8 \tag{3-77}$$

其中各项模型系数如表 3-5 所示：

表 3-5　　模型系数表

b_0	b_1	b_2	b_3	b_4	b_5	b_6	b_7	b_8
80.4	7.5	21.1	35.3	−13.6	−1.2	1.9	20.2	12.9

$$x_1=\frac{xx_1-330}{120},\ x_2=\ln[xx_2/(3000\times0.76\times2.3)]$$
$$x_3=\ln(xx_3),\ x_4=xx_3,\ x_5=xx_4$$
$$x_6=\ln xx_6,\ x_7=x_3xx_4,\ x_8=x_2/xx_5 \tag{3-78}$$

式中　xx_1——反应温度，℃；

xx_2——反应压力，MPa；

xx_3——气体进料比（摩尔比）；

xx_4——CO 含量，g/m^3；

xx_5——H_2O 含量，g/m^3；

xx_6——氨气进料速率，m^3/h。

经计算得到回归系数 $R=0.87$，方差 $S=1.1$，最大相对误差 3.6%，最小相对误差 0.01%，平均相对误差不大于 1.5%，证明该模型具有较好的适应性，能相对准确反映尿素工艺中二氧化碳和氨气的反应过程。

为了进一步调优模型，寻找合成尿素反应的最佳操作条件和操作点，可以继续选择氨气转化率为主要目标，根据对影响因素相互关系的深入分析，对反应温度、反应压力和气体进料比按反应机理和生产中所累积的经验，组织形成相互函数关系，充分考虑其交互作用，最终得到如下调优模型，见式（3-79）：

$$Y_{CA}=b_0+b_1x_1+b_2x_2+b_3x_3+b_4x_1+b_5x_2+b_6x_3+b_7x_1x_2+b_8x_1x_3 \tag{3-79}$$

式（3-79）中的各项调优模型系数如表 3-6 所示。

表 3-6　　调优模型系数表

b_0	b_1	b_2	b_3	b_4	b_5	b_6	b_7	b_8
2.4	41.3	1.7	0.5	−1.1	−10.3	3.4	0.2	2.2

式中　x_1——反应温度，℃；

　　x_2——反应压力，MPa；

　　x_3——气体进料比（摩尔比）。

得到回归系数 $R=0.79$，方差 $S=1.05$，最大相对误差 3.0%，最小相对误差 0.00%，平均相对误差不大于 1.06%，证明该模型经过调整后具有对合成尿素反应更好的适应性，能更加准确反映生产尿素工艺中二氧化碳和氨气的反应过程。

四、神经网络模型与人工智能混合模型

1. 神经网络模型基础

人工神经网络（英文缩写为 ANN）简称神经网络，是对人类大脑的结构和功能进行简化模仿而形成的新型信息处理系统。20 世纪 80 年代中后期以来，人工神经网络技术逐渐被引入化学工程领域，在过程模拟优化、过程智能控制方面取得了很多研究成果。近年来，人工神经网络的应用无论是在广度上还是在深度上都得到了迅速发展。

人工神经网络由“神经元”（Neurons）或节点组成。至少含有输入层、一个隐含层以及一个输出层。输入层——从外部接受信息并将此信息传入人工神经网络，以便进行处理；隐含层——接收输入层的信息，对所有信息进行处理；输出层——接收人工神经网络处理后的信息，将结果送到外部接收器。当输入层从外部收到信息时，它将被激活，并将信号传递到它的近邻。这些近邻从输入层接收到激活信号后，依次将其输出到它们的近邻，所得到的结果在输出层以激活模式表现。

目前人工神经网络有许多类型，本节介绍基于前向型多层网络的建模方法。

大部分数学模型最终可归结为一组方程式，在机理上，为一组过程特征的方程式；在统计模型中，为一组统计回归出来的数学式。而对于前向型多层神经网络来说，最终建立的是用权值和阈值表示的网络的输入、输出关系式。

如图 3-36 所示，对于单个神经元 j，其数学模型为 $y_j=f(\sum_i w_{ji}x_i-\theta_j)$。其中 x_i 为神经元 j 的输入；y_j 为神经元 j 的输出；w_{ji} 为神经元 j 与其他神经元连接权值；θ_j 为神经元 j 的阈值；f 为输入输出转换函数关系。

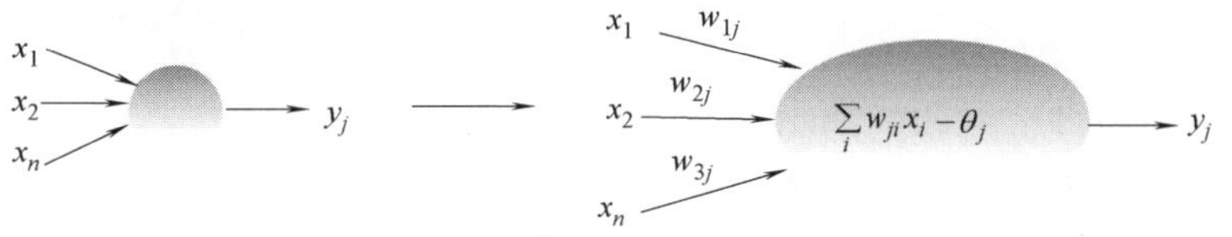

图 3-36　单个神经元模型

如图 3-37 所示，设前向型多层网络由输入层、中间层（或称隐含层）和输出层组成，中间层可以是一层，也可以是多层。下图所示为一个 4 层神经网络，中间层为 2 层，神经元个数分别为 3 和 4，输入层和输出层分别有 3 个和 2 个节点。

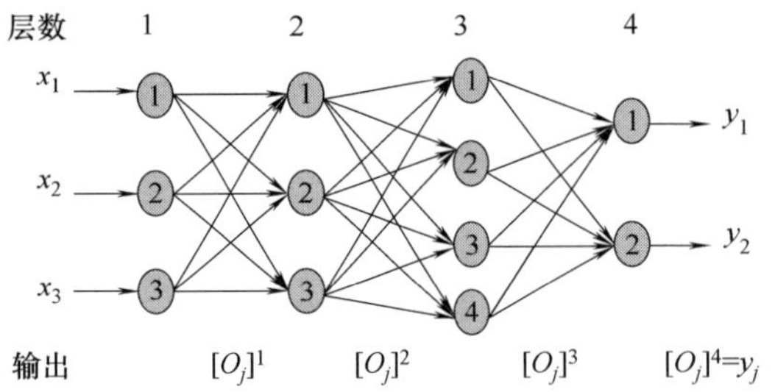

图 3-37 四层前向多层网络

建立模型的过程就是确定连接值和阈值的过程，求解前向型多层网络中权值和阈值最成功算法为误差反向传播算法（Back Propagation，BP），基于这种算法的网络称为 BP 神经网络。

BP 神经网络算法的基本思想为：假设权值和阈值的初始值，根据神经元模型逐层计算神经元输出，将其与样本输出进行比较，当差值的方差大于某一给定值时，修正权值和阈值，代入模型重新逐层计算，直到差值的方差小于某一给定值。步骤如下：

① 建立网络神经结构（节点、层数选择）；

② 样本选取（不宜过少，增大外延性）；

③ 数据预处理（对样本实施归一法）；

④ 学习参数选择（学习步长 η 和动量因子 α）；

⑤ 完整建模过程（根据计算框图实施）。

利用 BP 神经网络进行过程系统建模的步骤可用图 3-38 所示的框图表示。

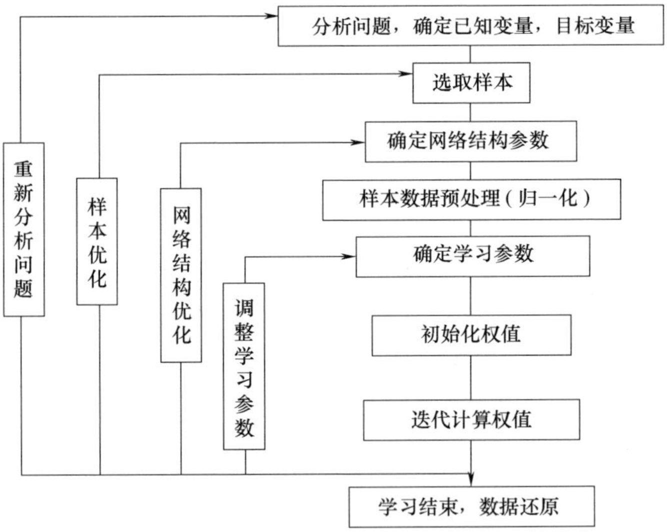

图 3-38 完整的过程系统建模步骤

总而言之，人工神经网络在化学工业中得到了广泛的应用，其操作简便，处理效果明显，尤其是在非线性问题上能够取得显著的效果，受到化工行业的高度推崇。未来人工神经网络将会被更多的行业所应用，为化工产业的不断创新开辟新的发展道路。

2. 人工智能混合模型

随着人工智能技术和配套数据系统的快速发展，特别是流程模拟领域本身就具有数据可再开发性的特点，化工过程分析与合成技术有了新的模型开发方向。将多个机理模型和数据驱动模型以合理的结构加以组合和发展，可以综合利用化工过程的第一性原理及生产过程中的数据，结合人工智能算法以串联、并联或者混联的形式解决化工过程中模拟分析、模拟合成、检测和优化等问题。其中的具体要求通常为，建模目的明确，过程可灵活多样。这样形成的人工智能混合模型效果更好。

① First Principles-driven Hybrid Models（第一原理-驱动混合模型）：通过该模型，现有的机理模型通过一些算法和来自运营的数据得到增强。人工智能中（机器再学习）被用来寻找可能的未知值及其关系，后续通过机理模型进行确认，从而对模型进行校准。这

种方法是机理模型的自然延伸。优点是快速和容易采用，并大幅增加了模型的准确性。可以将其简单理解和认为是人工智能串联进入机理模型法中的一个表现。

② Reduced Order Hybrid Models（降阶混合模型）：人工智能被用来创建一个基于大量模拟运行数据的经验模型，并辅以约束条件（如质量平衡）和专家知识。机器学习建立了一个适合目的的、高保真的、高性能的模型，该模型在它所处的范围内是准确的。有了降阶混合模型，可以将建模的规模从单元扩展到整个工厂，并在设计、运营和维护中同步模型（图 3-39）。

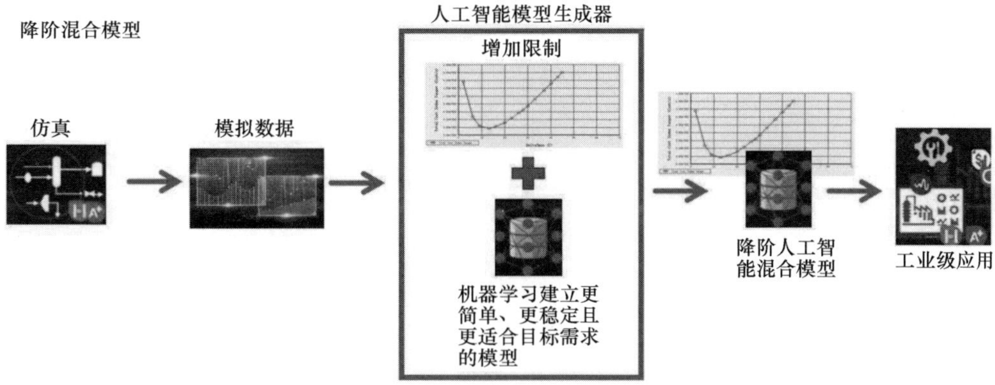

图 3-39　以并联人工智能模型方式得到的混合模型方法

③ AI-driven Hybrid Models（人工智能驱动的混合模型）：适用于经验不足的用户（工艺情况及产生结果数据积累比较少），机器学习被用来创建一个经验模型基于工厂或实验数据，并辅以第一性原理（如雷诺数）、约束条件（如质量平衡）和专家知识来创建一个经验模型。AI-driven Hybrid Models 能够迅速产生一个全新的、更准确的预测性模型（图 3-40）。

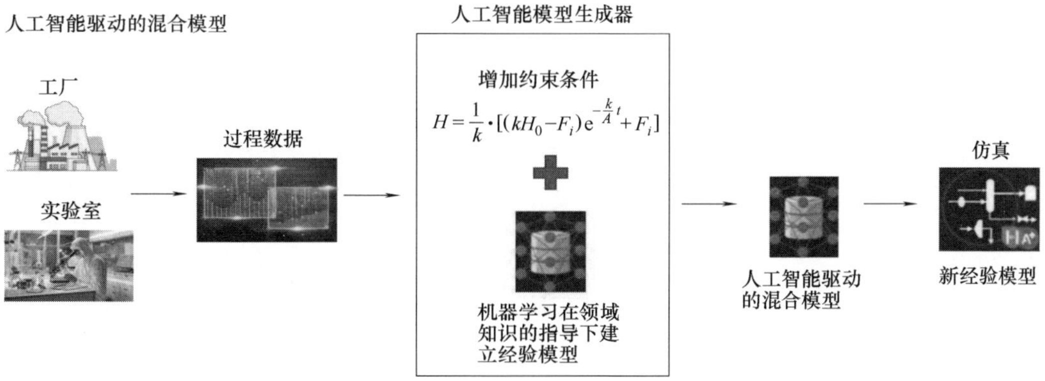

图 3-40　以混联人工智能模型方式得到的混合模型方法

【习题 3-1】

以流程模拟方法分析和合成任意简单化工过程。

分析：题目要求是设计一套化工过程内容，培养学生科学思维方法，解决工程实际问题的能力，培养对化工过程操作稳定性、安全性及经济效益的意识及评价的方法，应用

Aspen Plus 等流程模拟工程软件进行简单化工过程模拟计算的能力，并能够分析其局限性。强调理论和实际相结合，提高分析和解决专业领域内实际问题的能力。

参 考 文 献

[1] 陈权，张丽霞，洪琨，等. 乙烯精馏塔模拟分析与运用［J］. 乙烯工业，2022，34（1）：40-44.

[2] 席宁. 人工神经网络在化工过程中的应用进展［J］. 当代化工研究，2017（3）：41-42.

[3] 张梦轩，刘洪辰，王敏. 化工过程的智能混合建模方法及应用［J］. 化工进展，2021，40（4）：1765-1776.

第四章　间歇化工与典型精细化工过程

现代化工行业的特点是资本密集，技术密集与人才密集复合，现代化工产品生产的特点是高度自动化，连续性生产占比大，产能上下游整合，以构建一个更加集约和高效的生产模式，同时行业监管也更加科学和严格。和石油化工生产化工产品的生产过程相比，精细化工过程特点非常突出，品种多、更新快，需要不断进行产品的技术开发和应用开发，所以研究开发费用很大，如医药的研究经费，常占药品销售额的8%~10%。这就导致技术垄断性强、销售利润率高。精细化工的发展，促进了其他行业如农业、医药、纺织印染、皮革、造纸等行业技术的提高和发展，为这些行业的从业者带来了可观的经济效益。

本章的内容是将间歇化工生产过程和连续化工生产典型过程进行对比，从而深入理解两种化工生产形式的异同，内容主要包括：连续与间歇化工生产过程，间歇过程的排产计划和稳态模拟典型精细化工产品异丙醇生产等。

第一节　连续与间歇化工生产过程

一、间歇化工生产过程的特点

连续化工生产工艺过程一般是指原料持续不断地进入生产线，能连续不断地产出目标产品。间歇化工生产工艺过程是指经过一次进料，然后进行生产，到一定时间后得到相应的产品，然后再投入原料进行生产，其特点是分批进行的，如果需要更多的产品，必须重复该过程。其中部分间歇生产过程从生产时间上看，具有典型周期性生产的特点。间歇的化工生产过程的数学表达一定是和时间变化（dt）有关，所以它的流程模型方程应该具有动态特性。

从人们开始生产商品持续了很长一段时间，绝大多数产品的生产都采用间歇生产过程，那时自动化生产的水平相对较低，尽管匠人们穷其一生对高超的技艺进行追求，也不能使得所有产品的质量得到保证。化工产品的生产也具有相似特点，直到20世纪40年代，人们逐渐认识到手工作坊式的化工生产形式，一定不能适应社会发展，特别是以石油化工产品为代表的大化工产业的巨大需求和品质要求。改间歇式生产为连续性生产的方式恰恰可以提高产能，严控品质，做到满足社会对化工产品的需求。所以从20世纪中叶到21世纪初，化工从业者们一直是将提升生产效率作为首要生产任务，将间歇化工生产尽可能转化为连续生产过程。最近的20年左右时间内，随着对个人专用的功能性化学品需求被不断释放，一些以精细化工产品如医美产品、功能性护肤品以及部分有机中间体等为代表的间歇化工生产又重新获得了广大消费者认可，得到了新一轮发展。

表4-1中列出在热门工业产业中，间歇过程与连续过程的行业应用占比比较（不完全统计），表中的行业包含医药（生产）、食品（生产）、医美（含部分护肤品）、石油化工、其他能源（煤炭、天然气）、金属和无机材料、轻化工（造纸）等行业。对表中内容

进行分析，可以看出，间歇过程在所有化工产业中基本都有应用，在医药、医美、食品等行业中所占比例较高，相比来看，石油化工和其他能源相关行业中连续生产过程占据最高比例，这和能源行业特殊的市场地位，以及其本身对资金需求量巨大的特点有关。其余产业中，连续化工生产过程占据其行业生产的主导地位，间歇式生产所占比例较低。一般认为，间歇过程和连续过程相比较，动态性是间歇过程的数学描述特性，而连续过程却是稳态的，在间歇过程中原料是按工艺顺序逐渐投料进入设备进行生产的，而连续过程中的各级原料均为连续加入，各级任务同时进行。

表 4-1　　间歇过程在重要行业中的应用情况

	间歇过程/%	连续过程/%		间歇过程/%	连续过程/%
医药（生产）	70	30	其他能源（煤炭、天然气）	20	80
食品（生产）	65	35	金属和无机材料	35	65
医美（含部分护肤品）	80	20	轻化工（造纸）	15	85
石油化工	10	90			

目前，生产技术水平大幅度提升，在机械自动化辅助人工智能技术长足进步的情况下，间歇化工生产过程的主要特点一方面继承了一般传统间歇化工生产的施工特点，另一方面又和新技术深度融合，可以总结如下：

① 技术密集性替代生产密集性。起初由间歇化工生产的产品由于单位产量较小，可以采用间歇式的生产方式进行人工排产生产，但是，随着需求被放大，间歇式生产往往会占用大量的人员成本。进一步，随着消费需求个性化带来的深刻产业升级要求，使得间歇化工产品工艺复杂、且对质量要求高的特点被极大加强，技术环节涉及反应、分离、过程控制和分析检测等多个方面，因此，间歇化工生产已经从生产密集型，过渡到技术密集型。

② 动态性，动态特征是间歇化工生产的根本性特点。其操作参数随时间进行（周期性）改变。一些简单间歇操作周期性不明显，可以按一般非线性特点进行建模和求解。

③ 多样性，指全方位的多样性，不仅包含产品的种类，产品的规格，以及制造产品的工艺特点，甚至还包含产品对消费者本身的作用和影响，既有可能关乎其生死存续，也可能对消费者产生了可近乎忽略不计的影响。

④ 生产弹性足，间歇过程的生产弹性表现为一套具体的生产装置可用来生产多种化学产品。不同的产品本身要求具有不同的加工任务和操作条件，而同一类加工任务由于产品不同，其操作条件可在相当范围内进行变化和调整。所以，在间歇过程进行生产时可以随时根据消费者的需求进行，产品种类、数量和品质的各种弹性调整。

间歇过程的生产设备包括三类，它们分别是：间歇设备（TBU）、半连续设备（SCU）和中间储存设备（IS）。单纯的间歇设备通常是按照批次进行周期性加料、处理、出料、洗涤及等待等操作。图 4-1 中的两台间歇反应器 TBU1 和 TBU2，TBU1 中进行的是以间歇式加入液相的苯，进行苯的氯化反应，而 TBU2 中进行的是以间歇式进行氮气吹扫，制备干燥的 HCl 气体的过程。半连续设备在图 4-1 中有四种，它们都是进行间歇操作的连续设备，包括泵、压缩机、换热器以及闪蒸器。中间储存设备是存储中间产品的，它在间歇化工过程中起着重要的作用，很多时候，间歇生产过程存在一些多设备同步操作的情况，都依赖中间储存设备才能顺利完成。

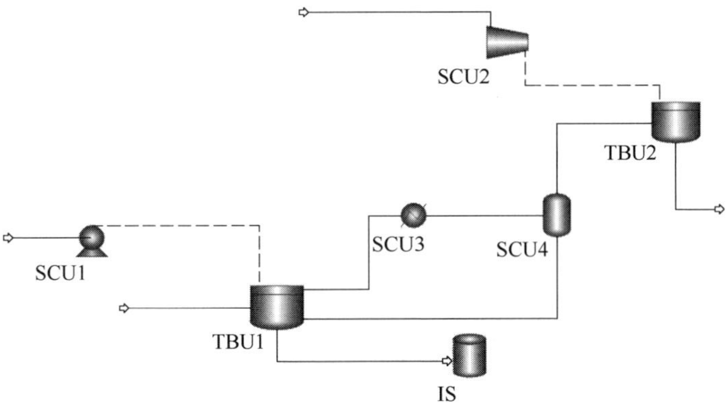

图 4-1　典型间歇化工过程生产氯苯

间歇化工生产过程可以按照生产产品的种类数目进行分类。如图 4-2 所示，可以分为以下的 4 类，具体来说，如果对紧俏型间歇化工产品可以建立起一个生产该产品的单产品厂即为图 4-2（a）中以间歇性周期的方式生产产品 a。

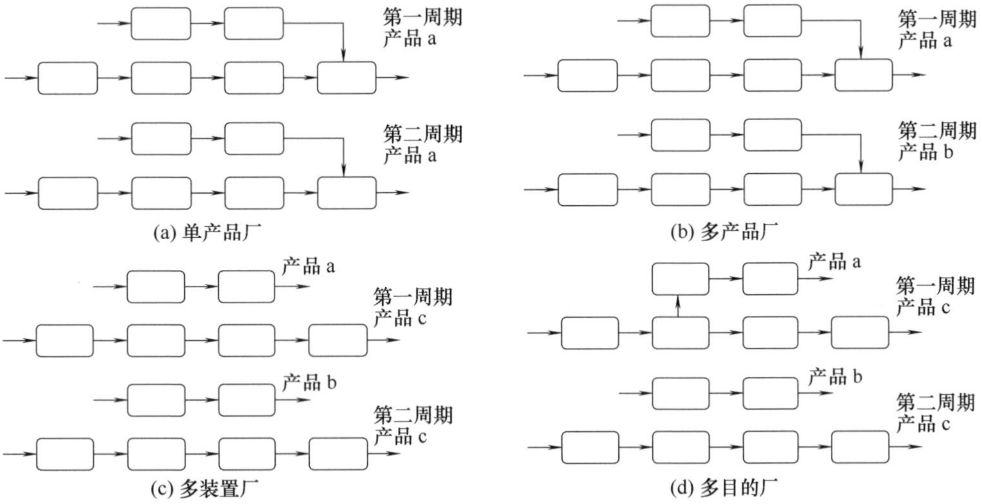

图 4-2　按产品的种类数目分类的间歇厂

图 4-2（b）中以单一设备流程间歇性周期的方式生产若干种产品，各个产品在加工过程中按相同的加工顺序经过相同的设备，按这样的间歇生产方式生产产品的间歇生产厂叫做多产品厂。比如用相同设备流程能生产出不同聚合度的某类有机聚合产品的生产，就有可能按间歇过程进行多产品厂式生产，一般多产品厂的生产方式被称为流水式的生产（Flow shop）。

图 4-2（c）是多装置厂的生产示意过程，如果生产在两条或多条的不同流程或生产线上进行，每条流程用于生产加工顺序相同的产品，同时该流程也可能包含某些产品的专用生产流程和设备。和多产品厂相比，如果多装置厂中专用的流程和设备也是在为生产其他种类的产品而进行的必要准备，那么多产品厂恰恰可以看成是多装置厂的特例。

图4-2（d）是多目的厂生产产品方式示意图，多目的厂也被视为最具有广泛意义的间歇式生产厂，一般被叫作工件式车间（Job shop）。若生产被划分为一些具体生产时间段，每个时段内包括一条或多条临时的流程或生产线，用以生产一个或多个产品，在下一时间段内，生产线可重新组装，可以用来生产另一种产品，像这样的间歇生产厂叫作多目的厂。

二、精细化工生产过程的特点

精细化学品的品种繁多，有无机化合物、有机化合物、聚合物以及它们的复合物，在精细化工生产技术上一般认为具有以下特点：

① 种类品种多、技术更新快，研究周期短，新技术应用多，这就导致技术垄断性强、利润率高。

② 对产品质量要求高，对产品纯度要求高。目前人们各异性的需求通常集中在精细化工领域，不仅包括医美行业，体现在每个人对美的向往和追求，同时也体现在工业生产中对某一特异性催化作用催化剂的开发，这同样需要能够生产和匹配，以得到高质量和高纯度的化工催化剂产品。

③ 精细化工生产更强调间歇生产过程与连续性生产过程共存与配合。它的生产全过程，不仅包括化学合成（或从天然物质中分离、提取），而且还包括成型加工等生产过程，由两个或以上部分组成。其中化学合成过程，多从基本化工原料出发制成中间体，再制成医药、染料、农药、有机颜料、表面活性剂、香料等各种精细化学品。根据设计要求，对具有特殊市场需求的产品，大部分需要进行间歇性地生产。成型加工对于各种产品来说是制成商品的配合工艺过程，它们的加工技术所涉及的单元操作大体类似，大都会采用连续性生产的方式来实现。

④ 大多以间歇方式小批量生产。虽然生产流程较长，但规模小，单元设备投资费用低，需要精密的工程技术。

精细化工与工农业、国防、人民生活和尖端科学都有着极为密切的关系，是与经济建设和人民生活密切相关的重要工业领域，是化学工业发展的战略重点之一。

农业是国民经济的重要命脉，高效农业成为当今世界各国农业发展的大方向。高效农业中需要高效农药、兽药、饲料添加剂、肥料及微量元素等。单就农药而言，它包括各种各样的杀虫剂、杀菌剂、除草剂、植物生长调节剂及生物农药等。全世界每年因病虫害造成粮食损失占可能收获量的1/3以上。使用农药后所获效益是农药费用的5倍以上。使用除草剂其效益可达10倍于物理除草的效益。兽药和饲料添加剂可使牲畜生病少、生长快、产值高、经济效益大。

精细化工产品中的化妆品，其品种数量极多。美容、护肤、染发、祛臭、防晒、生发、面膜、霜剂、粉剂、膏剂、面油、手油等数不胜数。个人卫生用品也是多种多样。过去的洗涤品只有肥皂、洗衣粉等几种，现在种类很多。如家用清洗剂中有餐具洗洁净、油烟机及厨具清洗剂、玻璃擦净剂、地毯清洗剂等。还有冰箱用、卫生间用、鞋用等除臭剂，家用空气清新剂等。各种用途的表面活性剂更是精细化工行业最重要、最广泛的物质。各种香料、香精、食品添加剂、皮革工业、造纸工业、纺织印染工业的各种助剂就更是不胜枚举了。总之，轻工业和人们的生活用品就是精细化工的一个巨大的市场。

在军事工程、高空、水下、特殊环境等条件下需要各种不同性质和功能的材料。如宇宙火箭、航空与航天飞机、原子反应堆、高温与高压下的作业、能源开发等不同环境下需要的高温高强度结构材料。从功能角度来说，各种具有热学、机械、磁学、电子与电学、光学、化学与生物等功能材料，这些都无一不与精细化学品有关。如在航空工业中，巨型火箭所用的液态氧、液态氢储箱是用多层保温材料制造，这些材料难于用机械方法连接，而采用了聚氨酯型和环氧——尼龙型超低温胶黏剂进行黏接。大型波音型客机所用的蜂窝结构以及玻璃钢和金属蒙面结构也都离不开黏剂。

对精细化工中间歇过程的建模要求，比对其在连续过程中由于扰动所产生的动态过程更加严格，这主要是因为，从间歇过程的开始到单个周期过程结束，所经历的范围有可能比动态过程本身时间更久，波及的流程更长。值得指出的是，在设计上可能已经考虑到此种情况，由于间歇过程设备往往具有相对较大的操作弹性，如此不严格的生产过程，可能带来的后果又不如连续过程中的动态影响明显。

包含精细化学品在内的化工产品，其生产中的间歇过程基本操作单元有加料、反应、冷却、加热、混合、过滤、精馏、干燥、溶剂萃取和结晶等。这些单元的模型建立基础是物料衡算和能量衡算。间歇式的反应生产精细化学品，是精细化工常见的生产方式，间歇式萃取精馏操作是一种将萃取过程和精馏过程进行耦合的生产方式创新过程，在某些精细化学品的生产中可以看作是一个半连续的生产过程。如图 4-3 所示，在某精细化工产品生产厂的工艺过程中，高纯度异丙醇产品是经过间歇式补充乙二醇作为萃取剂进行异丙醇和水的精馏分离的，其中，S0311 是按周期性时间进行加入萃取剂乙二醇的加料流股，S0314 生产高纯度（摩尔分率高于 99.99%）异丙醇产品，此产品可以用于高精密电子器件的清洗等用途，附加值较高。

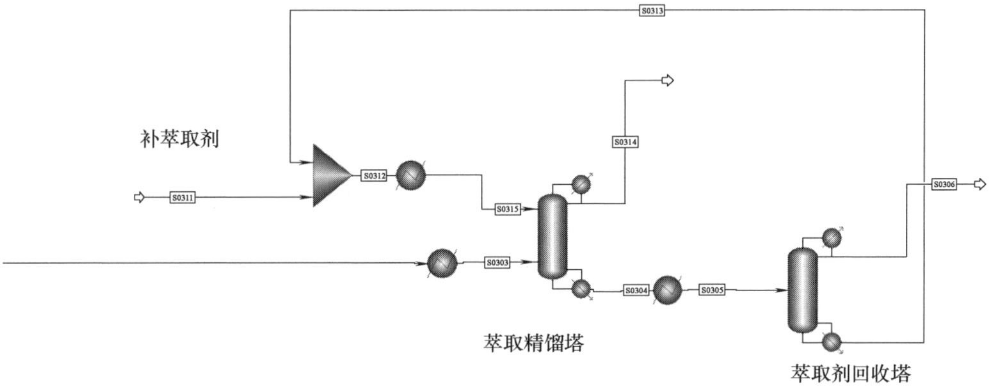

图 4-3　间歇式萃取精馏操作生产异丙醇

第二节　间歇过程的排产计划

一、最优时间表

在间歇过程生产中，由于生产产品的种类和功能交叉情况较多，其中很多种产品的生产过程需要对相关的生产设备、必要的公用工程以及生产时间进行分享和统筹规划，正因为如此，研究间歇生产过程中生产能力和时间如何分配，原材料、中间过程产品以及最终的生产产品储存和运输等都可能会制约生产效率，造成资源浪费。所以，进行生产时间合理统筹能合理进行间歇过程优化，建立最优生产时间表是间歇化工排产的主要问题之一。

如图 4-4，在一个典型的间歇生产化工产品的多产品厂中，用该厂的多级生产装置可以生产约 20 个种类的产品，每一种产品都需要同样的加工设备顺序和不同的加工操作条件。假设各种类产品的加工操作条件已知，且间歇操作的加工时间和半连续单元处理速度不变。若限定一段时间内需要生产的各种产品各自产量，则时间表最优化的问题一般会包括：a. 确定这些产品被加工的顺序；b. 确定各个装置设备需要开始和被停止的时间点。最优时间表问题归根结底是使加工费用达到最少，或者是使完成产品产量的加工所需时间最短。

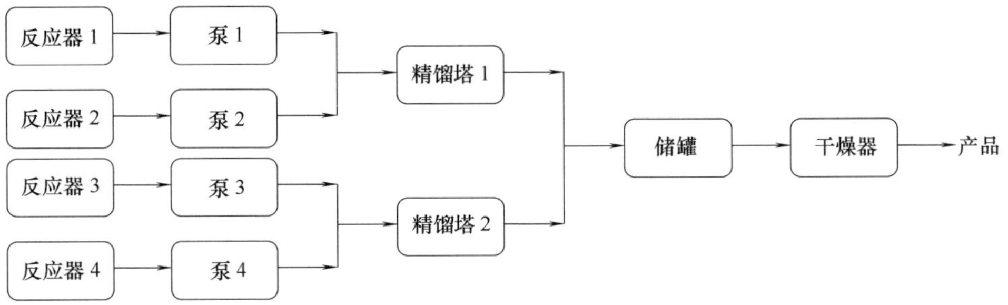

图 4-4　多产品厂中某产品的生产流程

排产计划中，在生产不同产品之间做出选择，也需要划分出在同一个装置上的生产顺序和合理的生产时间，所以需要排产时间表。进而可以获得最优时间表，例如，一个多目的厂间歇生产过程的加工顺序和排产计划可以进行对比，得到较优的生产时间表。

表 4-2　　多产品、多生产设备排产问题

原料和对应的产品	各原料的到厂时间	不同设备加工顺序及其加工时间/min			
A(A')	8:30	1. Ⅰ(60)	2. Ⅱ(30)	3. Ⅲ(2)	4. Ⅳ(5)
B(B')	8:45	1. Ⅱ(75)	2. Ⅲ(3)	3. Ⅰ(25)	4. Ⅳ(10)
C(C')	8:45	1. Ⅲ(5)	2. Ⅱ(15)	3. Ⅰ(10)	4. Ⅳ(30)
D(D')	9:30	1. Ⅳ(90)	2. Ⅰ(1)	3. Ⅱ(1)	4. Ⅲ(1)

表 4-3　　多产品、多生产设备可能的时间表

设备	原料的加工顺序				
	情况一	情况二	情况三	情况四	情况五
Ⅰ	D	B	C	A	A
Ⅱ	C	D	A	B	B
Ⅲ	B	D	A	C	B
Ⅳ	A	B	C	D	B

如表 4-2 所示，在一般的排产问题中，表中的每一种加工次序都可以被认为是一种可行的排产计划，它们也被认为是一种类似于“技术约束”的生产方案，和此生产方案

相一致的时间表是一种典型的“可行时间表”，如与生产方案相违背则为不可行时间表。这种受技术约束的可行时间表方案数目较多，如表 4-3 所示，特别是当产品和生产设备数目都较大的多产品厂，如果假定其生产方案皆为可行的，那么具体可以表示为：对于 n 个产品、m 台设备，在某一特定设备上每一种排列均可得到 $(n!)^m$ 排列的加工次序。例如，对 $n=4$，$m=4$ 的过程，$(4!)^4$ 的过程中，会有 331776 种方案，很难进行一一列举和对比，加之要将不可行时间表进行消去；再将问题规模进行合理地扩展，如果设备数目不变，产品数目像本章之前所述多产品厂的产品数目一样，增加至 20 种，那将会使计算工作变得难以完成。以上情况均能表明，解时间表问题难点突出，需要一种巧妙的方法来进行优化求解。

二、计算规则和方法

从另一个角度理解时间表问题，是寻找加工次序的先后问题，需要与技术约束兼容，而且对于某一种目标函数是最优的。那么，有可能相关的函数目标与以下因素有关：

① 加工流程的结构需求；

② 每一个产品的加工时间需求；

③ 中间储存设备的时间需求；

④ 生产时间必要损失；

⑤ 与工艺改进相关的费用需求；

⑥ 某种具体产品的特殊交货需求。

为了更准确地运用数学的方法来表示和理解相关时间表安排问题，需要对现有问题进行假设和化简。

1. 主要假设

若对于 n 个产品，它们被认为是生产任务（Job），用 $\{J_1, J_2, \cdots, J_n\}$ 表示，需要在 m 台设备进行间歇性化工生产和加工，间歇设备可被视为加工处理装置（Processor）表示为 $\{P_1, P_2, \cdots, P_m\}$。

① 单一产品皆为不可分割的整体，尽管此产品是由多台设备经过多个步骤进行生产得到的，但不能同时进行同一产品的两个操作。因此，在讨论生产过程时，不能出现同时生产几种中间体并将其组合成为最终产品的情况。

② 不考虑优先生产的问题，即各个操作一经开始，必须在各台设备间按顺序进行加工，直至完成规定操作。

③ 在所有设备上进行顺序操作，不允许在同一设备操作两次及以上，也不允许跳过某一设备进行操作。

④ 顺序加工必须要完成，不能中途放弃。

⑤ 工作时间与时间表无关，设备调整到正常状态所需要的时间与操作次序无关，运送原料和产品的时间可以被忽略。

⑥ 允许有中间储罐，使得物流或中间产品能等待到下一台设备可以进行操作，但是大多数情况下，主要考虑的是被加工的产品必须连续地从一个操作设备流向下一个设备进行下步的操作。

⑦ 加工工艺是确定的，各种类设备只有一台，不允许在加工过程中进行同种备选。

⑧ 设备不会发生故障，在整个生产时间表期间都是完好有效的。技术约束在生产过程中不变。

⑨ 产品数、设备数、加工时间、就绪时间和对规定所有工艺特点参数均是已知和不变的。

2. 数学表达中的符号和目标函数

间歇化工过程进行时间表安排的目标具有较强的复杂性，即使采用最简单的目标，这类问题的数学归纳也相当困难，一般会涉及比较多的数学表达符号以及复杂的目标函数描述形式。

r_i 和 p_{ij} 分别为生产任务 J_i 的就绪时间和生产加工时间。

d_i 是完成期限（due date），即至这个时间应已完成产品 J_i 的生产。

a_i 是对 J_i 的允许期限（allowance），就绪时间和交货日期之间允许加工的期限，$a_i=d_i-r_i$。

W_{ik} 是在第 k 操作开始前加工 J_i 的等待时间（waiting time）。第 k 操作是指整个加工次序中的第 k 个操作，但是，它并不一定是在设备 M_k 上完成的。若技术约束要求，以 M_{j1}，M_{j2}，…，M_{jm} 这样的顺序通过设备加工 J_i，则第 k 个操作是 $O_{ij(k)}$，即在 M_k 上完成的操作。故 W_{ij} 是在 $M_{j(k-1)}$ 上 J_i 完成和 M_k 上开始加工之间所经过的时间。

W_i 是 J_i 的总等待时间，见式（4-1）：

$$W_i = \sum_{k=1}^{m} w_{i,k} \tag{4-1}$$

C_i 是 J_i 的完成时间，即式（4-2）：

$$C_i = r_i + \sum_{k=1}^{m} [w_{i,k} + p_{ij(k)}] \tag{4-2}$$

F_i 是 J_i 的流经时间，即是加工任务在车间中消耗的时间，见式（4-3）：

$$F_i = C_i - r_i \tag{4-3}$$

假设 $X_{max}=\max\{X_1, X_2, \cdots, X_n\}$，即 X_{max} 代表所有 X_i 中的最大值，C_{max} 表示最大完成时间，F_{max} 表示最大流经时间，这里的完成时间是指瞬间完成的状态，而流经时间、加工时间等却表示的是时间间隔，是一个时间段。将它们作为目标函数，具体可以表示为，使最大完成时间 C_{max} 最小和使最大流经时间 F_{max} 最小。

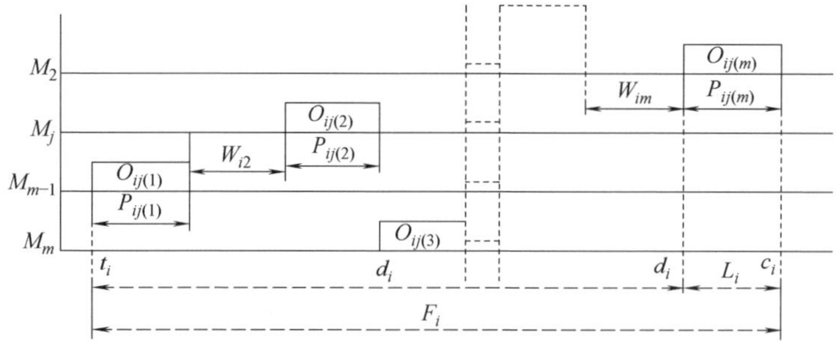

图 4-5　产品 J_i 的 Gantt 图

图 4-5 列出产品 J_i 的 Gantt 图，将有关符号进行可视化的呈现，图中将操作开始和结束的时间均进行了线段式的标注，在图中，由技术约束等限制条件确定的加工顺序是：$\{M_{(m-1)}$，M_j，M_m，…，M_1，$M_2\}$，等待时间 W_{im} 非零。故，超出了产品 J_i 的交付时间。

3. Johnson 规则解简单多产品和多目的厂的最优时间表

可以将时间表问题用以上数学描述的方式表现出来，根据四个参数描述多目的厂的时间表问题，形式如式（4-4）：

$$n/m/A/B \tag{4-4}$$

式中　n——生产任务（产品）的数目；

m——机器（设备）的数目。

A 被用来说明流经此车间或工厂的模式。

当 $m=1$ 时，A 可以是空白的。A 也可以是 P、F 或 G。P 是排列的多产品过程（Permutation Flow shop），该过程不仅对所有产品的设备顺序相同，而且现在还限制搜索对各台设备来说产品顺序也是相同的时间表。故时间表完全由数字 1，2，…，n 的单一的排列所规定。F 是多产品过程（Flow shop）情况，即要求所有产品的设备顺序相同。G 是一般的多目的过程（Job shop），在这种情况下对技术约束的形式没有限制。

B 是指目标函数，用此目标函数或准则可估计时间表，它可取前面讨论过的任何一种形式。例如 $n/2/F/C_{max}$ 是指 n 个产品，2 台设备，多产品过程问题，以总完成时间最少为目标函数的时间表问题。

本节中的主要目标函数是指 F_{max} 和 C_{max}。使最大的流经时间最小，即 F_{max} 最小，实际上是说时间表的费用和其所有耗时的生产任务有关；使最大的完成时间最小；即 C_{max} 最小，实际上是说时间表的费用取决于加工系统需花多长时间用于直接的生产。此两种目标函数仅在就绪时间为零的情况下，才有 $F_{max}=C_{max}$。如果就绪时间不为零，那么两种目标函数会存在较大的差别。C_{max} 也被称为总生产时间（Total Production Time）。

（1）Johnson 规则解 $n/2/F/F_{max}$ 问题：

此类问题实际上是 n 个产品用两个单元（M_1 和 M_2）进行加工，每个产品都先用 M_1 加工，然后用 M_2 加工，目标函数是使最大的流经时间最小。由于所有产品的就绪时间为零，所以 $F_{max}=C_{max}$。先在 M_1 上从具有最短加工时间的产品开始加工使在 M_2 上具有最短加工时间的产品后结束加工。最优时间安排应是一个 $\{J_1, J_2, \cdots, J_n\}$ 的排列问题，目标是使在加工顺序中较早的产品在 M_2 上有较短的加工时间。基于以上分析，Johnson 规则解此类问题的最优时间表可以令 a_i 为 J_i 在 M_1 上的加工时间，b_i 为 J_i 在 M_2 上的加工时间，则有 $a_i=p_{i1}$，$b_i=p_{i2}$。此规则采用从两端向中间延展的方式建立加工顺序，形成时间表。为做到这样的方式，需要以 K 和 L 分别表示顺序编号，进行计数。在初始方向，从 $K=1$ 开始，随顺序将第一，第二，第三，…个位置分别进行填充。同理，在终了方向，从 $L=n$ 开始，随顺序中第 n，第 $n-1$，第 $n-2$，…个位置被填充。直至将所有生产任务全部填写进时间表中。具体步骤，可以按下面方法进行：

步骤一，令 $K=1$，$L=n$。

步骤二，令现在的未被排进时间表的产品列为 $\{J_1, J_2, \cdots, J_n\}$。

步骤三，对现在未被排进时间表的产品寻找所有 a_i 和 b_i 最小者，若有两个或两个以上的产品具有最短的时间，则从中任选一个 J_i。

步骤四，若在 M_1 上 J_i 具有最短时间，即 a_i 最小。

① 将 J_i 排在加工顺序中的第 K 位置；

② 从现在未排进时间表的产品列中消去 J_i；

③ 令 $K=K+1$；

④ 去步骤六。

步骤五，若在 M_2 上 J_i 具有最短时间，即 b_i 是最小的，则进行与步骤四相似的操作。

① 将 J_i 排入加工顺序中的第 L 位置；

② 从现在的未排进时间表的产品列中消去；

③ 令 $L=L-1$；

④ 去步骤六。

步骤六，若有任何未被排进时间表的产品，则去步骤三。否则，停止计算。

【例题 4-1】

表 $6/2/F/F_{max}$ 问题，应用 Johnson 规则。各产品在设备 M_1 和 M_2 上的加工时间如下：

表 4-4　　6 个产品在 2 台设备上的加工时间

产品	加工时间		产品	加工时间	
	M_1	M_2		M_1	M_2
A	6	3	D	1	8
B	2	9	E	7	1
C	4	2	F	4	5

用 Johnson 规则建立时间表：

产品 D 列入时间表：D　　…………………………………

产品 E 列入时间表：D　　…………………………………　　　E

产品 B 列入时间表：D　B　…………………………………　　　E

产品 C 列入时间表：D　B　…………………………………　C　E

产品 F 列入时间表：D　B　F　…………………………………　C　E

产品 A 列入时间表：D　B　F　…………………………………　A　C　E

产品顺序为（D，B，F，A，C，E）。

解得，用 Johnson 规则建立的时间表中生产产品的顺序为（D，B，F，A，C，E）。有一点需要说明，即如果在相同设备上生产产品的生产时间相同，在遵从另外一台生产设备生产顺序的前提下，则可以任选其一作为优先生产的产品填入时间表中进行排产，所得到的两种时间表实际上是等价的。

（2）Johnson 规则解 $n/2/G/F_{max}$ 问题：

取消关于各个产品必须通过全部单元这一假设若产品组 $\{J_1, J_2, \cdots, J_n\}$ 中产品可被分为以下四类。

A 类：只需在单元 M_1 上加工的产品。

B 类：只需在单元 M_2 上加工的产品。

C 类：以 M_1，M_2 次序在两个单元上加工的产品。

D 类：以 M_2，M_1 次序在两个单元上加工的产品。

A 类产品以任意次序进行排产，得到顺序 S_A；B 类产品任意次序进行排产，而得到顺序 S_B；C 类产品，可将它视为 $n/2/F/F_{max}$ 问题，用 Johnson 规则进行排产而得到顺序 S_C；对 D 类产品，也将它视为 $n/2/F/F_{max}$ 问题，用 Johnson 算法进行排产而得到顺序 S_D。（M_2 是第一个单元，M_1 是第二个单元）。

最优时间表对单元 M_1 为（S_C，S_A，S_D），而对单元 M_2 为（S_D，S_B，S_C）。

【例题 4-2】

$6/2/G/F_{max}$ 问题，应用 Johnson 规则。各产品在设备 M_1 和 M_2 上的加工时间如下：

表 4-5　　6 个产品在 2 台设备上的加工情况

产品	加工顺序和时间				产品	加工顺序和时间			
	第一单元	时间/h	第二单元	时间/h		第一单元	时间/h	第二单元	时间/h
1	M_1	8	M_2	2	4	M_2	6	M_1	4
2	M_1	7	M_2	5	5	M_1	1	—	—
3	M_1	9	M_2	8	6	M_2	5	—	—

A 类产品：产品 5 仅在 M_1 上加工，顺序为（5）；

B 类产品：产品 6 仅需要 M_2，故顺序为（6）；

C 类产品：产品 1，2，3 先用 M_1，后用 M_2。用 Johnson 规则解此 $3/2/F/F_{max}$ 问题，得到的顺序为（2，3，1）；

D 类产品：产品 4 先用 M_2，后用 M_1。由于只有一种产品，得到顺序（4），值得注意的是 M_1 是第二单元，M_2 是第一单元。

则应用 Johnson 规则对多目的厂进行排产计划，得到的最优时间表应为：单元 M_1 上产品的加工顺序为（2，3，1，5，4）。单元 M_2 上的加工顺序为（4，6，2，3，1）。

Johnson 规则解特殊的 $n/3/F/F_{max}$ 问题：

用于 $n/2/F/F_{max}$ 问题的 Johnson 规则可被推广到解特殊的 $n/3/F/F_{max}$ 问题。需要的条件见式（4-5）或式（4-6）：

$$\min_{i=1}^{n}\{p_{i1}\} \geqslant \max_{i=1}^{n}\{p_{i2}\} \tag{4-5}$$

或：

$$\min_{i=1}^{n}\{p_{i3}\} \geqslant \max_{i=1}^{n}\{p_{i2}\} \tag{4-6}$$

即在第二单元上的最大加工时间不大于在第一或第三单元上的最小加工时间。若式（4-5）和式（4-6）的条件得到满足，则可以进行设置虚拟时间，虚拟时间见式（4-7）和式（4-8）。

令

$$a_i = p_{i1} + p_{i2} \tag{4-7}$$

$$b_i = p_{i2} + p_{i3} \tag{4-8}$$

对于 $n/3/F/F_{max}$ 问题，视同于两个虚拟时间下的 $n/2/F/F_{max}$ 问题，用 Johnson 规则可以解得最优时间表。

【例题 4-3】

对于 $6/3/F/F_{max}$ 问题，应用 Johnson 规则。各产品在设备 M_1，M_2 和 M_3 上的加工时间如下：首先对此问题检查是否满足式（4-5）或式（4-6）条件（只需满足其中之一即可）。

$$\min_{i=1}^{6}\{p_{i1}\} = 3 \tag{4-9}$$

$$\max_{i=1}^{6}\{p_{i2}\} = 3 \tag{4-10}$$

$$\min_{i=1}^{6}\{p_{i3}\} = 1 \tag{4-11}$$

表 4-6　　6 个产品在 3 台设备上的加工情况

产品	实际加工时间			虚拟加工时间	
	M_1	M_2	M_3	第一单元 a_i	第二单元 b_i
1	4	1	3	5	4
2	6	2	9	8	11
3	3	1	2	4	3
4	5	3	7	8	10
5	8	2	6	10	8
6	4	1	1	5	2

在使用 Johnson 规则对设备数目为 3 的特殊性问题进行求解过程中，按式（4-5）和式（4-6）所述方法，代入表 4-6 中的数值，对比得到式（4-9）结果为 3，与式（4-10）结果相等，符合要求，可以以两个虚拟时间为准，用一般性 Johnson 规则求取两台设备的排产最优时间表进行求解。

第三节　生产精细化工产品异丙醇的流程模拟

异丙醇（C_3H_8O，IPA）是一种用途广泛的重要有机化工原料，是一种无色透明液体，有类似于乙醇和丙酮混合物的气味，熔点为-88.5℃，沸点为 82.45℃，溶于水，也溶于醇、醚、苯、氯仿等多数有机溶剂。异丙醇主要用作化妆品、塑料、香料、涂料溶剂、化学中间体。在日用化学品及医药等精细化工产业中也有应用。另外，异丙醇还广泛用作石油燃料的添加剂，应用在汽车和航空燃料等方面。目前，异丙醇是丙烯下游系列产品中的重要组成之一，随着天然气、页岩气中 C3 资源的深度利用，丙烷脱氢等新技术和新工艺日趋成熟，这为开发利用丙烯资源生产异丙醇等化工产品提供了有利条件。

目前，工业上异丙醇的生产方法主要是丙烯水合法，可分为丙烯间接水合法和丙烯直接水合法两种。20 世纪 80 年代后丙烯间接水合法因“三废”污染、设备腐蚀严重和生产成本高等问题，被逐渐淘汰。丙烯直接水合法，它是丙烯在催化剂存在下直接发生水合反应生成异丙醇。因使用的催化剂不同分为三种方法，即气相直接水合法、液相直接水合法、气-液混相直接水合法。

一、生产异丙醇的工艺对比

1. 丙烯间接水合法

丙烯间接水合法合成异丙醇主要包括以下三步：

第一步，在硫酸溶液中，丙烯发生酯化反应得到硫酸二异丙酯和硫酸氢异丙酯；

第二步，经过水解得到异丙醇粗品；

第三步，通过精制异丙醇粗品得到高纯度的异丙醇产品。

可以回收利用经过第二步得到的稀硫酸，不过需要经过浓缩并除去其中的胶状物或固体。在反应过程中由于硫酸的存在，很容易发生副反应，比如异丙醇与反应中间体生成异丙醚等。

丙烯间接水合法的优点可以概括为：

① 反应得到的异丙醇粗品浓度高，保持在 50%～60%（质量分数，下同），从而减少

了部分精制费用；

② 原料丙烯的纯度在50%~90%即可；

③ 丙烯的转化率在90%以上。

丙烯间接水合法的缺点可以概括为：一方面，对设备有腐蚀作用、废气和废水较难处理，造成一定的环境污染；另一方面，存在选择性较低、流程复杂和能耗高的问题。

2. 丙烯直接水合法

目前工业上异丙醇生产的主流方法是丙烯直接水合法，丙烯与水在催化剂作用下直接经水和反应生成异丙醇，同时发生副反应生成正丙醇，反应过程可用式（4-12）以及式（4-13）表示：

$$CH_3CH{=}CH_2+H_2O \longrightarrow (CH_3)_3CHOH \tag{4-12}$$

$$CH_3CH{=}CH_2+H_2O \longrightarrow CH_3CH_2CH_2OH \tag{4-13}$$

丙烯直接水合法依据使用的催化剂的不同，可分为以下三种方式：气相直接水合法、液相直接水合法和气-液混相直接水合法。

（1）气相直接水合法

气相直接水合法又称为维巴法，反应过程中以磷酸硅藻土为催化剂，丙烯和水的反应摩尔比为1∶(0.6~0.8)，反应条件为压力2000~2500kPa，反应温度180~260℃。首先，经过气相直接反应生成含异丙醇的粗溶液，再经过分离提纯，最终得到纯度达标的异丙醇精品。在此反应条件下，异丙醇的选择性和丙烯的单程转化率可分别达到98%~99%和5%~6%。

气相直接水合法的优点可以概括为：

① 反应生成的副产物少，最后丙烯总转化率可达97%；

② 异丙醇选择性可以高达98%；

③ 流程相对简单，投资费用少；

④ 明显改善了环境，缓解了设备腐蚀问题。

低温低压的反应条件有利于气相直接水合法，但实际反应过程中却采用了对反应平衡不利的高温低压操作条件。这样操作是为了防止磷酸溶出，所以需要在高温低压下把水转化为气态。因此，气相直接水合法的缺点可以概括为：

① 丙烯的单程转化率低；

② 需要循环使用大量未反应的丙烯，导致能耗大；

③ 对原料丙烯的纯度（≥99%）要求高；

④ 生产上需补加磷酸弥补反应过程中流失的磷酸。

（2）液相直接水合法

液相直接水合法，也被称为德山曹达工艺，该工艺使用钨系杂多酸作为催化剂，并将其溶于精制工序的循环工艺水中，这种催化剂的优点是活性、选择性良好。丙烯和水的反应摩尔比为1∶27，反应条件为压力20000kPa，温度240~280℃。反应过程为原料丙烯与水首先进行接触反应生成粗异丙醇溶液，该溶液再在共沸精馏塔中经过进一步的分离提浓，得到精制的异丙醇。

与丙烯间接水合法相比，液相直接水合法的优点可以概括为：

① 催化剂活性高，较稳定、可循环使用、寿命长；

② 产品选择性好，丙烯单程转化率明显提高。

液相直接水合法的缺点主要是：

① 反应过程中水过量，导致粗产品中含水量大，使粗产品蒸馏所需的热量增大；

② 反应压力高，使设备投资成本提高。

（3）气-液混相直接水合法

气-液混相直接水合法又被称为德式古工艺，反应过程以强酸性阳离子交换树脂作为催化剂，对原料丙烯的纯度要求不低于92%，丙烯与水的摩尔比为1∶（12.5~15），反应条件为温度135~160℃，压力6000~8000kPa。在这种中压、低温的工艺条件下，有利于化学平衡，所以丙烯的转化率较高，可以保持70%以上的单程转化率，异丙醇选择性也可以达到96%以上。

与以上两种直接水合法相比，气-液混相直接水合法的优点可以概括为：

① 反应条件比较缓和；

② 对原料丙烯的纯度要求不高，体系中没有过量的丙烯累积；

③ 丙烯的转化率高；

④ 工艺流程能耗低。

气-液混相直接水合法的缺点可以概括为：催化剂不耐高温（反应温度需要≤175℃）、寿命短，而且催化剂存在流失的问题。

通过对表4-7中不同丙烯直接水合法工艺条件的比较可以看出，从安全操作、反应条件、收率、以及投资成本等角度看，在已经工业化的丙烯直接水合生成异丙醇的三种生产技术中，气-液混相法相对较为理想。

表4-7　　直接水合法制备异丙醇工艺比较

	气-液混相法	液相法	气相法
催化剂	阳离子交换树脂	杂多酸	磷酸/硅藻土
反应压力/kPa	6000~8000	20000	2000~2500
反应温度/℃	135~160	240~280	190~220
水烯摩尔比	15	27	0.7
丙烯浓度要求（质量分数）/%	92	95	≥99
丙烯单程转化率/%	75	50~75	5~6
IPA 选择性/%	98~99	92~96	98~99
催化剂稳定性	不耐高温	易水解，不耐热	磷酸流失
催化剂平均寿命	>8 个月	半永久性	>12 个月
设备腐蚀程度	无	无	不严重
投资费用	投资相对较少	投资高	投资少

3. 丙酮加氢法

近20年以来，受全球环保意识增强的影响，丙酮作为溶剂的使用量逐年减少，同时当下制备甲基丙烯酸甲酯时主要通过直接氧化法，受这个趋势的冲击，伴随着丙酮产量逐年增加，利用丙酮生产其他重要的化工产品的环保发展理念受到重视。另外，丙酮加氢反应与异丙醇脱氢反应结合构成的化学热泵，有利于系统的节能。在上述背景下，出现了丙酮加氢直接制备异丙醇的生产工艺。此方法的反应过程可用式（4-14）表示：

$$CH_3COCH_3+H_2 \longrightarrow CH_3CH(OH)CH_3 \qquad (4-14)$$

丙酮加氢法生产异丙醇工艺的优点可以概括为：

① 异丙醇的选择性在97%以上；

② 丙酮的单程转化率在85%以上；

③ 对设备几乎无腐蚀现象出现；

④ 生产能耗低。

其缺点是该工艺对原料丙酮的需求量大，而丙酮本身的生产成本又比较高，使得异丙醇的生产成本增加，从而对该生产工艺的经济效益产生了非常不利的影响。

对比所有工艺的特点，能分析得出，液相直接水合法相对工艺简单，原材料易得，工艺成熟，产品质量稳定，设备无腐蚀性及利用率高，能有效节约成本。另外该工艺方法经过论证和实践的检验，非常成熟，相对也更加绿色和稳定。

同时，还应该注意到，我国炼油过程整体石油利用率依然具有较大的提升空间，C2～C5组分在很多生产工艺中本身就可以进一步加以利用，生产附加值较高的下游产品，从而避免资源浪费。某炼厂面对异丙醇行业的基本需求加强自身建设，开发了C5生产体系中新的丙烯原料来源，采用直接水合法生产异丙醇，并且进一步完善生产链条，降成本，提质量，进行积极技术创新，获得了一套新的异丙醇生产工艺，工艺流程如图4-6所示。

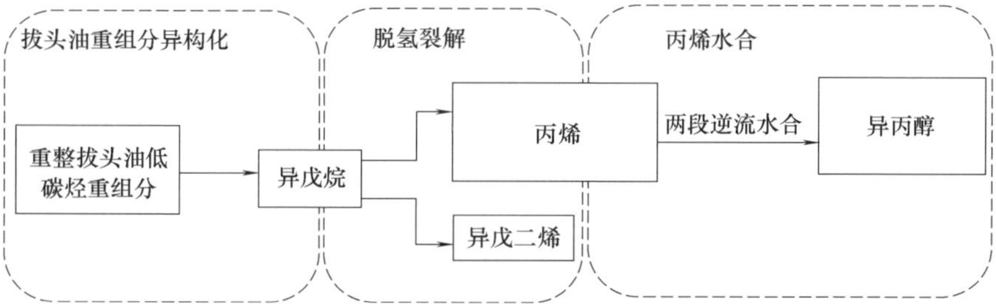

图4-6　某厂直接水合法制异丙醇工艺流程

二、丙烯直接水合制备异丙醇典型反应过程模拟

在流程模拟软件建构整个流程过程中，按照本节所述整体思路，将重整拔头油（将初馏点～130℃的直馏汽油馏分进行拔顶，拔出初馏点～60℃的轻馏分）中低碳烃类较重组分（混合C5、C6）作为主要原料，经过拔头油重组分异构化工段、异戊烷脱氢裂解工段、丙烯精制工段、异丙醇制备工段、异丙醇精制工段五个工段进行全流程模拟，最终得到纯度99.7%（质量分数）异丙醇产品。

如图4-7所示，炼厂上游工艺输送新鲜重整拔头油低碳烃重组分进入双效精馏系统，塔底产品进入正戊烷塔，塔底产品进行下步分离，塔顶得到环戊烷产品，塔底C6产品送

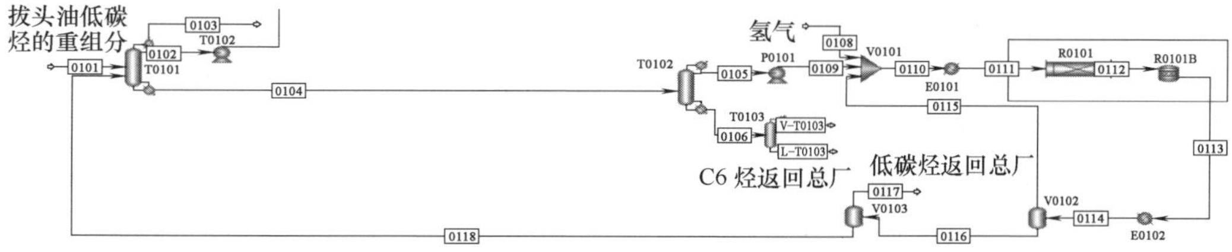

图4-7　拔头油重组分异构化工段

回总厂重整车间，正戊烷塔顶产品加氢进入拔头油重组分异构化反应器，出口经过闪蒸将氢气循环回反应器，异构化产物进入双效精馏，双效精馏塔顶产品经过闪蒸释放出不凝气后送入第二工段。

如图 4-8 所示，来自第一工段的异构化产物送入脱丁烷塔，塔顶脱除的轻组分返回总厂，后得到纯净的异戊烷经过预热后进入第一个脱氢反应器，再与循环物料混合，预热后进入第二个脱氢反应器，脱氢反应器采用列管式固定床反应器，并使用加热炉高温尾气烟道气进行换热。反应气经过冷却和冷凝后，经过闪蒸分离出气相裂解产物，并送往第三工段，闪蒸液相和来自第三工段回收的 C5 混合后加入萃取精馏塔，并加入萃取剂 DMF（*N*,*N*-二甲基甲酰胺），塔顶得到异戊烷和异戊烯，循环回脱氢反应器；异戊二烯在塔底富集，送至溶剂回收塔。溶剂回收塔塔底得到 DMF，循环回萃取精馏塔；副产品 99.6% 的产品异戊二烯从塔顶馏出。

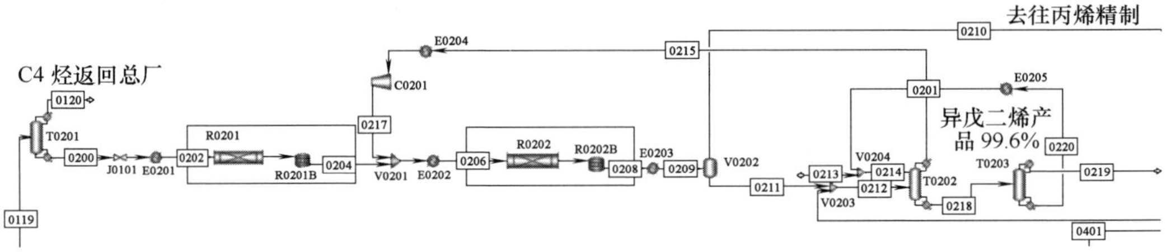

图 4-8　异戊烷脱氢裂解工段流程模拟

如图 4-9 所示，来自第二工段的副产物裂解气先通过压缩升压，并冷凝至膜分离器操作温度，气相送至膜分离器，经过渗透后冷凝释放出一股不凝气，渗透侧得到氢气产品，与膜分离前的冷凝液分别加入乙烯塔。乙烯塔塔顶得到粗乙烯，送至总厂深冷车间进行进一步纯化，塔底产品送至丙烯塔，塔顶得到 99.7%的丙烯，塔底为剩余的 C5，送至第二工段进行回收。

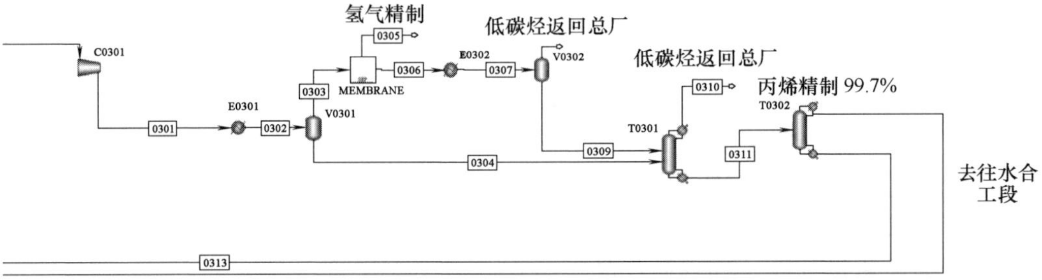

图 4-9　丙烯精制工段流程模拟

来自第三工段的丙烯原料与淡化海水及第五工段预脱水塔来的循环水混合均匀后，通过泵和换热器预先到反应条件，在 200℃的反应条件下，使用磷酸催化剂，通过两级逆流水合得到异丙醇，转化率达到 99.95%，如图 4-10 所示。

如图 4-11 所示，对于第四工段的水合产物，通过预脱水塔（热泵技术）进行分离，塔顶得到粗异丙醇进入萃取精馏，塔底得到的大量水分返回至水合工段进料循环利用，通过加入萃取剂乙二醇在 T0502 萃取，塔顶得到异丙醇产品，纯度 99.7%，塔底得到水和大量溶剂，进入溶剂回收塔，塔底溶剂循环利用。

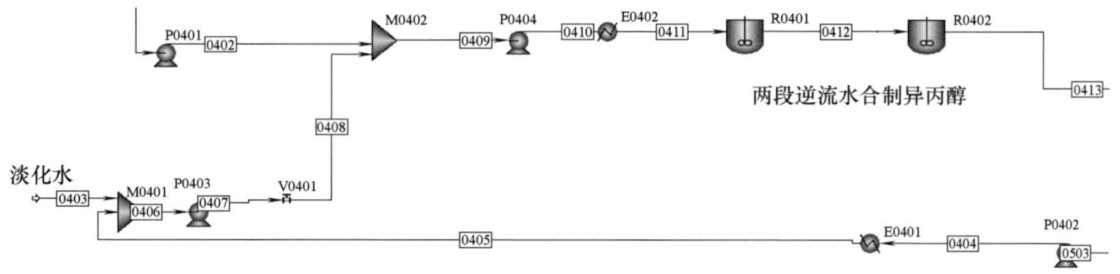

图 4-10　异丙醇制备工段流程模拟

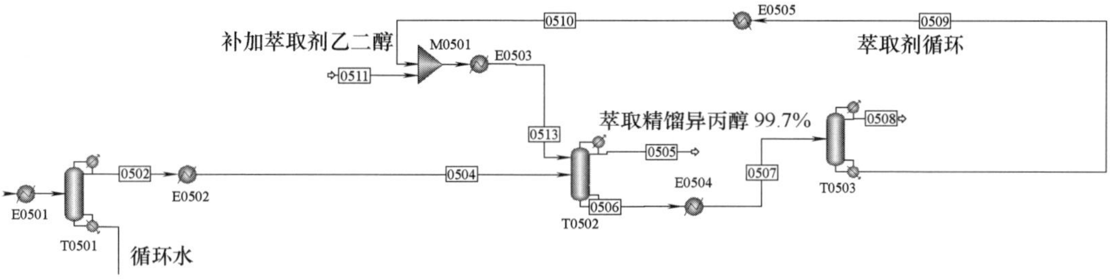

图 4-11　异丙醇精制工段流程模拟

异戊烷脱氢反应器 R0201 的主要反应是按照动力学模拟的方式进行设置的，由于脱氢反应本身的复杂性，在高温条件、催化剂的催化作用下，异戊烷分解也有可能在相近条件下生成 C2（如乙烯）、C3（如丙烯）、C4（如异丁烷和正丁烷等）副产品，副反应数量多且各个反应的产物又相互交织继续反应，副反应很难全部求列和进行模拟，另外，副反应的动力学参数通过计算获得也具有较大难度，在此情形下，可以将典型副反应进行化学计量反应设置，即利用最终产品转化率来进行模拟计算。

主反应为异戊烷脱氢生成异戊烯反应即式（4-15）（记为 r_1）和异戊烷脱氢生成异戊二烯反应即式（4-16）（记为 r_3）。在反应过程中异戊烯可能生成 3 种异构体，但是为了方便说明和处理，本节中只选择其中最稳定的异构体 2-甲基-2-丁烯进行模拟（记为 r_2）。

$$i\text{-}C_5H_{12} \rightleftharpoons i\text{-}C_5H_{10}+H_2 \tag{4-15}$$

$$i\text{-}C_5H_{10} \rightleftharpoons i\text{-}C_5H_8+H_2 \tag{4-16}$$

通过查阅文献，确定反应速率表达式经整理后如式（4-17）和（4-18）：

$$r_1=k_{1,0}\exp\left(-\frac{E_1}{RT}\right)\cdot P_{C_5H_{12}}\left(1-\frac{P_{C_5H_{10}}P_{H_2}}{K_{p,1}P_{C_5H_{12}}}\right)=k_1\cdot\left(P_{C_5H_{12}}-\frac{1}{K_{p,1}}P_{C_5H_{10}}P_{H_2}\right) \tag{4-17}$$

$$r_3=k_{3,0}\exp\left(-\frac{E_3}{RT}\right)\cdot P_{C_5H_{10}}\left(1-\frac{P_{C_5H_8}P_{H_2}}{K_{p,3}P_{C_5H_{10}}}\right)=k_3\cdot\left(P_{C_5H_{10}}-\frac{1}{K_{p,3}}P_{C_5H_8}P_{H_2}\right) \tag{4-18}$$

$$k_1=\exp\left(10.67-\frac{17400}{RT}\right) \tag{4-19}$$

$$k_3=\exp\left(11.45-\frac{17500}{RT}\right) \tag{4-20}$$

根据文献数据，推动力项中的指前因子换算结果如式（4-21）和式（4-22）：

$$k_{1,0}=0.0430449\text{kmol/(m}^2\cdot\text{s}\cdot\text{kPa)} \tag{4-21}$$

$$k_{3,0}=0.0939013\text{kmol}/(\text{m}^2\cdot\text{s}\cdot\text{kPa}) \tag{4-22}$$

活化能见式（4-23）和式（4-24）：

$$E_1=17.40\text{kcal}^*/\text{mol} \tag{4-23}$$

$$E_3=17.50\text{kcal}/\text{mol} \tag{4-24}$$

在 Aspen 中的平衡反应器 RGibbs 模块进行测定推动力项中的反应平衡常数 K_p。设置反应器操作压力为 10kPa，在反应温度 800～950K 范围对反应产物的摩尔组成进行灵敏度分析，考察温度对于 K_p 的影响。由于反应条件为高温低压，气体可近似为理想气体处理，产品各组分分压可以用总压与摩尔分率的乘积表示。经数据处理后对 $\ln(1/K_p)=A+B/T$ 曲线进行拟合。

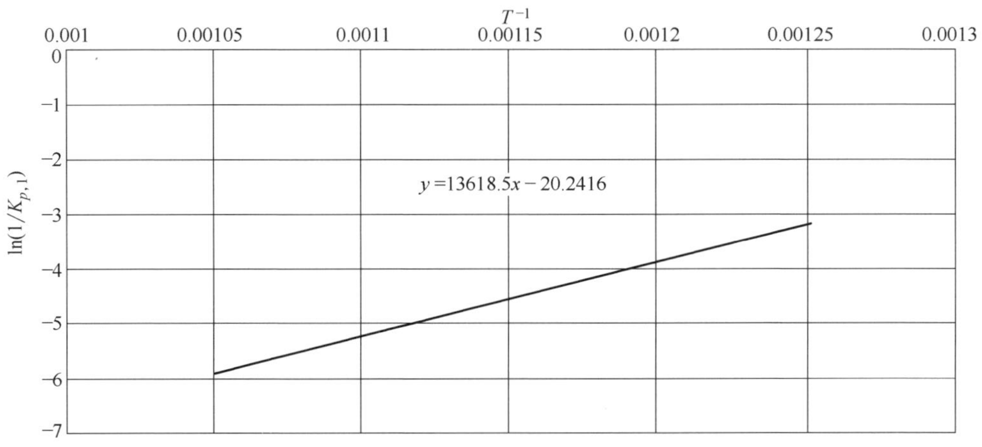

图 4-12　$K_{p,1}$ 与 T 的关系

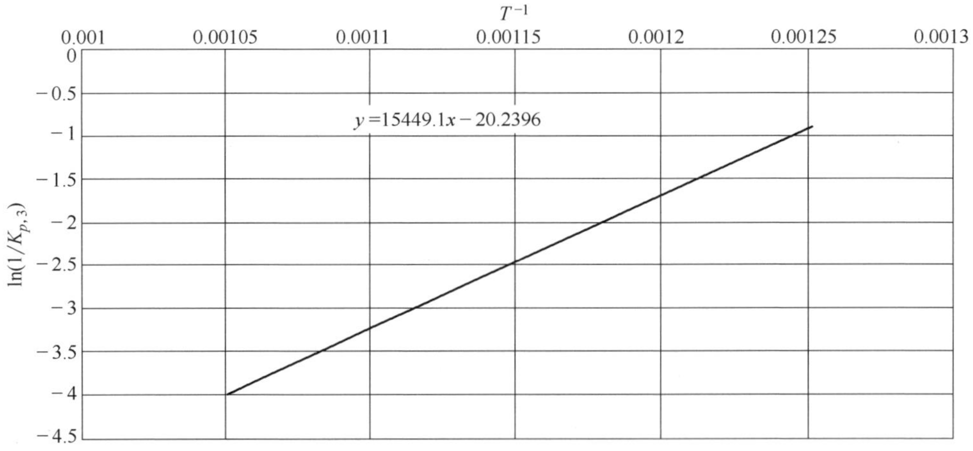

图 4-13　$K_{p,3}$ 与 T 的关系

K_p 的表达式如式（4-25）和式（4-26）：

$$\ln(1/K_{p,1})=-20.2416+13618.5/T \tag{4-25}$$

* 1kcal＝4.184kJ

$$\ln(1/K_{p,3}) = -20.2396+15449.1/T \tag{4-26}$$

选择异戊烷脱氢反应器进入其数据输入界面，反应配置类型为GENERAL，选择正向脱氢反应为动力学反应类型的指数型（POWERLAW）输入形式，按式（4-20）与式（4-22）计算所得数据对 r_1 进行参数输入，如图4-14所示。

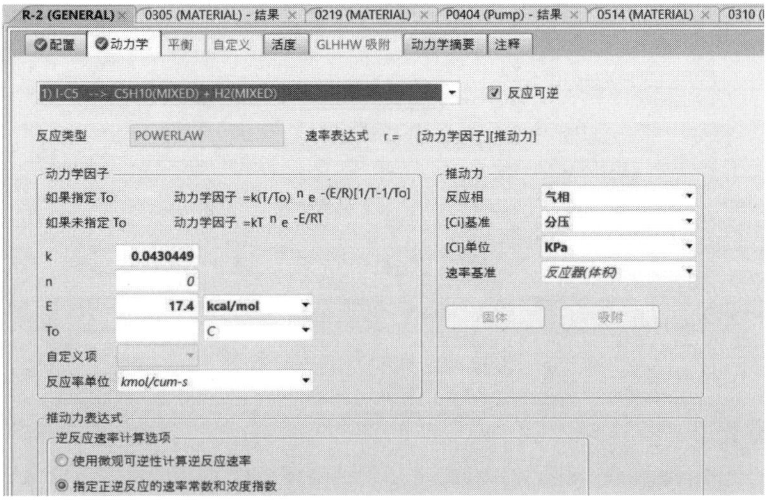

图4-14　r_1 动力学项输入

图4-15是推动力表达式在选择指定正逆反应的速率常数和浓度指数选项下，其中浓度指数是逆向条件，异戊烷的浓度指数为0，异戊烯和氢气的浓度指数分别为1。而推动力常数是按式（4-24）计算得到的。

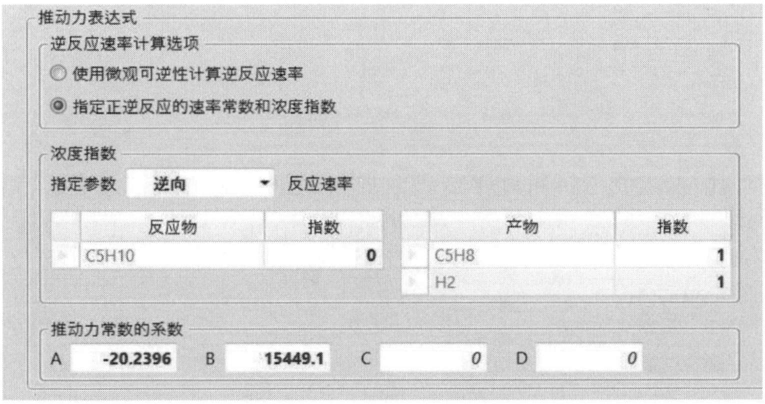

图4-15　r_1 推动力项输入

下面对 r_3 进行参数输入，如图4-16所示。用和 r_1 相似的方法将计算所得的数据［式（4-22）和式（4-24）］，作为参数进行输入。另外在图4-17中所输入的参数是通过式（2-35）计算得到的。

异戊烷的脱氢裂解反应，裂解副产物的分布经过对比炼厂实际装置中异戊烷在铬铝催化剂上的裂解副产物分布，得到表4-8。从表中可以看出，裂解产物基本为乙烯和丙烯，质量分率和摩尔分率占比均为0.3~0.4，将裂解反应的产物写为乙烯和丙烯，化学计量数

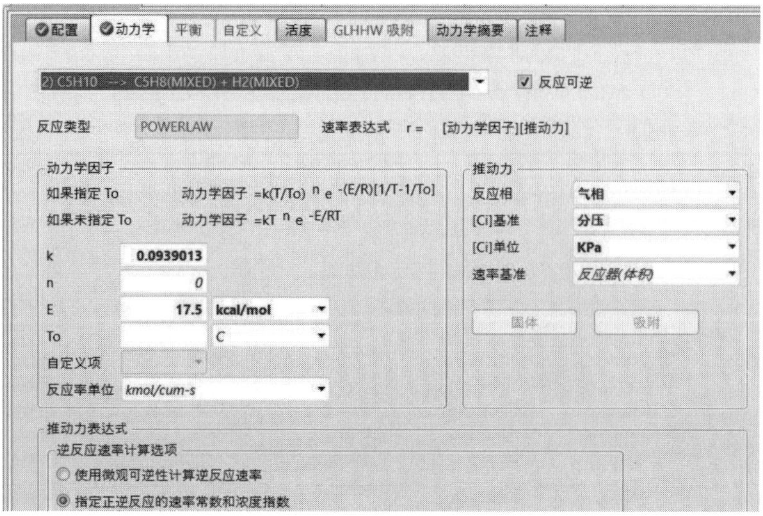

图 4-16　r_3 动力学项输入

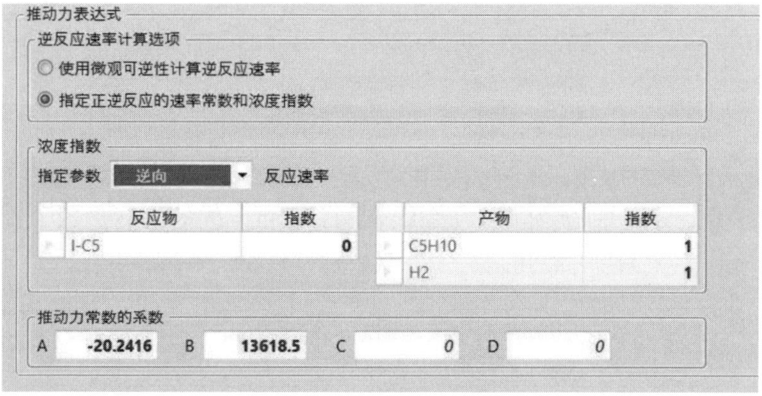

图 4-17　r_3 推动力项输入

均为 1，并在产物中加入氢气进行配平，得到典型的副反应的反应方程式，见式（4-27）：

$$i\text{-}C_5H_{12} \longrightarrow C_2H_4 + C_3H_6 + H_2 \tag{4-27}$$

表 4-8　　异戊烷裂解的副产物分布

	质量分率	摩尔分率		质量分率	摩尔分率
乙烯	0.33	0.45	异丁烷	0.01	0.01
丙烷	0.07	0.06	正丁烷	0.02	0.01
丙烯	0.40	0.36	正、异丁烯	0.13	0.09

可以将副反应采用转化率反应器并与发生主反应的固定床反应器（图 4-18 中的模块 R0201A）进行串联的方式模拟 R0201。另外，考虑到实际生产中裂解产物的总选择性为 0.064，根据异戊烷消耗量和裂解反应选择性可以计算裂解反应的转化率。利用 ASPEN 化学计量反应器模块（转化率反应器模块 R0201B）按质量分率进行模拟如图 4-18 所示：

通过利用重整拔头油中的异戊烷脱氢制备丙烯，气相直接水合生成异丙醇，联产异戊二烯、氢气等产物工艺过程的流程模拟过程定义和输入化学组分如图 4-19 所示，对工艺

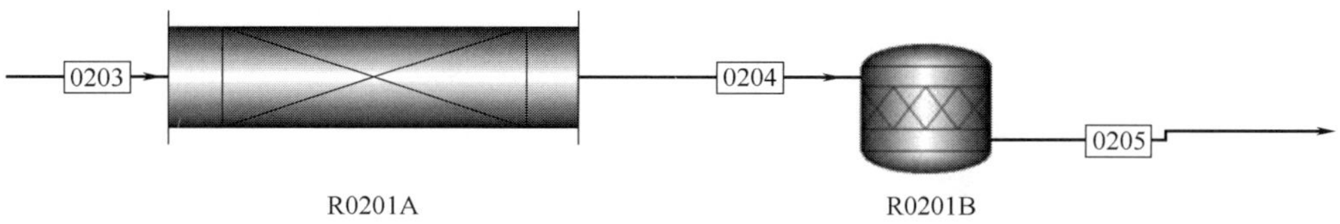

图 4-18　异戊烷脱氢副反应模拟（反应器 R0201）

中的所有物质进行了定义，这也是 Aspen 流程模拟软件（V14 版本）进行流程模拟数据输入的第一个步骤，经过定义热力学方法、输入流股信息、输入模块信息等步骤直到运算结果收敛并查看输出结果。

组分 ID	类型	组分名称	别名	CAS号
C3H8	常规	PROPANE	C3H8	74-98-6
I-C4	常规	ISOBUTANE	C4H10-2	75-28-5
N-C4	常规	N-BUTANE	C4H10-1	106-97-8
I-C5	常规	2-METHYL-BUTANE	C5H12-2	78-78-4
N-C5	常规	N-PENTANE	C5H12-1	109-66-0
C-C5	常规	CYCLOPENTANE	C5H10-1	287-92-3
N-C6	常规	N-HEXANE	C6H14-1	110-54-3
BENZENE	常规	BENZENE	C6H6	71-43-2
C-C6	常规	CYCLOHEXANE	C6H12-1	110-82-7
H2	常规	HYDROGEN	H2	1333-74-0
C2H4	常规	ETHYLENE	C2H4	74-85-1
C3H6	常规	PROPYLENE	C3H6-2	115-07-1
C5H10	常规	2-METHYL-2-BUTENE	C5H10-6	513-35-9
C5H8	常规	2-METHYL-1,3-BUTADIENE	C5H8-6	78-79-5
DMF	常规	N,N-DIMETHYLFORMAMIDE	C3H7NO	68-12-2
H2O	常规	WATER	H2O	7732-18-5
ISOPR-01	常规	ISOPROPYL-ALCOHOL	C3H8O-2	67-63-0
1-PRO-01	常规	1-PROPANOL	C3H8O-1	71-23-8
C2H6O2	常规	ETHYLENE-GLYCOL	C2H6O2	107-21-1
*				

图 4-19　定义和输入化学组分（部分）

如图 4-20 所示，产品异丙醇纯度为 99.6%（质量分数）。

三、异丙醇生产流程模拟中的热泵技术应用

热泵（Heat Pump）是一种将低位热源的热能转移到高位热源的装置，在能源日益紧张的今天，为了回收排到大气中的低温热气、排到河川中的低温热水等中的热量，利用热泵技术将低温物体中的热能传送高温物质中，然后高温物质用来加热或供暖，使热量得到充分利用，达到节能增效的作用。其工作原理是低温低压的液态制冷剂，首先从低品质热源吸热并气化成低压蒸气，然后制冷剂气体在压缩机内压缩成高温高压的蒸气，该高温高压气体在换热器内将热量进行传递后凝结成高压液体（这是一种相变潜热的利用过程）。再经节流元件（毛细管、热力膨胀阀、电子膨胀阀等）节流成低温低压液态制冷剂，如此就完成一个循环。

原 T0501 塔需要塔顶冷凝器和塔底的再沸器进行冷凝加热，有机物中杂质易于积累，

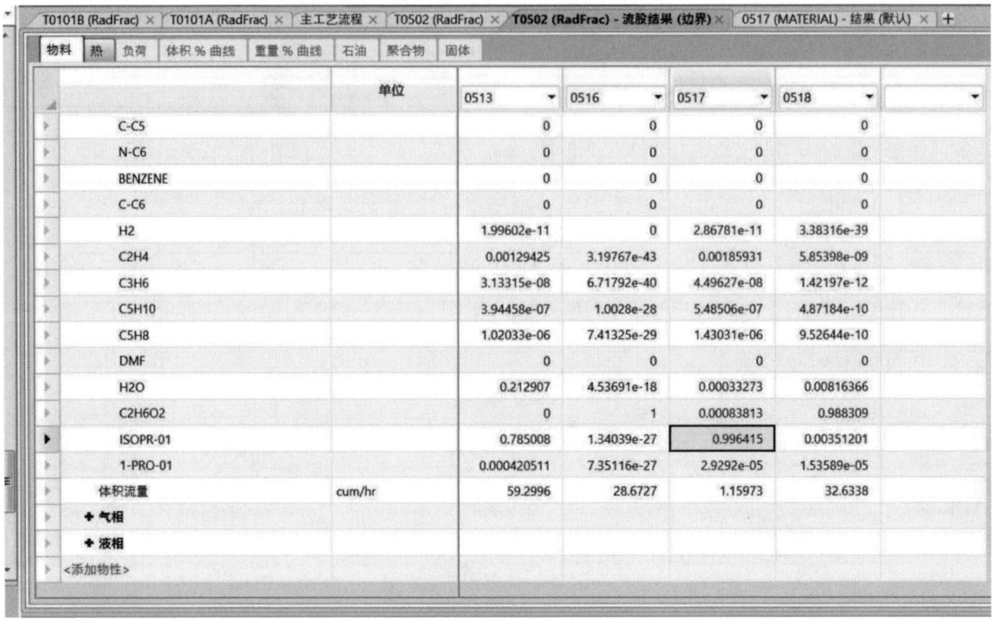

	单位	0513	0516	0517	0518	
C-C5		0	0	0	0	
N-C6		0	0	0	0	
BENZENE		0	0	0	0	
C-C6		0	0	0	0	
H2		1.99602e-11	0	2.86781e-11	3.38316e-39	
C2H4		0.00129425	3.19767e-43	0.00185931	5.85398e-09	
C3H6		3.13315e-08	6.71792e-40	4.49627e-08	1.42197e-12	
C5H10		3.94458e-07	1.0028e-28	5.48506e-07	4.87184e-10	
C5H8		1.02033e-06	7.41325e-29	1.43031e-06	9.52644e-10	
DMF		0	0	0	0	
H2O		0.212907	4.53691e-18	0.00033273	0.00816366	
C2H6O2		0	1	0.00083813	0.988309	
ISOPR-01		0.785008	1.34039e-27	0.996415	0.00351201	
1-PRO-01		0.000420511	7.35116e-27	2.9292e-05	1.53589e-05	
体积流量	cum/hr	59.2996	28.6727	1.15973	32.6338	
+ 气相						
+ 液相						
<添加物性>						

图 4-20　输出结果

清理不易，采用热泵精馏技术后，不但节约了公用工程，起到节能增效的作用，而且外部换热的换热器更加方便检修处理杂质堆积问题等。

如图 4-21 所示，T0501 塔顶蒸气相变温度约 79℃，在热流体温-焓曲线（第五章节中会有详细介绍）上表现为平台，在原始流程模拟结果中显示，工艺流股中，对 T0501 塔（预脱水塔）采用普通精馏分离水，使得 T0501 塔顶冷凝器和塔底再沸器负荷较大，消耗了较多的冷热公用工程，同时也浪费了粗异丙醇的相变潜热。因此在流程模拟过程中

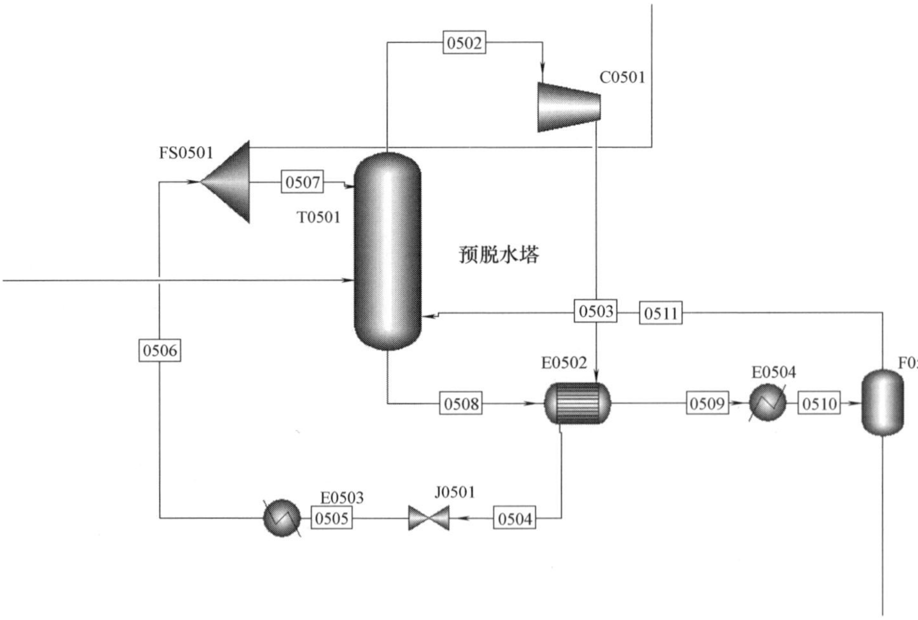

图 4-21　流程模拟中实现热泵技术

提出优化方案：塔顶蒸汽在 T0501 塔顶不再冷凝，而是利用热泵压缩机将塔顶蒸气直接压缩到较高压力，使得塔顶蒸气的相变温度升高与塔底物流进行换热，使得塔顶蒸气冷凝，塔底液体再沸，可以回收大量的塔顶蒸气冷凝相变潜热与降温显热，实现相变潜热的多效利用，完成热泵技术的应用。

热泵技术应用前后，模拟数据中，预脱水工艺流程的能量消耗对比列于表 4-9。

表 4-9　　热泵技术应用前后能耗对比　　单位：kW

	应用前	应用后		应用前	应用后
热公用工程	1038. 7	8. 9	压缩机能耗	—	153. 1
冷公用工程	1025. 6	160. 5	总能耗	2064. 3	322. 5

从数据对比可以得出结论，热泵精馏技术的应用实现了对粗异丙醇蒸气相变热的回收利用，使得预脱水能耗降低 1741. 8kW，约 84. 4%。同时还使 T0501 预脱水塔的热公用工程能耗由 1038. 7kW 降低至 8. 9kW，节省热公用工程能耗 1029. 8kW。冷公用工程能耗由 1025. 6kW 降低至 160. 5kW，节省冷公用工程能耗 865. 1kW。热泵中各模块的具体参数设置如图 4-22 所示，各模块分别为 T0501 冷凝器、C0501 压缩机、E0502 换热器和 J0501 阀门。

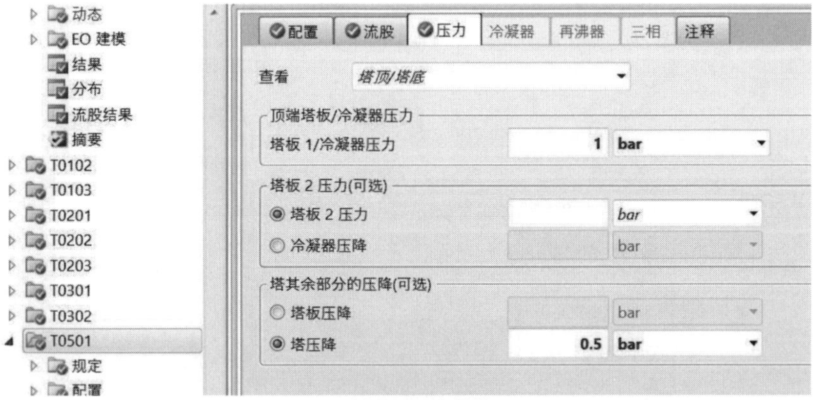

(a) T0501冷凝器

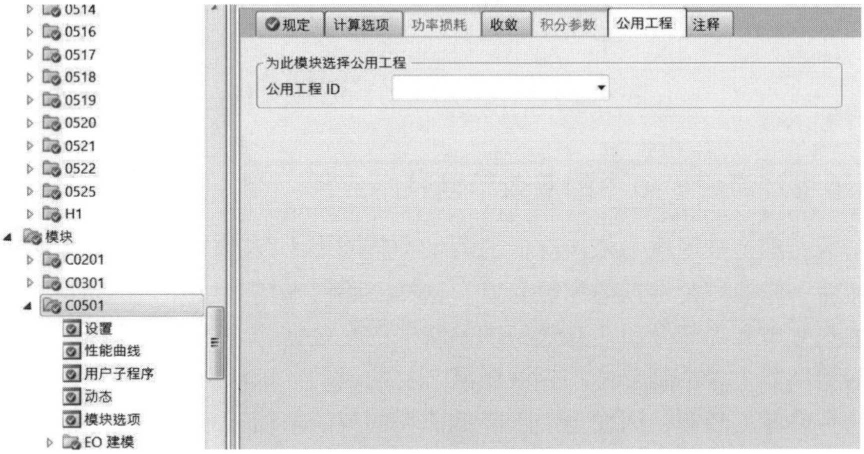

(b) C0501压缩机

图 4-22　热泵中各模块的参数设置

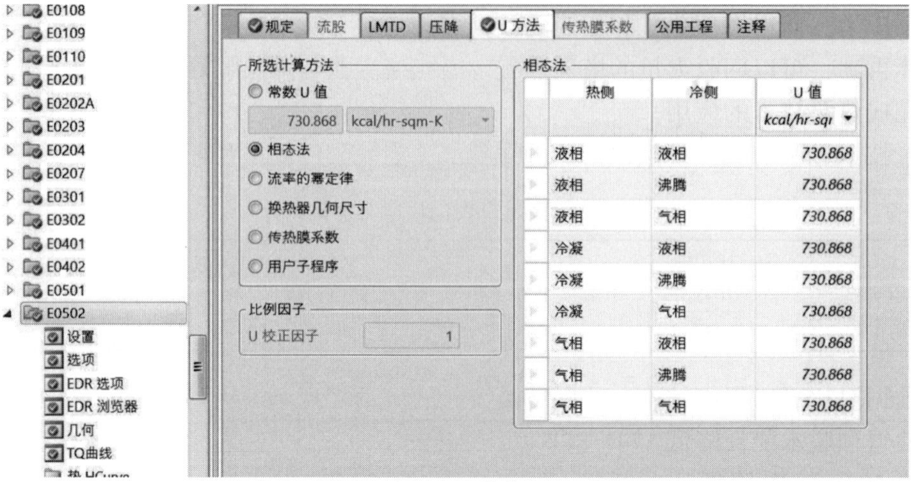

(c) E0502换热器

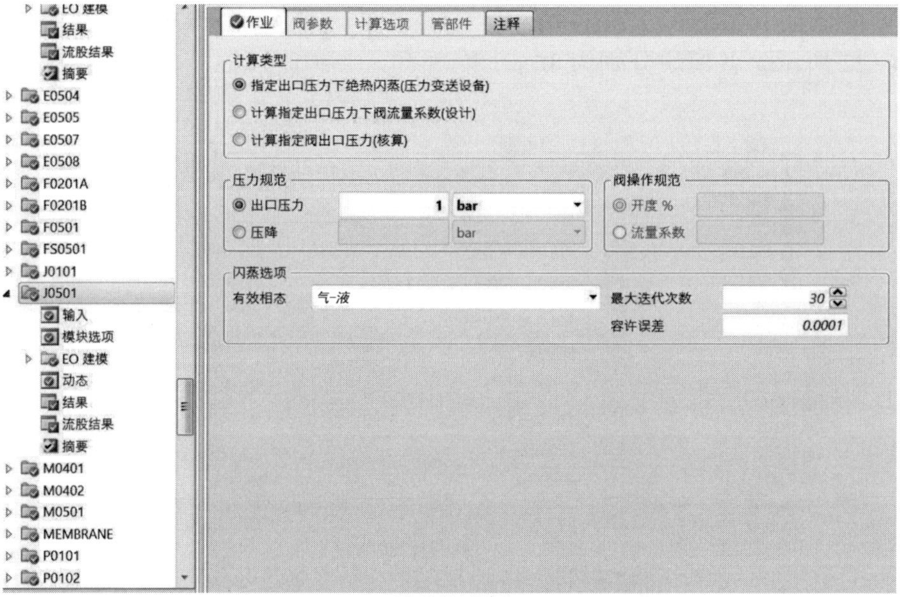

(d) J0501阀门

图 4-22　热泵中各模块的参数设置（续）

四、异丙醇生产流程模拟中的双效精馏技术应用

多效精馏原理是采用压力依次降低的若干个精馏塔串联的操作流程，前一精馏塔的塔顶蒸气用作后一精馏塔再沸器的加热介质。这样，除两端精馏塔外，中间精馏装置不必从外界引入加热介质和冷却介质。双效精馏是特殊的多效精馏方式，用两个压力不同的精馏塔代替普通精馏塔，以达到分离均相液体混合物的目的，该法利用高压塔塔顶的产品蒸气作为低压塔再沸器的热源，因而是一种降低能耗的节能精馏方式。像热泵技术一样，应用双效精馏相比于普通精馏能回收热量，降低公用工程消耗，所以双效精馏技术同样是一种典型的节能技术。

本项目将第一工段工艺流程中的 T0101A 为重整拔头油轻烃重组分分离低压塔，T0101B 为重整拔头油轻烃重组分分离高压塔，高压塔塔顶气相温度高于 97.8℃。进料首先进入低压塔 T0101A，塔顶作为产品，塔底液体一部分作为高压塔 T0101B 的进料，另一部分与高压塔塔顶气体进行换热，汽化后返回低压塔塔底，高压塔塔顶气体冷凝后一部分返回塔顶，另一部分作为产品，可以达到与普通精馏方案等效的分离效果。双效精馏模拟流程如图 4-23 所示。

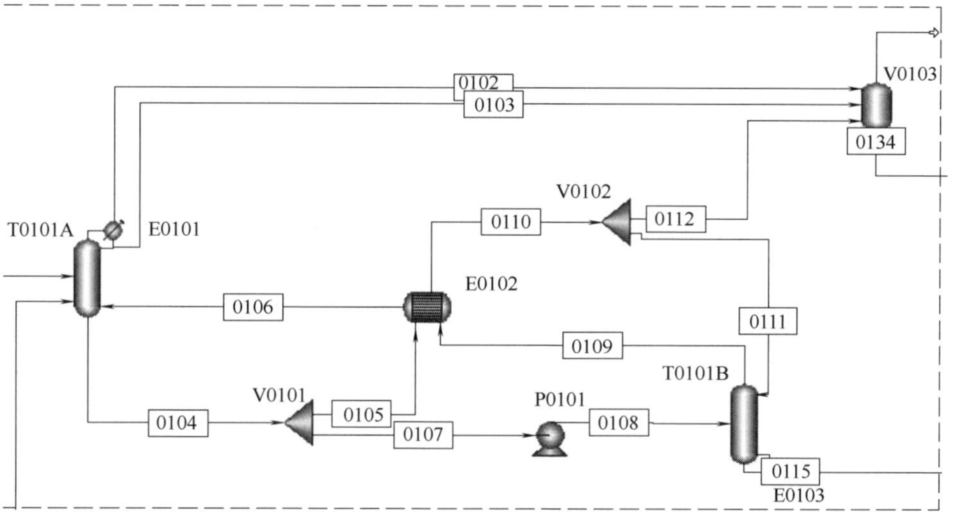

图 4-23　双效精馏模拟流程

除此之外，需要说明的是，设计工艺流程采用了逆流工艺，即只有一股进料，且从低压塔进料。逆流工艺的优点在于可以抵消温度和浓度对于体系黏度的影响，使各效的传热系数更为接近。另外，高压塔塔底温度较高，约为 112.3℃，也可以作为热源，为其他工段、车间与设备供热。

表 4-10　　双效精馏技术应用前后能耗对比　　单位：kW

	应用前	应用后		应用前	应用后
塔顶冷凝能耗	7828.3	5463.9	泵的能耗	—	2.9
塔底再沸能耗	8220.0	6053.6	总能耗	16048.3	11520.4

由表 4-10 可知，双效精馏可以节省冷热公用工程 4530.8kW，直接节省能耗 4527.9kW，两塔总能耗降低 28.2%。各模块的具体参数设置如图 4-24 和图 4-25 所示。

工业上常用热泵评价因子 COP 指数，来判断热泵技术是否可以应用，见式（4-28）：

$$COP=\frac{t_c}{t_R-t_c} \tag{4-28}$$

其中 t_c 为物流进入冷凝器温度，t_R 为物流进入再沸器温度，通过此比值判断热泵技术是否合理。具体热泵技术可行性评价如表 4-11 所示。

表 4-11　　热泵技术可行性评价

COP 指数	评价结果	COP 指数	评价结果
>10	不可行	0.13	一定可行
5~10	不一定可行		

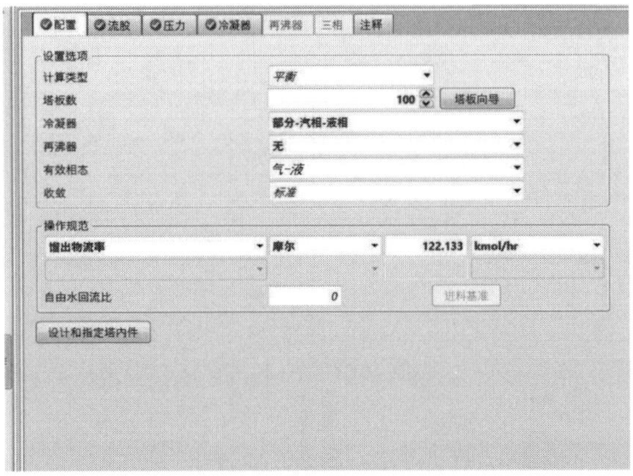

图 4-24　双效精馏低压塔的参数设置

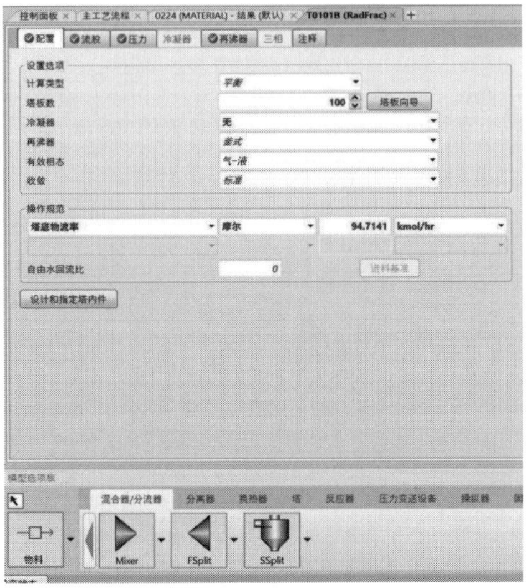

图 4-25　双效精馏高压塔的参数设置

丙烯直接水合制备异丙醇全流程模拟

第四节　生产 BDO 的流程模拟

1,4-丁二醇（BDO）是一种具有重要工业应用价值的化工产品，广泛应用于化工、医药、纺织、造纸、汽车、日用化工等领域。2020 年 1 月，国家发改委、生态环境部发布了《关于进一步加强塑料污染治理的意见》，对我国禁止、限制使用的塑料制品和工作推进时间提出了明确的要求，随后各省市均相继出台相关“禁/限塑令”，极大程度上推动了可降解材料产业的发展。1,4-丁二醇作为聚对苯二甲酸-己二酸-丁二醇酯（PBAT）和聚丁二酸丁二醇酯（PBS）等可生物降解材料的关键原料，有望迎来全面爆发的市场需求和良好的发展机遇。

一、生产 BDO 的工艺对比

目前生产 1,4-丁二醇通常有以下四种方法：炔醛法、丁二烯/乙酸法、烯醇法和顺酐法。

1. 炔醛法

雷珀（Reppe）法又称炔醛法，该工艺是生产 BDO 的传统方法。Reppe 法按工艺类型可以分为传统 Reppe 法和改良 Reppe 法。

传统 Reppe 法最初以 SiO_2 作载体的氧化铜为催化剂，并加入氧化铋进行反应，催化剂与产物无须分离，操作费用低。但是，乙炔分压较高，存在爆炸的危险，因此，反应器设计的安全系数高达 12~20 倍，从而使设备造价较高，投资费用昂贵。另外，催化剂活性较高，容易在催化剂表面生成聚乙炔等聚合物，堵塞床层，缩短了催化剂的寿命与生产周期。

改良 Reppe 法为淤浆床或悬浮床工艺。目前已经工业化的工艺流程有两种，一种是 BASF、DuPont 公司采用的悬浮床流程，另一种是 ISP 公司（前 GAF）采用的淤浆床工艺。BASF、DuPont 工艺中催化剂与产物在反应器内分离，ISP 流程则在反应器外分离。淤浆床工艺是以乙炔亚铜/铋为催化剂，让甲醛和催化剂形成淤浆，乙炔从反应器底导入体系，先生成丁炔二醇，再加氢生成 1,4-丁二醇。采用这种淤浆床，可以在较低分压下合成丁炔二醇，减小了爆炸的危险，而且减少了聚合物的生成，延长了催化剂的寿命。但是，增加了催化剂和产物分离的负担。

2. 丁二烯/乙酸法

丁二烯/乙酸法工艺于 20 世纪 70 年代由日本三菱化学公司开发成功。分 3 个步骤进行：①在温度 60℃、压力 6.9MPa 条件下以 Pd-Te/活性炭为催化剂，丁二烯与乙酸和氧气发生乙酰基氧化反应，在固定床反应器中生成 1,4-二乙酰氧基-2-丁烯；②脱去乙酸后的反应液在同样的温度、压力下，在固定床反应器中催化加氢生成 1,4-二乙酰氧基丁烷；③用阳离子交换树脂水解制得 BDO 和 1-乙酰氧基-4-羟基丁烷，后者用离子交换树脂脱乙酰氧基环化生成四氢呋喃（THF）。

典型的理论产率（以丁二烯计）为 80%~85%。该方法工艺特点是此工艺方法原料易得，工艺安全，技术可靠，无公害，高价值的 THF 无须由 BDO 脱水得到，并可任意调节产物 BDO 和 THF 的比例。但是，整个工艺流程长，技术难度高，投资大，水蒸气消耗量高，只有在合理的规模下才具有竞争力。

3. 烯醇法

美国 LYONDELL 化学公司和日本可乐丽公司（KURARY）成功开发了由环氧丙烷为原料合成 1,4-丁二醇的工业化方法。该工艺流程为：环氧丙烷催化异构生成烯丙醇，在铑系催化剂作用下烯丙醇加氢甲酰化，产物在雷尼镍催化剂存在下加氢生成 BDO。该工艺投资低、流程简单，即使是千吨级装置也有竞争力，副产物利用价值高，铑系催化剂可循环使用，寿命长，1,4-丁二醇产出率较高、蒸气消耗低，氢甲酰化及加氢为液相反应，生产负荷容易调节。

4. 顺酐法

顺酐法分为顺酐酯化加氢法和顺酐直接加氢法。顺酐法具有原料来源广，原料成本低，工艺简单、易于实现，固定资产投资较低，生产 BDO 的同时可以联产四氢呋喃和 γ-丁内酯（GBL），各产品比例可以调节以适应市场。顺酐法与石油价格有着紧密的联系，随着石油资源的日益减少，顺酐法成本会不断升高。

（1）正丁烷/顺酐直接加氢法

该工艺是将正丁烷制顺酐的气相氧化法和顺酐加氢技术结合起来的生产方法。将正丁烷在钒和磷混合氧化物催化剂下氧化生成顺酐，再加水急冷制得马来酸，然后在固定床反应器中催化加氢生成 BDO。通过调节工艺条件，可以改变 1,4-丁二醇、γ-丁内酯、四氢呋喃的产出比例。省去了顺酐脱水、提纯和酯化工序，将主要工序从 8 道减为 4 道，从而缩短了整个流程，减少了设备台数，投资费用可减少 20%，生产成本可节省 25%~40%。该工艺副产物少，几乎能将顺酐全部转化为 BDO。

（2）正丁烷/顺酐酯化加氢法

该工艺有三个步骤：a. 正丁烷在催化剂作用下，被空气氧化成顺酐，顺酐再在催化剂作用下与乙醇发生酯化反应生成顺酐二乙酯；b. 顺酐二乙酯在催化剂作用下加氢生成 BDO、γ-丁内酯和 THF；c. 反应产物分离、精制。通过调节工艺条件，可以改变 BDO、γ-丁内酯与 THF 的比例。

该工艺的 BDO 生产具有成本优势，所以近几年采用该工艺建设的新装置较多，也是 BDO 生产工艺主要发展趋势。

在寻求最优化生产工艺的过程中，不同技术方案的初步投资额度也是寻求最优过程合成方案的一项重要条件。

综上，见表 4-12，环氧丙烷生产工艺相对于炔醛法、丁二烯/乙酸法有投资低、流程简单、能耗低、1,4-丁二醇产出率较高、生产负荷容易调节的优势。并且相对于顺酐法，其基本原料与石油价格联系不紧密，生产成本要低于顺酐法。

表 4-12　　各工艺实际投资比较一览表

工艺技术方法	炔醛法	丁二烯/乙酸法	烯醇法	正丁烷/顺酐直接加氢法	正丁烷/顺酐酯化加氢法
代表公司	美克化工	英国能源公司	Lyondell	三菱化成	三菱化成
产能/(万 t/a)	20	7	15.5	5	5
投资费用/亿元	14	5	5	2	2.5
单位产值投资/(万元/t)	0.7	0.7	0.3	0.4	0.5
生产成本	较高	高	低	较高	较高
设备费用	较高	较高	低	较低	较低
总体评价	较高	高	低	较低	中

因此从投资比较的角度，可以得出投资大小比较（投资从小到大）：

烯醇法<正丁烷/顺酐直接加氢法<正丁烷/顺酐酯化加氢法<炔醛法<丁二烯/乙酸法

此外，在“碳达峰、碳中和”的背景下，绿色低碳将是化工产业的发展方向，BDO 产业发展也将面临降低能耗、降低排放的重要挑战。炔醛法（主要原材料为电石和乙炔）是目前国内采用最普遍的 BDO 生产工艺，其中产量占全国总产量的 80%~90%，但电石作为高耗能的产业，其发展已经受到限制。《产业结构调整指导目录（2019 年本）》中电石被列入限制类，单炉容量较小的电石炉及开放式电石炉被列入淘汰类。2021 年 10 月，国家发展改革委等部门发布《石化化工重点行业严格能效约束推动节能降碳行动方案（2021—2025 年）》明确提出新建电石项目实施产能等量或减量置换，推动 10 万吨/年及以下电石装置加快退出。在产业政策的约束下，中长期来看，国内电石总产能将呈下降趋势，电石供应将长期紧张，将导致采用电石乙炔制 BDO 的成本进一步增加。同时，炔醛法中，天然气制乙炔项目审批受限，廉价乙炔获得量有限，操作条件较苛刻，原料乙炔远程运输有危险。丁二烯/乙酸法工艺流程长，过程复杂，投资偏高，配套的公用工程投资偏高，运行中设备腐蚀情况严重，国内原料来源有限且丁二烯价格一直居于高位。顺酐法制 BDO 原料路线单一，受原料正丁烷以及是否有顺酐生产的影响大，且顺酐价格一直较高。烯醇法中原料环氧丙烷价格高，一度与 BDO 持平。

所以，基于以上认识，某炼厂认为应从源头进行技术攻关，将各原料价格与 BDO 进行对比，其中丙烷价格较为稳定且处于低位，相对合适。并且精炼原油过程中，丙烷主要存在于液化气中。长期以来，液化气被束缚在燃料领域。我国能源结构调整，液化气迎来资源化利用机遇。随着催化剂制备技术的发展和各种工艺的成熟完善，液化石油气的资源化利用会更加灵活、多样。

如图 4-26 所示，按照过程简图中的生产工艺先利用丙烷脱氢制备丙烯，再利用丙烯环氧化制备环氧丙烷，然后用环氧丙烷异构化制备烯丙醇，烯丙醇氢甲酰化制备 4-羟基丁醛，最后加氢生成 1,4-丁二醇。

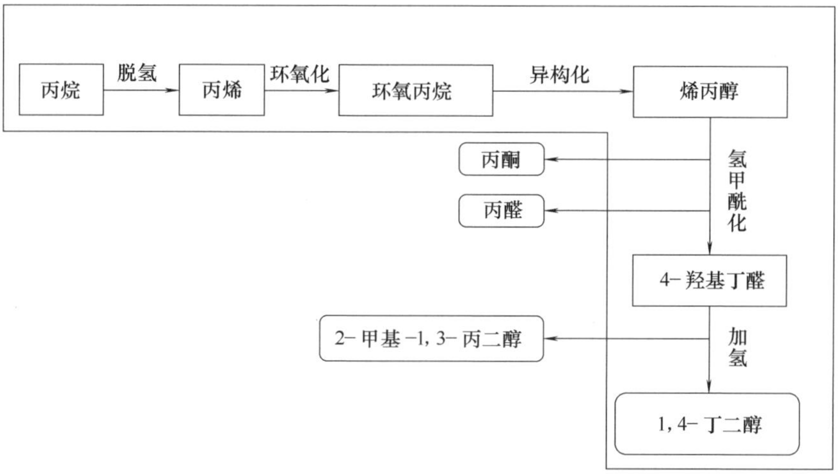

图 4-26　某厂烯醇法制 BDO 工艺过程简图

在流程模拟软件建构整个流程过程中，按照本节所述整体思路，以丙烷为原料，经过丙烷脱氢工段、丙烯环氧化工段、环氧丙烷异构化工段、烯丙醇氢甲酰化工段、4-羟基丁醛加氢精制工段，最终制得纯度为 99.92%（质量分数）的 1,4-丁二醇。工艺流程如图 4-27 所示。

完成全流程模拟后，将各工段分别进行描述。如图 4-28 所示，在丙烷脱氢工段的流程模拟过程中，丙烷经加热炉预热后，经四段列管式固定床反应器，制得粗丙烯后，反应器出口的粗产物通入急冷淡化水以防止结焦，粗产物与急冷淡化水送至脱水塔，淡化水循环利用，粗产物经多级压缩深冷后，脱除反应产生的氢气后送至第四工段补氢，脱氢后的产物经脱轻塔和脱重塔脱除烃类组分后，进入脱丙烷塔，脱除的丙烷循环利用，丙烯经塔顶排出，进入丙烯环氧化工段。

丙烯环氧化工段流程模拟如图 4-29 所示。来自第一工段的丙烯减压后进入浆态床反应器，双氧水溶液与溶剂甲醇混合后进入反应器中，反应产物经脱氧塔，脱除反应中产生的氧气和少量未反应的丙烯，塔釜采出液进入预分离塔，从塔顶分离出甲醇与环氧丙烷混

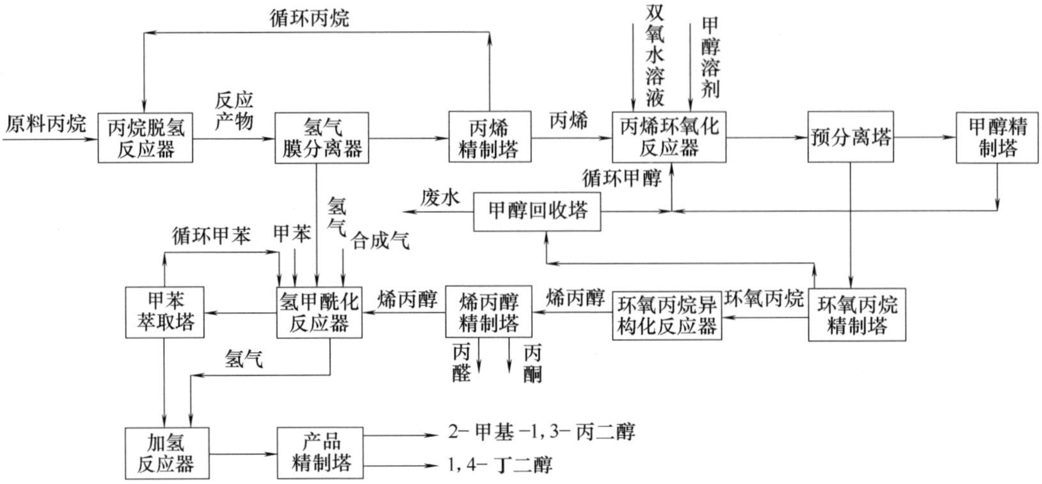

图 4-27　某厂烯醇法制 BDO 工艺流程示意图

合物，塔釜采出液为甲醇和水的混合物。该混合物进入脱水塔，脱水后的甲醇循环，脱除的水分流作为环氧丙烷精制塔的萃取剂，预分离塔塔顶馏出液进入环氧丙烷精制塔。由于环氧丙烷和甲醇形成共沸物。利用脱水塔的水作为萃取剂进行分离，环氧丙烷从精制塔的塔顶馏出，进入环氧丙烷异构化工段，塔釜采出液进入甲醇回收塔，回收大部分的甲醇，与脱水塔馏出的甲醇混合后循环回到反应器中，甲醇回收塔塔釜采出液为废水进入废水处理系统。

环氧丙烷异构化工段流程模拟如图 4-30 所示。第三工段将环氧丙烷预热后送至列管式固定床反应器中，采用并联双床操作，提高异构化产物产率。为回收热量，脱氢反应产物与反应原料进行换热后，送至烯丙醇精制塔，塔釜采出烯丙醇进入氢甲酰化工段，塔顶为异构化副产物丙酮和丙醛，丙酮和丙醛为本项目副产物，需要进行后续分离，但由于丙酮和丙醛沸点接近，直接分离能耗较大，因此采用乙二醇为萃取剂进行萃取精馏，可以回收高纯度丙酮，萃取剂回收塔塔釜采出的乙二醇循环，塔顶采出的粗丙醛采用热泵精馏进行分离以降低能耗。

烯丙醇氢甲酰化工段流程模拟如图 4-31 所示。第四工段采用联合补氢技术，烯丙醇冷却后进入一段氢甲酰化反应器，来自总厂的合成气与第一工段脱氢产生的氢气混合进入二段氢甲酰化反应器，与一段反应器中未完全反应的烯丙醇反应后，剩余合成气进入一段氢甲酰化反应器中与新鲜烯丙醇继续反应，使碳氧化物完全进行反应。反应产物进入闪蒸罐中，将合成气中未完全反应的氢气分离送至第五工段，其余液相物流进入水萃取塔，以淡化水为萃取剂将反应中溶剂甲苯萃取并循环回一段氢甲酰化反应器中，2,4-羟基丁醛水溶液进入第五工段。

第五工段是 2,4-羟基丁醛加氢精制工段，其流程模拟如图 4-32 所示。2,4-羟基丁醛水溶液与第四工段未完全反应的氢气和新鲜氢气进入加氢反应器中，反应后的粗产品经减压后进入脱氢塔，脱除副反应生成的正丙醇、残余溶剂甲苯和部分水，塔釜采出液经三效蒸发罐，依次减压及时蒸出萃取水，减少输送能耗，脱水后的粗产品经差压热耦合精馏精制，由精制塔塔釜采出主产品 BDO，塔顶回流罐馏出副产品 2-甲基-1,3-丙二醇。

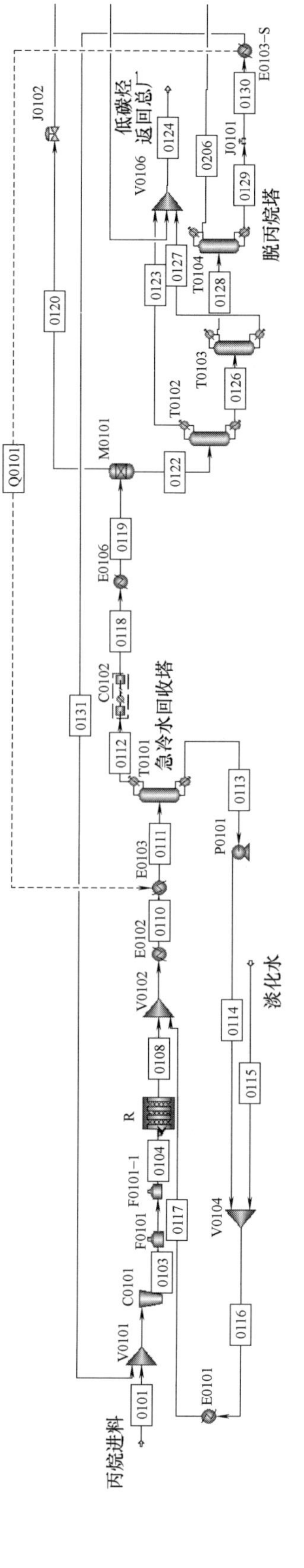

图 4-28　丙烷脱氢工段流程模拟

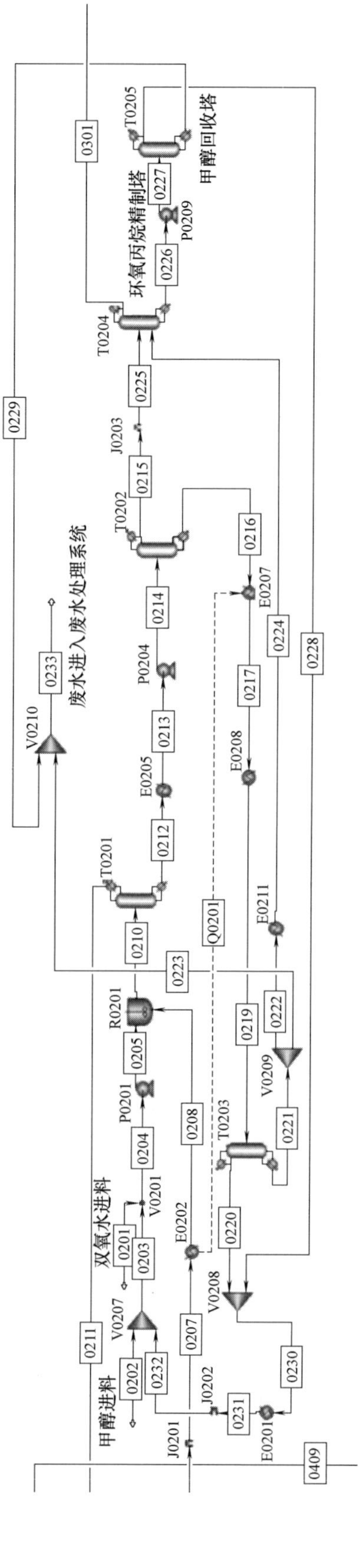

图 4-29　丙烯环氧化工段流程模拟

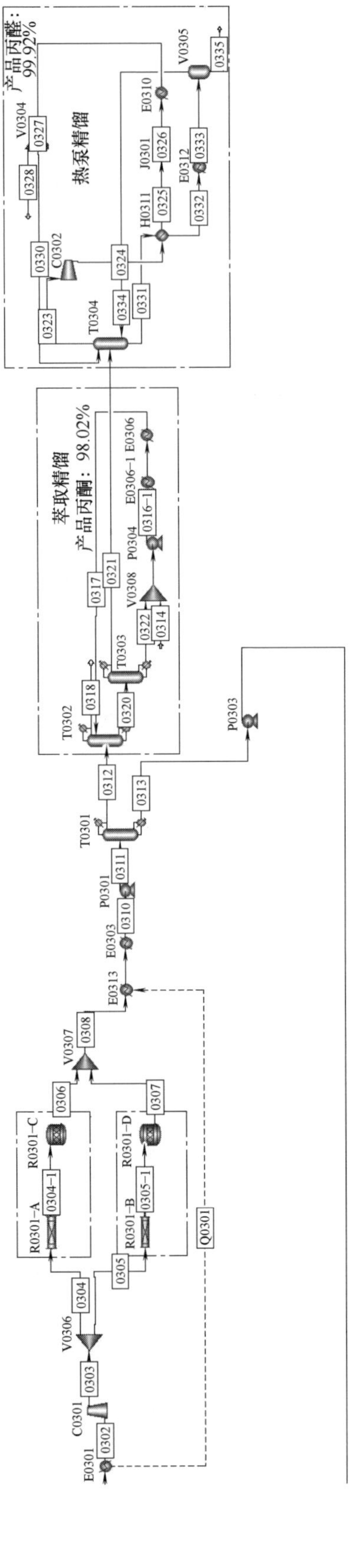

图 4-30 环氧丙烷异构化工段流程模拟

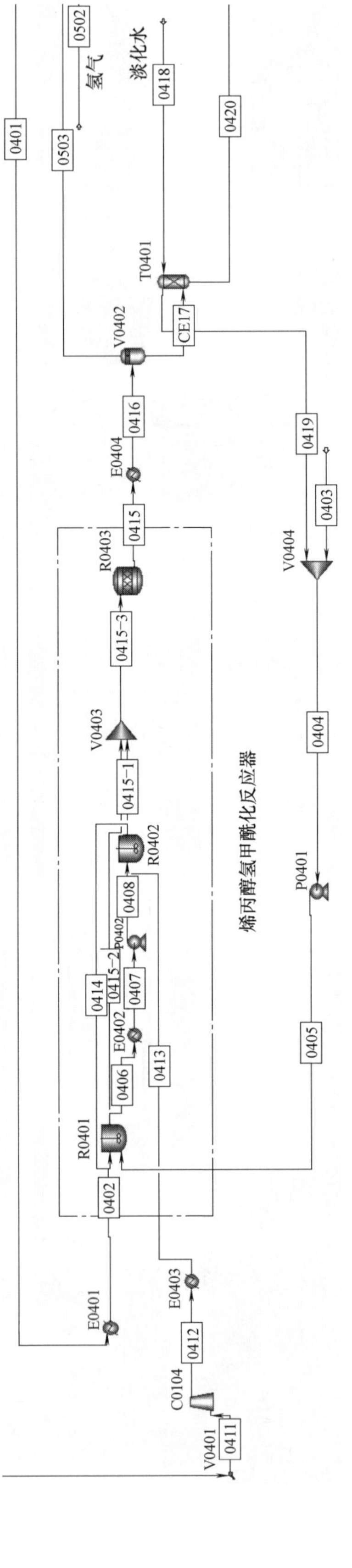

图 4-31 烯丙醇氢甲酰化工段流程模拟

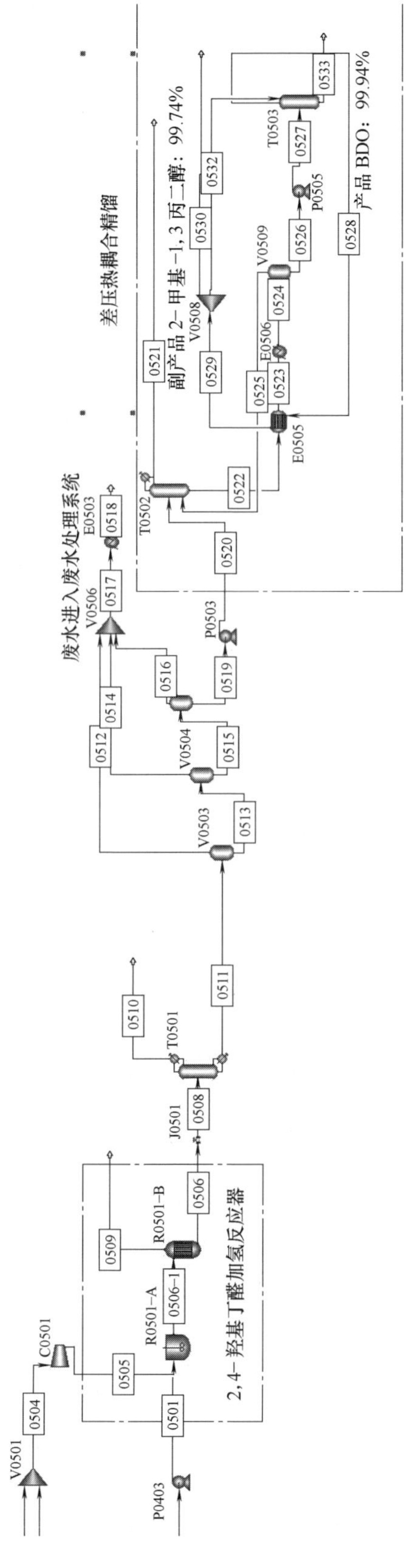

图 4-32　2,4-羟基丁醛加氢工段流程模拟

二、BDO 生产流程模拟中的萃取精馏技术应用

萃取精馏技术是指向原料液中加入第三组分（称为萃取剂或溶剂），以改变原有组分间的相对挥发度而进行分离的技术。萃取剂的沸点一般较原料液中各组分的沸点高很多，且不与各组分形成恒沸液。萃取精馏常用于分离各组分沸点（挥发度）差别很小的溶液。例如，在常压下苯的沸点为 80.1℃，环己烷的沸点为 80.73℃，若在苯-环己烷溶液中加入萃取剂糠醛，则溶液的相对挥发度发生显著的变化，能将其进行高效分离。

萃取精馏萃取剂的选择原则是：

① 选择性高，即加入少量添加剂就可大幅度增加组分间的相对挥发度；

② 挥发度小，即具有比料液组分高得多的沸点；

③ 与原料液有足够的互溶度，在塔板上不出现液体分相现象；

④ 来源充足，价格便宜，水和某些极性有机化合物是最常用的添加剂。

萃取精馏主要用于那些加入添加剂后，因相对挥发度增大所节省的费用，足以补偿添加剂本身及其回收操作所需费用的场合。萃取精馏最初用于丁烷与丁烯以及丁烯与丁二烯等混合物的分离。萃取精馏比恒沸精馏更广泛地用于醛、酮、有机酸及其他烃类氧化物等的分离。

烯丙醇精制塔 T0301，其塔釜采出的烯丙醇进入氢甲酰化工段，塔顶为异构化反应的副产物丙酮和丙醛混合流股，且流股中丙酮和丙醛的含量相当，流股模拟结果如图 4-33 所示。

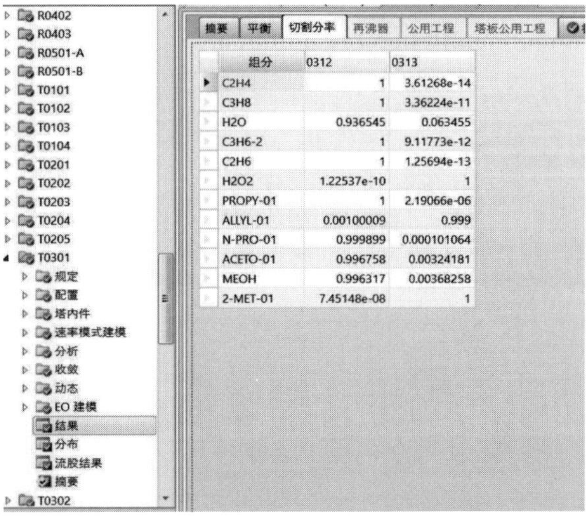

图 4-33　T0301 塔顶采出产品流股模拟结果

对于副产物丙醛和丙酮的分离，由于丙醛和丙酮的相对挥发度差距较小，使用普通精馏的方法分离将需要消耗大量的能量，因此可以采用引入萃取剂乙二醇，使丙酮选择性地从塔顶蒸出，并可以达到较高的纯度。引入萃取剂前后丙醛和丙酮的 $T-x-y$ 相图，如图 4-34 所示，可见引入萃取剂后体系的相平衡关系发生较大变化，萃取精馏可以实现对丙醛丙酮物系的高纯度分离。

在流程模拟中应用萃取精馏技术如图 4-35 所示，萃取剂为乙二醇，为了节省成本和不降低萃取效果，萃取剂应进行提纯后加以循环利用。另外也需要预留补充新鲜萃取剂的流股，S0314 的作用是加入和补充新鲜的乙二醇萃取剂，具体循环回路中经提纯后的乙二醇经流股 S0322 和新鲜乙二醇进行混合，并按照 S0315→P0304→S0316（由换热器 E0306-1 和 E0306 两端加热达到最佳温度）进入萃取精馏塔 T0302，完成萃取精馏过程，塔底采出后，再经过 T0303 塔进行分离得到纯度较高的乙二醇，完成萃取剂的循环利用。

在流程模拟过程中，除要对萃取精馏过程进行模拟设置外，还应对具体设备进行参数设置，设置萃取精馏塔 T0302 的参数如图 4-36 所示，T0302 进料（丙酮和丙醛混合溶液）塔板为第 14 块塔板（上方），萃取剂的进料位置为第 4 块塔板（上方），全塔共有 30 块塔板。

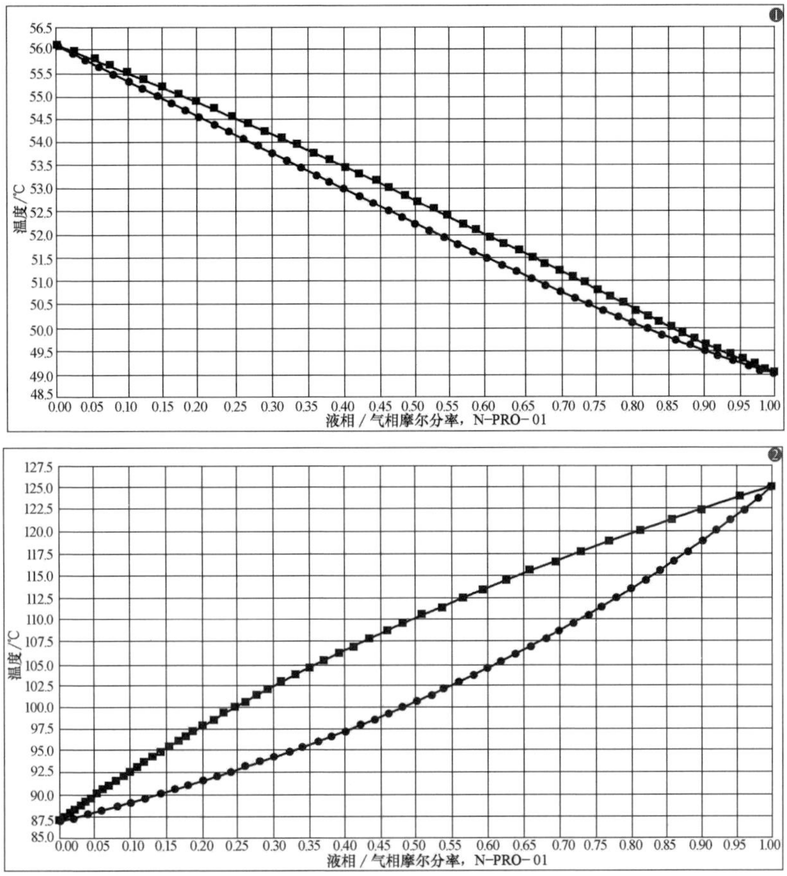

图 4-34　引入萃取剂前后丙醛和丙酮的 T-x-y 相图

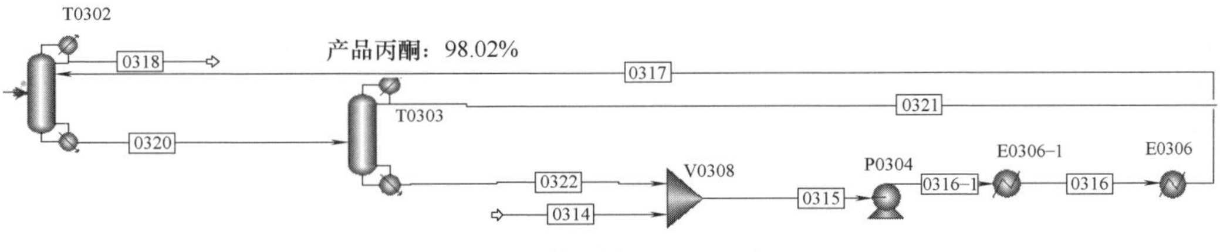

图 4-35　萃取精馏流程示意图

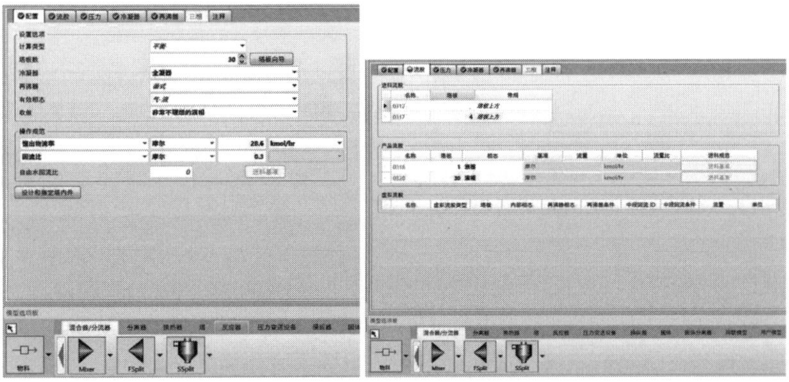

图 4-36　T0302 的参数设置

经萃取精馏过程，在塔 T0302 塔顶采出纯度为 98.02%的丙酮产品，塔底采出液再经 T0303 进行分离后得到纯度约为 99.93%的丙醛，具体模拟结果，如图 4-37 所示。

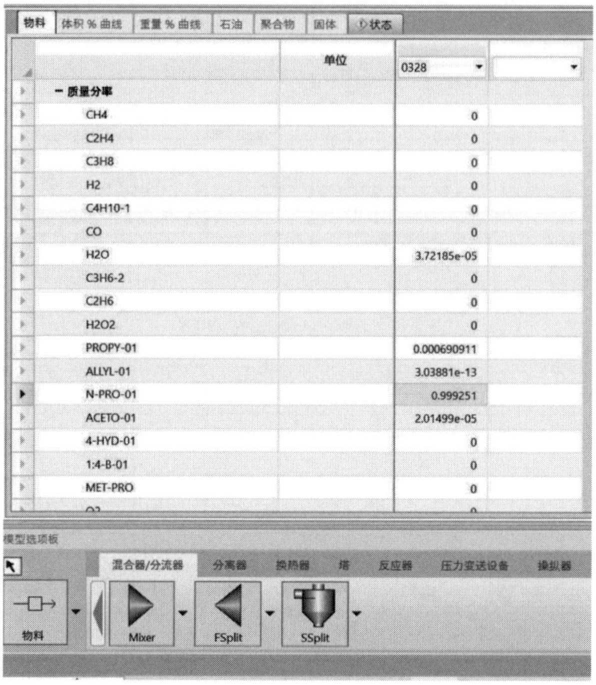

图 4-37　萃取精馏塔的模拟结果

经过对本章间歇化工与典型精细化工过程的深入学习，我们已经认识到了间歇反应是指反应物在反应器中进行一段时间后，停止反应，将产物从反应器中取出，进行下一步处理。而连续化则是在反应器中不断加入反应物，同时将产物连续地取出。精细化工是一种以高纯度、高附加值和高技术含量为特点的化学生产方式，广泛应用于医药、农药、染料、香料等领域。传统的精细化工生产过程往往采用间歇反应的方式，即一批一批地进行生产。这种生产方式存在着生产周期长、操作复杂、能耗高、资源浪费大等问题，不利于提高生产效率和产品质量。相比而言，连续化精细化工生产具有生产周期短、操作简单、能耗低、资源利用率高等优点，所以，在相当长的一段时间内，精细化工产品的连续化生产都将在工艺设计以及工艺改进中占据重要的地位。

参考文献

烯醇法制备 BDO 全流程模拟

[1] 张卫东，孙巍，刘君腾．化工过程分析与合成［M］．北京：化学工业出版社，2000.

[2] Kurbatov C A. Implementation of adaptive control with parametric uncertainty［J］. Technical University Communication，2016，19：14-19.

[3] 屈一新．化工过程数值模拟及软件［M］．北京：化学工业出版社，2011.

[4] 孙兰义．化工过程模拟实训-Aspen Plus 教程［M］．北京：化学工业出版社，2017.

第五章　换热网络综合

化学工业一直被认为是全部工业门类中的耗能大户之一，人们从生产的角度逐渐认识到，能量的回收及再利用，具有极其重要的作用。换热是化工生产中不可缺少的单元操作过程。换热既有改变物流温度以满足工艺要求的作用，又有回收过程余热，减少公用工程消耗的作用。在许多化工工艺过程中，有一些物流被加热，一些物流被冷却。将这些物流合理匹配，充分利用热物流去加热冷物流，提高系统的热回收能力，尽可能降低公用工程成本。图 5-1 所示为丙烷脱氢制备丙烯流程模拟过程，脱氢反应温度要求不低于 620~660℃，出反应器的物流如需进行产物分离提纯，则要进行变压吸附过程，此进程中又需要通过温度频繁变化达到吸附以及产物分离的目的，这就可以将流股间换热引入此流程过程中，以便将前端的热量回收，节约公用工程消耗。

对于一个含有换热物流的工艺流程，将其中的换热物流提取出来，就组成了初始的换热网络。在换热网络中，将被加热的物流称作冷物流，被冷却的物流称作热物流。在新化工厂设计和建设，以及老厂改造的过程中以回收过程热量（或冷量），减少公用工程消耗为目的对初始换热网络进行升级与改进的过程称为换热网络合成。

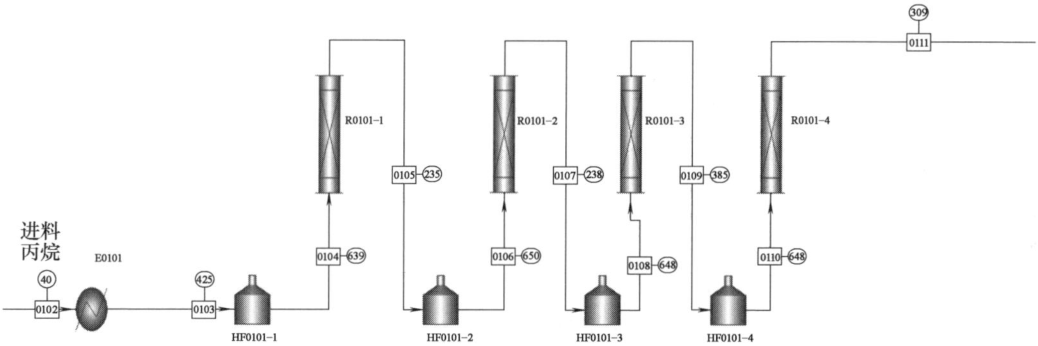

图 5-1　丙烷脱氢制备丙烯流程模拟过程

（注：流股所标志温度，单位为℃）

换热网络合成的任务是确定换热相关的设备，设备间物流的合理匹配方式，从而能以最小的消耗获得最大的能量利用效益。一般认为，换热相关的消耗有三个方面，即换热单元（设备）数目，传热面积数以及公用工程消耗。换热网络合成的任务决定了其追求的目标，那就是使所述三个方面的成本同时达到最小值。但是，对于实际生产装置来讲，同时达到这样的情况是极其困难的。因为，最小公用工程消耗势必会引入较多的换热单元（设备），或者较小的换热单元数目情况下，又要必须保证换热面积足够大。因此，实际设计过程中，需要某一方面做出必要的牺牲，以期获得一个折中的方案。

第一节 夹点法解换热网络合成问题

一、夹点技术

夹点技术是以化工热力学基本原理为基础，以最小能耗为主要目标的换热网络综合的方法。在热力学第一定律中，一般认为物流的温度发生变化时，将会从外界吸收热量或向外界释放热量。

用运算式进行表示如式（5-1）：

$$Q=FC_p(T_{初}-T_{终}) \tag{5-1}$$

式中 Q——热量，kW；

FC_p——热容流率，kW/℃；

$T_{初}$，$T_{终}$——物流的初始和终了温度，℃。

即热量值虽然可以求解获得，但是第一定律的计算过程却没有考虑到只有热物流的温度超过冷物流时，才能把热量由热物流传递到冷物流。因此，在热物流与冷物流之间必须存在一个正的温度推动力（正温差），才能得到所需加热和冷却的实际负荷。可以简单的理解为，换热网络合成既要满足第一定律，又要满足热力学第二定律。

在对换热网络合成技术进行研究的过程中，主要有下面几个阶段性的成果。

① Hohmann 的开创性工作。在温焓图上进行过程物流的热复合，明确并找出了换热网络的能量最优解，即最小公用消耗；提出了换热网络最少换热单元数的计算公式。意义在于从理论上导出了换热网络的两个理想状态，从而为换热网络设计指明了方向。

② Linnhoff 和 Flower 的工作。合成了能量最优的换热网络。从热力学的角度出发，划分温度区间和进行热平衡计算，这样可通过简单的代数运算找到能量最优解（即最小公用工程消耗），这就是温度区间法（简称 TI 法）求解换热网络合成问题。

③ Linnhoff 等对能量最优解进行调优。调优的目的是在少增加或者不增加公用工程消耗的前提下，减少整个系统的换热单元数目和换热面积数，将操作和总设备投资总费用最小作为最优解调整的方向。从而在 20 世纪 80 年代，相关科研人员比较系统地提出了用于换热网络合成的夹点（Pinch Point）技术。

④ 现代设计方法解决换热网络合成问题。从 20 世纪末开始，随着对人工智能研究的深入，以及化工流程模拟软件在设计和实际生产中的应用，Aspen Energy Analyzer 等换热网络综合相关的现代化计算机辅助工具软件被迅速融合和应用到换热网络问题中，连同流程模拟、三维配管等现代设计方法形成了一套较为成熟的化工设计流程与方法。

【例题 5-1】

某厂过程流程中含有 2 条热物流和 2 条冷物流，给定的流股信息如表 5-1 所示，假如所选取的热、冷物流间最小允许换热温差为 20℃，试对其热量数值等进行分析。

表 5-1 流股信息

物流	热容流率/(kW/℃)	初始温度/℃	终了温度/℃	热量/kW
H_1	2.0	150	60	180

续表

物流	热容流率/(kW/℃)	初始温度/℃	终了温度/℃	热量/kW
H_2	8.0	90	60	240
C_1	2.5	90	125	-262.5
C_2	3.0	25	100	-225

答：如果简单地计算得到热物流可以提供的热量，与冷物流需要的热量，即只考虑第一定律，求得表中热量一列中数值［按式（5-1）计算得到］的代数和即为移出或供入的净热量。所以，如果没有温度推动力限制，就必须由公用工程系统提供 $Q=-67.5$kW 的热量，但这仅仅是理想情况，真正的换热网络合成的问题需要综合考虑，还需要满足第二定律。

二、温度区间

温度区间法首先根据工程设计中传热速率要求，设置冷、热物流之间允许的最小传热温差 ΔT_{min}，将热物流的初始温度与终了温度分别减去最小允许传热温差 ΔT_{min}，然后与冷物流的初始、终了温度一起按从大到小排序，分别用 T_1，T_2，…，T_{n+1} 表示，从而生成 n 个温度区间。冷、热物流按各自的始温、终温落入相应的温度区间（热物流的始温、终温都要减去最小传热温差 ΔT_{min}）。

落入各温度区间的物流已考虑了温度推动力，所以在每个温度区间内都可以把热量从热物流传给冷物流，即热量传递满足第二定律。

每个区间的传热表达式为式（5-2）：

$$Q_i = [\sum(FC_p)_{H,i} - \sum(FC_p)_{C,i}]\Delta T_i \qquad (5-2)$$

温度区间具有以下特性：

① 可以把热量从高温区间内的任何一股热物流传给低温区间内的任何一股冷物流。

② 热量不能从低温区间的热物流向高温区间的冷物流传递。

【例题 5-2】

根据表 5-1 所列数据和相同最小传热温差等已知条件，试划分其分度区间。

解：表 5-1 所列冷、热流股数据，最小允许温差 ΔT_{min} 为 20℃，划分温度区间。

将热物流的初、终温度分别减去 ΔT_{min} 后，与冷物流的初、终温度一起排序，得到温度区间的端点温度值：

$T_1=130℃$　$T_2=125℃$　$T_3=100℃$　$T_4=90℃$　$T_5=70℃$　$T_6=40℃$　$T_7=25℃$

这 7 个温度把原问题划分为 6 个温度区间，冷、热物流在各温区的分布如图 5-2 所示。

夹点是指根据能量回收的观点，在换热网络中存在某一特定温度，如果热能传递通过这一温度将造成能源浪费，则这一特定温度则称夹点。确定夹点位置的方法可以采用温度区间法（列问题表）和温焓图法。列问题表不仅能找出夹点温度，还能方便计算换热网络所需要的最小公用工程消耗的热量（或冷量）。其计算依据和求解步骤如下：

① 确定温区端点温度 T_1，T_2，…，T_{n+1}，将原问题划分为 n 个温度区间。

② 按式（5-3）对每个温区进行流股焓平衡，以确定热量净需求量。

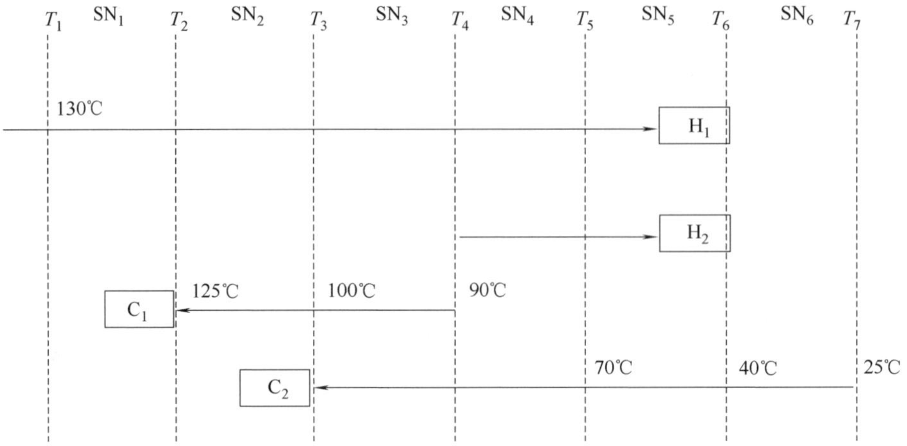

图 5-2　划分温度区间

$$D_i = I_i - Q_i = (T_i - T_{i+1})(\sum FC_{p_C} - \sum FC_{p_H}) \tag{5-3}$$

式中，I_i 为输入到第 i 个温区的热量，这个量或表示从第 $i-1$ 个温区传递的热量，或表示从外部的加热器获得的热量；Q_i 为从第 i 个温区输出的热量，这个量或表示传递给第 $i+1$ 个子温区的热量，或表示传递给外部冷却器的热量。

③ 设第一个温区从外界输入的热量 I_1 为零，则该温区的热量输出 Q_1 为式（5-4）：

$$Q_1 = I_1 - D_1 = -D_1 \tag{5-4}$$

再根据温度区间之间热量传递特性，并假定在各温度区间与外界不发生热量交换的情形下，则有式（5-5）和式（5-6）：

$$I_{i+1} = Q_i \tag{5-5}$$

$$Q_{i+1} = I_{i+1} - D_{i+1} = Q_i - D_{i+1} \tag{5-6}$$

④ 若 Q_i 为正值，则表示热量从第 i 个温区向第 $i+1$ 个温区，这种温度区间之间的热量传递是可行的。若 Q_i 为负值，则表示热量从第 $i+1$ 个温区向第 i 个温区传递，这种传递是不可行的。为了保证 Q_i 均为正值，可取步骤③中计算得到的所有 Q_i 中负数最大绝对值作为第一个温区的输入，即表 5-2 中第 4 列输入处热量数值，按式（5-5）和式（5-6）重新计算，填入第 5 列中。如果上一步计算得到的 Q_i 均为正值，则这步计算是不必要的。

表 5-2　　问题表

								列	1	2	3	4	5
温区	热流股		流股温度 T/℃		冷流股		$T_i - T_{i+1}$	$\sum FC_{P_C} - \sum FC_{P_H}$	D_i	I_i	Q_i	最大允许热流量/kW	
	(H_1)	(H_2)		130	(C_1)	(C_2)						输入	输出
SN_1			150	125	↑	↑	5	0.5	+2.5	0	−2.5	+100	+97.5
SN_2			125	100			25	3.5	+87.5	−2.5	−90	+97.5	10
SN_3			115	90			10	1.0	+10	−90	−100	+10	0
SN_4			95	70			20	−7.0	−140	−100	+40	0	+140
SN_5			65	40			30	−7.0	−210	+40	+250	+140	+350
SN_6	↓	↓	50	25			15	3.0	+45	+250	+205	+350	+315
FC_p	2.0	8.0			2.5	3.0							

问题表中可以得到以下基本结论：

第 3 列最下面的数字（+205kW），表示的是由第一定律得到的该热回收网络所需的最小冷却量；

第 4 列最上面的数字（+100kW），表示的是该热回收网络所需的最小外加热量；

第 5 列最下面的数字（+315kW），表示的是该热回收网络所需的最小外冷却量；

问题表法可以相对方便地计算换热网络所需的最小公用工程消耗值。此时，系统内部的能量得到最大程度的回收。

同时，还可以对表 5-2 中的第 4 列、第 5 列表示公用工程消耗最小时，高温区与低温区之间以及与环境之间热量流动进行标记。这种热量流动是可以用图 5-3 温区热流图来表示的。从图中可以看出温区之间热量流动关系以及所需最小公用工程的量，其中 SN_3 和 SN_4 之间的流动热量为 0，表示无热量从 SN_3 流向 SN_4。这个热量流量为 0 所在温区的温度端点称为夹点。对热物流来说，此温度点为 115℃，对冷物流来说，夹点为 90℃。

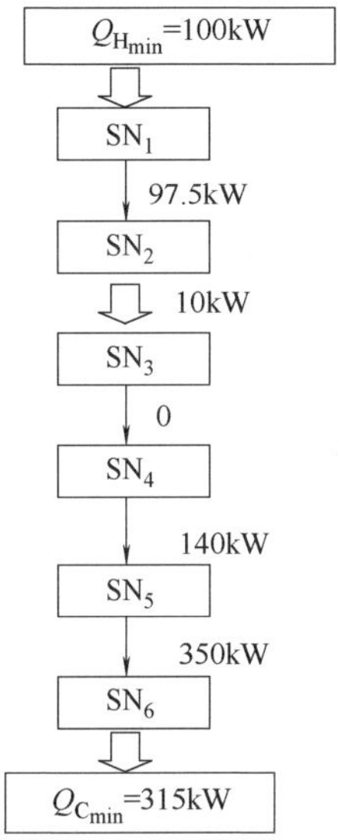

图 5-3　温区热流图

从热流图中还可以看出，以夹点处温度为分界线，整个温度区间被分为两部分：夹点之上和夹点之下。夹点之上需要从外部获取热量，而不向外部提供任何热量，即需要加热器；夹点之下可以向外部提供热量，而不需要从外部获取热量，则需要冷却器。

三、温焓图

温焓图法是通过图示法，直观获得夹点位置的方法。其原理是，对于同一个温度区间的冷物流或热物流，由于温差相同，只需将冷物流、热物流的热容流率进行代数求和，再乘以温差，就能分别得到冷、热物流的总热量和焓，如式（5-7）所示。

$$\Delta H = \sum Q_i = (T_{终} - T_{初}) \sum (FC_{p_i}) \tag{5-7}$$

冷物流或热物流的热量与温差的关系可以直观转换为图型的形式，用 T-H（温度-焓）图上的线型表示，如果物流数目不止一条，那么线型将被表示为一组组合的曲线。图 5-4 中带有方向的线段斜率为流股热容流率的倒数，且其水平移动并不会影响物流特性在温焓图中的图形描述，因为在水平移动的过程中，物流的初始、终了温度以及 ΔH 都不变。

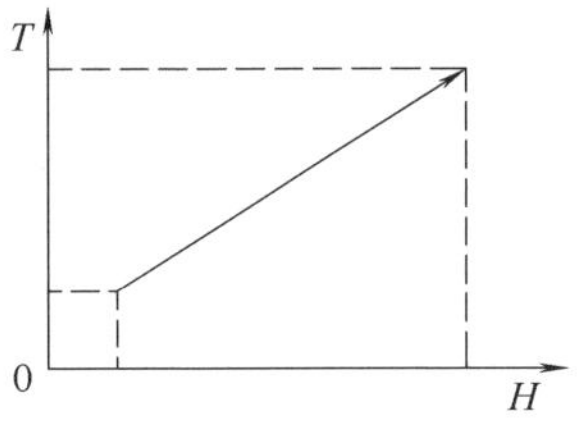

图 5-4　工艺物流 T-H 图

T-H 图的组合曲线又叫复合曲线，是针对多股冷、热物流的情况，需要将多股冷物流（或热物流）通过平移等手段捏合成为一条新的虚拟物流，这样的物流在图中进行表示即为复合曲线。具体方法是：

① 把冷（或者热）物流，分别标绘在 T-H 图中；

② 将纵坐标划分温区；

③ 在每个温区内把物流的热负荷累加，成为一个虚拟的物流线；

④ 将各个温区的虚拟物流线相连接即为复合曲线。

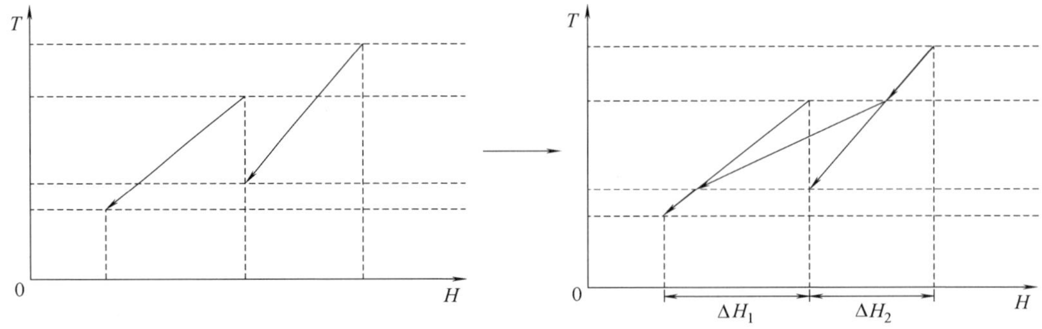

图 5-5　复合曲线的转换过程

由于 T-H 图上的 H 值为相对值，因此曲线可以沿 H 轴平移而不会改变换热量。基于这一特点，可以用 T-H 图来描述夹点。将冷物流的组合曲线沿 H 轴向左平移，这时两条曲线之间的垂直距离随曲线的移动而逐渐减小，也就是说传热温差 ΔT 逐渐减小。当两条曲线的垂直最小距离等于最小允许传热温差 ΔT_{min} 时，就达到了实际可行的极限位置。这个极限位置的几何意义就是冷、热物流组合曲线间垂直距离最小的位置。如图 5-6 所示，这个最窄的位置就是夹点。

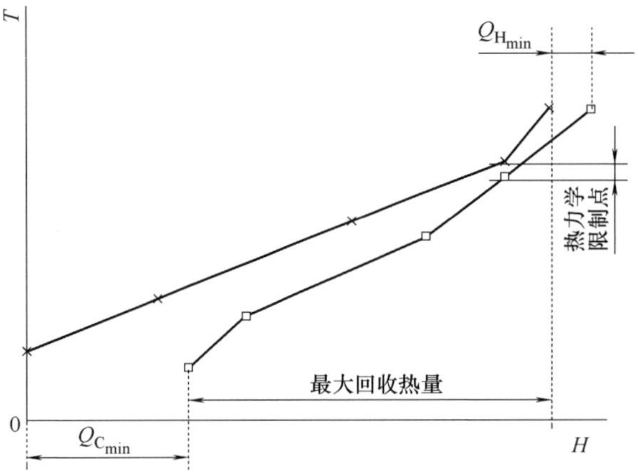

图 5-6　T-H 图表示夹点

两条曲线端点的水平差值分别代表最小冷、热公用工程，以及最大热回收量（即最大换热量）。

图中夹点位置的物理意义表示为一个热力学限制点。这一点限制了冷、热物流进一步作热交换，使冷、热公用工程都达到了最小值，这时物流间的匹配满足能量利用最优的要求。相同温度区间的物流间的组合称为过程物流的热复合。如果不进行过程物流的热复合，只是把两股冷流和两股热流进行常规匹配，则存在两个热力学限制：

① 过程物流热复合可以减少整个换热过程的热力学限制数；

② 经热复合后只剩一个热力学限制点，即夹点。这时，过程需要的公用工程用量可达到最小。

第二节　夹点法设计能力最优的换热网络

一般认为，化工生产中所提及的最优的目标是在公用工程用量最少的前提下寻求设备投资最少（即换热单元数最少），具体包括：一是公用工程消耗最少，二是换热单元数最少。

但是，这个目标在本章第一节中就有所提及，它们很难被同时满足，即当公用工程消耗最少时，不能保证换热单元数最小。为了减少换热单元数，往往要在“能量消耗最少”上做出一定让步。那么解决这类问题的顺序可以先找出最小公用工程消耗，即先设计能量最优的换热网络，然后再采取一定的方法，减少换热单元数，从能量和设备数上对换热网络进行调优。由于能量最优的换热网络存在一个热力学限制点，那就是夹点，可以利用夹点的特性，采用夹点法解最优换热网络。

一、匹配可行性原则

夹点的能量特性、位置特性与传热特性如下。

（1）能量特性

夹点限制了能量的进一步回收，它表明了换热网络消耗的公用工程用量已达到最小状态。求解能量最优的过程就是寻找夹点的过程。夹点把整个问题分解成了夹点上热端与夹点下冷端两个独立的子系统。

（2）位置特性

夹点之上禁用冷却器。在夹点之上进行换热，换热网络仅需要热公用工程，因而是一个热阱。如果夹点之上设置了冷却器，用冷公用工程取走热量 Q，那么根据热平衡的要求，这部分热量就需要热公用工程来弥补，增大了公用工程消耗。夹点之下禁用加热器，在夹点之下进行换热，换热网络只需要冷公用工程，因而是一个热源。和夹点之上公用工程消耗具有相似的道理，如果在此使用热公用工程进行加热，那么就要再增加公用工程的消耗。如果出现跨越夹点的传热，即夹点之上热物流与夹点之下冷物流的匹配，将导致公用工程用量的增加，所以也要避免夹点之上热物流与夹点之下冷物流间的匹配。

（3）传热特性

组合曲线上斜率发生变化的点，称为角点。凡是流股进入处或离开处，均引起组合曲线热容流率的变化，从而形成角点。不难理解，夹点一定出现在组合曲线的角点或端点处。

夹点是整个换热网络传热推动力 ΔT 最小的点，所以从夹点向两端的 ΔT 是增加的。这是由于在夹点的一侧，流入夹点流股的热容流率之和总是小于或等于流出夹点流股的热容流率之和，即为式（5-8）：

$$\sum FC_{p_{流出}} \geqslant \sum FC_{p_{流入}} \tag{5-8}$$

在图 5-7 中，共有 4 条流股，热流股的编号为 2 和 4，冷流股编号为 1 和 3。流股 3 和 4 被称为从夹点进入的流股，流股 1 和 2 为流入夹点的流股。如果按夹点的传热特性［式（5-8）］，必须要有从夹点进入的流股，才能增加流出夹点流股的热容流率之和。反之，由于流股消失而产生的角点则不可能成为夹点。因此，可以得到初步结论，对任意一条组合曲线而言，流入夹点的流股数应小于或等于流出夹点的流股数：

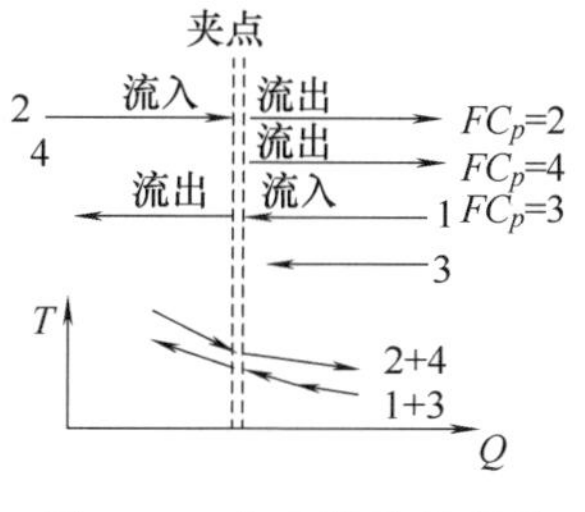

图 5-7　夹点的传热特性

$$N_{流入} \leqslant N_{流出} \tag{5-9}$$

回收系统热量，是需要将冷热物流进行互相匹配的，物流的匹配过程如图 5-8 所示。为了保证设计出的换热网络能量达到最优，可以把原问题分解成夹点之上和夹点之下两个部分分别进行设计。

由于夹点处温差最小，限制最严，一旦离开夹点，温差选择余地加大，流股匹配难度加大。由于夹点处的特性，使得夹点处的匹配不能随意进行，如图 5-9 所示。

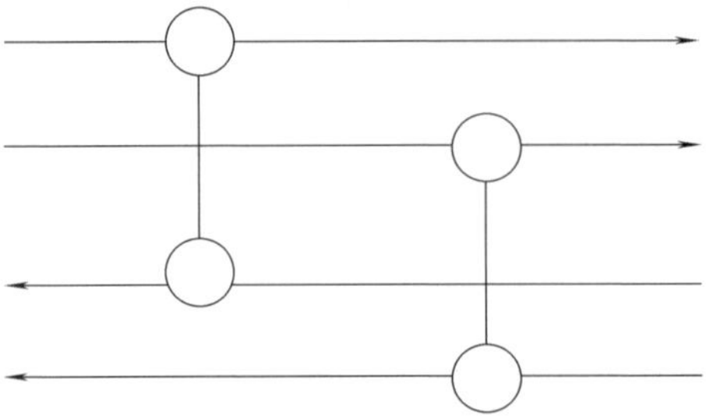

图 5-8　物流匹配

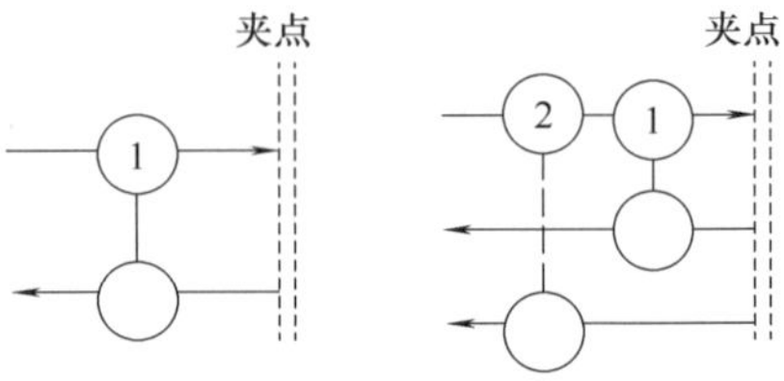

图 5-9　夹点匹配与非夹点匹配

（注：实线联结为夹点匹配，虚线联结为非夹点匹配。）

夹点匹配有如下可行性规则：

（1）总物流数可行性原则

某些过程物流通过夹点时，为了达到夹点温度，必须利用流股匹配进行换热。在图 5-10（a）中，夹点之上的三条热物流与两条冷物流进行流股匹配。图中的热物流 2 与冷物流 4、热物流 3 与冷物流 5 分别进行匹配换热，热流股 1 就不能再与任何一股冷物流匹配了，因为这样违反了 $\Delta T_{\min}$ 的限制。要是热物流 1 达到夹点温度，只能动用外部的冷却器进行流股冷却，无疑会增加公用工程消耗，夹点之上禁用冷却器。这里可以采用流股分割的办法，如图 5-10（b）所示，将冷物流 5 进行流股分割与热物流进行匹配，达到了夹点之上能量最优的目的。物流数可行性原则即应保证夹点之上的物流数目如式（5-10）：

$$N_H \leqslant N_C \tag{5-10}$$

式中　N_H——热流股数或分支数；

　　　N_C——冷流股数或分支数。

相反的，为了避免在夹点之下使用加热器，夹点之下的流股应满足式（5-11）：

$$N_H \geqslant N_C \tag{5-11}$$

夹点上下的总物流数可行性原则可归并为式（5-12）（夹点一侧）。在夹点一侧，若不满足，则必须对流出夹点的流股作分割。

$$N_{流出} \geqslant N_{流入} \tag{5-12}$$

（2）热容流率可行性原则

夹点处的传热推动力达到最小允许传热温差 $\Delta T_{\min}$，在离开夹点处应有 $\Delta T \geqslant \Delta T_{\min}$。为了保证传热推力 ΔT 不小于 $\Delta T_{\min}$，每个夹点匹配流股的热容流率 FC_p 必须满足下列不等式：

夹点之上见式（5-13）：

$$FC_{p_H} \leqslant FC_{p_C} \tag{5-13}$$

夹点之下见式（5-14）：

$$FC_{p_H} \geqslant FC_{p_C} \tag{5-14}$$

式中　FC_{p_H}——热流股或分支的热容流率；

FC_{p_C}——冷流股或分支的热容流率。

同样，FC_p 可行性原则也可归并为式（5-15）（夹点一侧）：

$$FC_{p_{流出}} \geqslant FC_{p_{流入}} \quad (5-15)$$

如果流股间的各种匹配组合均不能满足上式，则可以利用流股分割来改变流股的 FC_p 值。另外，式（5-13）至式（5-15）仅适用于夹点匹配，由于非夹点匹配时温差较大，对匹配的限制不像夹点处那样严格，可能并不适用于热容流率的可行性原则。

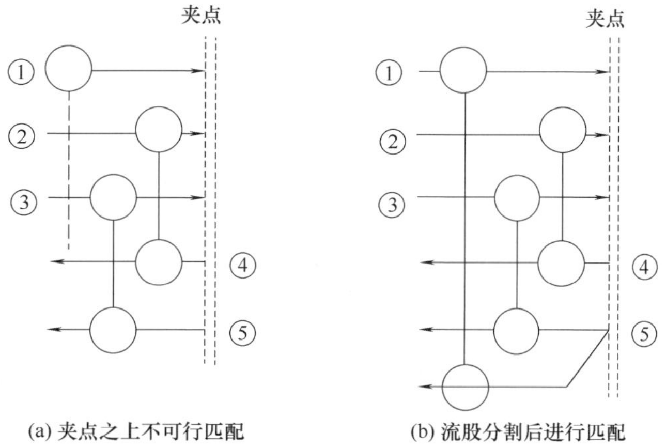

图 5-10　夹点之上流股分割匹配情况

【例题 5-3】

利用夹点设计方法对表 5-3 中的冷热物流进行分割和匹配，已知最小换热温差 ΔT_{min} 为 20℃。

表 5-3　　物流数据表

物流	热容流率/（kW/℃）	初始温度/℃	终了温度/℃
H_1	2	150	60
H_2	8	90	50
C_1	2.5	20	125
C_2	3.0	25	100

解：利用温度区间列问题表法计算得到最小加热量为 107.5kW，最小冷却量为 40kW，夹点温度为 70℃和 90℃。

对于夹点之上的物流 H_1 和 C_1，可以进行流股匹配，但是对于夹点之下的物流只有 H_2 的热容流率大于两条冷物流，可以任意选择一条进行匹配，剩下的两条物流在夹点换热需求存在的前提下，并不能进行合理匹配，这时，需要对夹点之下的物流进行合理分割。

分割物流，可以将限制条件和流股分割方式写进热容流率表中进行合理性判断。就是把夹点之上或夹点之下的冷热物流的热容流率按照数值大小分别排列，将可行性判据列于表中，每个 FC_p 值代表一个物流，那些必须参加匹配的 FC_p 值用方框圈起，如图 5-11 所示，夹点匹配表现为一对冷物流和热物流的 FC_p 值的结合，分割后的物流热容流率在图中进行相应分割。需要注意的是，FC_p 表只能帮助识别需要进行分割的物流，但是这并不意味着一定是最优的分割方式。

二、现代设计方法解换热网络综合

Aspen Energy Analyzer（Aspen 能量分析模块）是 AspenTech 公司旗下一款进行换热网络优化设计的一个功能强大的化工设计辅助软件系统，能提供夹点分析和换热网络优化设计的模拟与分析，是现代设计方法在工程应用上的重要工具之一。

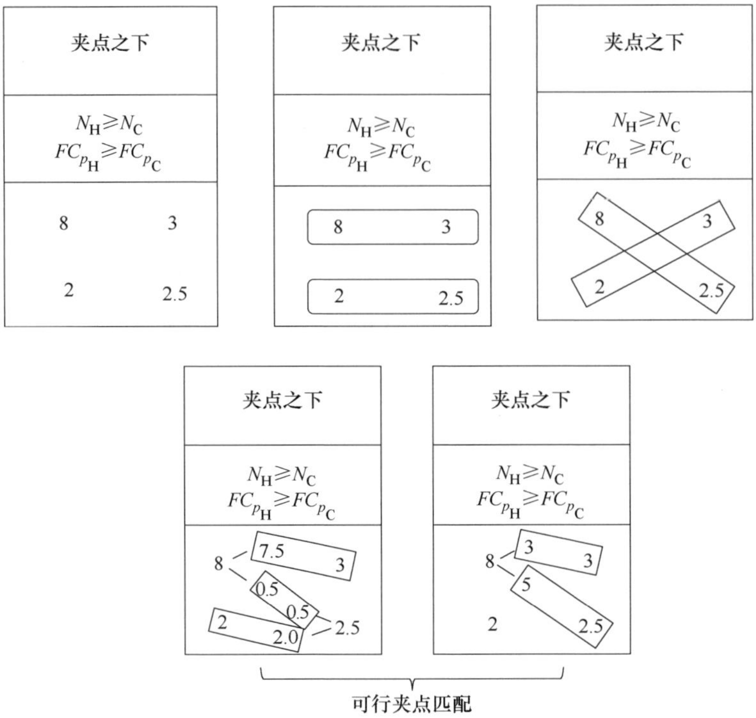

图 5-11　夹点之下的 FC_p 表

一般认为，换热网络综合可以使流程具有最少数的换热设备（含加热器、冷却器等），最小的投资费用和操作费用，并将每一个过程中的物流由初始温度达到指定的目标温度。除此之外，换热网络还要求具备良好的灵活性、操作性和可控性。Aspen Energy Analyzer 等现代设计方法在换热网络问题中的应用具有如下具体功能：

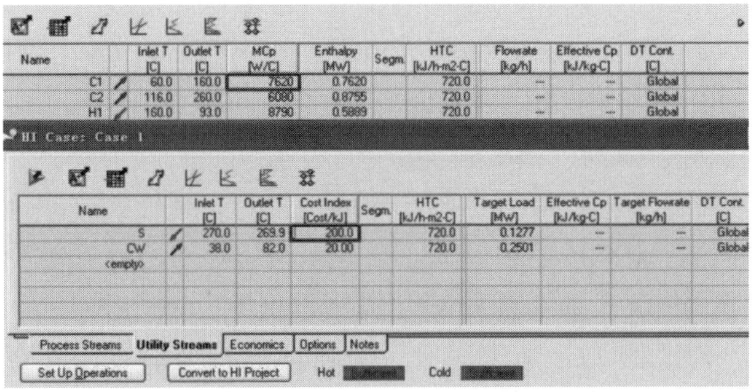

图 5-12　手动输入物流信息和公用工程

① 计算能量和设备投资目标，确定最小换热温差 ΔT_{min}；

② 改善能量热集成项目，使能量利用最大化；

③ 提供和建议过程能量集成的方法；

④ 提供结果运算和优化的方法。

在操作界面（图 5-12）可以手动输入物流信息与公用工程等数据，也可以直接使用多软件兼容的数据导入系统进行数据导入。其中较常用的是 Aspen 流程模拟物流信息导入，如图 5-13 所示，可点击数据导入图标进行操作。需要注意的是，如果手动填写某物流的数据，只需任选物流初始温度、终了温度、热容流率以及热负荷中的三个数值进行填写即可。

Aspen Energy Analyzer 具有建议和确定最小换热温差 ΔT_{min} 的功能，这个功能一般是通过对总费用随最小换热温差关系作图得到的（在下一节内容中根据具体例题数据详细说明），并不是按经验进行较随意的设置得到。确定最小换热温差 ΔT_{min} 后，软件可以通过夹点法解换热网络问题的方式，计算夹点温度，在图 5-14 中显示得到的夹点温度分别为热物流 90℃，冷物流 70℃。

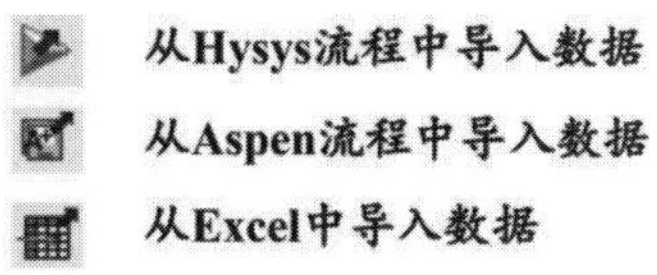

图 5-13　直接导入物流信息图标

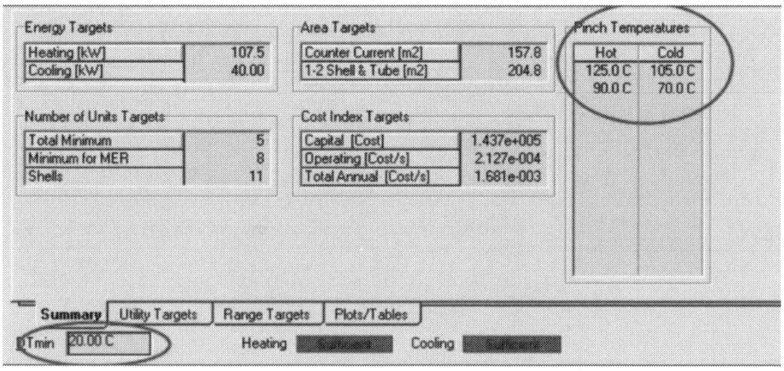

图 5-14　夹点位置等信息显示

在确定最小换热温差以后，（实际设计的预备工作是在 Aspen 中模拟整个流程，得到所需的流股信息，可通过数据导入实现提取）提取所需流股信息，点击生成复合曲线按钮，得到温焓图中的复合曲线如图 5-15 所示。

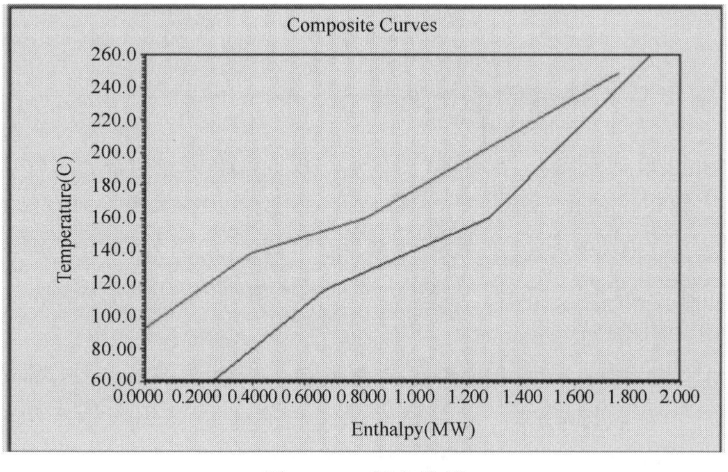

图 5-15　复合曲线

点击项目转换图标可获得系统推荐的物流匹配方案（图 5-16），在使用 Aspen Energy Analyzer 进行换热网络设计时，由于设计自由度较大，存在很多种设计方案，故在选择方案时，需要考虑工艺流股换热的可能性，同时需要将设备费用等因素考虑进去，然后进行手动删除换热面积过小的换热器以及设备间由于空间不足或是距离太远的换热器，以便获得最为合理的换热网络。在 Aspen Energy Analyzer 中给出的多个设计初始方案（Design）中，可以优先考虑选取物流匹配合理，符合夹点法各原则性规则，自身无错误的经济性好且总费用最低的设计方案进行后续的优化过程。

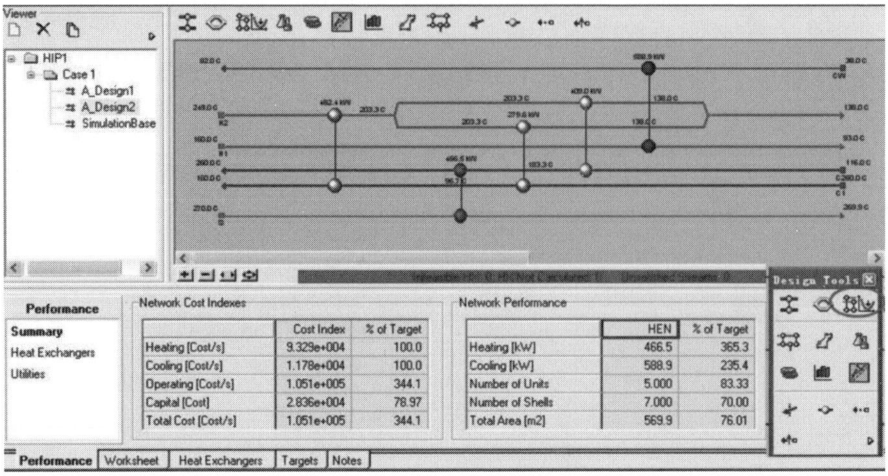

图 5-16　生成项目初方案

第三节　典型换热网络综合问题的模拟求解

甲基丙烯酸酯，简称 MMA，是一种重要的有机化工原料，主要用于生产有机玻璃，还可用于生产其他树脂及塑料改性剂。MMA 大部分装置采用丙酮氰醇法生产，16%的 MMA 装置产能采用异丁烯法，以高纯异丁烯为原料。此类装置主要集中在日本、韩国、新加坡及泰国，中国经过大力发展相关工艺，截至 2024 年，异丁烯路线 MMA 总产能接近 160 万 t/a。

一、异丁烯法制甲基丙烯酸甲酯工艺特点

随着乙烯工业的持续发展，作为副产物的异丁烯资源量显现快速增长的态势。异丁烯是 C4 馏分中非常具有价值的成分，异丁烯含量占比为 20%~40%，但其在我国石化行业的利用程度较低，除生产甲基叔丁基醚（MTBE）外，大部分作为民用液化气燃料被烧掉，造成了资源的巨大浪费。此外，MTBE 对地下水有潜在的污染风险，因此必须进一步开拓异丁烯的化工利用领域。

生产不同的化学品对于异丁烯的纯度要求不同。当生产丁基橡胶、聚异丁烯、叔丁基苯酚、叔丁基胺、甲基丙烯腈时，要求异丁烯纯度大于 99%。当生产甲基丙烯酸、异戊二烯时，要求异丁烯纯度大于 90%。而当生产叔丁醇、碳五醇时，要求异丁烯纯度大于 50%即可。随着利用异丁烯生产的衍生物产量的扩大，对异丁烯特别是高纯度异丁烯的需求量将进一步增加。

目前高纯度的异丁烯生产工艺基本相同，都采用选择加氢、醚化、醚裂解工艺来生产。未来相当长一段时间内，高纯异丁烯行业仍将保持较快速度发展。有统计显示，高纯异丁烯中的 51. 7%用于生产丁基橡胶，28. 4%用于生产 MMA，14. 5%用于生产聚异丁烯，4. 0%用于生产叔丁酚类产品，1. 5%用于生产其他产品。

异丁烯法制 MMA 工艺于 1982 年由日本三菱人造丝公司首先工业化，继而日本旭化成公司、韩国 LG 公司等已实现工业化。有数据表明，异丁烯法在日本市场占 65%。该工

艺以炼厂 C4 馏分中异丁烯为原料，经叔丁醇生产甲基丙烯酸甲酯。主要过程分四步：

① 异丁烯用酸性离子交换树脂作催化剂水合生成叔丁醇；

②用空气做氧化剂，将叔丁醇氧化为甲基丙烯醛，反应温度为 330~440℃；

③甲基丙烯醛被空气进一步氧化为甲基丙烯酸，反应温度为 250~350℃，氧气与甲基丙烯醛的摩尔比为 1：(2~4)。得到的反应产物用吸收、萃取等方法进行分离、提纯。由于甲基丙烯醛和甲基丙烯酸易聚合，因此在生产过程中必须加入阻聚剂；

④以强酸性阳离子交换树脂或硫酸为催化剂，甲基丙烯酸经酯化反应得到 MMA。反应温度为 70~110℃，甲基丙烯酸与甲醇的摩尔比为 1：(1.1~3)。与其他工艺相比（如丙酮氰醇法工艺，丙酮氰醇法是生产甲基丙烯酸甲酯一种较常用的方法，全球 MMA 产能中大部分采用该工艺)，异丁烯法避免使用剧毒氢氰酸，同样也避免了废酸的生成以及设备腐蚀等问题。

如表 5-4 所示，MMA 生产工艺中异丁烯水合法相对于传统的丙酮氰醇法有投资低、流程简单，能耗低，产率高，生产负荷容易调节的优势。基本原理、消耗、转化率、能耗和流程繁简等方面的比较在表中进行了逐项对比。

表 5-4　　工艺比较一览表

工艺方法	丙酮氰醇法	异丁烯法
基本原理	氢氰酸与丙酮反应，生产丙酮氰醇后，进行酰胺化反应，生成甲基丙烯酰胺的硫酸盐；再与水、甲醇依次进行水解和酯化，得 MMA。	以炼厂 C4 馏分中异丁烯为原料，经叔丁醇生产 MMA。
消耗	消耗公用工程较多，生产过程中有剧毒物质产生，工艺方法应用广泛。	消耗公用工程较多，工艺方法成熟。
转化率	83%~95%	95%~99.8%
能耗	能耗较高，消耗热能较多	能耗较高，消耗热能较少
流程繁简	工艺流程复杂	工艺流程较为复杂

二、异丁烯法制 MMA 流程模拟

某化工企业的新建 MMA 生产装置，为了提高产品 MMA 的转化率，同时综合考虑三废排放情况，采用了包含异丁烯水合、选择氧化、酯化氧化及丁二烯抽提四个工段的成套 MMA 的绿色生产工艺，该工艺流程框图如图 5-17 所示。

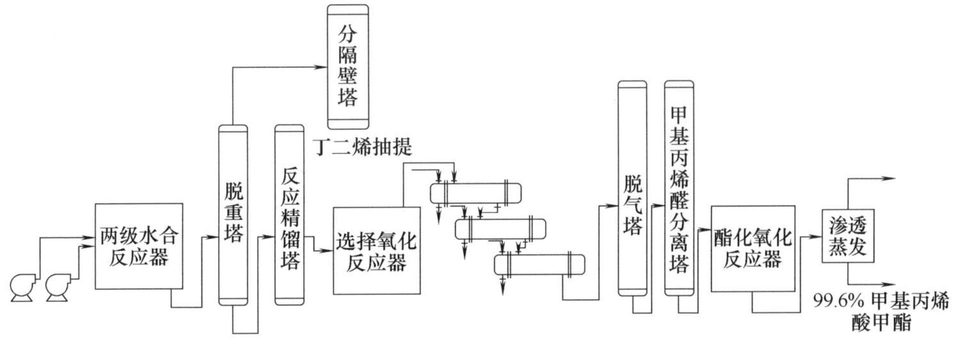

图 5-17　异丁烯水合法制 MMA 工艺流程框图

异丁烯水合工段流程模拟如图 5-18 所示，在该工段中，来自蒸气裂解的 C4 原料在异丁烯水合反应器中与淡化海水混合均匀后，通过多级逆流水合反应得到叔丁醇，转化率达到 99.5%，通过脱重塔 T0101 进行分离，塔顶得到剩余 C4 馏分进入第四工段即丁二烯抽提工段，塔底得到的叔丁醇和水的混合物通过常压精馏 T0102 去除的大量水分返回至进料循环利用，塔顶得到的叔丁醇和水的共沸物经反应精馏后进入第二工段即选择氧化工段。

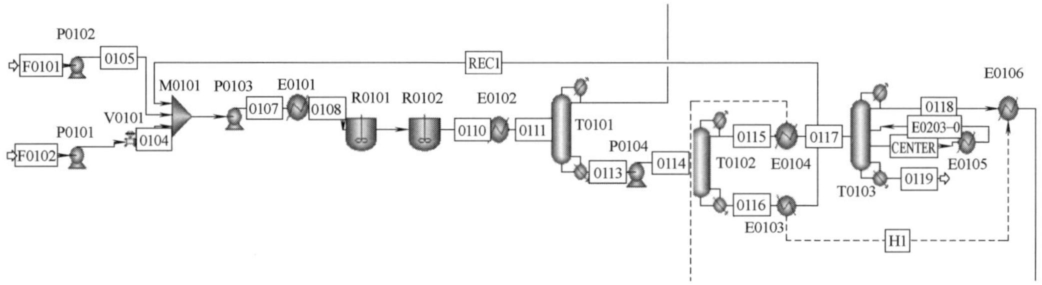

图 5-18　异丁烯水合工段流程模拟

选择氧化工段流程模拟如图 5-19 所示。叔丁醇和水的共沸物在反应精馏塔 T0103 中同时发生异丁烯的水解以及产物的分离两个过程，由于反应精馏过程中不断将产物移走，大幅提高了反应的转化率以及加快了水解反应的反应速率。同时考虑到反应精馏高能耗的特点，采用中间再沸的思路降低了塔底所需高品位热公用工程的量，中间再沸器的位号是 E0203。得到的纯度较高的异丁烯与空气在固定床反应器 R0201 内进行选择性氧化，主要副产物为 CO_x，其选择性约为 97%。反应后的高温气体经过三级换热，得到中、低压蒸气可以供给流程中其他换热设备，大幅提高了热能利用效率。

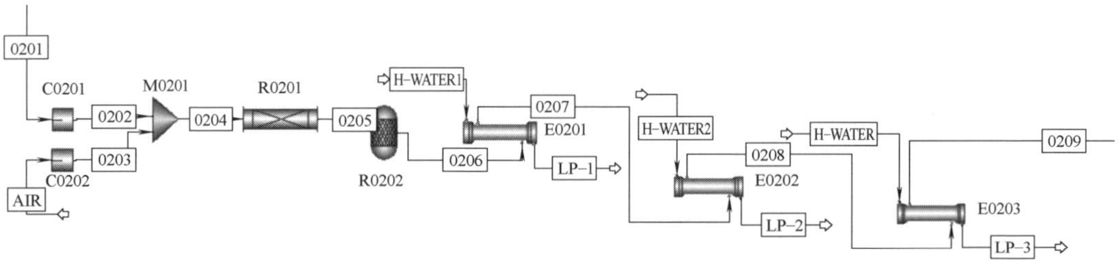

图 5-19　选择氧化工段流程模拟

上一工段三级换热后的物流首先经过气液分离器除去其中的气体组分，其主要成分是 N_2、O_2、CO_2 及少量的 CO，将分离出的气体可以送全厂供热系统。酯化氧化工段流程模拟如图 5-20 所示，从气液分离器底部得到的液体组分主要是水和甲基丙烯醛，通过常压精馏得到纯度为 99.98%的甲基丙烯醛，再进入酯化氧化反应器 R0301 中，与水、空气发生反应，转化率可以达到 90%以上。产品 MMA 中挟带的主要杂质是生成的水，可以通过渗透蒸发技术除去其中的大部分水分，得到纯度超过 99%的 MMA 产品。

来自异丁烯水合工段即第一工段所产生的剩余 C4，可以采用 *N*-甲基吡咯烷酮（NMP）为萃取剂的萃取精馏方式进行提纯，得到 99.9%优等品丁二烯，预热后由底部进入萃取塔，萃取剂由塔顶进入，丁烯、丁烷等轻组分从塔顶脱除。丁二烯及其他组分由

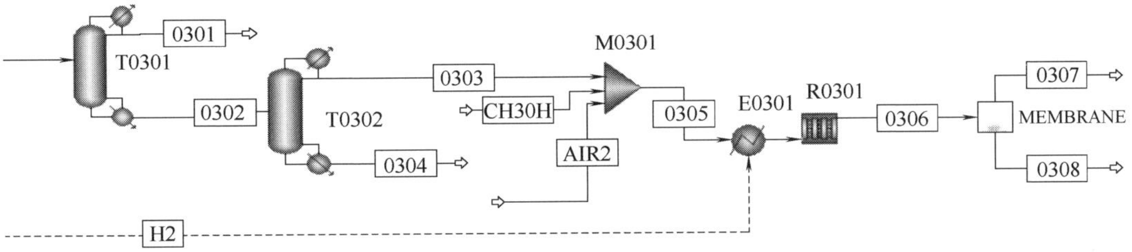

图 5-20 酯化氧化工段流程模拟

T0101 萃取塔底进入精馏塔，在精馏塔中部采用气象侧线采出的方式进入 T0201 萃取塔上部，萃取剂由塔顶加入，炔烃等中粗组分汇集到 T0201 萃取塔塔底并返回到精馏塔中，粗产品则由 T0201 萃取塔塔顶采出，在脱气塔中得到优等品丁二烯，丁二烯抽提工段流程模拟如图 5-21 所示。

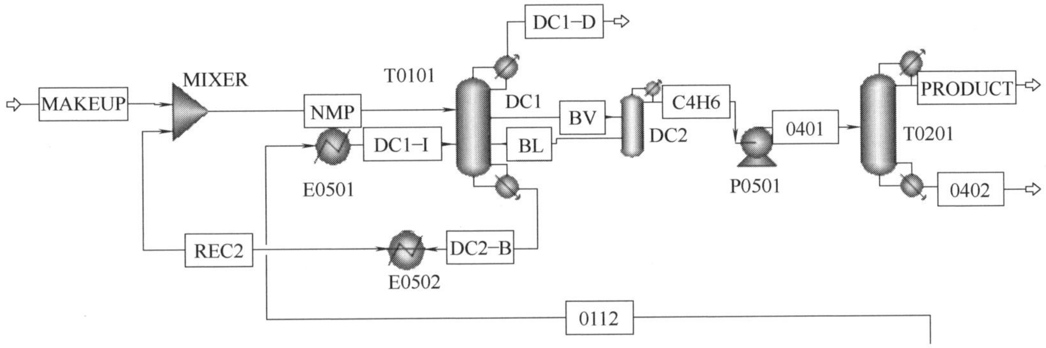

图 5-21 丁二烯抽提工段流程模拟

选择合适的物性方法是流程模拟中必须要提前判断和规划的重要步骤之一，这是因为用户建立了一个流程以后，模拟软件一般会根据所选择的物性方法自行解决流程结构分析和模拟算法方面的问题。在软件进行流程模拟时，几乎所有的单元操作模型都需要有物性方法的计算。

到目前为止，还没有任何一种物性方法能适用于所有的过程和所有的物系。有时在同一个流程的模拟中就要用到多个物性方法，因此，物性方法的恰当选择和正确使用是决定计算结果的准确性、可靠性和模拟结果成功与否的关键因素。Aspen 相关流程模拟软件为用户提供了多种物性方法，物系的非理想程度和操作条件是选择的关键，在用户进行物性方法选择时，一般有以下两种方法进行选择：一是经验选取，是根据操作温度、压力及物系的特点进行选择；二是利用 Aspen Plus 软件的帮助系统地进行选择。图 5-22 所示为经验选择流程模拟物性方法。

利用 Aspen 流程模拟软件的帮助系统对模拟流程进行物性方法的选择时，首先要输入反应组分的物性，然后系统会根据输入组分的性质，或是化工处理过程的特点为用户推荐适合的物性方法。首先用户要根据系统提示逐步进行选择，通过按照软件提示的操作，最后系统会给用户提供几种物性方法作为参考，但是需要注意的是，此时仍然需要进行一定的经验性比较和判断，最终确定合适的物性方法来进行模拟。

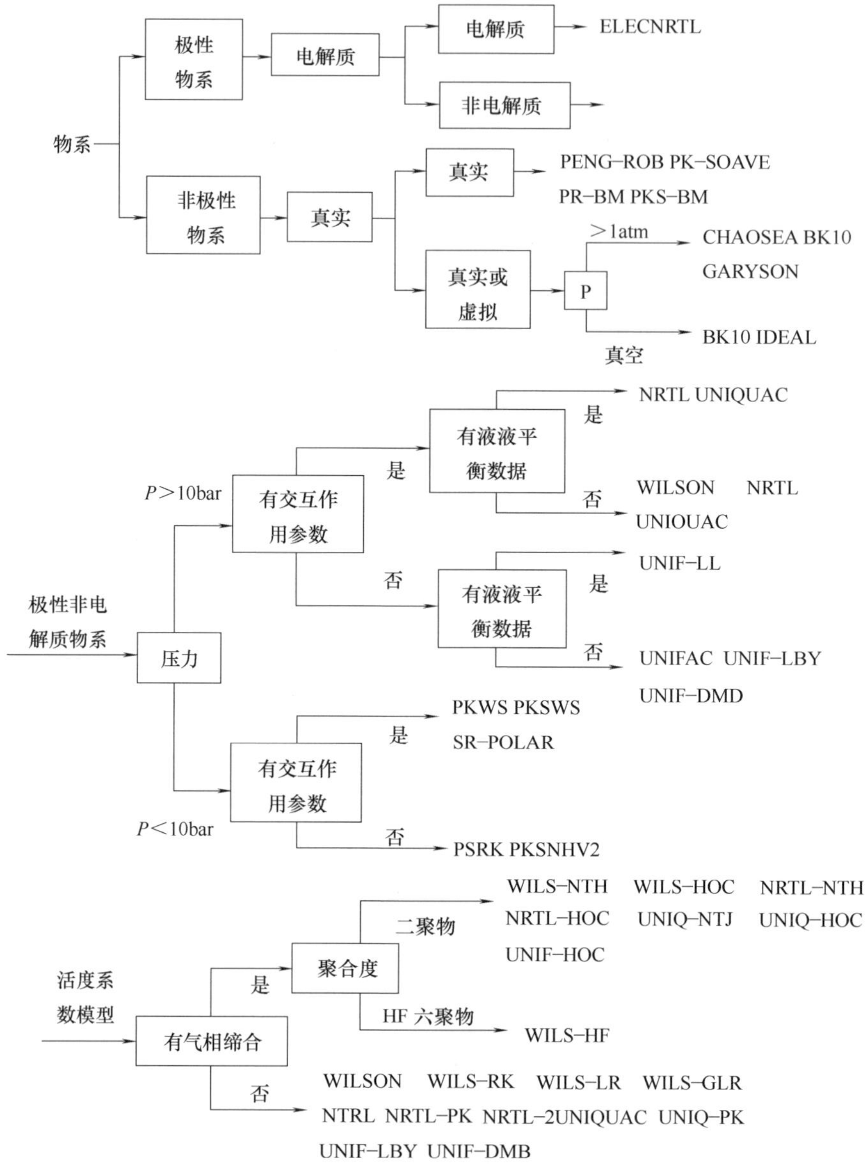

图 5-22 经验选择流程模拟物性方法

由于异丁烯水合工段进口为蒸气裂解 C4，其组分比较复杂，既含有极性物质又含有非极性物质，Aspen 流程模拟软件帮助系统推荐的物性方法有 PRWS、PSRK、SR-POLAR、POLYSL、POLYFH、POLYSRK，NRTL-RK 等。这几种物性方法都是基于状态方程模型的，根据混合物组分的压力、体积、温度的不同而被选用，根据组分的热力学性质，选取采用了 NRTL-RK 方程，可以得到较为准确的模拟结果。

三、提取流股与确定最小换热温差

在换热网络设计前，需要对物流流股信息进行手动输入或自动导入 Aspen Energy Analyzer 中。异丁烯水合法制 MMA 流程模拟的过程，已经通过 Aspen 流程模拟软件计算得到了冷、热物流的流股信息。这时，仍然需要进行判断，将可以需要热交换的数据（如考虑到反应器的热稳定性等问题，就不适合将其温控物流等列入换热网络中）进行提取和导入，部分物流流股的信息列于表5-5中。

表5-5 物流流股信息表（部分）

物流编号	初始温度/℃	终了温度/℃	热负荷/(kJ/h)	流率/(kg/h)	设备号
0106	80	30	-13020192.9	71039.54	E0102
0115	58.8	40.0	-1679583.7	29662.98	E0103
0203	90	200.0	11403883.0	11357.05	E0201
0204	200	263.4	1597924.3	11357.05	C0201
0205	20	144.4	2675017.0	21176.19	C0202

注：流股编号为流程模拟文件中的初始编号。

要选择合适的公用工程，为整个流程进行有效的换热。需要对冷、热公用工程所涉及的水、气等进行规定，相关地区的年最高水温，公用工程循环冷却水初始温度等信息列于表5-6，其中循环冷却水温度为20℃，终了温度为25℃；加热蒸汽选0.23MPa低压蒸汽，4MPa中压蒸汽，6MPa高压蒸汽等。

表5-6 公用工程信息表

公用工程	初始温度/℃	终了温度/℃	热容流率/(kW/℃)
冷却水	20	25	4.183
低压蒸汽	125	124	2192
中压蒸汽	175	174	1981
高压蒸汽	250	249	1703.1
制冷剂	-25	-20	4
燃烧热	1000	400	1

Aspen Energy Analyzer软件确定最小换热温差的功能，图5-23和图5-24所示是将最小换热温差作为横坐标，分别以装置成本/能耗以及总费用成本作为纵坐标，获得成本、费用和换热温差的关系曲线图，自动生成了按最小换热温差不同对比得到的经济评估情况，该情况可以作为最小换热温差数值选取的理论依据和数值参考。

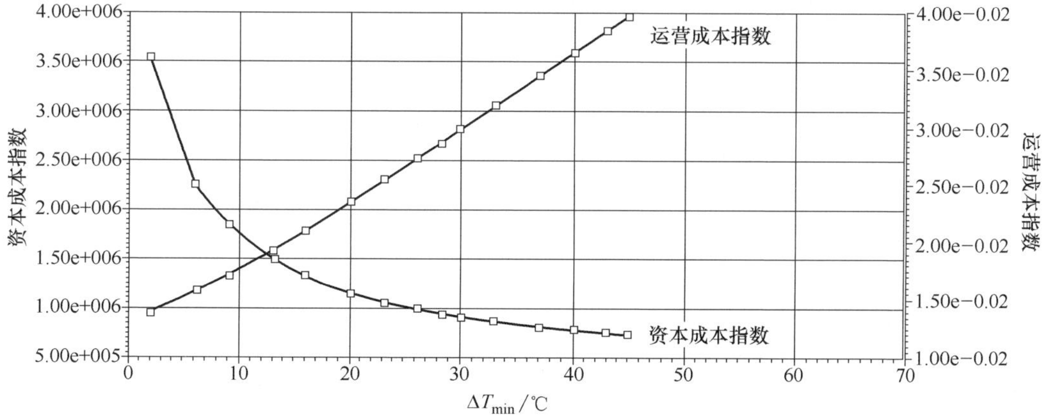

图5-23 装置成本/能耗成本与最小换热温差关系

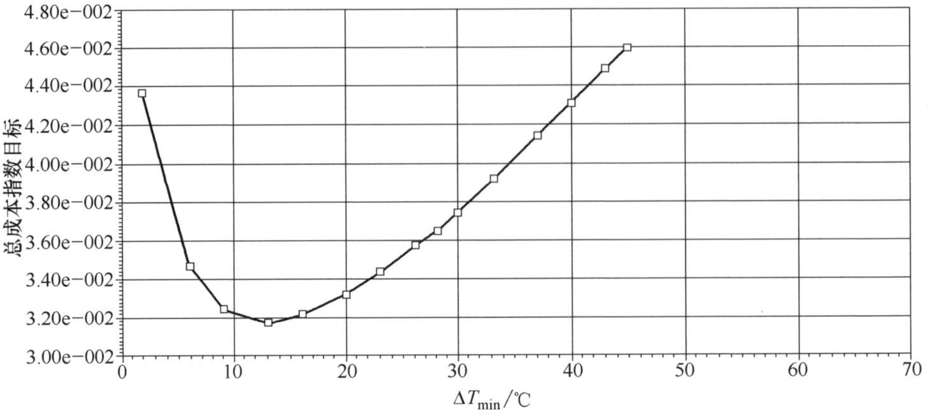

图 5−24　总费用与最小换热温差关系

从图 5−24 观察可以发现，10℃左右，曲线趋于平缓，最小换热温差为 12℃时总费用降至最低。此时，可以进行最小换热温差选取，一般会取整数，选取 ΔT_{min} 为 10℃，进行下一步换热网络综合设计。

按夹点法的规则和方法，设定最小换热温差为 10℃后，按照功能选取，绘制冷、热物流的组合曲线温焓图如图 5−25 所示。

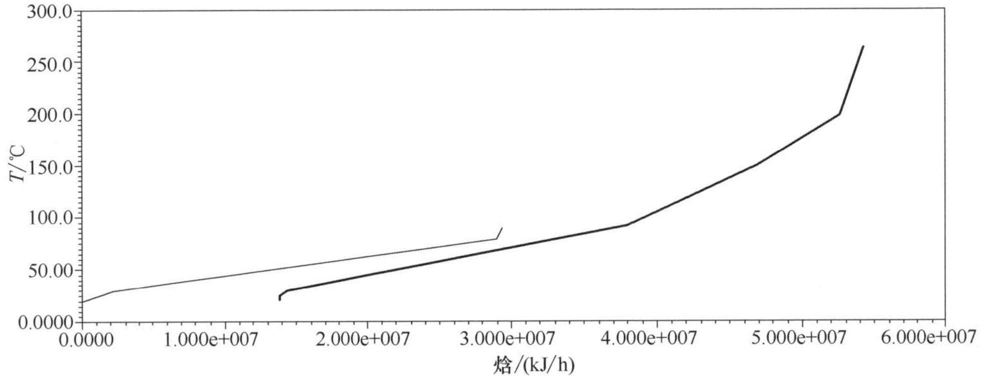

图 5−25　冷、热物流组合曲线温焓图

四、夹点法流股匹配最优方案选取

确定最小换热温差 ΔT_{min} 为 10℃后，按夹点法进行换热网络综合，下一步骤是确定流股匹配方式，获得较优的方案，这里一般是要将总费用最小设为最终设计目标（系统推荐的较优方案如图 5−26 所示)，从而确定了换热网络合成的能量目标。

需要的热公用工程能量为 2.485×10^7kJ/h；需要的冷公用工程能量为 1.390×10^7kJ/h；最小换热器数目为 13 个；夹点温度分别为 80℃和 70℃。图 5−27 为所得的总组合曲线。

依据图 5−27 和表 5−5 中所提取得到的换热物流数据，选取了热公用工程为高温加热炉和低压蒸汽。冷公用工程为冷却水和冷冻盐水。选取合理的公用工程可以降低公用总消耗量，从而减少能量消耗。

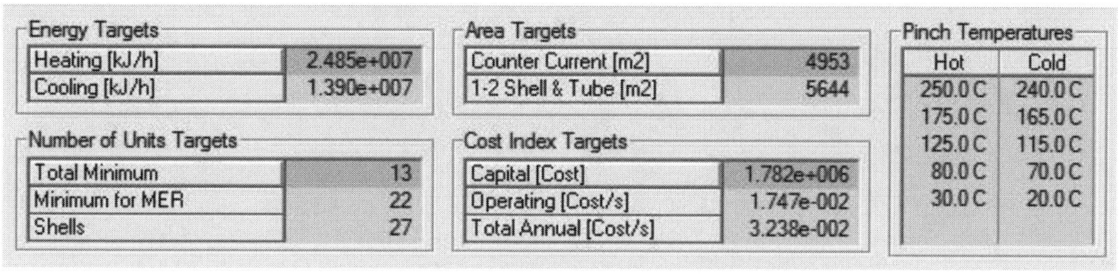

图 5-26　冷、换热网络合成的能量目标图

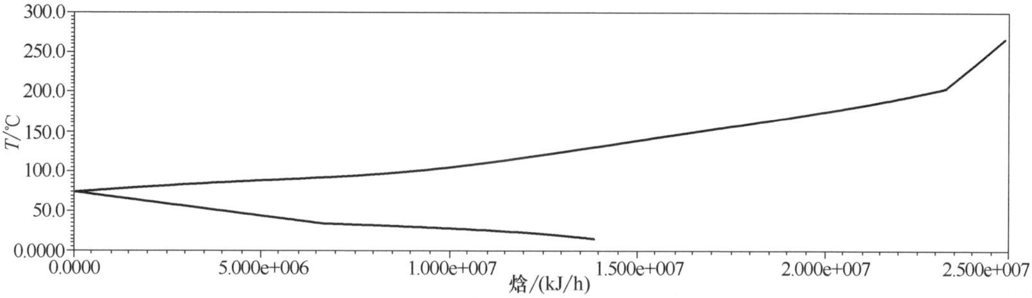

图 5-27　总组合曲线

Aspen Energy Analyzer 对换热网络初方案具有自动生成的功能，针对本节所述 MMA 流程中的换热网络所生成的十套方案如图 5-28 所示（图中顺序并不是按自然编号进行排列，原因是在方案对比过程中采取了总费用最低这一项进行了重排）：

Design		Total Cost Index [Cost/s]	Area [m2]	Units	Shells	Cap. Cost Index [Cost]	Heating [kJ/h]	Cooling [kJ/h]	Op. Cost Index [Cost/s]
A_Design2		3.477e-002	4456	15	23	1.330e+006	2.887e+007	1.792e+007	2.119e-002
A_Design9		3.477e-002	4456	15	23	1.330e+006	2.887e+007	1.792e+007	2.119e-002
A_Design6		3.477e-002	4456	15	23	1.330e+006	2.887e+007	1.792e+007	2.119e-002
A_Design5		3.462e-002	4245	19	28	1.347e+006	2.834e+007	1.739e+007	2.087e-002
A_Design1		3.462e-002	4245	19	28	1.347e+006	2.834e+007	1.739e+007	2.087e-002
A_Design8		3.388e-002	4013	14	27	1.244e+006	2.830e+007	1.734e+007	2.118e-002
A_Design4		3.388e-002	4013	14	27	1.244e+006	2.830e+007	1.734e+007	2.118e-002
A_Design3		3.387e-002	4082	17	24	1.266e+006	2.824e+007	1.728e+007	2.094e-002
A_Design7		3.387e-002	4082	17	24	1.266e+006	2.824e+007	1.728e+007	2.094e-002
A_Design10		3.387e-002	4082	17	24	1.266e+006	2.824e+007	1.728e+007	2.094e-002

图 5-28　系统推荐的换热网络初方案

五、公用工程对比优化换热网络

总费用最少的一套方案即初方案 2，系统自动进行初步换热网络设计，进行流股分割与匹配如图 5-29 所示。

若换热流股均采用公用工程，则共需热公用工程 2.834×10^7kJ/h，冷公用工程 1.739×10^7kJ/h，换热器数目为 19 台。可以发现进行初步的换热网络合成虽然增加了换热器的数目，但由于大量能量回收，最终使总费用大大下降，提高生产过程的经济效益。但从软件自动生成的方案中也发现了许多不合理和待优化之处，下一步就要对换热网络进行优化。

换热网络优化方法是在采用夹点设计法得到的最大能量回收换热网络的基础上，经过调整，得到换热设备个数较少的最终系统，从而得到最优或接近最优的设计方案。上述所

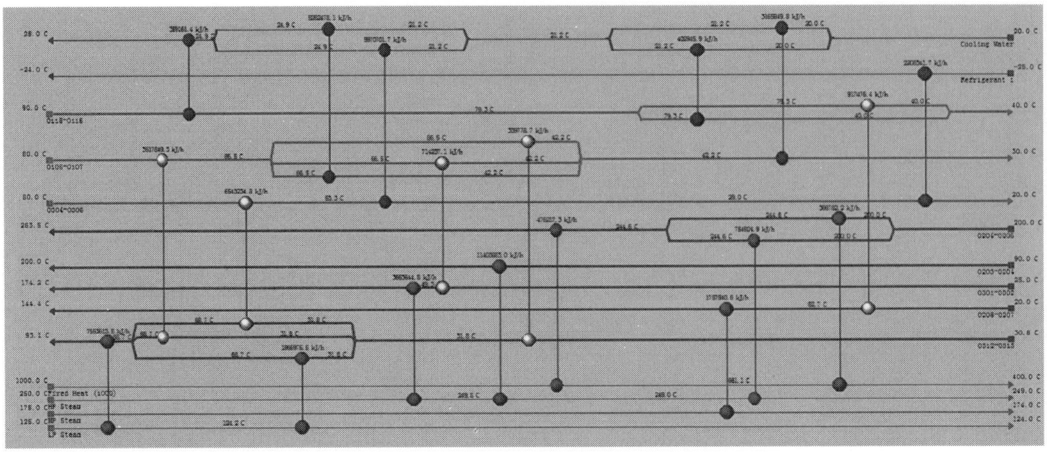

图 5-29　较优换热网络方案

得的较优换热网络共需 19 台换热器，仍有很大优化空间。

减少换热器的数目主要方法为流股分割和切断热量回路。但流股分割减少了操作的灵活性，使过程操作复杂化。应尽可能采用能量松弛法进行优化。

能量松弛法是通过合并相同物流间的两个换热器，将两个换热器的热负荷转移到一个换热器上，两物流间交换的总负荷不变，传热温差发生变化。但这样常常会导致穿过夹点的热量流动，导致公用工程相应地增加，使得换热网络的合成偏离最大能量回收的目标。

通过观察我们发现上述换热网络中存在一些热负荷较小的换热器，设置明显不合理。通过能量松弛，将其与相邻换热合并，减少换热器数目。在减少换热器的同时，去除了一些不必要的分流操作，可以使总费用有所下降，也使得换热网络更加方便布置。最终优化后的换热网络如图 5-30 所示。

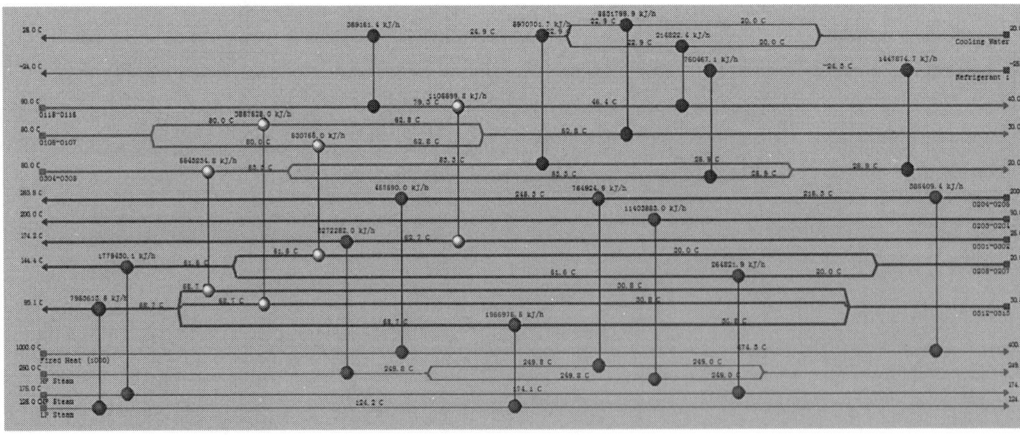

图 5-30　优化后的换热网络

此换热网络中，经最终优化后的热公用工程消耗为 2.824×10^{7}kJ/h，冷公用工程消耗为 1.728×10^{7}kJ/h，换热器数目由 19 台降为 17 台。相比不进行换热网络综合的工艺流程，能量节省了 18%，能量回收效果较为显著。

第四节　换热网络调优

一、最小换热单元

换热网络的综合与合成的问题，是成本费用的优化问题，最终要体现出换热设备数目、换热面积与公用工程消耗的平衡问题上。换热越充分，流程系统内部热量和冷量回收越彻底，一般会使得换热设备数目增加，抑或是换热面积增加，在能量回收过程中的最小换热设备也被称为最小换热单元。在利用夹点法设计能量最优的换热网络时，原问题被分解成两个子系统（冷端和热端），这两个子系统是不相关的（它们之间不允许匹配）。所以它的最小换热单元数又可以理解为两个子网络的最少换热单元数之和，见式（5-16）：

$$U_{E_{\min}}=(N_{\mathrm{H}}+N_{\mathrm{C}}-1)_{夹点上}+(N_{\mathrm{H}}+N_{\mathrm{C}}-1)_{夹点下} \tag{5-16}$$

式（5-16）的特殊情况，若夹点上无热流股，且夹点以下无冷流股，见式（5-17）：

$$U_{E_{\min}}=N_{\mathrm{H}}+N_{\mathrm{C}}-2>U_{\min} \tag{5-17}$$

在一般情况下，当夹点上、下同时存在冷、热流股时，有式（5-18）：

$$U_{E_{\min}}>U_{\min} \tag{5-18}$$

即换热网络不能同时满足能量最优和单元数最少的要求。能量最优可保证操作费用最低，单元数最少可使设备费用最低，因而存在着操作费和设备费之间的权衡。夹点设计法得到的结构处于最小公用工程消耗状态，而勾销推断法（以最小换热单元为目标进行匹配的直观推断法则）基本上可以保证两个子系统中换热单元数最少。当两个子系统组合成原系统时引起了换热单元数的过剩。

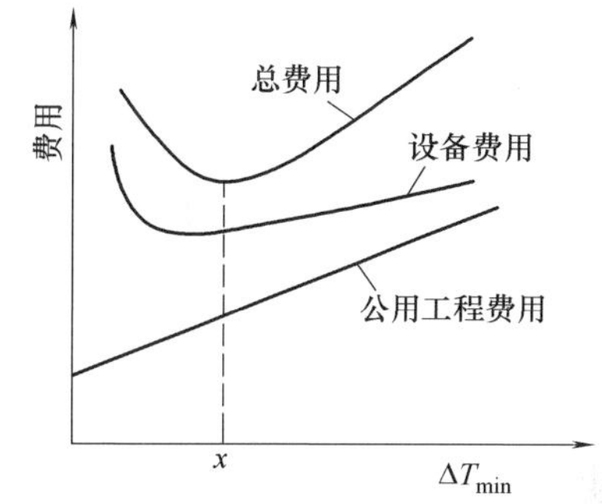

图 5-31　最小换热温差对成本的影响

值得注意的是，在换热网络优化的过程中，最小换热温差 $\Delta T_{\min}$ 对能量的回收和系统的投资运行费用有直接影响，如图 5-31 所示，$\Delta T_{\min}$ 取值较小，系统回收热量多，冷、热公用工程费用小，但换热面积大，换热设备可能较多，设备费用大，系统造价高。$\Delta T_{\min}$ 取值较大，系统回收热量少，冷、热公用工程费用多，但换热面积小，换热设备可能较少。为了能符合夹点法解换热网络问题中最小换热温差的限制，通常会使用能量松弛法，具体来说，把换热网络从最大能量回收的紧张状态“松弛”下来。可以通过调整参数，使能量回收减少，公用工程消耗加大，从而使传热温差加大，在 T-H 图上表现为冷、热组合曲线拉开距离。

图 5-32（a）中匹配 1 和匹配 4 构成了一个热负荷回路，匹配 4 可以向匹配 1 迁移并合并，从而减少一个换热单元，如图 5-32（b）所示。此时 T_1 和 T_2 温差为 19℃，如果恰好违反最小换热温差所规定的约束，（规定此换热网络 $\Delta T_{\min}$ 取值为 20℃）。所以这样简单合并是有可能违反夹点最小换热温差等限制条件的，需要借助“能量松弛法”来适应最小换热温差限制。

“能量松弛”就是把换热网络从最大能量回收这种绷紧的状态进行放松。通过调整参

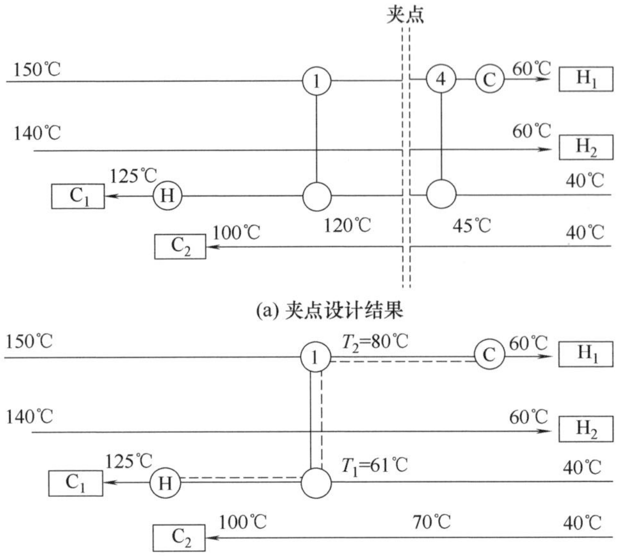

(a) 夹点设计结果

(b) 热负荷松弛

图 5-32 热负荷能量松弛的影响

数，使能量回收减少，公用工程不可避免地加大，从而使传热温差加大，为此，要在打开回路（Loop 回路）的基础上找到一个热负荷通路，使外部加热器与外部冷却器通过违反温差的匹配而相互连通（匹配 1 最大冷却量为 40kW，最小加热量为 140kW，流股 H_1 的热容流率为 2kW/℃）。如果使匹配 1 减少热负荷 x，根据热平衡，热负荷通路上的加热器与冷却器要相应的增加热负荷 x。

根据式（5-19）和式（5-20）：

$$Q=FC_p\Delta T \tag{5-19}$$

$$Q=140-x=FC_p(150-T_2) \tag{5-20}$$

将最小换热温差 20℃代入式中，热容流率取值为 2 得：

$$T_2=61+\Delta T_{\min}=81$$

$$FC_p=2$$

计算得：

$$x=140-2(150-81)=2$$

通过能量松弛，将换热网络的最小换热温差维持在 20℃，且减少了一台换热器设备，但是与之相对应的是分别增加了 2 个单位的加热和冷却量来实现的。

对于已满足最小公用工程消耗的换热网络来说，如果换热单元数不是最少，可采用下列步骤进行调整：

① 找出独立的热负荷回路；

② 沿热负荷回路增加或减少热负荷来断开回路；

③ 检查合并后的换热单元是否违反最小换热温差 $\Delta T_{\min}$；

④ 利用能量松弛法求解以适应 $\Delta T_{\min}$。

二、公用工程与设备成本的平衡

利用夹点法进行换热网络设计，很容易计算出最小能耗，设定换热设计的目标，以及最优的换热方案。但是，由流股匹配带来的新增换热设备以及换热管网铺设，在很多情况下是需要进行再调整以适应设备成本和设备排布等限制的。比如，进行换热网络合成的对象不只针对新建设计工厂和新工艺包，一些老厂改造项目，很多是进行节能改造，需要重排换热网。进行换热网络综合设计，不仅要考虑节省能量，还要考虑对原来的流程改动程度。应该平衡能充分利用原有设备、管线和最优能量回收的方案进行选取，即和原有设备流程成本具有最大兼容性的换热网络合成的方案。

我国西南某厂采用己二酸氨化法生产己二腈的化工生产企业面临技术升级和换热网络改造的问题。本次工厂改造和技术升级需要对能量的节约和综合利用进行全方位的考虑。通过换热网络的集成优化，利用现代设计方法辅助设计，使用 Aspen Energy Analyzer V14

软件进行换热网络设计，并寻找潜在的节能措施，以最大限度地降低生产成本。

己二酸氨化法生产己二腈是以己二酸、氨气为原料，主要产品为己二腈，副产品为环戊酮等。其中热公用工程包括低压蒸汽、中压蒸汽和热油，冷公用工程包括冷却水。冷、热公用工程均由厂区内部公用工程站提供。公用工程规格如表 5-7 所示。

表 5-7　　公用工程规格表

公用工程	进口温度/℃	出口温度/℃	公用工程	进口温度/℃	出口温度/℃
冷却水(CW)	20	25	中压蒸汽(MS)	250	249
低压蒸汽(LS)	125	124	热油(FO)	300	295

现代设计方法辅助设计，使用 Aspen Energy Analyzer V14 软件，对未加入节能设备的流程进行分析。首先对最小换热温差进行分析，寻找最经济的最小换热温差。作出总费用随最小换热温差的关系曲线，如图 5-33 所示。

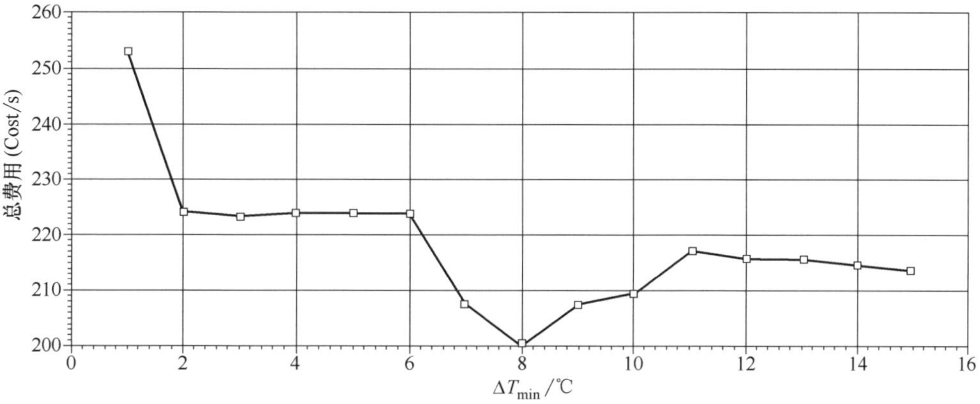

图 5-33　总费用随最小换热温差关系（不含节能设备）

从分析图中可以看出，总费用曲线随着最小换热温差的增加呈现先迅速减小至最低点后再上升的趋势。最小换热温差太小意味着换热面积的增大，对设备的换热性能要求较高，制造成本增加；而最小换热温差过大，会导致换热效率的降低，能量消耗过大。观察曲线图，理论最小换热温差为 8℃，结合曲线图和实际生产，选择最小换热温差为 8℃。

将最小传热温差设为 8℃，得到以下组合曲线如图 5-34 所示，由组合曲线图发现，

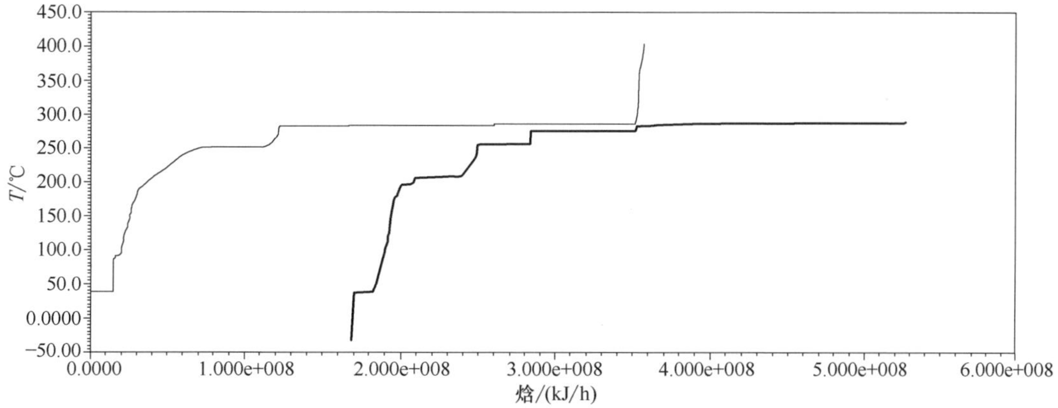

图 5-34　组合曲线图（不含节能设备）

冷热流股曲线存在较长的平台区未被利用，分析流股信息，发现热流股平台由"T0206Reboiler" "T0207Reboiler"等五个流股共同构成，冷流股缓斜平台由"T0207Condenser""T0302Condenser"等十五个流股共同组成。进一步分析，热流股平台中，能量变化最大的为"T0207Reboiler"流股；冷流股平台中，能量变化最大的为"T0207Condenser"，因此可探究应用热泵技术进行系统节能的可能。

加入热泵精馏技术后，在 Aspen Plus V14 软件中重新进行全流程模拟，得到新的流股信息如表 5-8 和表 5-9 所示。由于热泵精馏技术的加入，热泵包含的冷凝器和再沸器（T0207 塔顶冷凝器和塔釜再沸器）未出现在塔设备物料表中，而是作为工艺流程物料信息出现在流股信息表中。(物流号及塔位号参照全流程模拟源文件)。

己二酸氨化法
全流程模拟

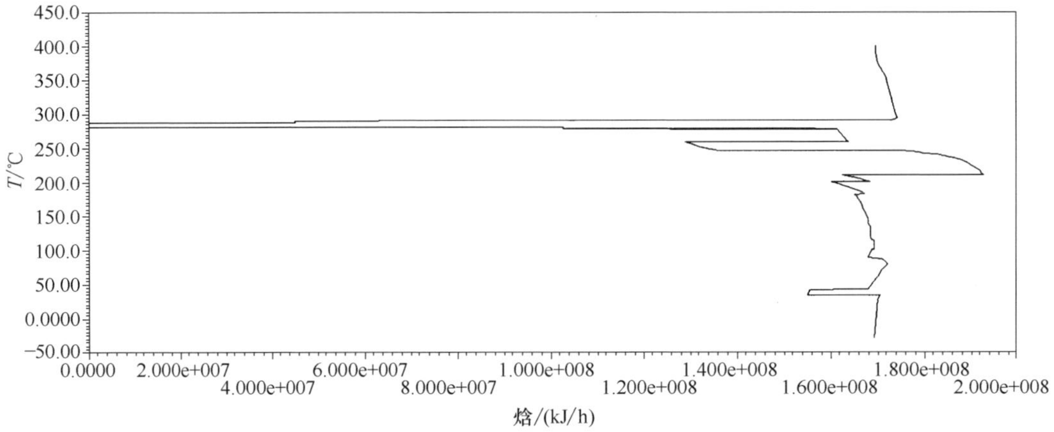

图 5-35　总复合曲线图（不含节能设备）

表 5-8　　物流流股信息表（含节能设备）

物流号	初始温度/℃	终了温度/℃	热负荷/kW	物流号	初始温度/℃	终了温度/℃	热负荷/kW
0201_To_0202	270.0	190.0	1350.5	0506_To_0507	211.6	50.0	45.0
0204_To_0301	230.2	155.0	15488.7	0430_To_0432	115.0	148.6	30581.4
0105_To_0108	101.7	290.0	9979.6	0302_To_0303	230.4	155.0	1345.1
0521_To_0522	203.1	70.0	283.0	0515_To_0516	60.0	25.0	24.1
0439_To_0440	106.2	60.0	178.9	0429_To_0103	109.6	50.0	2406.2
0407_To_0408	143.7	50.0	4826.8	0434_To_0501	148.6	60.0	907.6
0421_To_0422	105.1	50.0	17009.5	0311_To_0401	155.0	44.0	6443.6
0419_To_0420	183.4	123.6	13427.2	0111_To_0113	55.5	241.0	6974.7

表 5-9　　塔设备物料信息表（含节能设备）

塔位号	类型	初始温度/℃	终了温度/℃	热负荷/kW
T0304	Condenser(冷凝器)	90.1	40.4	55.4
	Reboiler(再沸器)	97.5	99.2	55.6
T0201	Condenser	287.2	287.4	5841.6
	Reboiler	276.2	276.7	3511.1

续表

塔位号	类型	初始温度/℃	终了温度/℃	热负荷/kW
T0208	Condenser	252. 5	252. 1	10666. 6
	Reboiler	256. 2	256. 9	9897. 2
T0207	Condenser	217. 3	127. 6	3461. 1
	Reboiler	287. 2	287. 4	5841. 6
T0202	Condenser	286. 5	286. 2	25336. 1
	Reboiler	288. 3	288. 8	28972. 2
T0206	Condenser	284. 2	283. 9	3963. 8
	Reboiler	285. 5	286. 0	5369. 4
T0302	Condenser	135. 2	105. 3	706. 9
	Reboiler	287. 3	290. 4	1080. 0

在 Aspen Energy Analyzer V14 中对最小换热温差进行分析，寻找改进后工艺的最经济的最小换热温差。作出总费用随最小换热温差的关系曲线，如图 5-36 所示。

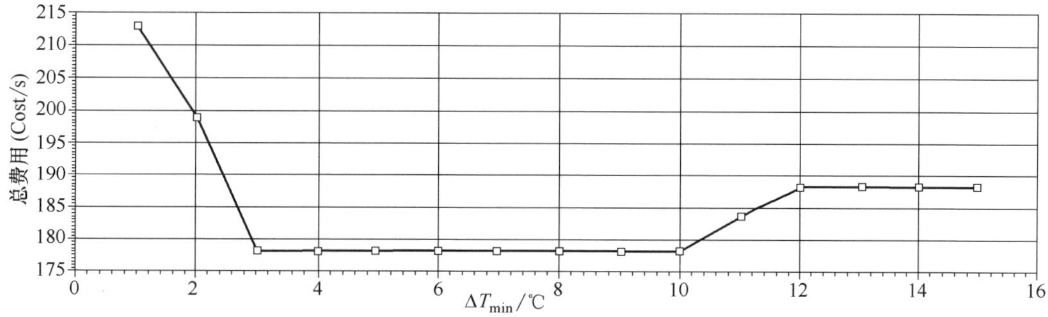

图 5-36　总费用随最小换热温差关系（含节能设备）

从分析图中可以看出，曲线首先迅速下降至最低点后保持平衡缓慢上升。对比两图的纵坐标可知，总费用明显降低。上图理论最小换热温差为 8℃，结合实际综合考量选择最小换热温差为 8℃。将最小换热温差设为 8℃，得到以下组合曲线图 5-37 和图 5-38：

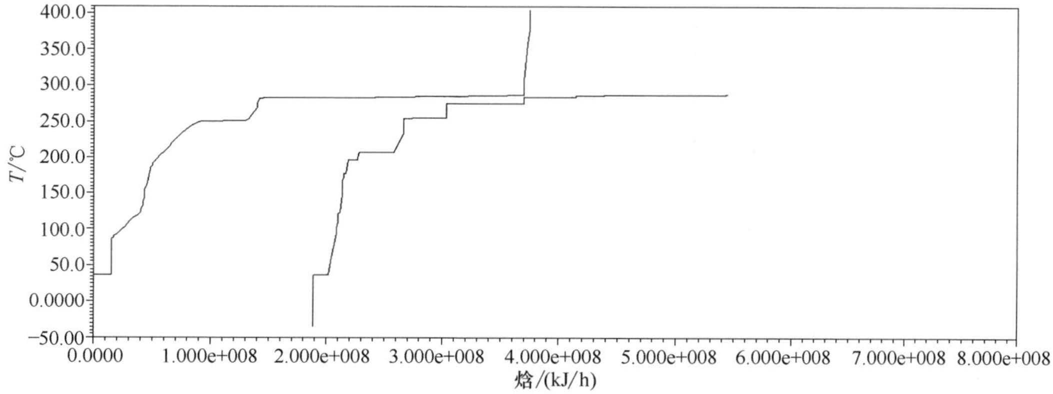

图 5-37　组合曲线图（含节能设备）

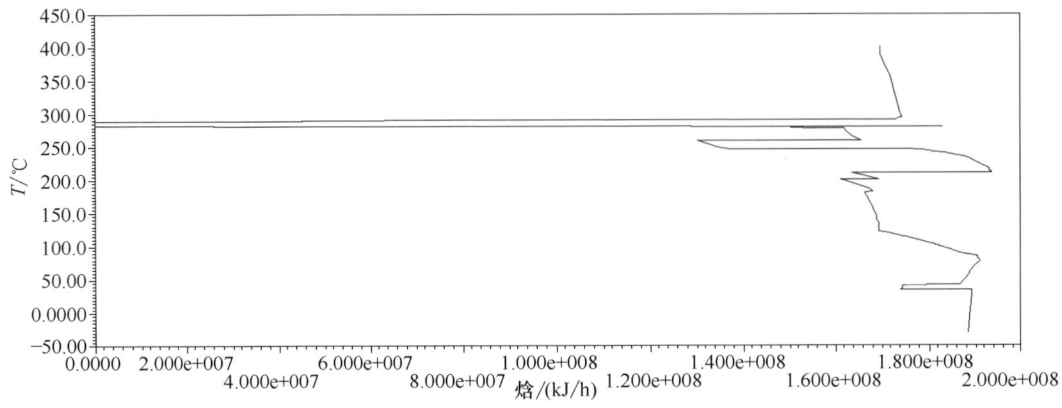

图 5-38　总组合曲线图（含节能设备）

通过与加入节能设备前的总复合曲线图对比，可以看出理论的最小需冷量和最小需热量均大幅减小。

具体数值如图 5-39 所示：

Design		Total Cost Index [Cost/s]	Area [m2]	Units	Shells	Cap. Cost Index [Cost]	Heating [kJ/h]	Cooling [kJ/h]	Op. Cost Index [Cost/s]
SimulationBaseCase		228.2	3.403e+00	48	108	8.566e+006	3.312e+008	3.520e+008	0.2616

图 5-39　过程能量目标（含节能设备）

理论上所需的最小热公用工程量为 3. 312×10^8kJ/h = 9. 2×10^4kW。

理论上所需的最小冷公用工程量为 3. 520×10^8kJ/h = 9. 778×10^4kW。

与未加入节能设备的能量目标进行对比，其能量目标如图 5-40 所示：

Design		Total Cost Index [Cost/s]	Area [m2]	Units	Shells	Cap. Cost Index [Cost]	Heating [kJ/h]	Cooling [kJ/h]	Op. Cost Index [Cost/s]
SimulationBaseCase		291.6	4.405e+00	50	130	1.095e+007	4.767e+008	5.002e+008	0.3727

图 5-40　过程能量目标（不含节能设备）

理论上所需的最小热公用工程量为 4. 767×10^8kJ/h = 1. 324×10^5kW

理论上所需的最小冷公用工程量为 5. 002×10^8kJ/h = 1. 389×10^5kW

可以看出冷、热公用工程的最小用量都有所减小，节能技术有效。通过总复合曲线图进行分析，可以看出流程的温度在 25～420℃，为节约成本，热公用工程和冷公用工程可选取不同品位的冷源和热源。全流程需要加热的流股进口温度从-33. 7℃到 288. 3℃不等，出口温度从 98. 2℃到 290. 4℃不等，因此选取低压蒸汽、中压蒸汽以及高压蒸汽三种不同品位的热公用工程；需要冷却的流股进口温度从 38. 8℃到 394. 9℃不等，出口温度从 38. 5℃到 286. 2℃不等，因此选取冷却水作为冷公用工程。

换热网络的设计自由度较大，所获得的方案数目众多，但是合理的换热网络需要经过筛选与优化。在设计换热网络时，需要考虑工艺流股换热的可能性，最好还要将设备费用等因素也考虑进去，以便获得最为合理的换热网络。

优化前的换热网络如图 5-42 所示，其费用为 248. 6Cost/s。在 Forbidden Matches（禁用匹配）中禁用工段间换热，在 Aspen Energy Analyzer V14 给出的 Recommend Design（建

议设计）生成 A_ Design1至 A_ Design10 共 10 种设计方案如图 5-41 所示。选取其中最为经济且换热面积较小的设计方案 A_ Design6进行后续优化过程（其费用为 200. 8Cost/s）。

A_Design4	207.7	2.916e+00	71	122	7.788e+006	4.815e+008	2.801e+008	0.4844
A_Design2	206.7	2.893e+00	72	123	7.749e+006	4.815e+008	2.801e+008	0.4844
A_Design5	205.4	2.890e+00	69	120	7.702e+006	4.815e+008	2.801e+008	0.4844
A_Design8	204.8	2.889e+00	68	118	7.680e+006	4.815e+008	2.801e+008	0.4844
A_Design1	204.2	2.861e+00	72	122	7.657e+006	4.815e+008	2.801e+008	0.4844
A_Design9	203.2	2.859e+00	69	119	7.620e+006	4.815e+008	2.801e+008	0.4844
A_Design3	202.9	2.861e+00	67	117	7.607e+006	4.815e+008	2.801e+008	0.4844
A_Design7	202.7	2.855e+00	68	118	7.601e+006	4.815e+008	2.801e+008	0.4844
A_Design10	201.7	2.851e+00	67	117	7.564e+006	4.815e+008	2.801e+008	0.4844
A_Design6	200.8	2.849e+00	64	114	7.530e+006	4.815e+008	2.801e+008	0.4844

图 5-41　设计方案图

比较由系统推荐给出的两种方案的总费用（Total cost），Design 6 的 Total cost 最低，且考虑到换热面积，最终选择 Design 6 进行后续优化过程。优化前的换热网络如图 5-42 所示。

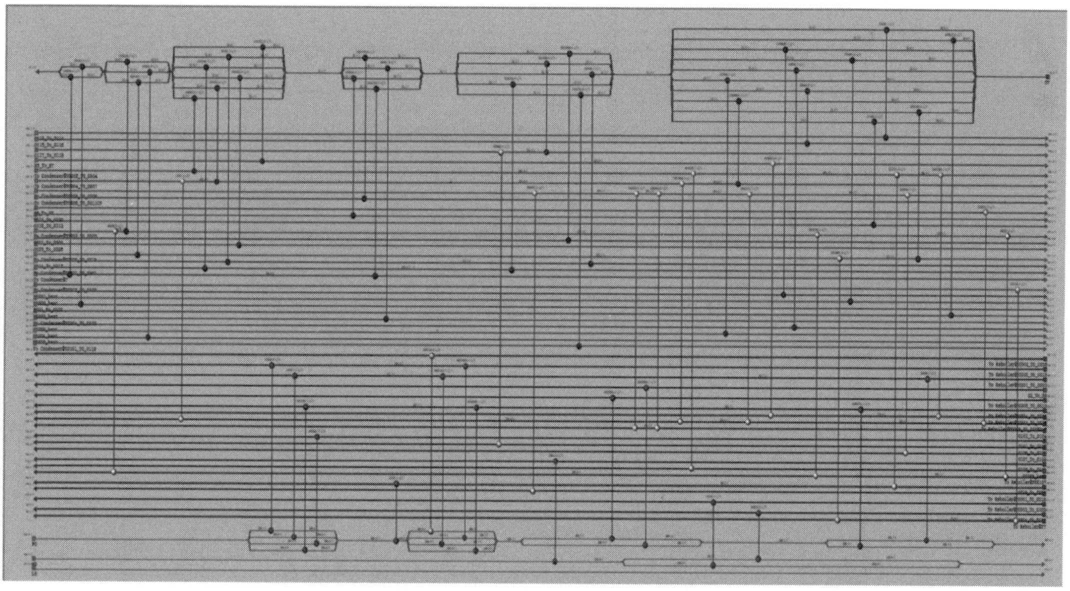

图 5-42　优化前的换热网络

观察上图可知，此设计存在 Loop 回路。对于这些换热器需要打破 Loop 回路，减少换热器数量，再通过调节相应流股的换热情况进行优化，从而实现换热网络的松弛。

相距较远的物流间换热会使管路成本增大，增加设备投资成本，且操作不稳定，此类换热器需要删除。同时，利用反应器出料流股热量预热原料等方法节约公用工程的用量，因此需要手动添加换热器。

根据以上换热网络优化原则和思路，最终换热网络结果如图 5-43 所示。

优化后的换热网络中一共含有换热器 22 台，其中热量回收换热器 5 台（其中 E0206 为热泵精馏的热量回收换热器）。优化后的换热网络与原始换热网络对比结果如图 5-44 所示。可回收热量为 15. 147kW，在考虑经济效益的基础上达到了节能目的。

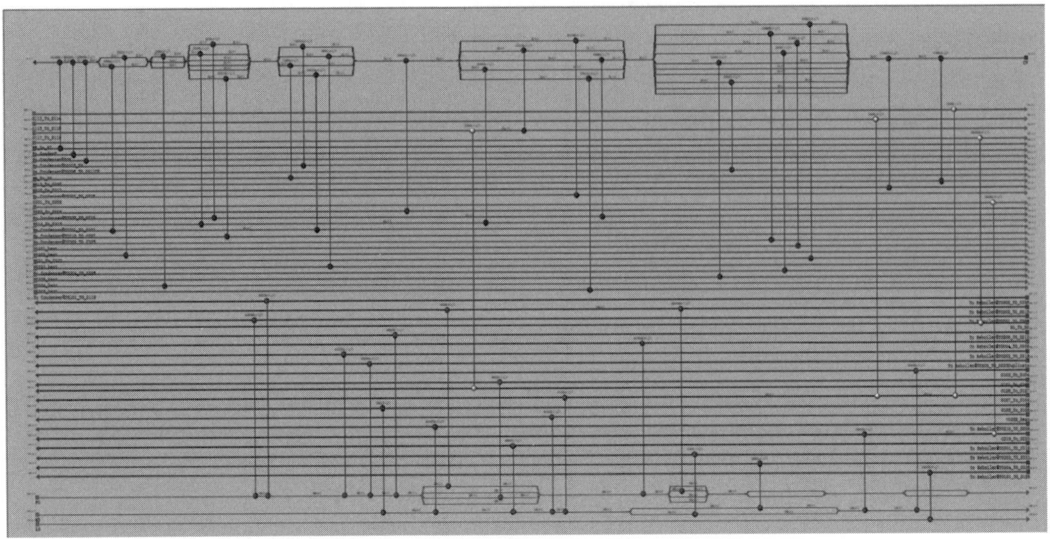

图 5-43　最终换热网络结果

Design		Total Cost Index [Cost/s]	Area [m2]	Units	Shells	Cap. Cost Index [Cost]	Heating [kJ/h]	Cooling [kJ/h]	Op. Cost Index [Cost/s]
initial		248.6	3.712e+00	49	116	9.331e+006	3.780e+008	4.331e+008	0.3688
result		200.8	2.849e+00	64	114	7.530e+006	4.815e+008	2.801e+008	0.4844

图 5-44　优化后换热网络与原始换热网络对比结果

在项目的建设和管理方面都要注意采取高效节能措施，措施主要包括：

① 装置采用联合布置和装置间热进料，减少中间罐的数量及热量损失；

② 大型转动设备采用蒸汽驱动，减少能量转化过程的效率损失；

③ 动力供应和工艺过程相结合，高中压蒸汽尽量先用作动力，驱动工艺透平设备，产生的蒸汽用于工艺过程，以提高能量利用效率；

④ 对装置及系统产生的凝结水、锅炉排污和生产污水进行深度利用，处理后的回收水用作循环水补水；对于能够进行一水多用的设备及工艺尽量做到一水多用，从而节省水耗量，降低能耗；

⑤ 减少新鲜水用量，减少排污，清污分流。污水处理场进水分为高浓度污水和低浓度污水，高浓度污水处理后排放，低浓度污水处理后回用；

⑥ 选用高效变压器和电器设备，合理选择机泵和驱动电机的容量；

⑦ 采用先进的自动控制系统，使得各系统在优化条件下操作，提高全厂的用能水平；

⑧ 加强设备及管道的隔热和保温等措施，对所有高温设备及管线均选用优质保温材料，减少散热，提高装置及系统的热回收率。

己二酸氨化法换热网络综合

参考文献

[1] 许鑫培，王德龙，姚月，等．丙烷脱氢制丙烯铬系催化剂研究进展［J］．天然气化工（C1 化学与化工），2017，42（5）：107-113+125.

[2] 方利国．化工过程系统分析与合成［M］．北京：化学工业出版社，2013.

[3] 孙兰义．化工过程模拟实训-Aspen Plus 教程［M］．北京：化学工业出版社，2017.

第六章　典型化工产品己二腈的生产过程分析与合成

认识和比较工艺过程，择优将反应过程、换热过程和分离过程联系起来，为各类单元操作进行排列和有效组合，辅助以流程模拟方法，寻求全流程模拟的最优值，用化工过程分析与合成的理念辅助完成工艺设计、部分设备设计以及制作化工设计工艺包是本门课程的重要教学目的。本章内容需要进一步考虑在实际问题中，生产某种特定的化工产品，一般会有采用不同工艺过程的多个工艺同步在进行着实际的产品生产，这里多个工艺间的最优化问题很难进行深入对比，和化工过程分析与合成中的优化并求取最优解的理念似乎并不契合。本章中以典型的化工产品己二腈的生产过程为例，从流程模拟和分析与合成的角度认识实际生产中工艺的选取与优化问题。

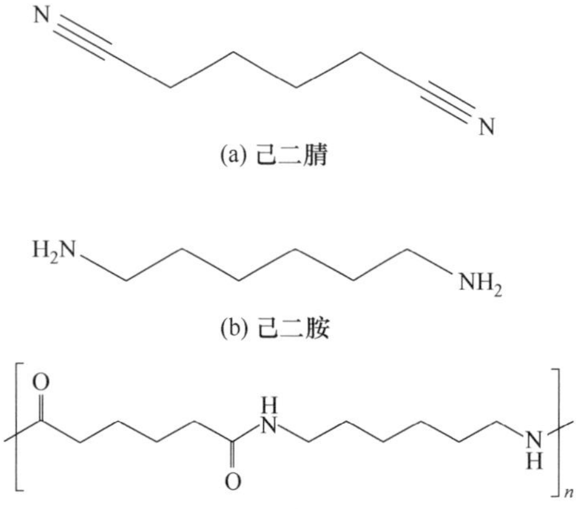

(a) 己二腈

(b) 己二胺

(c) 聚己二酰己二胺

图 6-1　分子结构式

己二腈（ADN）（图 6-1）是一种重要的有机化工中间体，工业上主要用于加氢生产己二胺（HMD），己二胺与己二酸聚合生产尼龙 66（PA66）。尼龙 66 在国防军工、城建交通、家居生活等方面有着极为广泛且重要的应用，是关系到国计民生的重要战略物资。ADN 主要下游应用包括：己二胺四甲叉膦酸、己内酰胺、尼龙 66 盐、1,6-己二异氰酸（HDI）等重要原料。其中尼龙 66 主要用于汽车，机械工业，电子电器，精密仪器等领域。从最终用途来看，汽车行业消耗的尼龙 66 占据首位，电子设备占第二位。通过注射成型将约 88%的尼龙 66 加工成各种部件，并通过挤出，吹塑等将约 12%的尼龙 66 加工成相应的产品。在己二腈国产化取得突破之前，己二腈的生产被大型跨国公司垄断，如美国的英伟达、日本的旭化成、法国的罗地亚和德国的巴斯夫等。截至 21 世纪初，国内一直没有相关生产技术，下游产业所需己二腈全部依赖进口。外资企业通过该环节几乎可以轻易控制我国尼龙 66 产业链，压缩相关产业的生存空间，己二腈已成为我国尼龙 66 产业的发展瓶颈，缺乏自主知识产权的技术很难在激烈的市场竞争中获得利润，因此，业界也有人称己二腈为“尼龙产业的咽喉”。如果能开创己二腈工业化生产项目则能够彻底打破国外对我国己二腈的技术封锁和垄断，填补国内技术和产业的空白，意义重大。

第一节　乙二酸氨化法制备己二腈化工过程流程分析

一、己二酸氨化法

己二腈，又名 1,4-二氰基丁烷，是一种有机化合物，化学式为 $C_6H_8N_2$。世界己二腈的主要供应商有美国英伟达、奥升德、德国巴斯夫和日本旭化成公司。国外的己二腈生产厂商均建有尼龙66生产装置，其产能大部分用于本公司己二胺及尼龙66的生产，国内己二胺及尼龙66厂商主要依赖进口，货源供给紧张。

目前，全球己二腈生产技术路线主要有4种：己二酸氨化法、丙烯腈二聚法、丁二烯法和己内酰胺法。除己内酰胺法生产规模小，难以满足市场需求，可以不计以外，其他工艺均有相关工业装置。下面仅详细介绍己二酸氨化法。

己二酸氨化法在20世纪60年代末由法国罗纳普郎克公司开发成功，分为气相法和液相法。

气相法分巴斯夫法和孟山都法，其主要区别为反应器类型不同。气相法通常使用硅胶和负载型的固体催化剂，反应温度为300~350℃，由于己二酸气化时会分解，选择性只有80%。若采用瞬时气化和流化床反应器，选择性可提高到90%。

液相法是将200~300℃的熔融己二酸混合半腈稀释剂，在催化剂（如熔融磷酸）的作用下进行氨化生成己二酸二铵盐，铵盐脱水转化为酰胺后继续脱水生成己二腈。反应产物经过脱水、脱重组分、化学处理和真空蒸馏等步骤，便可获得高纯己二腈。主要反应历程见式（6-1）至式（6-3）：

$$2NH_3+HOOC(CH_2)_4COOH \longrightarrow NH_4OOC(CH_2)_4COONH_4 \tag{6-1}$$

$$NH_4OOC(CH_4)_4COONH_4 \longrightarrow H_2NOC(CH_2)_4CONH_2+2H_2O \tag{6-2}$$

$$H_2NOC(CH_2)_4CONH_2 \longrightarrow NC(CH_2)_4CN+2H_2O \tag{6-3}$$

液相法的反应温度比气相法的温度低，因而反应过程中生成的副产物更少、选择性更高，对于催化剂的损坏程度也相对减少，不需要经常对催化剂进行活化处理。该工艺最大的优点是安全，环境隐患比丁二烯法和丙烯腈法小很多。该工艺缺点是路线长，原料成本较高，但近10年来，我国己二酸产能扩张迅猛，产能远大于市场容量；新的环己烯路线取代原有环己烷路线，显著降低了己二酸生产成本，己二酸氨化法生产己二腈的原料成本大幅降低，使得该生产工艺又具有了经济性优势。

综上，己二酸氨化法生产成本较高，市场占比较低。但是，一方面，近年来原料己二酸原料成本大幅下降，该工艺较为环保，另一方面，如果该工艺路线能将产能进一步从年产量普遍不足6万t提高至10万t及其以上，此工艺亦将重新获得较强的市场竞争能力。

二、过程流程与模拟

以己二酸为原料，采用己二酸氨气中和法（液相法）生产1×10^5t/a的己二腈生产工艺流程如图6-2所示。

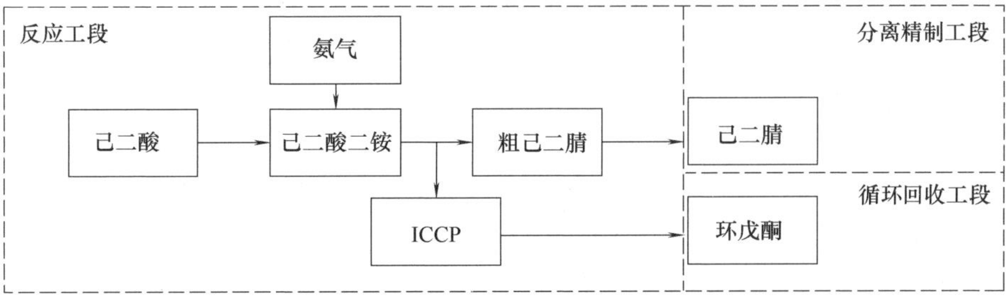

图6-2　己二腈生产工艺流程示意图

本工艺以己二酸和氨气为原料，先后经过反应工段、分离精制工段、循环回收工段，最终得到符合纯度要求的目标产物己二腈和经 ICCP（1-亚氨基-2-氰基环戊烷）路径生产的副产物环戊酮。其流程模拟如图 6-3 所示。

反应工段流程模拟：己二酸原料经过预热变成熔融态和同样经过预热的熔融态磷酸和稀释剂戊二腈（其中戊二腈包括加料与循环的两部分）进行混合，经管道运输的氨气与循环氨气预热后混合，经过预热的混合液体与氨气分别进入鼓泡塔反应器进行中和反应，己二酸与氨气在高温常压、磷酸催化作用下完全反应生成己二酸二铵，同时己二酸分解生成环戊酮和二氧化碳。生成的铵盐，环戊酮，二氧化碳与磷酸，稀释剂，剩余氨气一起进入闪蒸罐，分离出大部分剩余氨气与二氧化碳，经过多级压缩冷却进入氨气分离塔，塔顶采出较纯氨气与后续步骤氨气一起经过膜组件与分子筛分离除去二氧化碳，得到可供循环的氨气。分离出大部分氨气的混合流股一起进入列管式反应器，在高温常压下进行脱水反应，铵盐完全反应生成己二腈与水，同时己二腈反应生成同分异构体 1-亚氨基-2-氰基环戊烷。

反应工段流程模拟如图 6-4 所示。本工段有六股进料：己二酸进料（0101）、磷酸进料（0103）、氨气进料（0105）、循环氨气进料（0131）、戊二腈进料（0107）、循环戊二腈进料（0246）；共有一股出料：脱水反应混合物流出料（0201）。己二酸、磷酸、戊二腈预热至反应温度 240℃和循环戊二腈冷却至反应温度 240℃混合为混合液进入中和反应器（R0101），同时将氨气与循环氨气预热至反应温度后混合为一股氨气进料。因为反应器选择为鼓泡塔反应器，所以设置一股混合液进料，一股氨气进料模拟实际情况。同时该中和反应因为己二酸浓度的变化会引起反应级数的变化（即高浓度是一级反应，低浓度是二级反应），所以利用两个串联的反应器对这个反应进程进行模拟，同时再串联一个反应器来模拟己二酸分解为环戊酮的副反应的发生。该反应器中发生的主反应是己二酸在高温（240℃）常压，磷酸催化作用下与过量氨气发生中和反应生成己二酸二铵这种铵盐的反应，同时稀释剂戊二腈抑制己二酸在高温下的分解和结焦。

中和反应出来的混合流股中主要含有铵盐、稀释剂、环戊酮、氨气、磷酸和二氧化碳。因为副反应产生了二氧化碳，且出于清洁生产的目的，需要将过量氨气尽可能多地回收循环，所以分离提纯氨气，除去二氧化碳是必要的。先将混合流股进行绝热闪蒸，闪蒸出绝大部分氨气，二氧化碳等，但氨气和二氧化碳易溶于混合流股中，所以需要精馏塔进一步分离，但因为氨气等气体沸点与稀释剂等主要液相物质沸点相差过大，直接进精馏塔会导致塔顶塔底温差过大等问题，需要加压精馏，对于闪蒸气相出料进行多级压缩及冷却，将其加压至 15bar（$1bar=1\times10^5Pa$），并进入氨气分离塔中进行分离。塔底采出重组分重新与闪蒸罐液相出料混合。塔顶采出轻组分经节流阀将压力降至常压后，与后续残留氨气分离后混合，以 38℃进入 Mxene 基膜组件进行二氧化碳的分离，但膜的分离效果有限，不足以达到循环气体的纯度要求，所以将透过膜的气相通过改性分子筛进行进一步提纯，方可将其进行循环操作。

分离出大部分氨气等气体的混合液体一起进入列管式脱水反应器，该反应温度为 270℃。为模拟实际生产，设置反应器中段温度为 255℃，尾端温度为 270℃。同时模拟己二腈转化为同分异构体 ICCP 的副反应添加了一个串联的反应器。该反应器出料中主要含有己二腈、稀释剂、氨气、环戊酮、ICCP、磷酸。混合物料将进入第二工段即分离精制

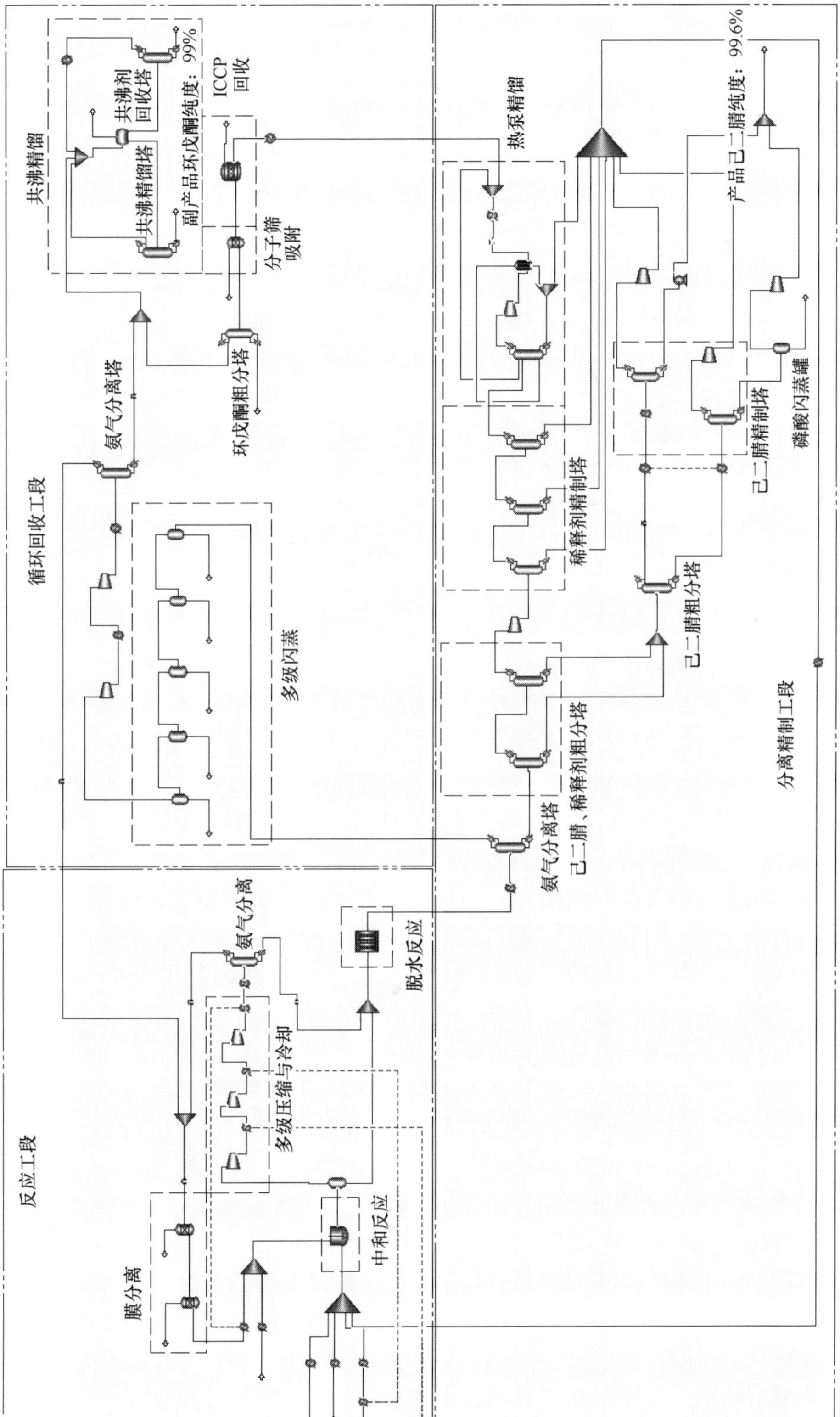

图 6-3　某厂己二酸氨化法制备己二腈流程模拟

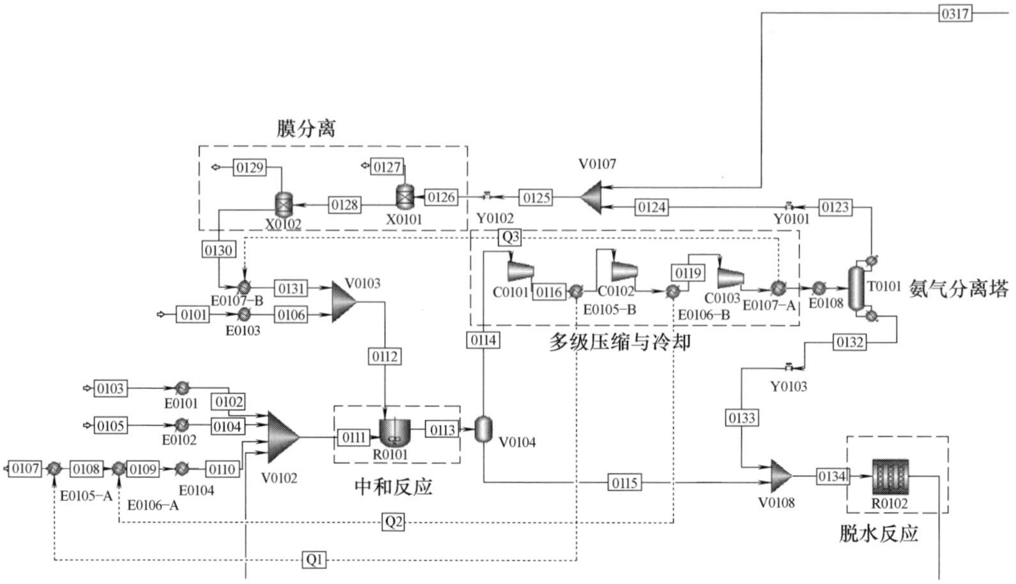

图 6-4　反应工段流程模拟

工段进行产品已二腈和循环稀释剂的提纯。

分离精制工段流程模拟：脱水反应器出来的混合流股经换热器冷却进入氨气分离塔，氨气、环戊酮等轻组分塔顶采出进入循环回收工段；已二腈、稀释剂、ICCP 和磷酸重组分塔底采出进行具体的分离精制。塔底混合液体先进入两个已二腈稀释剂粗分塔，将全部 ICCP 和部分稀释剂从塔顶采出，在塔底只采出已二腈、稀释剂和磷酸混合流股。两股塔底流股混合进入已二腈粗分塔，塔顶采出稀释剂含量高的混合流股，塔底采出已二腈含量高的混合流股，两流股进行流股间换热后各自进入两个已二腈精制塔进行已二腈的分离，产品已二腈从塔底采出，因为一股物流中还有沸点最高的磷酸，须将磷酸除去，后将两股产品流股加压至常压并混合为纯度为 99.6%的产品。而已二腈精制塔塔顶采出的高纯稀释剂则经加压循环回第一工段即反应工段。已二腈稀释剂粗分塔的塔顶采出流股经加压进入三级稀释剂精制塔，高纯的稀释剂从塔底采出经混合循环，塔顶采出依次进入下级精制塔，第三级稀释剂精制塔塔顶采出流股进入热泵精馏塔，塔底依然采出高纯稀释剂混合循环，塔顶采出 ICCP 含量较高的混合流股进入循环回收工段。

分离精制工段工艺流程如图 6-5 所示。本工段共有一股进料：脱水反应混合进料（0201）；共有四股出料：氨气分离塔顶出料（0301）、磷酸闪蒸罐液相出料（0224）、产品已二腈出料（0226）、热泵精馏塔顶出料（0244）。

因为脱水反应器出来的混合流股成分复杂，而要达到分离精制的目的，需要根据沸点差异一步一步分离。首先分离与稀释剂等主要成分沸点差异过大的轻组分氨气、水和环戊酮。因为脱水反应的反应温度（270℃）过高，需要进料先经换热器冷却至 190℃ 再进入氨气分离塔中进行精馏。塔顶采出混合流股中的全部氨气、水和环戊酮，但因为质量相差过大，同时带有一小部分已二腈和稀释剂，塔顶采出流股作为循环回收工段的进料。塔底采出仅仅含有已二腈、ICCP、磷酸和稀释剂做后续分离。

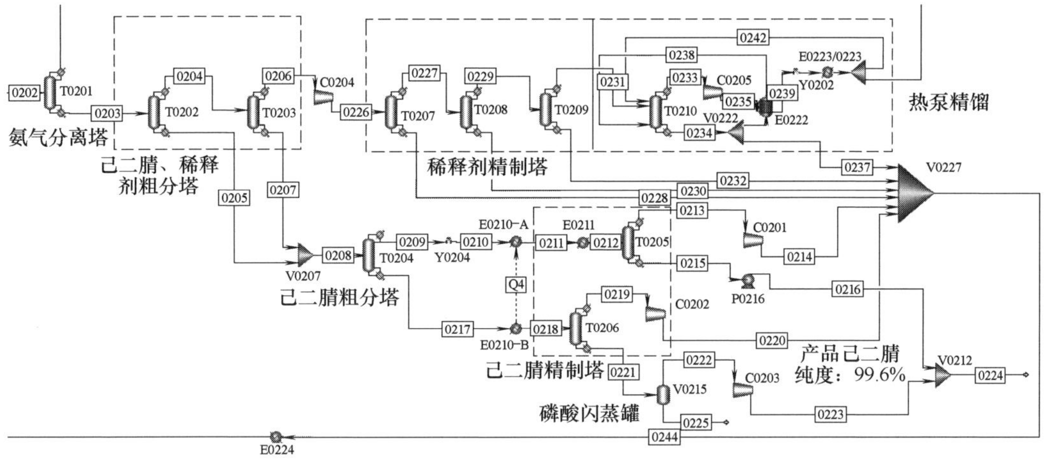

图 6-5 分离精制工段流程模拟

在塔底流股中几种物质的沸点如图 6-6 所示，可以知道除磷酸外三种物质沸点差异很小，且因为 ICCP 的量相对而言很少，在模拟设计的过程中发现很难将 ICCP 单独分离，所以利用两个己二腈稀释剂粗分塔（0.76bar）将己二腈、稀释剂、磷酸三者从塔底采出混合，而塔顶采出 ICCP 和部分稀释剂。塔底出料中只含有己二腈、稀释剂和磷酸，经过模拟结果综合考虑精馏塔负荷与设备费用，决定先进行粗分再进行精制分离。同时因为降压会导致己二腈与稀释剂的沸点差异变大，所以己二腈粗分塔塔压选择 0.45bar。塔顶采出稀释剂含量高的液相流股，塔底采出己二腈含量高的液相流股。塔顶流股预热进入 1 号己二腈精制塔，塔顶得到较纯稀释剂经压缩机加压至常压进入缓冲罐 V0227 与其他稀释剂流股一起循环回反应工段；而塔底则采出质量分率 99.6%的产品己二腈，经泵加压至常压进入缓冲罐 V0212 与其他产品流股混合。己二腈稀释剂粗分塔底流股进入 2 号己二腈精制塔，其塔压为 0.1bar，其塔顶采出为较纯稀释剂，同样经压缩机加压至常压进入缓冲罐 V0227 与其他稀释剂流股一起循环回反应工段。塔底采出为高纯己二腈与少量磷酸，将其通入磷酸闪蒸罐除去磷酸，使己二腈质量分率达到 99.6%。然后将磷酸闪蒸罐的气相出料也就是 99.6%的己二腈加压至常压，与 1 号精制塔的己二腈混合作为产品物料（质量分率为 99.6%）。

共沸物搜索报告

物性模型:UNIQUAC　　有效相态:VAP-LIQ

101325 N/SQM压力下考察混合物中的共沸物

组分 ID	组分名称	分类	温度/℃
ADN	ADIPONITRILE	弧鞍	294.65
ICCP		不稳定节点	275.01
H3O4P	ORTHOPHOSPHORIC-ACID	稳定节点	859.85
GLUTA-01	GLUTARONITRILE	弧鞍	286.07

未找到共沸物

图 6-6 沸点汇总

己二腈稀释剂粗分塔顶出料先加压至常压，因为经过模拟发现压力越高越利于 ICCP 的分离，但出于设备费用以及安全操作的考虑，仅仅加压至常压即可。因为该流股中稀释剂含量远大于 ICCP，将 ICCP 单独分离出来依然不行，所以利用多级精馏塔将高纯稀释剂从塔底采出，在缓冲罐中与其他高纯稀释剂混合循环。塔顶采出依次进入下一级稀释剂精制塔，三级精制塔顶采出则进入热泵精馏塔。该热泵精馏塔作用与前三级稀释剂精制塔一致，但出于节能目的将其改造为将塔顶气相压缩与塔底液相换热循环的热泵精馏塔。其塔底出料为高纯稀释剂用于混合循环；塔顶出料主要含有 ICCP 和稀释剂，将进入第三工段（循环回收工段）。

循环回收工段流程如下：氨气分离塔的塔顶采出混合气体经多级闪蒸蒸出大量水，液相采出进行废水处理，气相采出进入下一级闪蒸罐，第五级闪蒸罐气相采出经多级压缩、多级冷却进入氨气分离塔，塔顶采出高纯氨气与第一工段氨气混合循环。热泵精馏塔顶采出混合液体经冷却进入 ICCP 反应器，与磷酸、水反应生成环戊酮（图 6-7）和二氧化碳。反应器出来的混合流股过分子筛除掉二氧化碳后进环戊酮粗分塔，其塔底采出作废液处理，塔顶采出为己二腈和水的混合流股，其与前面氨气分离塔塔底采出的己二腈、ICCP、磷酸和稀释剂混合进行共沸精馏，共沸精馏塔塔底采出为高纯水，作废液处理。共沸剂回收塔塔底采出质量分数 99% 的环戊酮是主要的副产品。

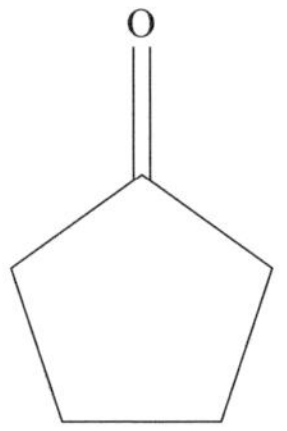

图 6-7 环戊酮结构式

循环回收工段流程模拟如图 6-8 所示，本工段共有三股进料：混合气进料（0301）、混合液进料（0244）、磷酸进料（0321）；有多股出料：五股闪蒸液相出料（0303、0305、0307、0309、0311）、循环氨气出料（0316）、二氧化碳出料（0323）、环戊酮粗分塔液相出料（0326）、共沸分相器气相出料（V0310 气相出口处）、共沸精馏塔底出料（0332）、副产品环戊酮出料（T0304 塔底）。分离精制工段的氨气分离塔顶出料中含有大量的水、少量的氨气、环戊酮。为达到循环尽可能多的氨气和保留尽可能多的环戊酮的目的，首先将该混合气相进料通过一个多级闪蒸工序，该五级闪蒸工段温度逐渐降低，压力逐渐升高，各级闪蒸罐液相出料排出作废液处理。

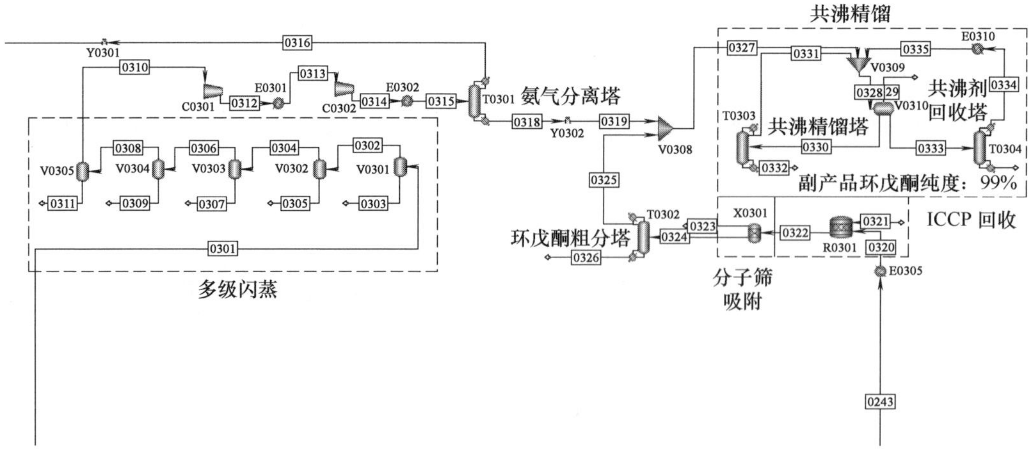

图 6-8 循环回收工段流程模拟

气相出料依次进入下一级闪蒸罐。第五级闪蒸罐气相出料仅含有氨气、少量的水和环戊酮。将其进行两级压缩冷却至12bar，100℃进入氨气分离塔。氨气分离塔底采出重组分水与环戊酮，经节流阀降压至常压后进共沸体系，塔顶采出较纯氨气经节流阀降为常压循环回第一工段。

考虑到可以将ICCP转化为高经济附加值的环戊酮，对相关工艺进行模拟，设计出ICCP回收工艺得到环戊酮副产品。先将混合液进料（282.9℃）冷却至反应温度150℃，引入反应器中，同时补加磷酸与水提供反应环境。反应器中，ICCP、磷酸和水在150℃常压酸性环境下生成环戊酮、磷酸铵和二氧化碳。同时流股中还有上一工段剩余的稀释剂。先利用改性分子筛对二氧化碳进行吸附处理，降低流程中二氧化碳的含量。然后将混合流股引入环戊酮粗分塔，塔底采出稀释剂和磷酸铵等作为废液，经厂区废液处理系统统一处理；塔顶采出环戊酮与水的共沸物。

水和环戊酮的共沸体系的共沸剂是水，参考水-正丁醇共沸体系对该体系进行设计。因为进料中水的量少于环戊酮的量，所以环戊酮粗分塔塔顶出料与氨气分离塔塔顶出料经节流阀混合一起进入共沸精馏的分相器。在分相后水含量较多部分进入共沸精馏塔，该塔塔底采出高纯共沸剂水并作为废液处理，塔顶采出水和环戊酮的共沸物液相循环进入分相器；分相器的气相出料为残留氨气；分相后环戊酮含量较多部分进入共沸剂回收塔，其塔底采出质量分数为99%的环戊酮作为副产品出料，塔顶采出水和环戊酮的共沸物气相经冷凝循环进入分相器。

三、T0204己二腈粗分塔模拟设计

在第二工段（分离精制工段）中，来自上游的己二腈、戊二腈、磷酸混合物进入己二腈粗分塔（T0204），塔顶得到浓度较大的戊二腈、己二腈混合物，塔底为浓度较大的戊二腈、己二腈、磷酸混合物。通过优化设计，增加塔底己二腈的质量流率与质量分率，使其质量分率增至63%左右，同时降低戊二腈在塔底的质量流率。其中图6-10对应总理论板数优化步骤；图6-11对应进料板位置优化；图6-12对应回流比优化；图6-10交点为最终优化结果。获得关键优化结果参数，可以进一步进行现代设计方法塔内件的设计和优化。

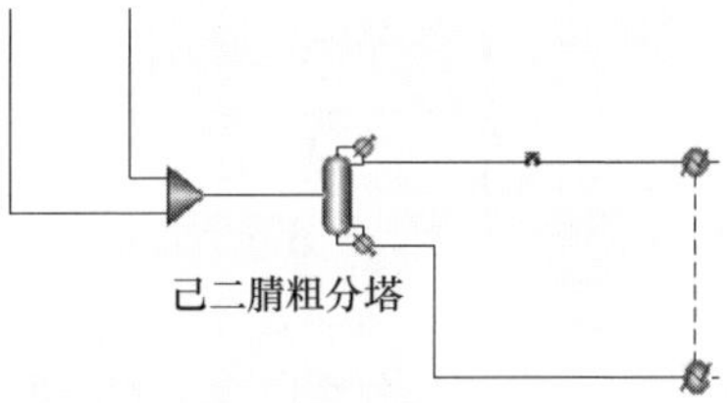

图6-9　T0204己二腈粗分塔

从图中可以看出，随着理论板数的增加，己二腈质量流率与质量分率逐步上升。可以看出在理论板数为30块时己二腈质量分率的上升趋于平缓，同时考虑理论板数的增加会造成塔的热负荷增加以及设备费用增加，所以选择总理论板数为30块。

如图6-11所示，塔底己二腈的质量流率和质量分率在进料板为第16块理论塔板时达到极大值，在第16块理论塔板之前，随进料塔板的下移己二腈质量分率逐渐增加；在第16块理论塔板之后，随进料塔板的下移己二腈质量分率逐渐降低。所以经过对进料塔板位置的灵敏度分析，选择在第16块理论塔板处进料。

如图6-12所示，随着回流比的增大，塔底的己二腈的质量分率线性上升，并在回流比达到8.5后上升趋势逐渐平缓。但考虑T0204塔质量塔流率过大，只做初步分离，同时考虑热负荷不宜过大，建议选择回流比为2.73053。

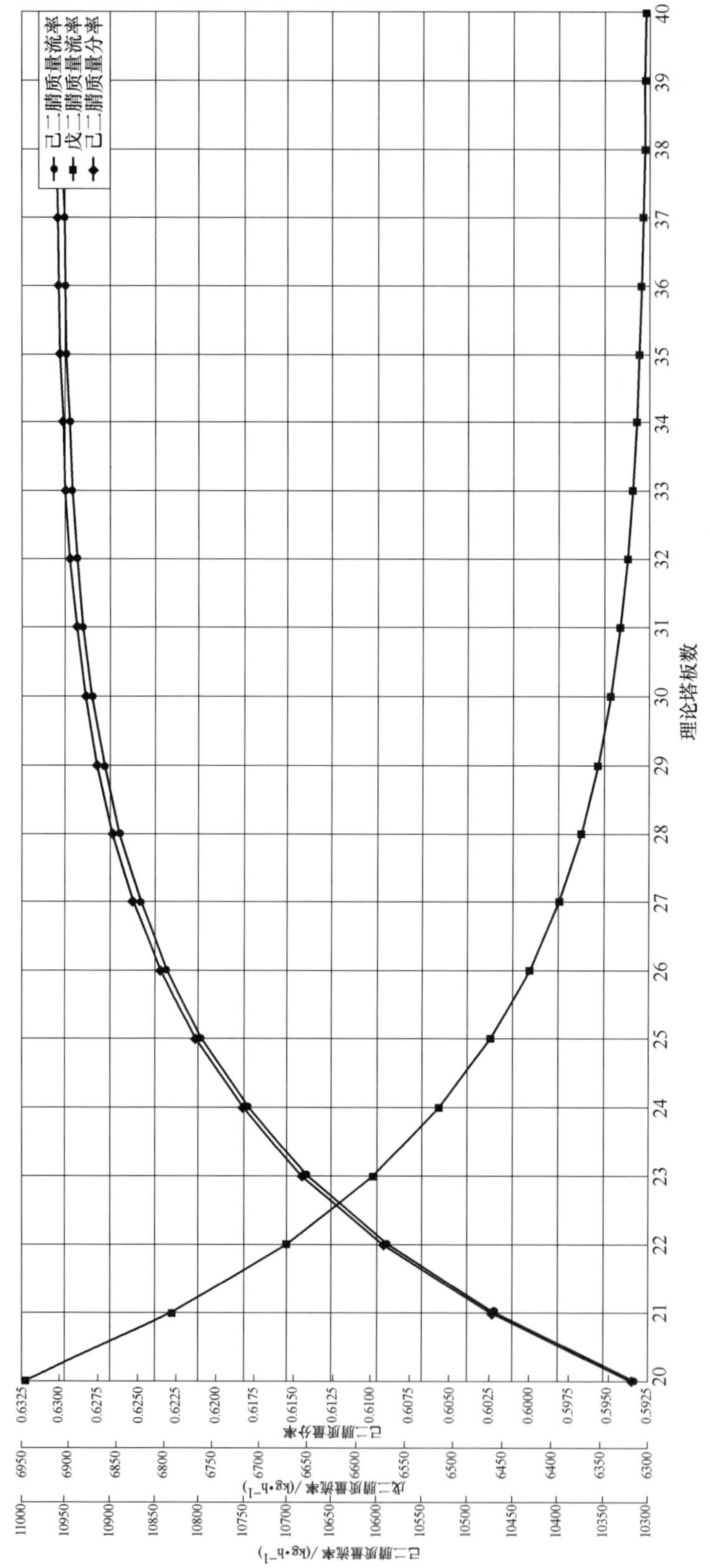

图 6-10 T0204 理论塔板数与己二腈质量流率、戊二腈质量流率、己二腈质量分率的关系

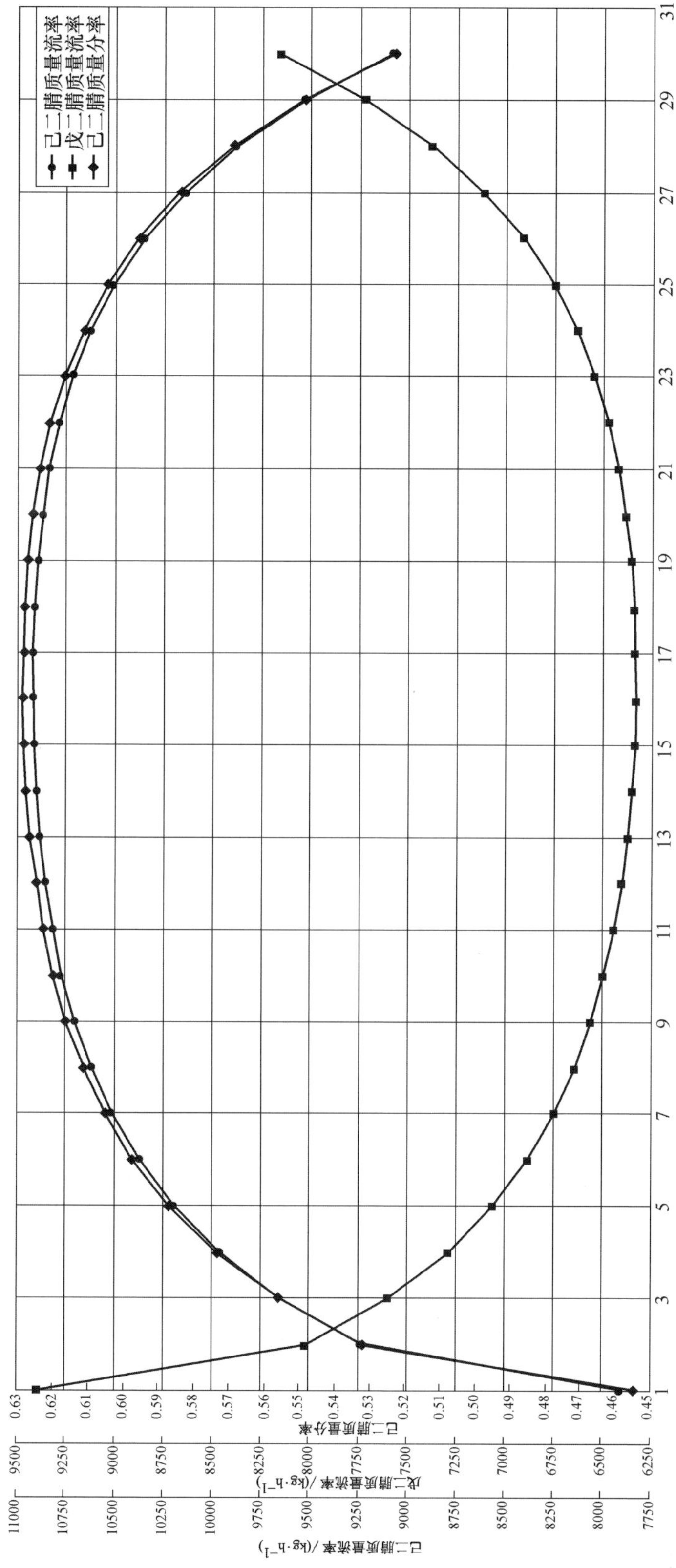

图 6-11　T0204 进料塔板位置与己二腈质量流率、戊二腈质量流率、己二腈质量分率的关系

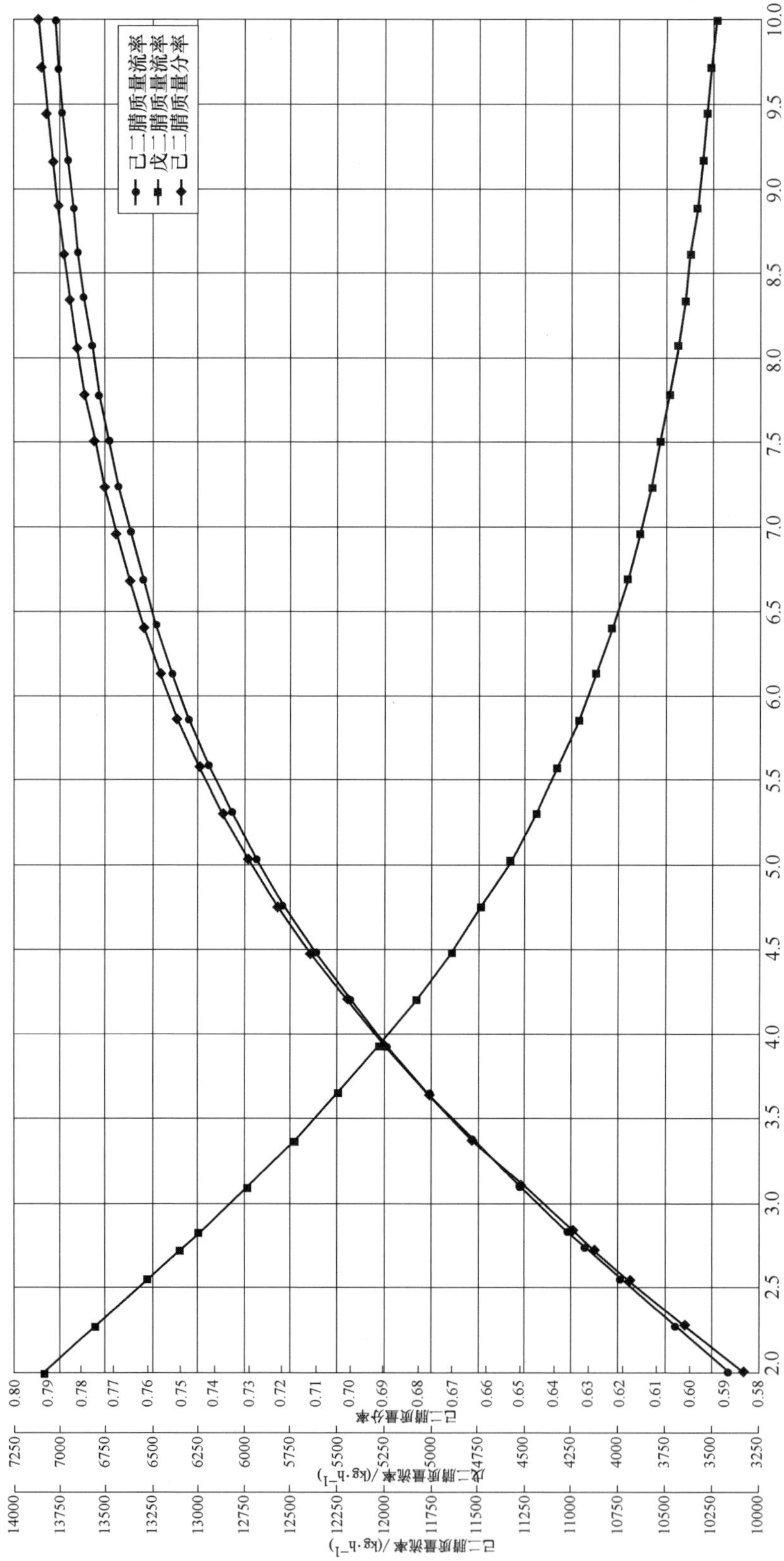

图 6-12 T0204 回流比与己二腈质量流率、戊二腈质量流率、己二腈质量分率的关系

优化结果为总塔板数 30 块，进料塔板位置为第 16 块塔板，回流比为 2.73053。将此优化结果输入主工艺流程，如图 6-13 所示。

图 6-13　T0204 操作条件

对于该己二腈粗分塔 T0204 而言，该分离操作温度较高，压降应尽量小，使设备费显著降低；持液量小，难分离物系分离的开工时间短，达到塔的各部稳定组成的时间短；流体阻力小，过程中气体处理量大而液体量小且无固相；混塔中混合物腐蚀性小，需要高效分离效果。由于性能优良的新型填料相继问世，特别是规整填料及新型塔内件的不断开发应用，使得填料塔逐步取代板式塔，而且当塔径不是很大时，填料塔因结构简单而造价便宜。故该精馏塔采用填料塔。针对填料塔的具体优势进行以下分析。

（1）压降小

填料塔由于空隙率较高，故其压降远远小于板式塔。一般情况下，塔的每个理论级压降板式塔为 400~1100Pa（3~8mmHg）；散装填料为 130~270Pa（1~2mmHg）；规整填料为 10~1070Pa（0.01~0.08mmHg），一般情况下，板式塔压降高出填料塔 5 倍左右，压降的减小意味着操作压力的降低，在大多数分离物系中，操作压力下降会使相对挥发度上升，这对于真空操作尤为重要。对于新塔可以大幅度降低塔高，减小塔径。对于老塔可以减小回流比以求节能或提高产量与产品质量。低压降的塔对于实现热泵精馏和双效蒸馏等的节能性更为有利。

（2）操作弹性大

操作弹性是指塔对负荷的适应性，塔正常操作负荷的变动范围越宽，则操作性越大，由于填料本身对负荷变化的适应性很大，故填料塔的操作弹性决定于塔内件的设计，特别是液体分布器的设计，因而可以根据实际需要确定填料塔的操作弹性，而板式塔的操作弹性则受到塔板液泛、雾沫夹带及降液管能力的限制，一般操作弹性较小。

（3）持液量小

持液量是指塔在正常操作时填料表面、内件或塔板上所持有的液量，它随操作负荷的变化而有增减，对于填料塔，持液量一般小于 6%，而板式塔则高达 8%~12%，持液量可起到缓冲作用，使塔的操作平稳，不易引起产品的迅速变化，但对于开工时间则有较大的影响，这对于难分离物系的分离、间歇蒸馏及经常处于开停工状态的分离操作是一个重要的问题。持液量大，对于难分离物系的分离，由于相对挥发度很小，达到塔的各部稳定组成的时间就更长，故开工时间很长，对于间歇蒸馏或经常处于开停工状态的分离操作，即便相对挥发度不小，持液量大也会使开工时间加长，会极大增加操作周期及操作费用。对于热敏物系的分离操作，持液量大意味着停留时间的加长，这对于防止热敏物料的分解或聚合也是不利的。

填料塔的填料大体分为散装填料和规整填料。散装填料又称乱堆填料。在填料塔内随意堆放的填料。散装填料按填料的形状结构主要分为环形、鞍形、环鞍形三类，此外尚有球形以及其他形状的填料；按其用途可分为工业填料和实验室填料两类，前者尺寸较大，用于工业生产的大塔中，后者尺寸较小，但传质效率高，用于高效实验塔中。规整填料是一种在塔内按均匀几何图形排布，整齐堆砌的填料。由于具有比表面积大、压降小、流体分布均匀、传质传热效率高等优点，因此得到了广泛的应用。最早开发的是金属规整填料，以后相继开发的有塑料规整填料、陶瓷规整填料和碳纤维规整填料。规整填料根据其结构特点可以分为两大类：波纹型和非波纹型。前者又分垂直波纹型和水平波纹型；后者又分栅格型和板片型等。规整填料中应用最广的是垂直波纹填料。垂直波纹填料又分板波纹型和网波纹型。波纹填料的规格型号表示方式中，数字一般代表其比表面积数值，字母 X、Y 分别代表其波纹倾角为 30℃、45℃。例如，400X 则表示此种波纹填料的比表面积为 $400m^2/m^3$，波纹倾角为 30℃。X 型填料压降小；Y 型填料传质性能较好。新型波纹填料可采用不锈钢、铜、铝、纯钛、钼五钛等材质制作。在香料、农药、精细化工、石油化工等领域得到广泛应用。规整填料分为网孔、丝网、孔板、压延孔板等。其中金属规整填料有孔板波纹填料、丝网波纹填料、刺孔板波纹填料、板网波纹填料及环形波纹填料。孔板波纹填料具有阻力小、气液分布均匀、效率高、通量大、放大效应不明显等特点，应用于负压、常压和加压操作。丝网波纹填料是规整填料发展的一个重要里程碑，这种填料由压成波纹的丝网片排列而成，波纹片倾角为 30°或 50°，相邻两波纹片方向相反，在塔内填装时，上下两盘填料交错 90°叠放，具有高效、压降低和通量大的优点，产品有 BX、CY 型，常用于难分离和热敏性物系的真空精馏、常压精馏和吸收过程。刺孔波纹填料是斜金属薄板先碾压出密度很高的小刺孔，再压成波纹板片组装而成的规整填料，由于表面特殊等刺孔结构，提高了填料等润滑性能，并能保持金属丝网波纹填料等性能。

本次设计中，设计温度为 280℃，选择金属孔板波纹填料，材质为 304 不锈钢，Mellapak 250. Y 来填料，来保证塔在最优的操作条件下操作，以降低建造成本和保持塔的安全操作。

塔径的确定应当根据液气处理量，保证塔的操作条件既不会液泛，也有较好的传质性能。传统计算塔径的方法是根据液泛气速的经验关联式，算出泛点气速，再取一定的系数得出操作气速，从而算出塔径。

为提高设计效率和准确性，可以采用 Aspen Plus RadFrac 模块中的 Interactive sizing 和 Rating 功能，其中初步设计使用了 Interactive sizing 功能，圆整后使用了 Rating 功能。

需要指出的是，为保证填料塔的性能一直处于高效，每 4~6m 填料必须分段，并在段间设计液体分布器与液体再分布器。精馏段填料选择了 Mellapak 250. Y，提馏段填料同样选择了 Mellapak 250. Y（图 6-14）。查阅 SULZER 相关产品手册并结合工业实际，得到等板高度为 0. 4m，依此进行设计。

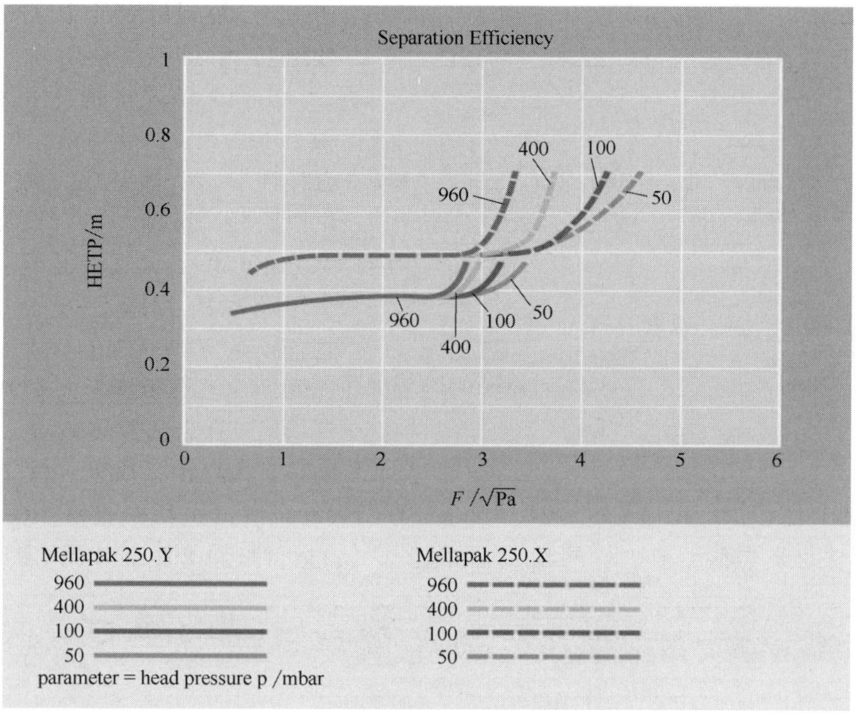

图 6-14　Mellapak 250. Y 的 HETP 图

填料塔设置如图 6-15 所示，HETP 通过手册输入。

名称	起始塔板	结束塔板	模式	内部类型	塔盘/填料类型	塔板详细信息		填料详细信息			塔板间距/塔段填料高		直径		详细情况	
						通道数	降液管数量	供应商	材质	规定						
CS-1	2	15	交互设计计算	填料	MELLAPAK			SULZER	STANDARD	250Y	5.6	meter	2.95693	meter	视图	×
CS-2	16	29	交互设计计算	填料	MELLAPAK			SULZER	STANDARD	250Y	5.6	meter	3.19822	meter	视图	×

图 6-15　填料塔设置

由计算结果可知，精馏段填料高度为 5. 6m，提馏段填料高度为 5. 6m，每段填料高应在 4~6m，所以本工段设置是合理的，不用再进行填料分段设计，但须在每段填料之间设置液体再分布器。水力学校核结果如图 6-16 所示。

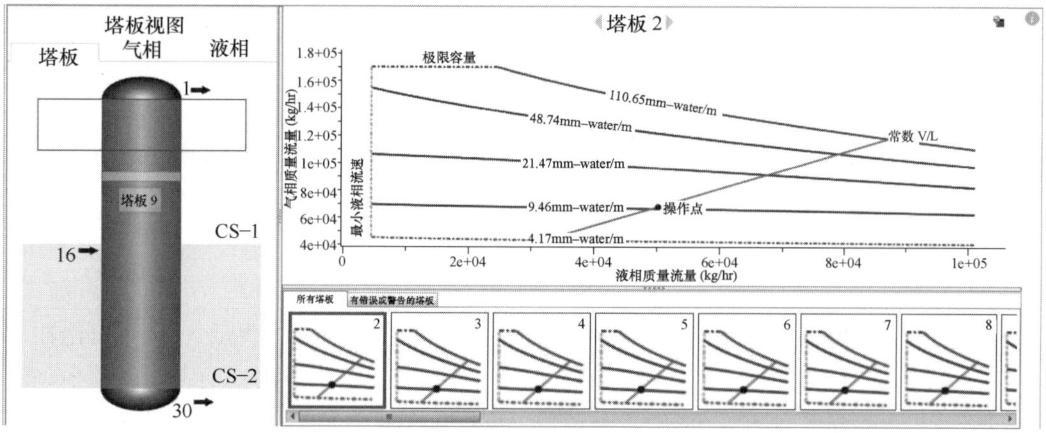

图 6-16　Interactive sizing 水力学校核结果

为保证填料层的能力因子在0.4~0.8，且因为该塔塔径较小，无变径的必要，故将上下塔径同时进行圆整为3.5m，填料层的具体设计如图6-17所示。

名称	起始塔板	结束塔板	模式	内部类型	塔盘/填料类型	塔板详细信息		填料详细信息			塔板间距/塔段填料高	直径	详细情况	
						通道数	降液管数量	供应商	材质	规定				
CS-1	2	15	交互设计计算	填料	MELLAPAK			SULZER	STANDARD	250Y	5.6 meter	3.5 meter	视图	X
CS-2	16	29	交互设计计算	填料	MELLAPAK			SULZER	STANDARD	250Y	5.6 meter	3.5 meter	视图	X

图6-17　圆整后填料塔设置（Rating）

水力学性能剖面表如表6-1所示。

表6-1　　水力学校核结果

塔板	填料高度/m	液泛率/%（常数L/V）	液泛率/%（常数L）	压降/kPa	液相流速/(m^3/s)
2	0.4	56.8264	46.2832	0.0422349	6.70331
3	0.8	56.8785	46.327	0.0422337	6.7211
4	1.2	56.9234	46.365	0.0422342	6.73625
5	1.6	56.9614	46.3973	0.0422354	6.7489
6	2	56.9928	46.4242	0.0422371	6.7593
7	2.4	57.0186	46.4462	0.0422388	6.76776
8	2.8	57.0394	46.4641	0.0422405	6.77456
9	3.2	57.0561	46.4785	0.042242	6.77999
10	3.6	57.0694	46.4899	0.0422432	6.7843
11	4	57.0799	46.499	0.0422443	6.7877
12	4.4	57.0881	46.5061	0.0422452	6.79037
13	4.8	57.0946	46.5117	0.0422459	6.79246
14	5.2	57.0997	46.5161	0.0422465	6.7941
15	5.6	57.0934	46.5092	0.0422352	6.79354
16	0.4	66.7986	54.977	0.0450489	10.9073
17	0.8	63.7027	51.0278	0.0389529	10.9086
18	1.2	63.7067	51.0314	0.0389537	10.9104
19	1.6	63.712	51.0363	0.0389548	10.9128
20	2	63.7191	51.0429	0.0389563	10.916
21	2.4	63.7287	51.0516	0.0389584	10.9203
22	2.8	63.7415	51.0634	0.0389612	10.9261
23	3.2	63.7587	51.0792	0.0389651	10.9337
24	3.6	63.7815	51.1002	0.0389705	10.9439
25	4	63.8117	51.1282	0.0389779	10.9573
26	4.4	63.8516	51.1651	0.0389883	10.9748
27	4.8	63.9038	51.2137	0.0390028	10.9975
28	5.2	63.9713	51.277	0.0390231	11.0266
29	5.6	64.021	51.317	0.0390056	11.0566

可以看到，每块板的能力因子均在0.4~0.8，因此，该填料塔的负荷性能符合相关设计标准，校核合格。

第二节　丁二烯法制备己二腈化工过程流程分析（一）

一、丁二烯法

丁二烯法分为丁二烯氯化氰化法、丁二烯直接氰化法和丁二烯羰基化法。丁二烯氯化氰化法在20世纪50年代初由杜邦公司开发成功，但工艺过程复杂，需消耗大量的氯和氢氰酸，导致生产成本很高，最终被淘汰。

70年代，杜邦公司进一步开发出了丁二烯直接氰化法，与丁二烯氯化氰化法相比，原料成本降低了15%。该法通常采用Rh、Ni、Ru等过渡金属的络合物作为催化剂，将两个分子的HCN引入丁二烯，化学反应过程分2个阶段：①1分子的HCN与丁二烯的一端进行加成反应，生成3-戊烯腈（3PN）和2-甲基-3-丁烯腈（2M3BN），2M3BN发生异构化反应转化为3PN；②3-戊烯腈异构为4-戊烯腈（4PN），并与第2分子HCN加成，生成己二腈。该工艺流程如图6-18所示。

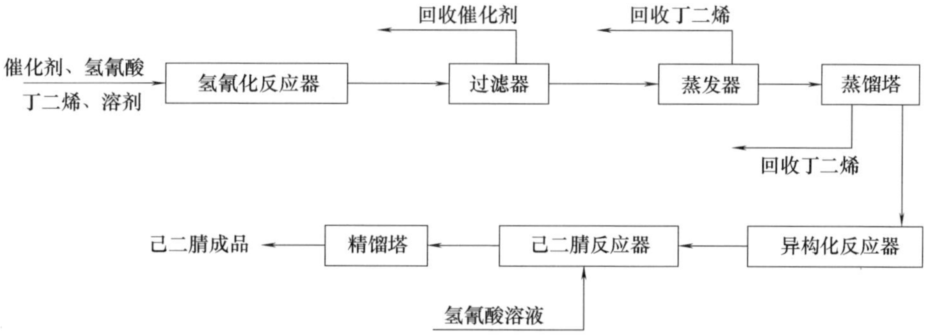

图6-18　丁二烯直接氰化法制己二腈工艺流程框图

该法生产能耗低，设备易于自动化控制，但其生产过程须在高温高压条件下进行，并且需要大量的剧毒HCN原料，一旦出现泄漏后果非常严重。因此，丁二烯直接氢氰化法对生产设备、操作、管理有极高的要求，要求生产场地必须远离居民区，同时建立严格的防范、毒气泄漏处理机制。

丁二烯羰基化法的反应过程示意图见式（6-4）：

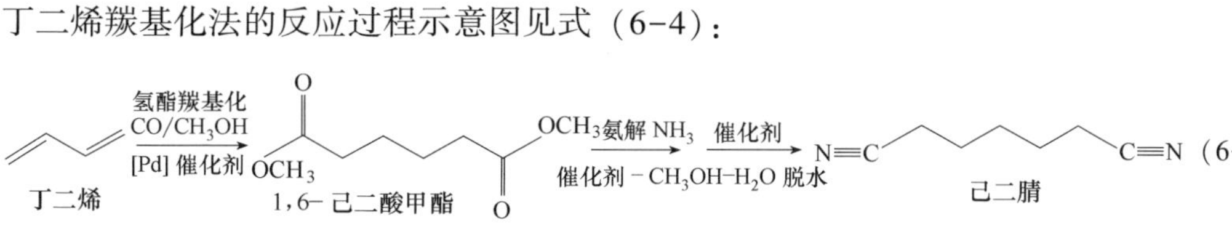

（6-4）

该法是丁二烯先在催化剂作用下与一氧化碳和甲醇反应，生成1,6-己二酸甲酯，再在催化剂的作用下经氨解-脱水最终合成己二腈，其中副产物甲醇可作为原料循环利用。该法与氯化氰化法和直接氰化法相比具有许多优势，如原料更加安全（前两种工艺的原料HCN有剧毒）、工艺流程简单、安全清洁、原料转化率高、产品易分离提纯等。但该法也存在不少缺点，如催化剂活性低、目标产品产率低、选择性低等，目前仍难以实现工业化。

丁二烯直接氰化法的反应方程式如式（6-5）：

$$CH_2CHCHCH_2+2HCN \longrightarrow NC(CH_2)_4CN \tag{6-5}$$

丁二烯直接氰化法生产已二腈，比氯化法降低原料成本 15%，节能 45%。该法具有原料成本低、无污染、产品质量及收率高、工艺路线短、相对投资较低等特点，但剧毒的氢氰酸使得大部分研究机构、研发人员望而却步。该法是目前最先进的已二腈生产技术，适合大规模工业化生产。以 1-丁烯为原料，采用丁二烯直接氰化法生产 380kt/a 的已二腈生产工艺全流程模拟如图 6-19 所示。

二、过程流程与模拟

本工艺以 1-丁烯为原料，先后经过 1-丁烯脱氢、一级氢氰化工段、二级氢氰化工段、已二腈精制工段，最终得到符合纯度要求和产量目的的目标产物已二腈。近年来，由于原材料已二腈的寡头垄断，国内尼龙 66 行业的发展较为缓慢，而作为 ADN 的重要生产原料 BD 价格也出现了较大的涨幅。已二腈的直接原料为丁二烯、氢氰酸和氧气，综合考虑成本、资源和技术成熟度等因素，结合国家 2030 碳达峰和 2060 碳中和目标，计划年产 38 万 t 已二腈，联产 2.1 万 t 2-甲基戊二腈。要求已二腈摩尔纯度为 99.6%，2-甲基戊二腈纯度为 98.9%。

采用 1-丁烯作为原料可以实现全周期生产已二腈。1-丁烯主要来源于液化石油气和油田伴生气中低碳烷烃，由于中国“富煤、贫油、少气”的能源现状，原油多依赖于进口，而近几年来，随着国际原油价格的不断攀升，低碳烃类从石油炼制过程中获取的成本将进一步增加。目前，中海油在中国东部探明最大凝析气田——渤中 19-6 凝析气田，是渤海湾首个千亿方大气田，其一期开发项目已于 2022 年 7 月 20 日进入施工阶段，可以考虑将其作为更加长期稳定、价格低廉的 1-丁烯供应来源之一。

1-丁烯脱氢工段流程模拟如图 6-20 所示，1-丁烯经加热炉预热后，经列管式固定床反应器，制得粗丁二烯后，进入分相器，再经过丁二烯萃取精馏塔得到较纯的丁二烯，提纯后的丁二烯进入一级氢氰化工段。

一级氢氰化工段流程模拟如图 6-21 所示，将丁二烯与氢氰酸原料以及溶剂甲苯进行反应得到主要产物 3-戊烯腈和 2-甲基-3-丁烯腈，分离后 2-甲基-3-丁烯腈进入异构化反应器生成 3-戊烯腈，以上两股 3-戊烯腈经过提纯后进入二级氢氰化工段。同时有少量未反应完的丁二烯、氢氰酸等进行循环。

二级氢氰化工段流程模拟如图 6-22 所示，将 3-戊烯腈与氢氰酸原料以及萃取剂 *N*-甲基吡咯烷酮进行反应得到主要产物已二腈和 2-甲基戊二腈，经过多级闪蒸后进入已二腈精制工段。同时有少量未反应完的氢氰酸等进行循环。

已二腈精制工段流程模拟如图 6-23 所示，二级氢氰化产物已二腈和 2-甲基戊二腈经过产品精制塔后得到主产物已二腈和副产物 2-甲基戊二腈，精制后得到纯度为 99.6%的已二腈产品和纯度为 98.9%的副产品 2-甲基戊二腈。

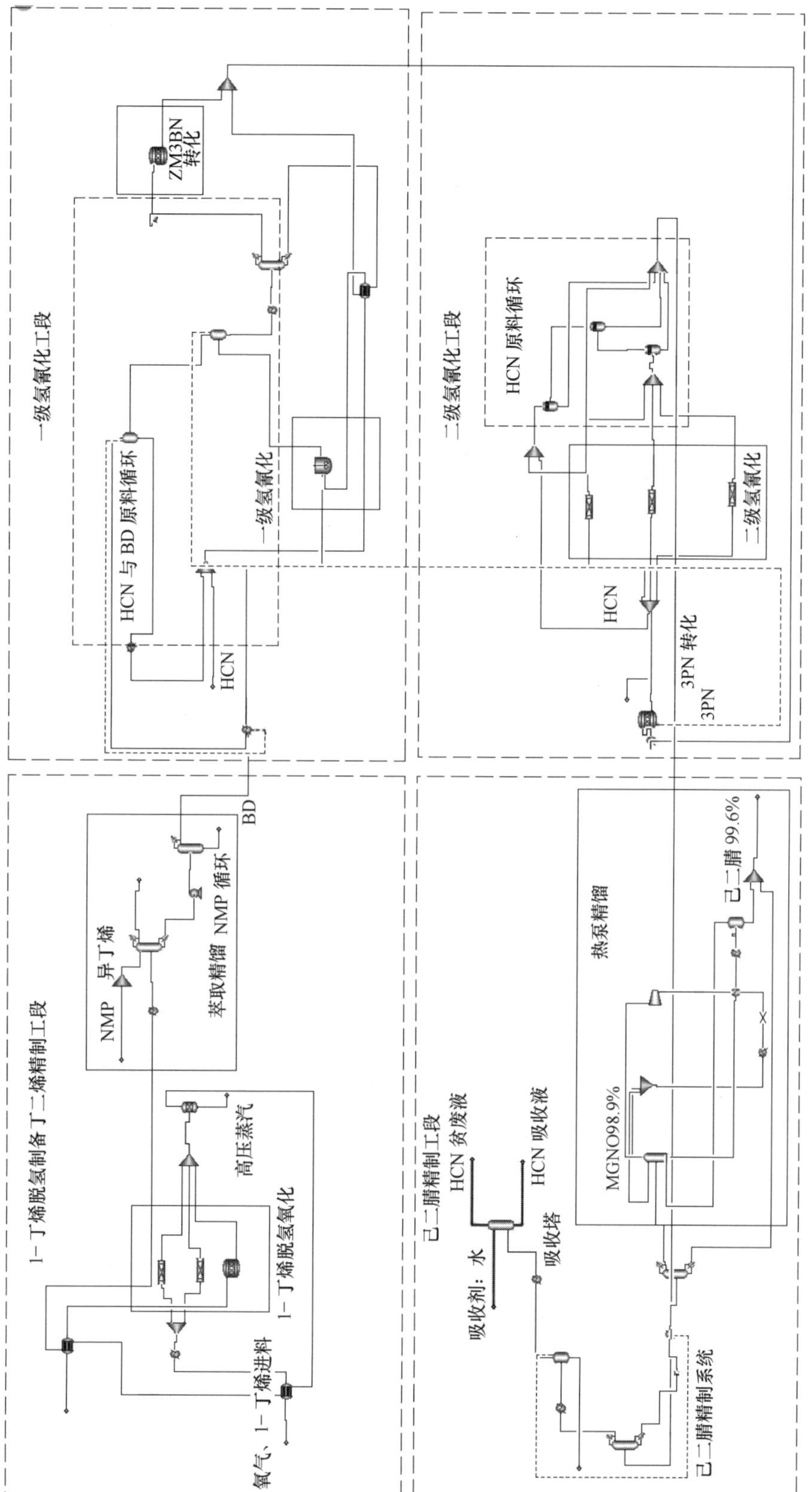

图 6-19　丁二烯直接氰化法生产己二腈流程模拟

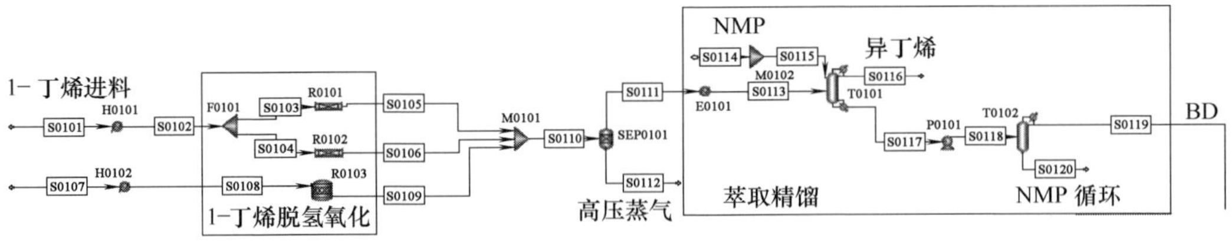

图 6-20　1-丁烯脱氢工段流程模拟

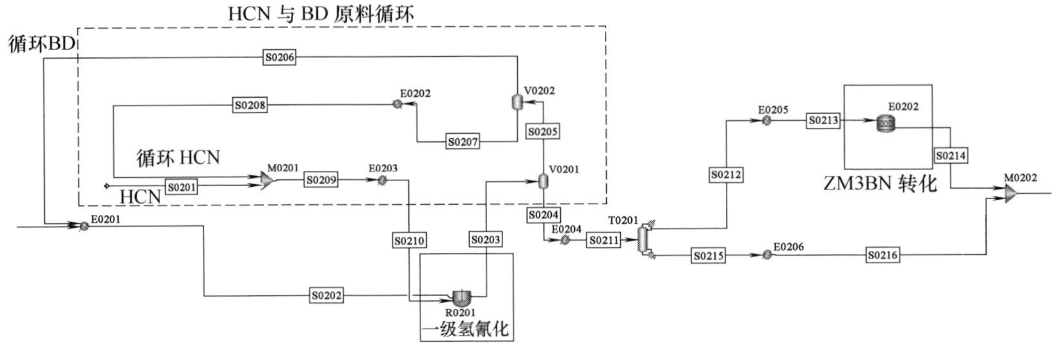

图 6-21　一级氢氰化工段流程模拟

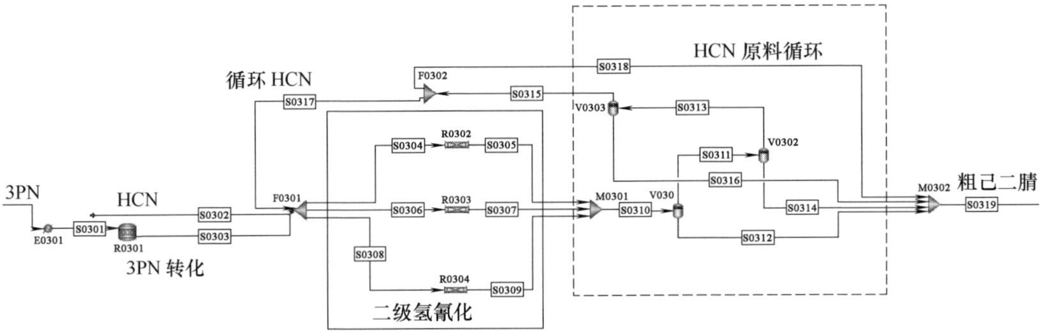

图 6-22　二级氢氰化工段流程模拟

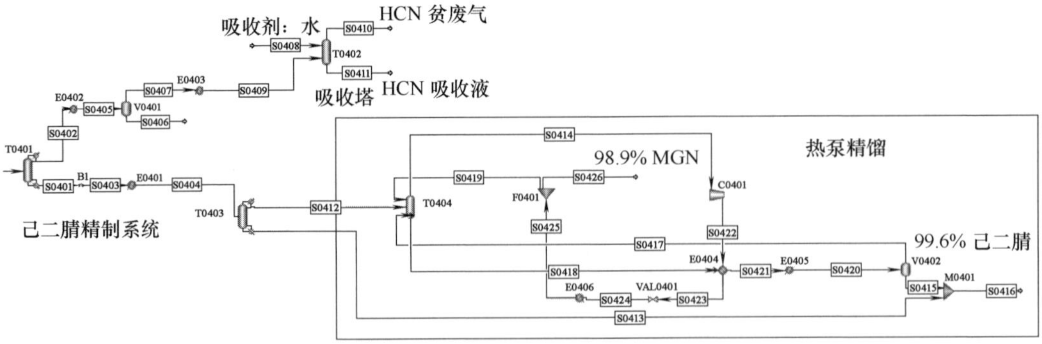

图 6-23　己二腈精制工段流程模拟

在丁二烯法工艺中，实现资源化利用的同时实现清洁生产，通过循环、优化设计，可以实现物料的最大化利用，涉及的物流包括丁二烯、氢氰酸、溶剂甲苯及萃取剂*N*-甲基吡咯烷酮的循环。

（1）丁二烯的循环

在一级氢氰化工段中，丁二烯在一级氢氰化反应器中反应产生3-戊烯腈，同时通入急冷水冷却反应产物至300℃以下，防止结焦，提高催化剂的性能，之后急冷水被送入脱水塔经冷却后循环使用。由于一级氢氰化反应的单程转化率仅能达到40%左右，通过将未反应的丁二烯分离循环重新参与反应，可以使得转化率提高到80%以上，此外也大幅节约了成本，提高了原料利用率。

（2）氢氰酸的循环

在一级氢氰化和二级氢氰化工段中，所用的原料氢氰酸有较强毒性，对此可以对氢氰酸物流进行循环利用，减少了氢氰酸的排放，实现了氢氰酸的综合利用。

（3）甲苯的循环

在丙烯一级氢氰化化工段中，溶剂甲苯的加入可以使得反应物更多地溶解到其中，有效地增大了反应的接触面积，促进反应的快速发生。同时，通过回收塔将溶剂回收循环再利用，可以大幅地降低溶剂的使用量。

（4）*N*-甲基吡咯烷酮的循环

在1-丁烯脱氢制丁二烯工段中，由于异丁烯和丁二烯的沸点较为接近，采用普通精馏分离效果不好，且会使能耗大幅增加，因此这里采用*N*-甲基吡咯烷酮作为萃取剂进行萃取精馏来分离异丁烯和丁二烯，其中T0101为萃取精馏塔，T0102为萃取剂再生塔。*N*-甲基吡咯烷酮在两塔间分别进行萃取和再生，大部分*N*-甲基吡咯烷酮能够回收，不仅减少了废液的排放，也降低了成本和投资。

三、E0204换热器的模拟设计

换热器是一种在不同温度的两种或两种以上流体间实现物料之间热量传递的节能设备，是使热量由温度较高的流体传递给温度较低的流体，使流体温度达到流程规定的指标，以满足工艺条件的需要，同时也是提高能源利用率的主要设备之一，因此换热器被广泛运用在暖通、压力容器、水处理设备，化工，石油等30多种技术领域当中。

各种类型的换热器作为工艺过程必不可少的设备，如何根据不同的工艺生产流程和生产规模，设计出投资省、能耗低、传热效率高、维修方便的换热器，是工艺设计人员重要的工作。可以借助本课程中分析与合成的理念，完成换热网络优化，采用现代设计方法辅助完成换热器设计和选型。在本节所述工艺过程中换热器的种类按功能分类有如下作用。

① 冷却器。冷却器是冷却工艺物流的设备。一般冷却剂多采用水，若要求冷却温度低时，可采用合适温度的冷却剂。

② 加热器。加热器是加热工艺物流的设备。一般多采用水蒸气作为加热介质，也可采用导热油、熔盐等作为加热介质。

③ 再沸器。再沸器是用于蒸发蒸馏（精馏）塔底物料的设备。热虹吸式再沸器被蒸发的物料依靠液压头、液位差自然循环蒸发。用泵使动力循环式再沸器中的被蒸发物流进行循环蒸发。

④ 冷凝器。冷凝器是蒸馏（精馏）塔顶物流的冷凝或者反应器冷凝循环回流的设备。冷凝器用于多组分的冷凝，最终冷凝温度高于混合组分的泡点，仍有一部分组分未冷凝，以达到再一次分离的目的；另一种为含有惰性气体的多组分冷凝，排出的气体含有惰性气体和未冷凝组分。对于全凝器，多组分冷凝器的最终冷凝温度等于或低于混合组分的泡点，所有组分全部冷凝。为了达到工艺要求，可将冷凝液再过冷。

在本工艺过程中未曾被设计选用的换热器种类还有：

① 蒸发器。蒸发器是专门用于蒸发溶液中水分或者溶剂的设备。

② 过热器。过热器是对饱和蒸气再加热升温的设备。

③ 废热锅炉。废热锅炉是工艺的高温物流或者废气中回收其热量而产生蒸气的设备。

④ 热交换器。热交换器是两种不同温位的工艺物流相互进行显热交换能量的设备。

表 6-2 所示为现代设计方法辅助换热器设计软件。在对工艺流程的换热器设计和选型中，先按照实际工业实施情况及成本因素，利用 Aspen Energy Analyzer，对全流程进行了热集成，优化了换热网络（可参考本教材第五章相关内容），然后利用 Aspen Plus，针对特定的换热任务，确定合适的换热工艺参数，获得流股信息，再根据国家标准 GB/T 151—2014《热交换器》以及《化工工艺设计手册（第五版）》，使用 Aspen Exchanger Design and Rating（EDR）进行换热设备的详细设计，以此为参考从工艺手册上选取换热器，最后利用 SW6-2011 等机械强度设计与校核辅助手段对换热器进行机械强度的设计和校核。

表 6-2　现代设计方法辅助换热器设计软件

名称	用途	名称	用途
Aspen Plus	换热器工艺参数设计	EDR(可参考电子版内容)	换热器结构设计与校核
Aspen Energy Analyzer	换热网络优化	SW6-2011	换热器机械强度设计与校核

E0204 换热器的流股参数如表 6-3 所示：

表 6-3　E0204 流股参数

操作条件	参数	
	壳程	管程
物流	冷流体	热流体
介质	水	3-戊烯腈、2-甲基-3-丁烯腈
质量流量/(kg/s)	115.4079	12.1798
进口温度/℃	7	110
出口温度/℃	11.89	25
进口压力/bar	1.0	1.0
出口压力/bar	0.97	0.97

该换热器的操作压力为壳程 1.0bar，管程 0.97bar。换热器的设计压力为设计温度下的最大工作压力，一般为正常工作压力的 1.1 倍。这里取壳程设计压力为 1.1bar，管程设计压力为 1.1bar。

EDR 中换热器的压降设置为自动默认值，也可自己设置压降，出口绝压小于 0.1bar（真空条件），压降不大于进口压强的 40%，出口绝压大于 0.1bar，压降不大于进口压强的 20%。所以管程允许压降为 0.16bar，壳程允许压降为 0.17bar。

传热系数基于传热膜系数、固壁热阻和垢层热阻计算得到。其中传热膜系数和固壁热阻为 EDR 自动默认值。根据《化工工艺设计手册（第五版）》的污垢热阻经验系数，管程介质为 3-戊烯腈、2-甲基-3-丁烯腈，污垢系数为 0.00045m^2 · K/W，壳程介质为水，污垢系数为 0.00018m^2 · K/W。将流股信息、允许压力、污垢系数等数据导入 EDR（图 6-24）。

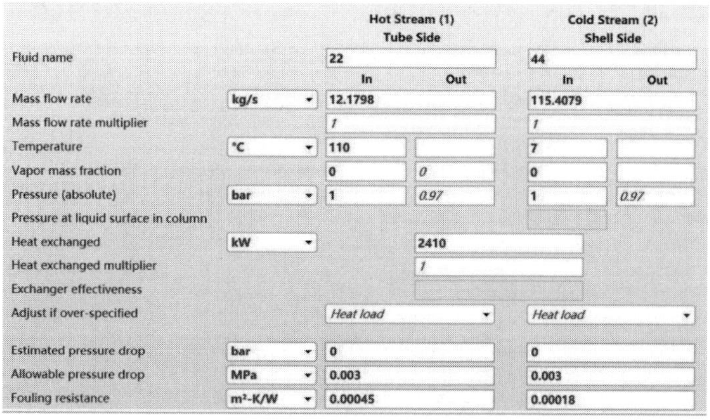

图 6-24　EDR 工艺参数输入

利用 EDR 的 Design 功能进行设计，得到如图 6-25 推荐 1 所示换热器形式。

	Shell	Tube Length			Pressure Drop				Baffle		Tube		Units		Total
Item	Size	Actual	Reqd.	Area ratio	Shell	Dp Ratio	Tube	Dp Ratio	Pitch	No.	Tube Pass	No.	P	S	Price
	mm	mm	mm		bar		bar		mm						Dollar(US)
1	680	3000	2285.6	1.31	0.35121	11.71	0.25973	8.66	200	8	8	350	2	1	65926
1	680	3000	2285.6	1.31	0.35121	11.71	0.25973	8.66	200	8	8	350	2	1	65926

图 6-25　EDR Design 模式换热器推荐

初步设计结果如图 6-26 所示。

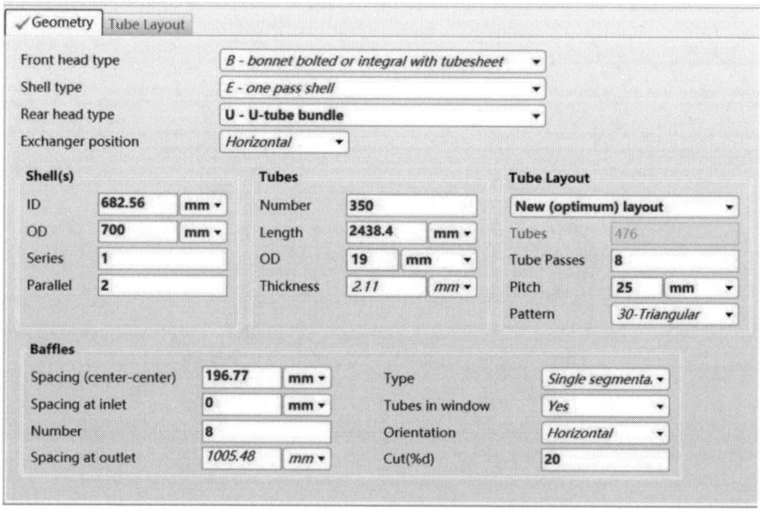

图 6-26　EDR Design 模式初步设计结果

根据初步设计结果，对换热器各项结构参数进行调整，并对调整后的换热器进行校核。换热器的结构参数如图 6-27 所示。

经圆整后，该换热器的壳径取为 680mm，管径为 19mm，管长 3000mm，管程数为多管程，管间距为 25mm。折流板形式为单弓形折流板，折流板为横缺型，其圆缺率为

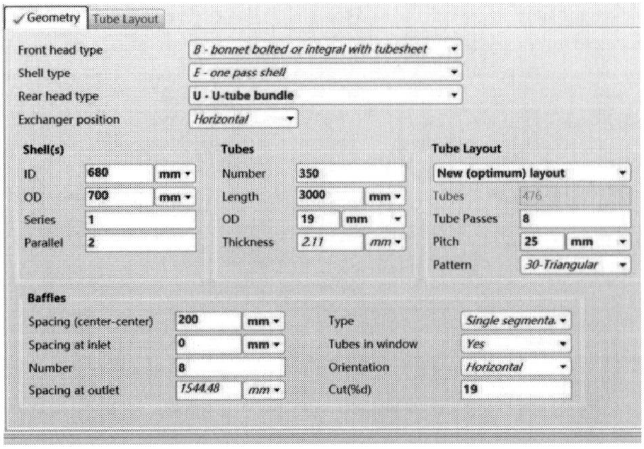

图 6-27　换热器 E0204 结构参数

19%，折流板间距为 200mm。EDR 校核结果如图 6-28 所示。

由校核结果得到，换热器换热面积为 132.7m^2，设计余量为 31%，符合设计要求；流体雷诺数大于 6000，可以判断为湍流，符合设计要求；流态分布合理，无气液混合进出料；壳程压降为 35 121Pa，小于 100 000Pa，管程压降为 25 973Pa，小于 97 000Pa，压降均在可行范围。总传热系数（含污垢热阻）为 513.1W/(m^2·K)，在经验值范围之内。借助 SW6 辅助计算手段对换热器 E0204 进行机械强度校核，显示校核结果均合格，如表 6-4 和表 6-5 所示。

表 6-4　　　　机械强度校核结果（部分）

E0204		计算单位	某设计公司		
设计计算条件					
壳程			管程		
设计压力	0.10	MPa	设计压力	0.10	MPa
设计温度	12.00	℃	设计温度	110.00	℃
壳程圆筒内径	700	mm	管箱圆筒内径	700	mm
材料名称	Q345R		材料名称	NS111	
试验压力	0.15	MPa	试验压力	0.15	MPa
简图					

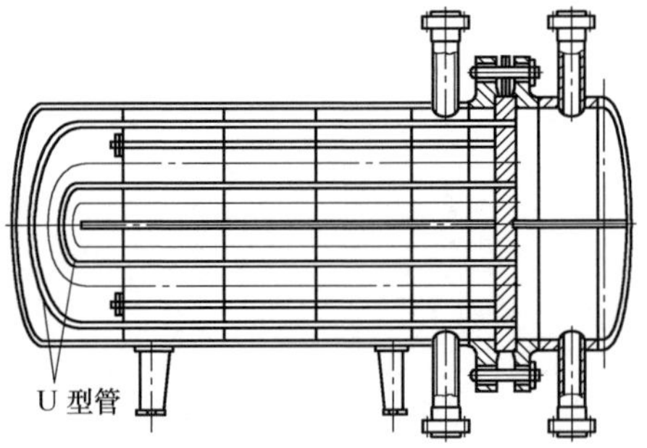

计算内容
筒体校核计算 管板校核计算 前端管箱校核计算 后端封头校核计算 前端管箱法兰校核计算 筒体法兰校核计算 开孔补强校核计算 分层隔板校核计算

1	Size	680	X	3000	mm	Type	BEU Hor	Connected in	2 parallel	1 series	
2	Surf/Unit (gross/eff/finned)		135	/	132.7	/	m²	Shells/unit	2		
3	Surf/Shell (gross/eff/finned)		67.5	/	66.3	/	m²				
4	Rating / Checking			PERFORMANCE OF ONE UNIT							
5			Shell Side		Tube Side			Heat Transfer Parameters			
6	Process Data		In	Out	In	Out		Total heat load		kW	2410
7	Total flow	kg/s	115.4079		12.1798			Eff. MTD/ 1 pass MTD		°C 46.46 /	48.17
8	Vapor	kg/s	0	0	0	0		Actual/Reqd area ratio - fouled/clean		1.31 /	2.15
9	Liquid	kg/s	115.4079	115.4079	12.1798	12.1798					
10	Noncondensable	kg/s	0		0			Coef./Resist.	W/(m²-K)	m²-K/W	%
11	Cond./Evap.	kg/s	0		0			Overall fouled	513.1	0.00195	
12	Temperature	°C	7	11.89	110	25		Overall clean	839.8	0.00119	
13	Bubble Point	°C						Tube side film	1113.3	0.0009	46.09
14	Dew Point	°C						Tube side fouling	1729.1	0.00058	29.67
15	Vapor mass fraction		0	0	0	0		Tube wall	21437.1	5E-05	2.39
16	Pressure (abs)	bar	1	0.64879	1	0.74027		Outside fouling	5555.6	0.00018	9.24
17	DeltaP allow/cal	bar	0.03	0.35121	0.03	0.25973		Outside film	4068.2	0.00025	12.61
18	Velocity	m/s	0.69	0.69	1.23	1.11					
19	Liquid Properties							Shell Side Pressure Drop		bar	%
20	Density	kg/m³	1011.5	1006.86	652.12	723.57		Inlet nozzle		0.06708	19.05
21	Viscosity	mPa-s	1.4253	1.2398	0.2664	0.9033		InletspaceXflow		0.01023	2.9
22	Specific heat	kJ/(kg-K)	4.273	4.267	2.508	2.18		Baffle Xflow		0.17785	50.51
23	Therm. cond.	W/(m-K)	0.5763	0.5852	0.1239	0.1412		Baffle window		0.03897	11.07
24	Surface tension	N/m						OutletspaceXflow		0.01162	3.3
25	Molecular weight		18.02	18.02	79.75	79.75		Outlet nozzle		0.04628	13.14
26	Vapor Properties							Intermediate nozzles			
27	Density	kg/m³						Tube Side Pressure Drop		bar	%
28	Viscosity	mPa-s						Inlet nozzle		0.00012	0.05
29	Specific heat	kJ/(kg-K)						Entering tubes		0.01354	5.19
30	Therm. cond.	W/(m-K)						Inside tubes		0.22775	87.35
31	Molecular weight							Exiting tubes		0.0192	7.37
32	Two-Phase Properties							Outlet nozzle		0.00011	0.04
33	Latent heat	kJ/kg						Intermediate nozzles			
34	Heat Transfer Parameters							Velocity / Rho*V2		m/s	kg/(m-s²)
35	Reynolds No. vapor							Shell nozzle inlet		3.06	9476
36	Reynolds No. liquid		9294.8	10684.99	44628.78	13161.58		Shell bundle Xflow	0.69	0.69	
37	Prandtl No. vapor							Shell baffle window	0.69	0.69	
38	Prandtl No. liquid		10.57	9.04	5.39	13.95		Shell nozzle outlet		3.07	9519
39	Heat Load		kW		kW			Shell nozzle interm			
40	Vapor only		0		0					m/s	kg/(m-s²)
41	2-Phase vapor		0		0			Tube nozzle inlet		0.13	11
42	Latent heat		0		0			Tubes	1.23	1.11	
43	2-Phase liquid		0		0			Tube nozzle outlet		0.12	10
44	Liquid only		2410		-2410			Tube nozzle interm			
45	Tubes				Baffles			Nozzles: (No./OD)			
46	Type		Plain		Type	Single segmental				Shell Side	Tube Side
47	ID/OD	mm	14.78 / 19		Number	8		Inlet	mm	1 / 168.28	1 / 323.85
48	Length act/eff	mm	3000 / 2944.5		Cut(%d)	19.32		Outlet		1 / 168.28	1 / 323.85
49	Tube passes		8		Cut orientation	H		Intermediate		/	/
50	Tube No.		350		Spacing: c/c mm	200		Impingement protection		None	
51	Tube pattern		30		Spacing at inlet mm	0					
52	Tube pitch	mm	25		Spacing at outlet mm	1544.48					
53	Insert		None								
54	Vibration problem (HTFS / TEMA)		Yes /					RhoV2 violation			Yes

图 6-28　EDR 校核结果

表 6-5　　　　　　机械强度校核结果（部分）

<table>
<tr><td colspan="2">E0204</td><td>计算单位</td><td colspan="2">某设计公司</td></tr>
<tr><td colspan="3">壳程设计压力　0.10MPa</td><td colspan="2">管程设计压力　0.10MPa</td></tr>
<tr><td colspan="3">壳程设计温度　12.00℃</td><td colspan="2">管程设计温度　110.00℃</td></tr>
<tr><td colspan="3">壳程试验压力　0.15MPa</td><td colspan="2">管程试验压力　0.15MPa</td></tr>
<tr><td rowspan="6">筒体</td><td colspan="2">筒体公称直径</td><td>680.00</td><td>mm</td></tr>
<tr><td colspan="2">换热器筒体最小壁厚</td><td>2.00</td><td>mm</td></tr>
<tr><td colspan="2">筒体名义厚度</td><td>5.00</td><td>mm</td></tr>
<tr><td colspan="2">校核</td><td colspan="2">合格</td></tr>
<tr><td colspan="2">筒体法兰厚度</td><td>14.00</td><td>mm</td></tr>
<tr><td colspan="2">校核</td><td colspan="2">合格</td></tr>
<tr><td rowspan="6">前端管箱</td><td colspan="2">前端管箱筒体名义厚度</td><td>10.00</td><td>mm</td></tr>
<tr><td colspan="2">校核</td><td colspan="2">合格</td></tr>
<tr><td colspan="2">前端管箱封头名义厚度</td><td>5.00</td><td>mm</td></tr>
<tr><td colspan="2">校核</td><td colspan="2">合格</td></tr>
<tr><td colspan="2">前端管箱法兰厚度</td><td>15.00</td><td>mm</td></tr>
<tr><td colspan="2">校核</td><td colspan="2">合格</td></tr>
<tr><td rowspan="2">后端管箱</td><td colspan="2">后端管箱封头名义厚度</td><td>10.00</td><td>mm</td></tr>
<tr><td colspan="2">校核</td><td colspan="2">合格</td></tr>
<tr><td rowspan="2">管板</td><td colspan="2">管板厚度</td><td>—</td><td>mm</td></tr>
<tr><td colspan="2">校核</td><td colspan="2">—</td></tr>
<tr><td rowspan="2">分层隔板</td><td colspan="2">名义厚度</td><td>—</td><td>mm</td></tr>
<tr><td colspan="2">校核</td><td colspan="2">—</td></tr>
</table>

第三节　丁二烯法制备己二腈化工过程流程分析（二）

一、过程流程与模拟

考虑到现有工艺技术水平以及产品价值，某化工企业经过充分市场调研后，新建了一套丁二烯法，176kt/a 己二腈生产项目，以多碳流股和氢氰酸作为主要原料，通过丁二烯抽提、丁二烯氢氰化、2-甲基-3-丁烯腈异构化、3-戊烯腈氢氰化、己二腈精制五个工段，最终得到纯度为 99.52%（质量分数）己二腈。

此工艺过程中的丁二烯、氢氰酸作为主要原料能够做到充分利用，同时通过优化反应过程中的分离条件，减少反应设备投资并且降低能耗，满足节省投资的要求。此工艺也对全厂的热量进行集成，较大幅度地降低了装置的综合能耗。环保方面，对三废进行处理，达标后排放或循环再利用，达到节能环保的目标。己二腈生产工艺流程及模拟分别如图 6-29 和图 6-30 所示。

丁二烯抽提工段流程模拟图 6-31 所示。来自总厂的多碳流股进入精馏塔，分离后得

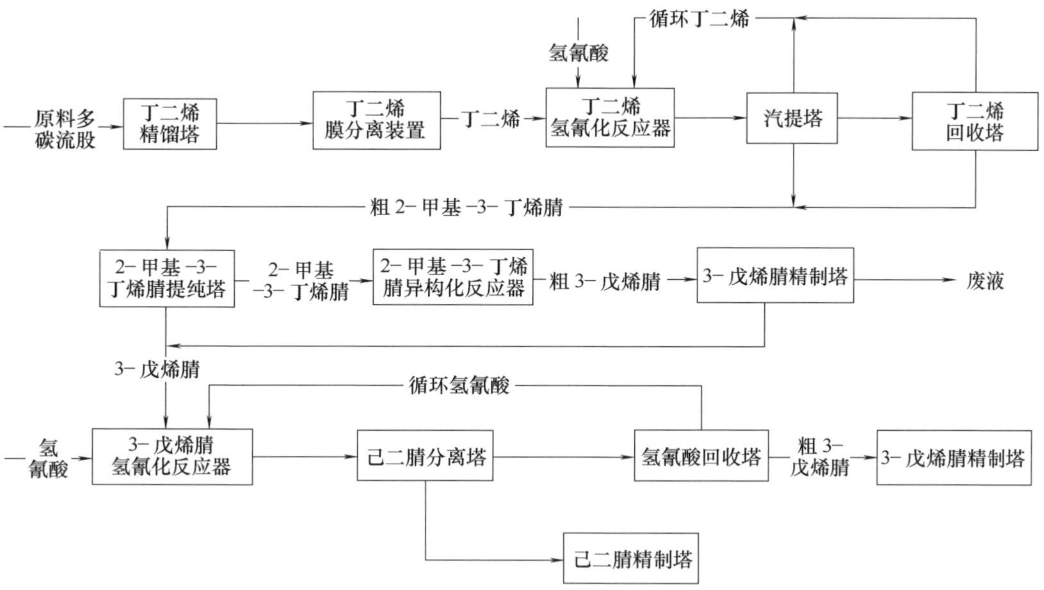

图 6-29　己二腈生产工艺流程示意图

到较高纯度的重组分从塔底排出，将塔顶得到的 99.99%的丁二烯和侧线采出的 99.67%的 4-C8（C_8H_{12}）混合，加压后经预热进入膜分离器，分离得到纯度为 99.95%的丁二烯原料进入丁二烯氢氰化工段。

丁二烯氢氰化工段流程模拟如图 6-32 所示。精制后的原料丁二烯与氢氰酸经过连续釜式反应器进行反应后，进入 T0201 汽提塔，粗分得到 2-甲基-3-丁烯腈，2-甲基-3-丁烯腈经冷凝后进入 T0202 精馏塔和闪蒸器，分离水与原料，丁二烯原料经循环回到反应器，分离的水中还含有少量的氢氰酸，经膜分离器处理后储存。T0201 和 T0202 塔底排出的液体混合，经冷凝加压后进入 T0203 塔，塔底得到 98.72%的 3-戊烯腈进入戊烯腈氢氰化工段，塔顶得到的 2-甲基-3-戊烯腈进入 2-甲基-3-丁烯腈异构化工段。

2-甲基-3-戊烯腈异构化工段流程模拟如图 6-33 所示。原料进入到列管式固定床反应器，在 110℃，3.18×10^5Pa 下，进行 2-甲基-3-丁烯腈的异构化反应，生成 3-戊烯腈、顺式 2-戊烯腈等同分异构体类物质，同时有部分未反应的 2-甲基-3-丁烯腈以及催化剂组合物和路易斯酸组成的高沸物等。产物进入催化剂分离塔（T0301），塔顶分离得到以 4-戊烯腈为主的轻组分，塔底得到纯度为 97.57%的 3-戊烯腈进入第四工段。

3-戊烯腈氢氰化工段流程模拟如图 6-34 所示。从一级氰化工段及异构化工段中得到的 3-戊烯腈混合，与纯度为 98.53%的氢氰酸进入到反应器中，产物物流进到塔 T0401，T0401 塔底物流中含有己二腈（ADN）、2-甲基戊二腈（MGN）以及由催化剂体系和路易斯酸组成的高沸物进入第五工段进行精制，塔顶为纯度较低的氢氰酸原料液，冷凝后进入 T0402 塔分离，塔顶得到纯度为 99.87%的氢氰酸，再次返回到反应器中回收利用。

己二腈精制工段流程模拟如图 6-35 所示。来自第四工段的己二腈冷凝后经 T0501 己二腈精制塔，塔顶得到以 2-甲基戊二腈为主的轻组分，塔底得到纯度为 99.52%的己二腈产品。

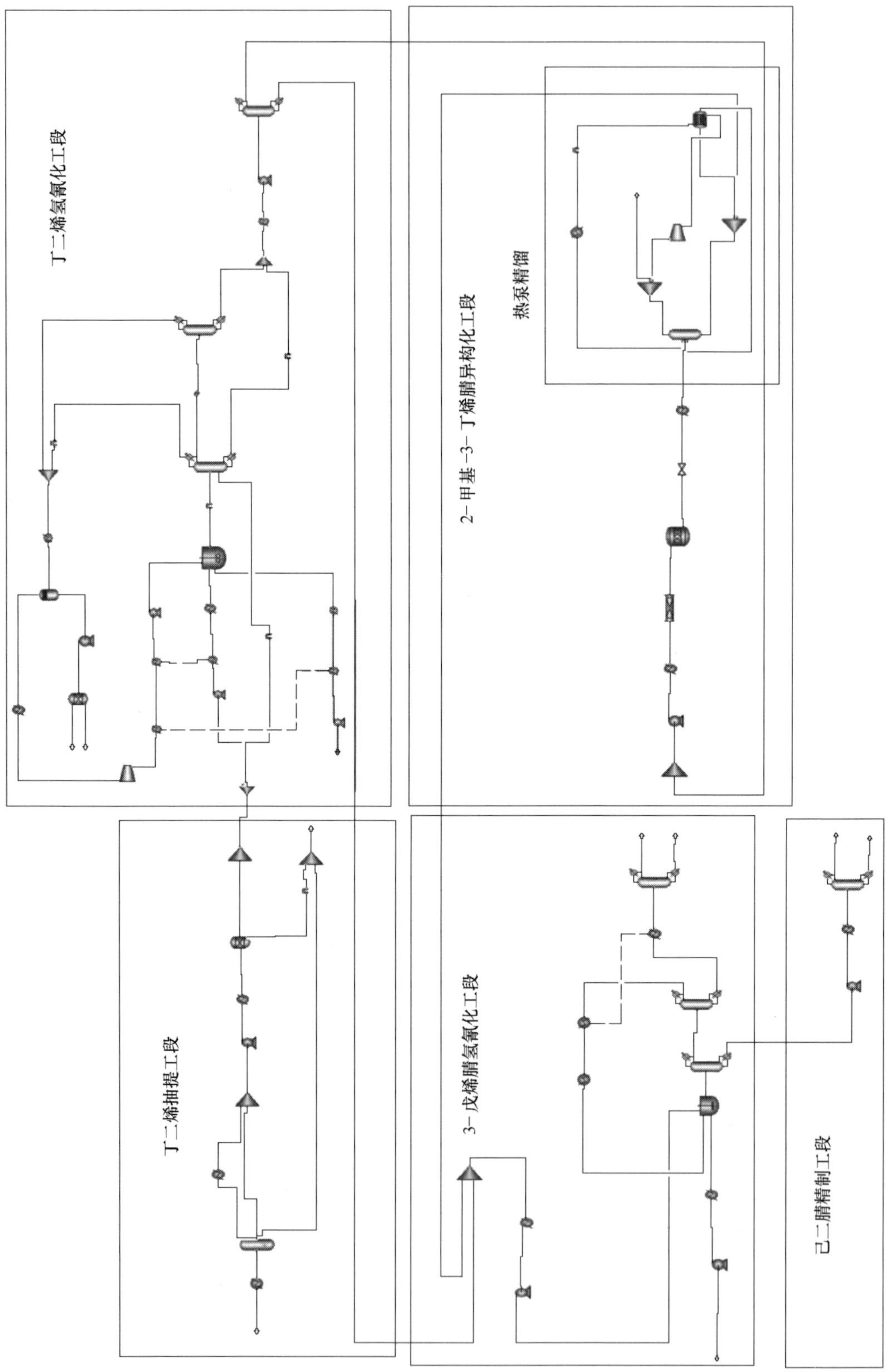

图 6-30　某厂丁二烯直接氢氰化法生产己二腈流程模拟（176kt/a）

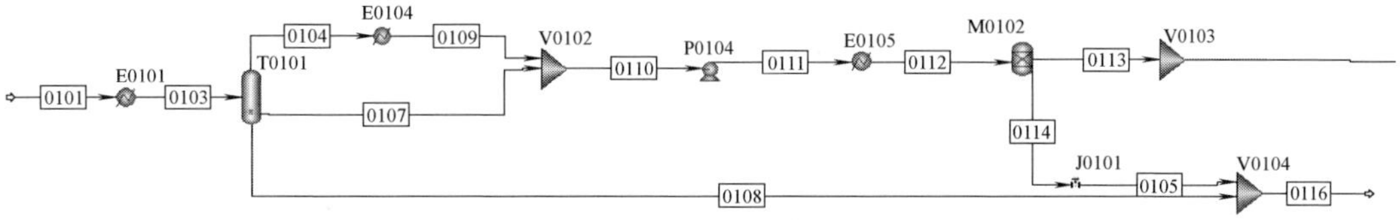

图 6-31　丁二烯抽提工段流程模拟

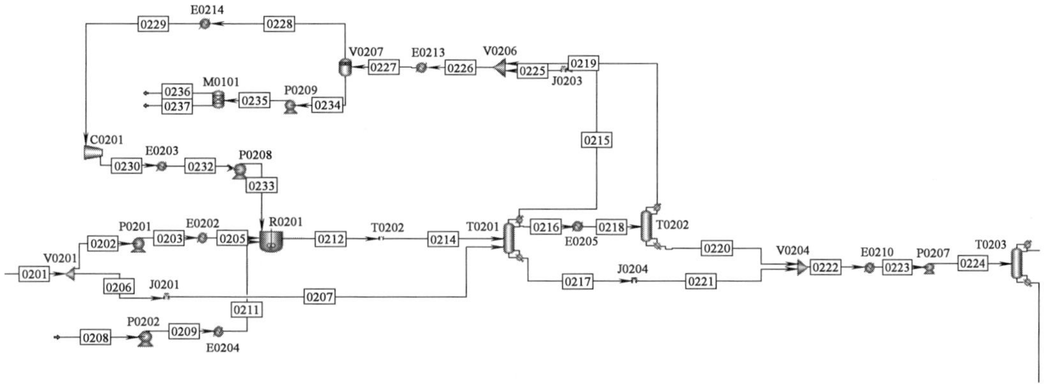

图 6-32　丁二烯氢氰化工段流程模拟

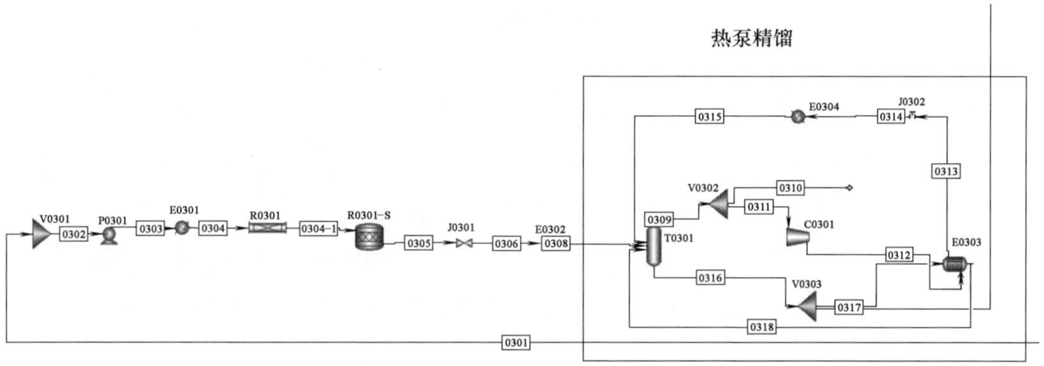

图 6-33　2-甲基-3-丁烯腈异构化工段流程模拟

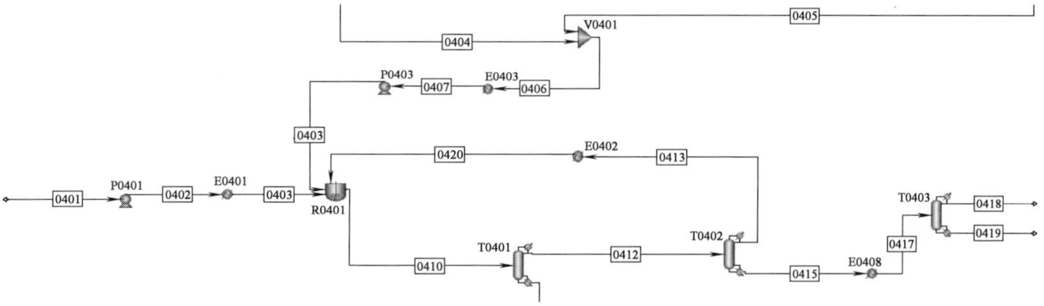

图 6-34　戊烯腈氢氰化工段流程模拟

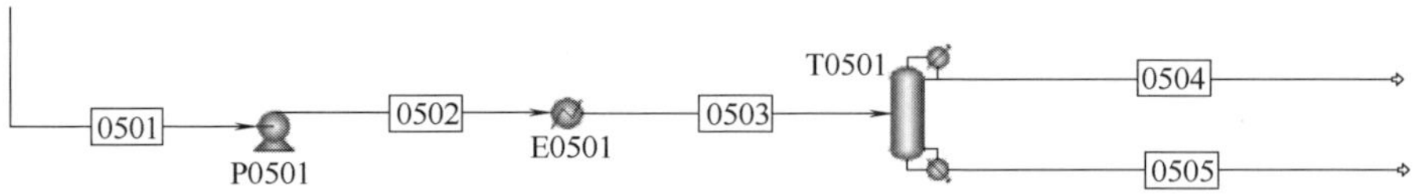

图 6-35　己二腈精制工段流程模拟

二、循环与收敛

Aspen 系列流程模拟软件在运行稳态流程模拟时的计算方法有三种：序贯模块法、联立方程法和联立模块法，默认的方法是序贯模块法，这是最为常见的、容易认识和理解的方法。（见第二章内容）序贯模块法就是从进料开始，按照流程顺序一个模块一个模块地进行求解。如果已知进料数据和各模块参数后，运行模拟时，Aspen 首先根据最初的进料 a 和模块 1 的参数对模块 1 进行求解，得到两股出料 b 和 c 数据；这两股出料数据又作为模块 2 和 3 的进料，然后对模块 4 和 5 进行求解，并得到最终输出物料的结果，即为最终模拟计算的结果。所以说大家所认识的流程模拟，是按照流程顺序一个一个进行的模拟，上一个模块没有模拟优化完毕就不建议模拟下一个模块，因为下一个模块的计算是需要用到上一个模块的流出物流的数据，上一个模块没有模拟优化好，那么数据可能是不完整和不收敛的，这样下一个模块的计算肯定也是有问题的。

针对简单的流程模拟过程，按序贯模块法从前往后的顺序计算通常被认为难度较低。但是一旦出现了物料的循环，那么问题就变得复杂起来。针对某个流程，如果说单元模块 2 会有一个出料需要通过单元 3 循环回单元 1，那么单元 1 的计算就需要流股 1 和流股 5 两股进料数据，但是流股 5 的数据又需要单元 1→单元 2→单元 3 这个循环计算得到，那就出现了很尴尬的情况，进料需要出料计算得到，出料又需要通过进料计算得到（如图 6-36）。

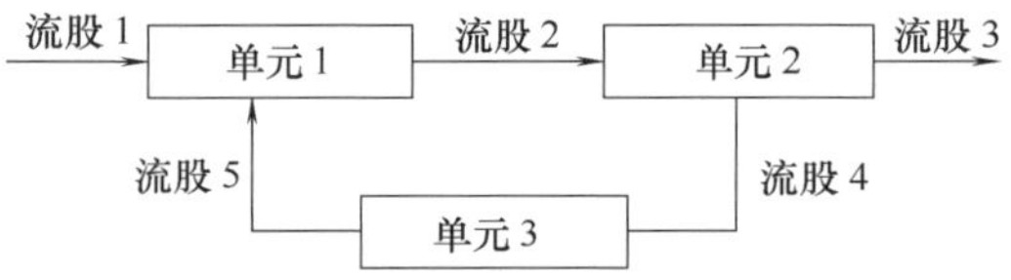

图 6-36　循环系统流程图

这个时候，流程模拟方法引入了撕裂流股和迭代收敛的计算过程。默认情况下，出现循环，Aspen 会自动在循环流股中选择一条流股（例如流股 4）并给它一个初值（比如 d_0），然后在运行计算时，Aspen 会同时从进料流股 1 和撕裂流股 4 开始序贯模块计算（从流股 1 开始依次计算各个相联系的单元模块，并得到其中物流的数据；同时，从流股 4 也开始依次计算，并得到流股信息）。这样，当所有单元都被计算后，各流股都有流程数据。计算后会产生一个新的流股 4 的值（比如 d_1），这时候软件会比较 d_0 和 d_1，如果相差很大，那么软件就自动将 d_1 作为新的 d 的值重新进行一次计算（计算顺序和第一次赋值时相同），然后得到 d_2，这个就是迭代过程。迭代过程会一直进行下去，直到得到的某一次 d_n 与 d_{n-1} 数据一致（或达到收敛容差），显示流程收敛并输出结果；或在规定的循环迭代次数内，无法达到收敛容差，流程收敛失败，显示结果一般会不收敛或无计算数据。

Aspen 自动进行迭代计算无法实现收敛（这很常见，需要操作人员进行数据调整或是收敛策略调整），究其原因，除了流程本身有问题（在循环迭代计算之前请务必判断循环中是否有无法出循环的一直累积类物质，这类物质不利于收敛)，迭代的初值选取是又一个关键。初值越接近最终数值，越容易收敛。

模拟软件一般都会自动赋初值进行计算，这个初值很有可能和真实值相差较大，导致无法在限制迭代次数内计算收敛。但是当对循环流股当中的某一个流股进行赋值的话，那么这个流股就会成为撕裂流股，其初值就会成为迭代计算的初值。也就是说，在多次迭代后获得的已经接近收敛值的数值，作为初值进行重新赋值计算的话，更容易获得收敛解。这个做法被多次验证为循环迭代求收敛解的有效方法之一。

本节中丁二烯法制备己二腈工艺在实现资源化利用的同时实现清洁生产，通过循环、优化设计，实现了物料的最大化利用，涉及的循环物流包括1,3-丁二烯和氢氰酸。

(1) 1,3-丁二烯的循环

在丁二烯氢氰化工段中，丁二烯在反应器中反应后被送入丁二烯回收塔后循环使用。由于丁二烯氢氰化的单程转化率仅能达到40%左右，将未反应的丁二烯分离循环重新参与反应，使转化率提高到80%以上，极大地节约了成本，提高了原料利用率。

(2) 氢氰酸的循环

在3-戊烯腈氢氰化工段中，3-戊烯腈在反应器中反应产生4-戊烯腈，4-戊烯腈又与氢氰酸反应生成己二腈，后经过己二腈分离塔和氢氰酸回收塔，将氢氰酸循环至反应器。这样既提高氢氰酸的转化率，又节约了成本。

在实际应用流程模拟的方法解决合成问题时，有时候调了很久的参数终于收敛了，但是重新打开文件进行迭代计算还是会不收敛。这是因为Aspen的收敛计算是在上一步计算结果的基础上继续进行计算的，而在进行参数调整的时候，上一步的计算结果是没有被清除的，因此有可能上一步的结果已经比较接近收敛结果了，再进行一次迭代计算就成功收敛了。但是当保存文件重新打开后（或者重置模拟过程后)，这些中间的结果并没有被保存下来，全部都被清除掉了，软件所默认的初值也就随之改变了，所以迭代可能无法顺利收敛。

基于以上分析，我们需要在流程得到收敛后，将流股结果（至少对撕裂流股）进行赋值（也就是把流股的模拟结果数据复制到输入流股信息当中)，可以手动进行赋值，当然也可以通过核对功能（图6-37)，点击运行模拟成功后，核对按钮就会被激活。点进去

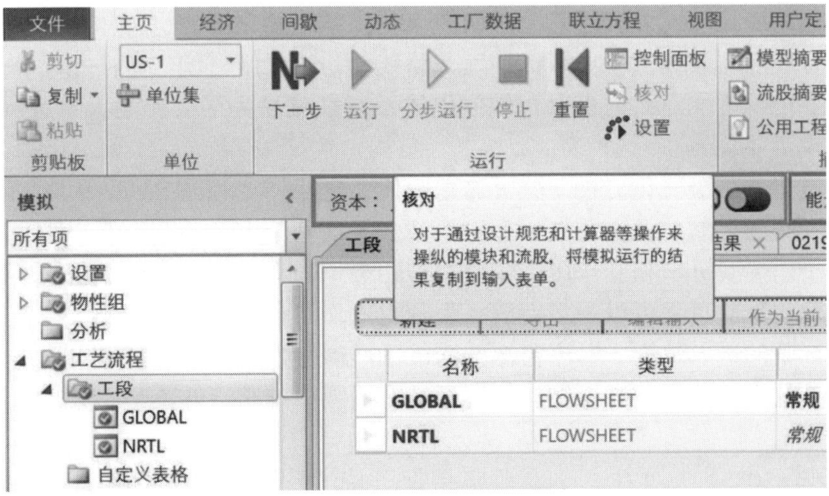

图6-37 循环系统流程图

也可以看到这个按钮的作用：将模拟运行的结果复制到输入表单，就是以上所讨论的重新赋初值的功能按键。

三、实际生产中工艺的选取与优化

实际工业在产 ADN 的三种方法分别是己二酸氨化法（此处所提及为传统氨化法，与本章第一节中改进的液相氨化法具有显著差别）、丙烯腈二聚法和丁二烯法。其中：近期的新建产能工艺一般选取丁二烯法，如 380kt/a 己二腈生产项目和 176kt/a 己二腈生产项目即本章第二和第三节所述工艺，均为丁二烯法制备己二腈的工艺过程。而丙烯腈二聚法却很少新建规模化产能，丙烯腈二聚法可以细分为丙烯腈电解二聚法和丙烯酸催化二聚法。丙烯腈电解二聚法的反应方程式如式（6-6）至式（6-8）：

$$\text{阴极}:2CH_2=CHCN+2H^++2e^-\longrightarrow NC(CH)_4CN \tag{6-6}$$

$$\text{阳极}:H_2O\longrightarrow\frac{1}{2}O_2+2H^++2e^- \tag{6-7}$$

$$\text{主反应式}:2CH_2=CHCN+H_2O\longrightarrow NC(CH)_4CN+\frac{1}{2}O_2 \tag{6-8}$$

丙烯腈电解二聚法于 20 世纪 60 年代由美国孟山都公司率先开发成功，并逐步从隔膜式电解法发展到无隔膜式电解法。隔膜式电解法分为溶液法和乳液法，孟山都公司最早开发时采用溶液法，后来，日本旭化成公司在孟山都公司的基础上改进开发出乳液法。以比利时联合化学公司为代表，隔膜式电解法是一种直接电合成工艺，电解液为乳液，丙烯腈在阴极上发生合成己二腈的主反应，且不参与阳极反应，因此取消了隔膜。

丙烯腈催化二聚法的反应方程式如式（6-9）（以钌系催化剂为例）：

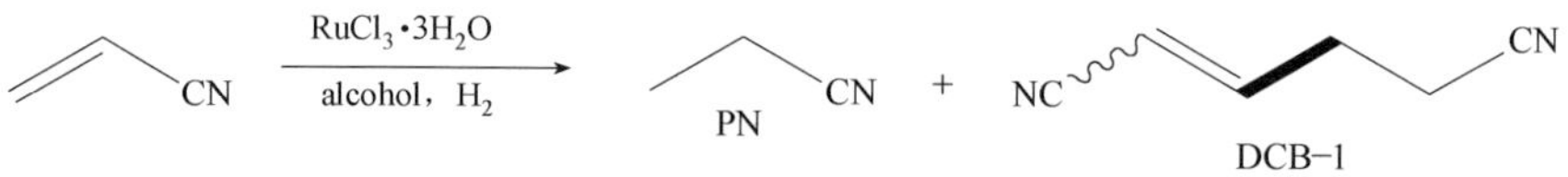

（6-9）

根据催化剂种类的不同，可以分为钌催化法、其他金属催化法和膦催化二聚法。

自 20 世纪 70 年代以来，过渡金属催化反应一直受到广大学者的关注。过渡金属催化反应具有选择性高、收率高、工艺条件温和等优点，在有机合成、药物合成和工业生产等领域具有广泛的应用。此外，目前已有研究表明，某些膦化合物也可作为丙烯腈二聚法的催化剂，为合成己二胺提供了更环保的工艺路线。与丙烯腈电解二聚法相比，该法具有能耗低、装置要求低等优点，但也存在如催化体系复杂且易失活、产生大量废弃物等缺点，至今尚未实现工业化。

丙烯腈电化学阴极氢化经过一聚、二聚阶段，定量转变为己二腈。丙烯腈的阴极氢化二聚生成己二腈的机制如下：首先一个丙烯腈分子与两个电子和一个质子结合，生成的阴离子与第二个丙烯腈分子相互作用，然后二聚阴离子与氢离子反应生成己二腈。

丙烯腈法的反应过程可以一步完成，但却对操作条件具有较高的要求，反应过程中电解温度、丙烯腈的进料浓度、电流密度、溶液的酸碱性发生变化时都会对反应的选择性产生影响。该工艺由于使用了高毒性、强腐蚀性的原料丙烯腈，并不是一条理想的绿色工艺路线。

《中国制造 2025》一文中提到，要坚持把可持续发展作为建设制造强国的重要着力点，加强节能环保技术、工艺、装备推广应用，全面推行清洁生产。发展循环经济，提高资源回收利用效率，构建绿色制造体系，走生态文明的发展道路。因此，绿色化工生产是本项目工艺方案选择的重要因素。综上所述，丁二烯法原料成本低、能耗低、工艺路线短且产品的质量好、收率高，是比较理想的工业化生产路线，适合大规模的工业化生产，如果能在新建产能过程中，采用大规模，原料集成优势的情况下，能克服原料氢氰酸难以运输，对安全管理有极高要求的缺点，用丁二烯法制备己二腈。该工艺方法已经过论证，十分成熟，符合《中国制造 2025》“发展绿色园区，推进工业园区产业耦合”要求。符合绿色制造的要求，并且结合技术先进、经济合理的原则，选用丁二烯法制备己二腈是各大投资厂商的共同选择。

针对新建产能进行工艺对比和投资分析（表 6-6）：

表 6-6　　工艺对比和投资分析

工艺技术方法	己二酸氨化法	丙烯腈二聚法	丁二烯法
原料成本	高	较高	较高
生产规模	规模适中	规模小	规模大
投资	适中	高	适中

因此从投资比较的角度，可以得出投资大小比较：

丙烯腈二聚法<己二酸氨化法<丁二烯法

从上述分析可以看出，各种方案均存在各自的优势和各自的问题，以下将从原料消耗、转化率、能耗、本质环保、本质安全、流程繁简对每个方案进行对比。

首先是从原料消耗的角度考虑是否适合新建己二腈产能。

① 己二酸氨化法原料来源广泛但成本高，催化剂储运危险性较大，易造成催化剂中毒；工艺路线复杂，产品收率低；

② 丙烯腈二聚法原料来源丰富、工艺流程简单，但能耗及原料成本高，丙烯腈易燃，其蒸气与空气可形成爆炸性混合物，对操作要求高；

③ 丁二烯法原料来源广泛，投资费用低，经济性高，适合大规模生产，产品质量高。

表 6-7　　三种工艺方法综合比较

工艺技术方法	己二酸氨化法	丙烯腈二聚法	丁二烯法
关键原料消耗对比	较高	高	较高
主要产品收率	低	较低	高
单位产品综合能耗(kgce/t)	600	—	760
综合总能耗	一般	高	较高
反应条件对比	较温和	较温和	较温和
涉及危险性原料	己二酸	丙烯腈	氢氰酸
安全性	反应条件较温和， 有一定爆炸风险	反应条件较温和， 有一定爆炸风险	反应条件较温和， 有一定爆炸风险

由表 6-7 可知，从关键原料消耗的角度考虑，可以得出各方案优势：

丁二烯法>己二酸氨化法>丙烯腈二聚法

工艺收率（或反应转化率）、能耗、本质环保、本质安全、流程繁简等也是对每个方案进行对比是否适合新建己二腈产能的重要条件。

从收率角度：

丁二烯法>丙烯腈二聚法>己二酸氨化法

从能耗的角度来比较：

丙烯腈二聚法>丁二烯法>己二酸氨化法。

另外经过分析和总结，各工艺中涉及的危险化学物质可知，从本质安全角度比较（从安全到不安全）：

丁二烯法>丙烯腈二聚法>己二酸氨化法

经过各个方面条件的比较，针对新建己二腈生产工艺过程，可以得出如下结论：

① 丙烯腈电解生产工艺中，原料来源较广泛，无隔膜电解法具有能耗低、收率高、产品质量高等特点，是当前世界广泛应用的一种工艺，但由于原料丙烯腈目前市场价格昂贵，规模小，基本没有盈利空间，将逐步被淘汰。

② 丁二烯法工艺路线中氯化氰化法过程复杂，腐蚀严重，投资大，且需消耗大量的氯气和氢氰酸、基本淘汰；直接氰化法具有原料成本低、无污染、产品质量及收率高、工艺路线短、相对投资较低等特点，工艺先进。

③ 传统的己二酸氨化法由于原料为己二酸，产能低，综合生产成本高，产品缺乏市场竞争力。

四、旧厂改造

针对旧厂改造问题，在概念上，通常可以细分为工艺改进和节能改造。就目前化工过程旧厂改造所针对的问题更多是节能、环保和安全方面的改进和升级问题。但是，己二腈生产厂的改造问题中，可以为现有的采用己二酸催化氨化法来生产己二腈工艺的生产分厂进行设计技术改造方案升级。通过本节中对新建己二酸产能的工艺对比分析，虽然行业普遍认为丁二烯法具有适应现阶段大规模生产的先天优势，但是如果所针对旧厂改造问题中的老旧工艺过程是以己二酸催化氨化法为基础的生产过程，那么，一方面，如果将工厂工艺全部替换，显然是不现实的；另一方面，还应该注意到己二酸催化氨化法的主要问题，进行针对性改造，也不失为一个折中的优选方案。需要注意的是，工艺改进通常会兼顾节能改造，这两类细分问题在实际旧厂改造工程中并不会被严格区分，在 2018 年，某化工集团公司采用自主研发的改进型己二酸催化氨化法工艺生产己二腈，开始设计建设 40kt/a 己二腈项目，装置于 2019 年 10 月实现达产并稳定运行。在产品质量指标达到设计要求后，集团启动了年产 100kt/a 己二腈扩能项目。该项目预计总投资 11 亿元，针对前期己二酸催化氨化法中原料己二酸和氨气利用率低下容易造成成本高、环境不够友好等问题，改进生产工艺，使用液相法清洁生产己二腈，副产环戊酮。相比于传统己二酸催化氨化法生产己二腈的产能低，三废多的固有问题，通过工艺改进和节能改造，实现了提升产能规模至 100kt/a，大幅度节约了公用工程和能源的消耗，不仅进行全方位的绿色工艺改进，而且兼顾换热网络综合、安全和环保过程的升级。

将旧厂改造中工艺选取问题进行对比和优选：

针对不同原始工艺的特点，工艺简单和投资费用较低的己二酸氨化法、丙烯腈二聚法以及丁二烯法工艺都具有可改进的空间，如果综合考虑丁二烯法新建厂较多，近期旧厂改造可能性相对就小了许多，丙烯腈二聚法实际产能极少。那么，己二酸氨化法即成为了旧厂工艺改进的重要备选工艺过程。

表 6-8　　工艺升级难度比较

序号	生产工艺	优点
1	己二酸氨化法	投资费用低;升级难度低
2	丙烯腈二聚法	工艺简单
3	丁二烯法	投资费用低;升级难度适中

如果将实际的改扩建工艺改进问题和新建产能进行对比，投资方案中，由表 6-9 可知，新建丁二烯法>新建己二酸催化氨化法>扩能改造己二酸催化氨化法。扩能的改进方案是针对原始己二酸催化氨化法设计产能过小，新工艺将己二腈产量提升至 100kt/a，但是依然低于 300kt/a 的新建己二酸催化氨化法工艺和 400kt/a 每年的新建丁二烯法工艺工厂。

表 6-9　　不同技术方案投资对比

生产工艺	己二腈生产量/(kt/a)	总投资额/(亿元)
新建己二酸氨化法	300	20.6
扩能改造己二酸氨化法	100	11.0
新建丁二烯法	380	30.1

表 6-10　　不同方法能耗情况对比

工艺技术方法	能耗(kg 标煤/吨产品)	工艺技术方法	能耗(kg 标煤/吨产品)
新建丁二烯法	1500	扩能改造己二酸氨化法	1020
新建己二酸氨化法	1100		

根据 GB 31824—2015 己二腈单位产品能源消耗限额标准及 DB 12/046.34—2011 产品单位产量综合能耗计算方法及限额：己二酸氨化法能耗较低，经换热网络从新设计的改造己二酸氨化法工艺对应生产每吨产品所消耗的标煤数最低，如表 6-10 数据。丁二烯法的能耗高于其他二种，其次是新建己二酸氨化法。实际运行中，己二酸氨化法的能耗主要体现在：操作条件苛刻，操作压力高，相比之下，扩能改造己二酸氨化法反应条件更加温和，公用工程用量小。丁二烯法由于流程长，反应设备多，能耗也较大，同时各个反应过程需要分离的副产物多，塔数量也会随之增大，能耗也随之增大。

从能耗的角度来比较：(能耗从大到小)

新建丁二烯法>新建己二酸氨化法>扩能改造己二酸氨化法。

(1) 原料特性

己二酸氨化法的原料主要是己二酸和氨气。己二酸近年来国内产量增加，价格降低，经济效益较高，其制备方法如下。国内通常为环己烷一步氧化法：以环己烷为原料，以醋酸为溶剂，以钴和溴化物为催化剂，产率 75%。环己烷分步氧化法：醇酮比为 10∶1；反应物用热水处理，可使酯水解、分层，水层回收硼酸，经脱水成偏硼酸循环使用；有机层用苛性钠皂化有机酯，并除去酸，蒸馏回收环己烷后得醇酮混合物，收率可达 90%。氨气价格低，制备方便回收，投资少，成本低，易于获得。

新建丁二烯法生产己二腈。原料丁二烯来自炼厂以及乙烯装置副产的 C4 馏分，丁二烯在常温下是气体，易燃，如果建厂地址距原料产地偏远，会增加输送成本，同时远距离输送有一定的危险性，存在一定的限制因素；氯气为有毒气体，运送使用储存时需注意，其作为许多化工产品的原料价格低廉，易于获取。

（2）操作条件

己二酸氨化法反应压力 2~3MPa，温度 200~300℃/300~350℃，一段中和压力 2.1~2.7MPa，温度 200~230℃，二段加氢压力 2.5~3MPa，温度 270~290℃。

新建丁二烯法反应温度一般控制在 50~100℃，反应压力为 0.5MPa，反应时间为 3~5h。

（3）副产物

己二酸氨化法：副产物较少，主要为 ICCP、环戊酮。

新建丁二烯法：副产物较多，主要为 HCN、环己烷。

（4）三废排放

己二酸氨化法：三废排放较少，废液主要来源于多级闪蒸装置，废气主要为二氧化碳，若使用液体催化剂，一般废固很少。

新建丁二烯法：三废排放量相对较少，废液主要组分为 HCN 等剧毒液体，废气主要来源于丁二烯合成装置，废固主要来源于可再生的失活催化剂。

（5）危险物

己二酸氨化法：氨气为 1 类可燃气体，易燃，容易引起爆炸。

新建丁二烯法：正丁烷为 1 类可燃气体，易燃，容易引起爆炸，氢氰酸为剧毒液体。

由表 6-11 可知，从本质环保角度比较，己二酸氨化法优于新建丁二烯法。

表 6-11　己二腈合成工艺技术本质环保比较

工艺技术	操作条件	公用工程使用	三废排放	主要危险物
新建丁二烯法	低温低压	较少	三废排放量相对较少,废液主要组分为 HCN 等剧毒液体,废气主要来源于丁二烯合成装置,废固主要来源于可再生的失活催化剂。	HCN、正丁烷
新建己二酸氨化法	中温低压	多	三废排放较少,废气主要为二氧化碳,若使用液体催化剂,一般废固很少。	氨气
扩能改造己二酸氨化法	中温低压	较少	三废排放较少,废气主要为二氧化碳,若使用液体催化剂,一般废固很少。	氨气

各工艺中涉及的危险化学物质如表 6-12 所示：

反应温度及压力：新建己二酸氨化法操作条件为中温低压，新建丁二烯法操作条件为低温低压。危险性物品：己二酸氨化法在生产过程中腐蚀性物质多，易腐蚀设备。

表 6-12　不同工艺路线本质安全对比

工艺技术方案	危险物质使用	健康危害	可燃等级
新建己二酸氨化法	氨气	皮肤黏膜接触氨气后会出现红肿,红斑,水疱,糜烂甚至坏死,多伴有烧灼样疼痛。损害呼吸系统:经呼吸道吸入不同浓度的氨气时,气道黏膜可出现充血,水肿,分泌物增多,病人可以表现出咽部烧灼感,喉部阻塞感,打喷嚏,流鼻涕,咳嗽咯血,胸闷胸痛,声音嘶哑,呼吸困难等症状,严重的患者会发生喉头水肿,肺水肿,肺出血以及化学性肺炎,甚至会因呼吸抑制而引发猝死。损害消化系统:氨气还能够刺激消化系统,引起恶心、呕吐等不适症状。	易燃

续表

工艺技术方案	危险物质使用	健康危害	可燃等级
己二酸氨化法	己二腈	中毒危害：己二腈对人体有一定的毒性作用，可影响呼吸、循环系统和中枢神经系统等。刺激性危害：己二腈可对皮肤和眼睛等造成刺激，严重时可导致烧伤。腐蚀性危害：己二腈还具有一定的腐蚀性，可能损坏金属和其他材料。	易爆
新建丁二烯法	丁二烯	具有麻醉和刺激作用，急性中毒：轻者有头痛、头晕、恶心、咽痛、耳鸣、全身乏力、嗜睡等。重者出现酒醉状态、呼吸困难、脉速等，后转入意识丧失和抽搐，有时也可有烦躁不安、到处乱跑等精神症状。脱离接触后，恢复。头痛和嗜睡有时可持续一段时间。皮肤直接接触丁二烯可发生灼伤或冻伤。	易燃

工艺流程：新建丁二烯法和新建己二酸氨化法都存在工艺流程长、工艺过程繁琐的问题。

从本质安全角度上比较：新建己二酸氨化法≈新建丁二烯法

将工艺特点进行总结汇总至表6-13，可以看到，新建丁二烯法生产所需能耗低，适合大规模工业化生产，但使用大量剧毒HCN原料，安全和环保风险高，且技术一直被国外垄断，较难突破，一次性建设投资较高，针对性进行工艺改进的难度较高；己二酸氨化法本身采用氨气路径进行工艺设计，环保隐患较明显，工业过程也比较复杂，相对来说，对以扩能生产为目标己二酸氨化法工厂的旧厂改造问题，目的性明确，可行性强，需要设计改进方案，使得产能提升，过程环保、节能才能保证成本优势，提升产品的市场竞争力。

表6-13　　工艺方法优缺点汇总

	扩能改造己二酸催化氨化法	新建己二酸催化氨化法	新建丁二烯法
优点	环境污染小 安全隐患低 原料成本大幅降低，投资成本低	安全隐患低 原料成本大幅降低	适合大规模工业化生产，所需能耗低
缺点	工艺过程较复杂 产品收率较低	工艺过程较复杂 过程具有环保隐患 产品收率较低 投资成本略高	使用大量剧毒HCN原料，风险高相关技术处于高度垄断状态，一次性建设投资较高

综合考虑，运用扩能改造的己二酸氨化法，主要原料己二酸产能扩张迅猛，其价格大幅下降、该方法污染小、安全隐患低，符合项目需求，工艺路线对己二酸和氨气进行了高效利用，生成高价值副产品，原子利用率高，满足“碳达峰、碳中和”要求；环境污染小、资源利用率高，符合《中国制造2025》“全面推进绿色制造”的要求。

旧厂改造中的换热网络综合节能改造可以以夹点设计法进行换热网络设计与集成：

旧厂改造设计，利用Aspen Energy Analyzer进行计算机辅助换热网络的设计和优化，同时结合合成工艺要求，引入了热泵技术和双效精馏等节能技术，来指导热量集成网络的设计和优化，减少公用工程消耗，以实现较高的经济效益。由于其他章节已经对现代设计方法模拟热泵技术和双效精馏技术有了较详细的讲解，本节不再赘述。

旧厂进行工艺改进和节能改造，可以有效提高设备和能源利用率，有效抑制公用工程的过度消耗，减少环境污染，进而推动节约资源、保护环境。旧厂改造所采用的改进型新工艺一般是具有改善生产环境和技术流程，降低产品成本，提高生产效率，提高质量，实现高效稳定的生产，进一步提高企业的生产力，从而提升企业的核心竞争力的显著特点。

注：

① 新建厂项目：指从无到有“平地起家”开始建设的工厂项目；

② 扩建产能项目：指在厂内或其他地点，为扩大原有产品的生产能力（或效益）或增加新的产品生产能力，而增建的生产车间（或主要工程）、分厂、独立的生产线等项目；

③ 改建和技术改造项目：指现有企业、事业单位对原有设施进行技术改造或更新（包括相应配套的辅助性生产、生活福利设施）的建设项目。

习题（含思政）

注重对综合能力的考评，对化工过程的分析不设唯一标准答案，鼓励学生多维度思考。对于学生答案，尽量做到站在学生赋予的多角色角度，着重看中其有益的价值，从多方面的综合考评，可能对成本、安全、环保等得到不一致的答案。这就要求评价人充分考虑学生的想法，鼓励求新求变思维，引导学生深度理解关于安全生产、环境保护、健康安全等工程伦理准则。答案只要符合任何一方视角，具有得分倾向，即可获得部分考核评价成绩。按此类思路，在复杂化工过程中，设置如下分析思考题及其评分标准：

氯乙烯是聚氯乙烯单体，在引发剂作用下，容易聚合成聚氯乙烯。氯乙烯亦可以和其他不饱和化合物共聚，生成高聚物，这些高聚物在工业上和日用品生产上具有广泛的用途。因此，氯乙烯的生产在有机化工生产中占有重要的地位。

氯乙烯的主要生产方法有两种，最早的工业方法是乙炔加成法，即由电石水化生成乙炔，再与氯化氢加成得氯乙烯。后来的工业过程开发出乙烯氧氯化法，具体包括以下三步反应，见式（6-10）至式（6-12）：

（1）乙烯直接氯化

$$CH_2=CH_2+Cl_2 \longrightarrow CH_2ClCH_2Cl \tag{6-10}$$

（2）二氯乙烷裂解

$$2CH_2ClCH_2Cl \longrightarrow 2CH_2=CHCl+2HCl \tag{6-11}$$

（3）乙烯氧氯化

$$CH_2=CH_2+2HCl+O_2 \longrightarrow CH_2ClCH_2Cl+H_2O \tag{6-12}$$

总反应式见式（6-13）：

$$2CH_2=CH_2+Cl_2+O_2 \longrightarrow 2CH_2=CHCl+H_2O \tag{6-13}$$

现有一聚氯乙烯建设项目，其氯乙烯单体拟采用乙炔加成法，试从反应原料、生产过程、操作条件、催化剂、经营成本等方面进行分析，结合环境、安全、环保等限制条件，评价方案是否合理。

题目分析：这是一道具有典型化工过程分析与合成特点的命题，包括原料、设备、生产、流程、环保、安全和经济等多要素。考题可从不同角度进行分析，具体角度不仅包括原料、生产过程、操作条件、催化剂、经营成本而且还需要综合考虑环境、安全、环保等限制，特别是在环境、安全和环保这样的限制条件中，可以着重加入对人文素养和思政授课效果方面的考察。

评价方法：如果此案例分析共 20 分，可以先从原料及生产过程角度进行分析可重点考量，乙炔加成法的优势，如原料电石为固态，密度大且储运便捷，反应转化率高，产品收率高，电石渣可通过与碳反应重新生成电石进行循环利用等；乙炔加成法的缺点包括，原料电石遇湿易燃，存在安全隐患，生产过程所用催化剂为氯化汞，毒性较大，电石渣循环生产能耗较高，污染严重等。从任意一方面的要点出发，进行正当分析均可得基础分值 4 分，视分析过程的详尽程度酌情得 1~4 分。然后，从经营成本分析，乙炔加成法成本优势在于工艺成熟，设备投资少，运输成本低，且电石的单价低于乙烯，所用的原料来自矿石和煤，与乙烯氧氯法相比，对石油的依赖程度低，价格波动不明显。乙炔加成法的成本劣势在于能耗高，能源成本支出大，催化剂价格高。以上，可以从任意一方面要点进行分析，均可得基础 4 分，视分析详尽程度酌情给 1~2 分。在本问题中，还有工程伦理等课程思政内容可进行相应评分设置，如电石使用和循环利用等生产过程对环境的影响，以及毒性较大的催化剂氯化汞的使用等，每点均设置分值 2 分，课程思政内容得满 6 分为上限。实际上，本题题目要求中具有较多分析角度，亦可通过操作条件甚至是流程模拟过程来进行分析和论述，只要角度明确，分析合理均可获得相应分值。

丁二烯法制备己二腈全流程模拟 1

丁二烯法制备己二腈全流程模拟 2

参考文献

[1] Upadhye R S, Grens E A. Selection of decompositions for chemical process simulation [J]. AIChE Journal, 1975, 21 (1): 136-143.

[2] Westerberg A W, Hutchison W D, Motard R I, et al. Process Flowsheeting [M]. Cambridge England: Cambridge University Press, 2011.

[3] Cohen K, Wegstein J H. AXLE2: an axiomatic language for string transformations [J]. Communications of the ACM, 1965, 8 (11): 657-661.